CLASSIQUES JAUNES

*Littératures francophones*

# Quatrevingt-treize

Victor Hugo

# Quatrevingt-treize

Édition critique par Jean Boudout

PARIS
CLASSIQUES GARNIER

Jean Boudout est spécialiste de littérature grecque antique et de littérature française du XIXᵉ siècle. Nous lui devons notamment *Les Grecs*. Il est également l'auteur avec Charles-Marc Des Granges de plusieurs histoires de la littérature française. Enfin, il a établi l'édition scientifique des phares littéraires du XIXᵉ siècle, à commencer par Victor Hugo.

Couverture : La bataille du Mans – 1793, Jean Sorieul, 1852
Source : commons.wikimedia

Réimpression de l'édition de Paris, 1985.

ISBN 978-2-8124-1592-0
ISSN 2417-6400

# INTRODUCTION

> Comme vous et avec vous, je veux dégager
> la révolution de l'horreur dont on a cru lui
> faire une force ; dans ce livre je la fais dominer
> par l'innocence ; je tâche de jeter sur ce chiffre
> effrayant, *93*, un rayon apaisant ; je veux que
> le progrès continue de faire loi, et cesse de faire
> peur.
>
> Victor Hugo à Edgar Quinet.
>
> *(Correspondance, éd. de l'Imprimerie Nationale,
> t. IV, p. 6, 1952.)*

QUATREVINGT-TREIZE *est le dernier roman publié par
Victor Hugo. Écrit en 1872-73, paru en 1874, c'est
une œuvre de septuagénaire. Hugo a porté longtemps dans son
esprit ce grand sujet, et nous avons chance d'y trouver sa
pensée définitive sur une période de l'histoire dont il était
impossible qu'il n'eût pas beaucoup à dire. Car si* Quatrevingt-treize *est un roman « historique » — il y aura lieu
d'en discuter, — c'est surtout au premier chef un roman
d'idées, où, sous la forme du récit romanesque, l'auteur
explique, juge et prend parti. Hugo a dit, à propos des*
Misérables :

Ce livre a été composé du dedans au dehors. L'idée
engendrant les personnages, les personnages produisant
l'action.

*Cette confidence vaut aussi bien pour son roman des temps révolutionnaires et de la guerre de Vendée. Ce livre est un aboutissement. Pour en suivre l'historique, ce n'est pas assez de partir du moment où la composition en fut sérieusement entreprise (c'est-à-dire en 1862-63). On risquerait de ne pas saisir le sens vrai de l'ouvrage si l'on ne retraçait, au moins à grands traits, les étapes au cours desquelles Hugo a formé ce que l'on est en droit d'appeler sa philosophie de la Révolution française, philosophie plus lentement élaborée et plus nuancée qu'on ne l'imagine parfois, depuis ses réflexions de jeunesse jusqu'au moment où il écrivit enfin d'une écriture décisive le titre flamboyant :* Quatrevingt-treize.

*
** *

« Ce livre, *a dit Raymond Escholier,* il l'avait dans le sang. » *Il est vrai que le futur romancier de* Quatrevingt-treize *éprouvait dans son atavisme l'âpreté du conflit qui avait mis aux prises les tenants de l'ancien régime et ceux de la révolution jacobine.*

*Quittant pour un instant le ton du romancier, il glisse à la fin d'un chapitre cette note personnelle :* « Cette guerre, mon père l'a faite, et j'en puis parler. » *Son père avait fait la guerre de Vendée dans les rangs des « bleus », en soldat de la république. Il avait rencontré au cours d'une randonnée militaire celle qui allait devenir la mère de Victor Hugo, Sophie Trébuchet, moins « vendéenne », moins « brigande » peut-être que son fils ne l'a cru et ne l'a dit, mais plus proche assurément des « blancs » que des « bleus ». Conflit latent dans les veines de l'enfant, s'il ne devait se résoudre un jour par une conciliation.*

*On sait combien Hugo s'est plu dès sa jeunesse à invoquer
cette double tradition :*

Mon père vieux soldat, ma mère vendéenne.

*On sait aussi que le sang vendéen se manifesta d'abord
avec le plus de force. Hugo a commencé par une partialité
violente contre la Révolution, et tout particulièrement contre
la phase terroriste de la Révolution. Le jeune « jacobite »
consacrait un de ses premiers poèmes aux* Destins de la
Vendée, « sœur des Thermopyles ». *Il exaltait alors
sans restrictions les Chouans révoltés contre Paris et la
Convention. Il exécutait sommairement 1793 dans la préface des* Odes : « saturnales de l'athéisme et de l'anarchie ».

*Les biographes de V. Hugo ont tous noté l'évolution, qui,
dès 1827, l'entraîne à quitter cette position, à se rapprocher
des idées paternelles, à transformer le « jacobite » de 1820
en « révolutionnaire de 1830 ». Mais, à y regarder de près,
c'est par l'exaltation de la gloire militaire, des armées
de la République et surtout de l'Empire — et aussi par les
préoccupations sociales — qu'il s'est écarté d'abord du
royalisme intransigeant de sa jeunesse. Dans ses jugements
sur les temps révolutionnaires proprement dits, il garde
beaucoup de prudence et de réserve. C'est ce que nous révèle
ce curieux examen de conscience :* Journal d'un révolutionnaire de 1830, *qui prit place dans le recueil :* Littérature et philosophie mêlées (1834). *On y lit certes des
notations comme celle-ci :*

J'admire encore La Rochejaquelein, Lescure, Cathelineau, Charette même ; je ne les aime plus. Le sentiment
de respect que m'inspire la Vendée n'est plus chez moi

qu'une affaire d'imagination et de vertu. Je ne suis plus
vendéen de cœur, mais d'âme seulement.

*Mais on y lit aussi :*

Je ne suis pas de vos gens coiffés du bonnet rouge et
entêtés de la guillotine. Pour beaucoup de raisonneurs à
froid qui font après coup la théorie de la Terreur, 93 a été
une amputation brutale, mais nécessaire... Ce que nous
appelons la guillotine n'est qu'un bistouri. C'est possible.
Mais il faut désormais que les maux de la société soient
traités non par le bistouri, mais par la lente et graduelle
purification du sang.

*Et encore* : « Pour les basses classes, 93, c'est la disette ;
pour les classes moyennes, c'est le maximum; pour
les hautes classes, c'est la guillotine ». — « Entre les
deux géants [*Mirabeau et Napoléon*], la fourmilière des
hommes petits et méchants, la guillotine, les massacres,
les noyades, 93. Et à 93 Robespierre ; il est assez bon
pour cela. »

*Même note dans l'*Étude sur Mirabeau *(1835) : 93
aurait guillotiné le grand orateur,* « 93, point noir dans le
ciel bleu de 89 ».

*Pour le grand imaginatif qui voyait dans les chiffres,
non moins que dans les mots, des êtres vivants, ces deux
nombres accolés, 93, commencent à exercer un pouvoir obsé-
dant. Mais on est très loin d'une exaltation.*

*Dans les années qui suivent, la pensée de Hugo sur les
problèmes politiques et sociaux ne cesse de gagner en hardiesse. Il écrit* Claude Gueux *(1834)* ; *il commence à
songer aux* Misères. *Après avoir fait jouer le drame de
l'ouvrier généreux,* Marie Tudor *(1835), il compose,
en 1838, le drame du plébéien sublime,* Ruy Blas. *Que*

*devient alors son jugement historique sur la Révolution ?
En fait, il continue à se ressentir de ce réel effort d'impartialité et de largeur d'esprit qui se manifeste dans les opinions de Hugo depuis qu'il s'est détourné du légitimisme de sa
jeunesse ; attitude où l'on a eu le tort parfois de ne voir
qu'hésitations, contradictions ou habiletés, car elle s'inspire
d'un libéralisme assez constant pour paraître parfaitement
sincère. On en saisit une nouvelle manifestation dans un
témoignage souvent négligé : c'est le discours de réception à
l'Académie française (1841). Hugo remplaçait Népomucène Lemercier : morne matière. Fort heureusement, deux
traits dans la vie de son prédécesseur fournissaient au nouvel académicien des thèmes de digressions : l'assiduité de
Lemercier aux séances de la Convention et son opposition à
l'Empire. D'où le couplet sur la grande assemblée révolutionnaire, page essentielle pour notre sujet, puisque, par une
sorte d'anticipation (fréquente chez Hugo), elle annonce,
plus de trente ans à l'avance, pour le fond et même pour
le style, un chapitre de* Quatrevingt-treize :

C'était là, Messieurs, un sujet de contemplation sombre,
lugubre, effrayant, mais sublime. Soyons justes envers
ces choses augustes et terribles qui ont passé sur la civilisation humaine et qui ne reviendront plus ! C'est, à mon
sens, une volonté de la Providence que la France ait toujours à sa tête quelque chose de grand. Sous les anciens
rois, c'était un principe ; sous l'empire, ce fut un homme ;
pendant la révolution, ce fut une assemblée. Assemblée
qui a brisé le trône et qui a sauvé le pays... ; qui a commis
des attentats et qui a fait des prodiges ; que nous pouvons
détester, que nous pouvons maudire, mais que nous devons
admirer !

*On sent le souci des nuances ; néanmoins la pensée s'est*

*enhardie. Des mots essentiels sont lâchés : la Convention
a été grande ; les Révolutions ont quelque chose de providentiel. Le morceau fit une impression si sensible que le
très conservateur M. de Salvandy, dans son discours de
réponse, dur pour V. Hugo jusqu'à l'insolence, n'omit pas
de le relever, et sur quel ton !*

Les écrits de Lemercier l'attestent ; à aucune époque de
sa vie, il n'aurait fallu lui parler de la grandeur de cette
époque servile et abominable... Il n'eût pas consenti
davantage à entendre tout rejeter sur le compte de Dieu,
qui ne commande pas tout ce qu'il permet ; argument
plein de péril, vous eût-il dit... Non, non ! n'essayons pas
d'attacher à cette funeste année 1793 une auréole de gloire.

*Et de dresser l'image de la Constituante, « assemblée
vraiment sublime » en face de l'abominable Convention.
Ainsi parlait M. de Salvandy, morigénant le poète.
Ainsi aurait pu parler Hugo lui-même vingt ans plus tôt.
En 1841, il ne pouvait déjà plus se satisfaire d'une position
aussi tranchée, ce qui ne l'empêchera pas d'écrire encore
l'année suivante dans la conclusion politique du* Rhin :
« le flamboiement hideux de ces quatre chiffres sinistres : 1793 ».
*Ces oscillations d'une pensée qui se cherche et refuse de
se raidir sur une position absolue, nous les retrouvons au
cours des années 1845-1851, années d'évolution où Victor
Hugo, décidément gagné par la politique, siège à la Chambre
des Pairs, puis, après les journées de février, à la Constituante de 1848, à la Législative de 1849-1851, années au
cours desquelles, d'après son témoignage, il se décide pour
la République, et s'inscrit enfin de plus en plus « à gauche ».
Il ne se rallie pourtant pas à une apologie sans restrictions
du passé révolutionnaire. On se rappelle la fameuse profession*

*de foi du 26 mai 1848, l'appel aux électeurs fondé sur l'an-*
*tithèse des deux républiques, le refus à l'adresse de celle qui*

dressera la statue de Marat, en un mot fera froidement
ce que les hommes de 93 ont fait ardemment, et, après
l'horrible et le grand que nos pères ont vu, nous mon-
trera le monstrueux dans le petit.

*Parlant le 5 avril 1850 contre la loi de déportation, il*
*évoquera encore avec détestation Marat, l'homme du terro-*
*risme, en face de l'Autrichien Haynau, bourreau des révo-*
*lutionnaires hongrois de 1848 et champion de la réaction*
*triomphante :*

Je ne veux ni de la politique de la guillotine, ni de la
politique de la potence.

*Plus explicite encore, à propos de la liberté de la presse*
*(9 juillet 1850) :*

Quant à nos adversaires... qui ont pour tout argument
d'objecter 93 aux hommes de 1850, voici ce que j'ai à leur
dire : Cessez de nous jeter à la tête la Terreur et ces temps
où l'on disait : Divin cœur de Marat ! divin cœur de Jésus !
Nous ne confondons pas plus Jésus avec Marat que nous
ne le confondons avec vous ! Nous ne confondons pas
plus la liberté avec la Terreur que nous ne confondons le
christianisme avec la société de Loyola.

*A la veille du coup d'État de décembre 1851, Hugo le*
*« rouge », Hugo, à qui Balzac reprochait sa « démagogie »,*
*a bien pu s'éloigner des convictions et des préventions de sa*
*jeunesse. Ses idées sociales, les conflits qui l'ont dressé*
*contre la droite de l'Assemblée ont pu le familiariser de*
*plus en plus avec l'idée révolutionnaire, la lui faire accepter*
*et comprendre. La Révolution n'est pourtant pas, à ses*

*yeux, selon le mot que Clemenceau rendra fameux, un « bloc »*
*dont on doit tout admettre, sans choix ni exceptions.*

\*\*
\*

Les événements de *1851-1852*, pour bon nombre de
ceux qui en furent les victimes, donnèrent lieu de reviser bien
des positions, et bien des jugements historiques. La liberté
si aisément confisquée, l'Empire autoritaire établi, le ralliement des forces conservatrices et cléricales autour d'un régime
fort, la secousse populaire qu'il faudrait un jour, pensaient
les proscrits, pour culbuter tout cela : n'était-ce pas de quoi
justifier les révolutions, même dans leurs phases implacables ?

C'est en composant les Châtiments que V. Hugo va s'établir — et désormais sans retour — sur sa position de républicain indigné, dressé contre toutes les « forces du passé »,
maudissant Églises et rois. Dans ce réquisitoire, étendu
à toutes les monarchies de l'histoire, quelle place faire à
*1789*, à *1792*, et surtout à *1793*, soumis à l'éclairage des
faits contemporains ? Pressé par l'événement, c'est donc
dans les premières années d'exil que Hugo va fixer en traits
définitifs sa philosophie des révolutions, et en particulier
de la plus étonnante de toutes : la révolution française.

De quelque manière qu'on la juge, cette philosophie lui est
bien personnelle. Malgré des points de contact, elle n'est
ni celle de Lamartine, ni celle de Michelet, ni celle de Quinet,
à plus forte raison celle de Tocqueville, de Thiers ou de Taine.
Elle n'a pas été improvisée ; elle se ressent des attitudes
antérieures et de certaines constantes du tempérament de
Hugo ; mais les circonstances lui ont donné des aspects et
surtout un accent nouveaux. Elle est de plus en plus en rapport,

*au cours de ces années d'exil, avec toutes les idées qu'il se fait des sociétés, de l'homme, de Dieu.*

*Désormais les textes abondent. Il suffit de puiser, parmi les témoignages les plus caractéristiques, ceux qui marquent les étapes au terme desquelles on voit s'esquisser dès maintenant l'architecture du grand roman des temps révolutionnaires.*

*La pièce liminaire des* Châtiments, Nox, *offre le premier texte décisif. C'est l'invocation à 93 personnifié :*

> O travailleur robuste, ouvrier demi-nu,
> Moissonneur envoyé par Dieu même, et venu
> Pour faucher en un jour dix siècles de misère,
> Sans peur, sans pitié, vrai, formidable et sincère,
> Égal par la stature au colosse romain,
> Toi qui vainquis l'Europe et qui pris dans ta main
> Les rois, et les brisas les uns contre les autres,
> Né pour clore les temps d'où sortirent les nôtres,
> Toi qui par la terreur sauvas la liberté,
> Toi qui portes ce nom sombre : Nécessité !
> Dans l'histoire où tu luis comme en une fournaise,
> Reste seul à jamais, Titan quatrevingt-treize !
> Rien d'aussi grand que toi ne viendrait après toi.
>
> D'ailleurs, né d'un régime où dominait l'effroi,
> Ton éducation sur ta tête affranchie
> Pesait, et, malgré toi, fils de la monarchie,
> Nourri d'enseignements et d'exemples mauvais,
> Comme elle tu versas le sang ; tu ne savais
> Que ce qu'elle t'avait appris, le mal, la peine,
> La loi de mort mêlée avec la loi de haine ;
> Et jetant bas tyrans, parlements, rois, Capets,
> Tu te levais contre eux et comme eux tu frappais.
>
> Nous, grâce à toi, géant qui gagnas notre cause,
> Fils de la liberté, nous savons autre chose.
> Ce que la France veut pour toujours, désormais,
> C'est l'amour rayonnant sur ses calmes sommets,
> La loi sainte du Christ, la fraternité pure...

*Cette fois, le pas est franchi. Hugo s'est rallié au juge-ment qu'il dédaignait en 1834. Oui, pour le poète qui voit de haut les choses, 93 fut non seulement grand, mais néces-saire. Nécessité qui n'a nullement le caractère des fatalités du matérialisme historique. Rien ne serait plus contraire à la conception de Hugo, qui va affirmer, pendant toute cette période, sa foi idéaliste, son opposition aux doctrines scien-tistes, son déisme essentiel.*

*93 a quelque chose de providentiel ; terrible, mais bien-faisant, parce qu'il a liquidé un passé détestable, et ouvert toutes les possibilités de l'avenir, il a fait l'office de vengeur et d'annonciateur ; et du reste la violence qu'on lui reproche fut encore un héritage des temps monarchiques. Aucun doute : Hugo a opté pour la Révolution.*

*Prenons garde pourtant à la réserve qu'impliquent les derniers vers. Il n'est pas souhaitable que de telles époques reparaissent. La loi de vengeance appartient au passé : elle doit céder à la loi d'amour. L'ennemi de la peine de mort recule devant l'échafaud, fût-il dressé contre un régime exécré. Restriction capitale, qui souligne une continuité de jugement dont on n'a pas toujours voulu tenir compte, et que nous n'allons pas cesser de retrouver dans toute l'œuvre postérieure : c'est par elle que le proscrit, l'homme des partis pris énergiques, l'ennemi juré du scepticisme, des positions hésitantes et neutres, gardera sur ces problèmes une position malgré tout nuancée. Révolution-humanité : entre ces deux pôles, il tentera de maintenir l'équilibre, par un effort souvent malaisé de conciliation, mettant l'accent plus fortement tantôt d'un côté tantôt de l'autre.*

*Certes, on ne s'étonne pas qu'il insiste, dans les années qui vont venir, beaucoup plus souvent qu'avant 1851, et parfois avec une étrange violence, sur l'apologie de la Révo-*

*lution. Il aura ses heures de colère et de partialité. Ainsi dans le long poème des* Contemplations *(v, 3) :* Écrit en 1846. *Le titre est pour une part fictif, la pièce ayant été composée, ainsi que l'a prouvé Vianey, en 1854. Mais il s'agit moins pour Hugo de donner le change sur la précocité de son évolution politique que de se reporter au moment où cette évolution a commencé à prendre forme, à cette première intervention devant la Chambre des pairs sur les affaires de Pologne qui lui avait valu en effet — comme déjà, on l'a vu, son discours académique de 1841 — la surprise et la réprobation.*

*Écrit en 1846 est une sorte d'épître en réponse à la lettre placée en épigraphe, lettre où un vieil ami de la famille Hugo, le marquis C. d'E. (sans doute :* Coriolis d'Espinousse*) accusait le poète de tomber « en démagogie pure, en plein jacobinisme ». Hugo dessine ironiquement la figure de cet aristocrate d'ancien régime, volontiers frondeur, non défavorable à 89, étant de ceux :*

> qui d'abord, ne comprirent
> Ni les flots, ni la nuit, ni la France, et qui rirent.

*A ce marquis désinvolte, bientôt détrompé et furieux, Hugo explique ce qu'a été sa propre « apostasie » :*

> Quoi ! parce que ma mère en Vendée autrefois
> Sauva dans un seul jour la vie à douze prêtres ; ...
> Parce que j'ai pleuré — j'en pleure encor, qui sait ? —
> Sur ce pauvre petit nommé Louis dix-sept ;
> Parce qu'adolescent, âme à faux jour guidée,
> J'ai trop peu vu la France et trop vu la Vendée,
> Parce que j'ai loué l'héroïsme breton,
> Chouan et non Marceau, Stofflet et non Danton,
> Que les grands paysans m'ont caché les grands hommes,
> Et que j'ai fort mal lu d'abord l'ère où nous sommes ;
> Parce que j'ai vagi des chants de royauté,
> Suis-je toujours rivé dans l'imbécillité ?

*C'est le ton d'une justification décisive et brutale.
Certes, par l'allusion si caractéristique au souvenir maternel et à la Vendée, Hugo ne refuse toujours pas son hommage à l'héroïsme des paysans insurgés pour le roi. N'avait-il
pas dit, dans un poème des* Châtiments, *que « la bravoure
était dans les deux camps » ? Mais la réflexion sur les
causes l'a conduit à comprendre, à justifier la Révolution,
même implacable :*

> J'ai lu, j'ai comparé l'aube avec la nuit noire,
> Et les quatrevingt-treize aux Saint-Barthélemy ;
> Car ce quatrevingt-treize où vous avez frémi,
> Qui dut être, et que rien ne peut plus faire éclore,
> C'est la lueur de sang qui se mêle à l'aurore.

*Et une fois le motif indiqué :*

> Les révolutions, qui viennent tout venger,
> Font un bien éternel dans leur mal passager,

*il l'orchestre lyriquement dans une tirade de quarante vers
qui s'achève sur la vision de ces grandes secousses sociales,*

> monstrueuses marées,
> Océans faits des pleurs de tout le genre humain.

*On sent que l'épopée, sinon encore le roman de la Révo-
lution, est près de naître. Elle sera écrite dans l'année qui
suivra la publication des* Contemplations, *en 1857. Gigantesque poème et terrible réquisitoire ! Jamais Hugo n'ira
plus loin dans la condamnation des temps monarchiques.
Michelet est rejoint et presque dépassé. Par une fiction
étrange, c'est dans un Paris ténébreux et halluciné, où la
pierre s'anime et vit, que l'épopée nous transporte : les
statues des Bourbons, descendues de leur socle, parcourent les*

*rues de la cité ; alors, les masques sculptés du Pont-Neuf,*
*qui sont censés représenter le peuple, entonnent à l'adresse des*
*promeneurs nocturnes un chant de haine sans mesure :*
*le « bon roi » Henri lui-même n'est pas épargné ; Louis*
*XIII fut un bourreau à la main tremblante ; le règne de*
*Louis XIV se résume ainsi : un colossal charnier, la ruine de*
*la patrie, un attentat monstrueux contre la conscience*
*humaine. Parvenu au « Bien-Aimé », le vengeur ne se*
*connaît plus... Et lorsque les rois fantômes, sous cette ava-*
*lanche d'outrages (plusieurs centaines de vers), parviennent*
*à la place où doit s'élever la statue de Louis XV, ils ne*
*voient qu'un spectacle sinistre :*

    Deux poteaux noirs portant un triangle livide

*et dans les cieux ce nombre :*

    Quatrevingt-treize, chiffre on ne sait d'où venu.

*Une tête coupée surgit, et un dialogue fantastique s'engage :*

    — Je suis le petit-fils de votre petit-fils.
    — Et d'où viens-tu ?
              — Du trône. O rois, l'aube est terrible.
    — Spectre, quelle est là-bas cette machine horrible ?
    — C'est la fin, dit la tête au regard sombre et doux.
    — Et qui donc l'a construite ?
              — O mes pères, c'est vous.

*Là s'arrêtait le poème de 1857, et cette condamnation*
*pouvait paraître un dernier mot.*
*N'oublions pas cependant que cette épopée de la Révolu-*
*tion ne figurera ni dans la* Légende des Siècles *de 1859,*
*ni dans celle de 1877. Et lorsqu'elle verra le jour dans les*
Quatre Vents de l'Esprit, *dont elle constitue à elle seule*

*le* Livre épique *(1882), elle sera suivie d'une conclusion, rédigée en 1870, où le poète refusera la malédiction sans appel :*

Soit. Mais quoi que ce soit qui ressemble à la haine
N'est pas le dénouement, et l'aurore est certaine...
Le malheur du méchant, le deuil de l'ennemi,
Non, ce n'est pas le but...

*1862 : Hugo publie* les Misérables. *Ce n'est pas encore le roman de la Révolution qu'il donne pour pendant au roman du moyen âge écrit trente ans plus tôt.* Les Misérables *sont le roman des temps modernes : l'action s'engage en 1815. Il n'en est que plus frappant de constater qu'à plusieurs reprises le romancier a tenu à y évoquer, au moins épisodiquement, 1793. L'obsession de la grande et terrible année se manifeste d'abord dans ce chapitre, si important pour notre sujet (Livre I, X), chapitre absent de la première rédaction des* Misères *antérieure à 1851, et que Hugo a rajouté lors de sa revision générale du roman, pendant l'exil. Il se situe parmi les pages consacrées au caractère, aux vertus et aux œuvres de l'évêque Bienvenu Myriel, futur rédempteur du forçat Jean Valjean. Un jour, Mgr Myriel s'est trouvé « en présence d'une lumière inconnue » : ce fut lors de la visite qu'il rendit à un vieillard agonisant, l'ancien conventionnel G., abandonné et honni de tous. Pour la première fois, Hugo dessine donc un type romancé de révolutionnaire ; face au saint évêque, dont il fait l'admirable portrait que l'on sait, G. est une figure épisodique, mais idéale, et le dialogue qui s'engage entre eux est tout symbolique.* « La Révolution française, *proclame G.,* est le plus puissant pas du genre humain depuis l'avènement du Christ. Incomplète, oui, mais sublime. » *Et comme Mgr Bienvenu ne peut s'empêcher de porter un jugement sur*

*93 « inexorable », il reçoit la réplique que nous laissaient pressentir les textes cités plus haut :*

Inexorable, mais toute la monarchie, monsieur? Retenez bien ceci : la Révolution a eu ses raisons. Sa colère sera absoute par l'avenir.

*Mgr Myriel, ébranlé, objecte encore un dernier argument contre une époque « impie » et « athée ». Alors le vieux représentant du peuple s'écrie, les yeux au ciel : « O toi! ô idéal! toi seul existes ». Et il justifie si éloquemment son apostolat humanitaire que l'évêque s'incline sous la bénédiction déiste du moribond... Trait où s'accusent fâcheusement l'outrance et la faute de goût dont Hugo ne savait guère se défendre[1]. La scène n'en garde pas moins sa signification et son relief. Elle montre certes à quel point Hugo est parvenu dans la justification du passé révolutionnaire ; s'il ne refuse pas tous les arguments du contradicteur, le jacobin n'en a pas moins le beau rôle. Mais ne négligeons pas un détail : il est bien spécifié dans le texte que le conventionnel G. n'avait pas voté la mort du roi. Comment ne pas saisir encore ici une nuance persistante? Hugo ne peut admettre que l'on condamne les horreurs de 93 sans tenir compte du passé et de l'avenir, sans confronter violence et violence, sans attester que si l'on veut tenir la balance égale, encore faut-il reconnaître que le peuple avait « plus longtemps souffert ». Mais, à ses yeux, la terreur, le talion, les repré-*

---

1. La scène lui a été très vivement reprochée, notamment par P. Lasserre, qui, dans son *Romantisme français* (1907), écrivait (pp. 220-221) : « La scène où Mgr Myriel s'agenouille devant un vieux conventionnel régicide et antichrétien pour lui demander sa bénédiction, répugne. » Mais *régicide* est inexact. Hugo n'est pas toujours lu d'assez près...

*sailles ne sauraient avoir le dernier mot. Comment n'aurait-il pas introduit cette réserve dans le roman de la misère, mais aussi de la charité et de la rédemption, où il a expressément voulu qu'on ne perdît jamais de vue le ciel, ce roman pour lequel il avait écrit une préface philosophique [1] (restée inédite) qui a les dimensions d'un opuscule et qui constitue une profession de foi si vibrante d'idéalisme optimiste et religieux ? On ne s'étonnera pas que, dans la suite de l'intrigue, il ait fait du vieux Gillenormand, ce survivant du* XVIIIe *siècle monarchiste et galant, ennemi enragé des « bandits » de 93, un sympathique bonhomme, qui pardonne à son petit-fils Marius (à bien des égards l'image de Hugo lui-même) son « apostasie » républicaine et bonapartiste. On discerne en dépit de tout, dans* les Misérables, *et sans que Hugo y dissimule les positions qui sont désormais les siennes, un mouvement de conciliation, un effort d'impartialité, dont les jugements sur la Révolution portent encore ici la marque.*

*Toutes ces idées, qui vont nourrir et animer les personnages et l'intrigue de* Quatrevingt-treize, *regardons-les une dernière fois liées dans un faisceau poétique : c'est le poème (non daté) paru dans le recueil posthume de* Toute la lyre, *sous le titre :* l'Échafaud. *Il faudrait pouvoir citer en entier cette composition où, parmi des formules singulières, et dont l'outrance ingénue fait sourire, éclatent d'admirables morceaux ; il est presque indispensable de la relire avant d'aborder* Quatrevingt-treize. *Tout s'y retrouve : le poids du passé sur la Terreur,*

> Les révolutions, ces grandes affranchies,
> Sont terribles, étant filles des monarchies ;

---

1. On la trouvera tout au long dans le *Reliquat* des *Misérables* (édition de l'Imprimerie Nationale).

*l'image épique de la Convention :*

> Oh ! quels chocs de faisceaux, de tribuns, de pavois !

*l'évocation des grands révolutionnaires, antithèses vivantes, dont il faut comprendre le caractère à la fois farouche et sublime :*

> Et par miséricorde ils sont inexorables.

*Ainsi Danton, Marat lui-même, que Hugo nommait toujours, on s'en souvient, lorsqu'il s'agissait de symboliser l'horreur terroriste et auquel il finit par reconnaître, dans une tirade et dans un vers surtout que J. Lemaître ne pouvait s'empêcher malgré lui d'admirer, on ne sait quelle pitié humaine :*

> Comme il pleure avec rage au secours des souffrants !

*Enfin et surtout, la hantise de l'année fatale s'accuse dans ce poème :*

> Quand, montant lentement son escalier d'années,
> Le dix-huitième siècle atteignit quatrevingt,
> Encor treize, le nombre étrange, et le jour vint !
> Quiconque t'osera regarder fixement,
> Convention, cratère, Etna, gouffre fumant,
> Quiconque plongera la fourche dans ta braise,
> Quiconque sondera ce puits : Quatrevingt-treize,
> Sentira se cabrer et s'enfuir son esprit.

*Mais quelle conclusion ?*

> Non, le glaive, la mort répondant à la mort,
> Non, ce n'est pas la fin... Non, il n'est pas possible
> Dieu, que toute ta loi soit de changer de cible,
> Et de faire passer le meurtre et le forfait
> Des mains des rois aux mains du peuple stupéfait.

*Et la pièce s'achève sur la condamnation de la loi de mort :*

Non, jamais de vengeance ! et la vie est sacrée...

*\**
*\**

*C'est donc un esprit nourri depuis quarante ans de ré-
flexions et d'images inspirées par la Révolution qui, à peine
délivré des* Misérables, *va entreprendre* Quatrevingt-
treize.

*Hugo voit cette tâche s'imposer à lui avec le caractère de la
nécessité. Il en confie l'idée à Paul Meurice en octobre 1862 ;
il écrit à son éditeur Paul Lacroix, le 10 janvier 1863 :*

Je suis au seuil d'un très grand ouvrage à faire. J'hésite
devant l'immensité, qui en même temps m'attire. C'est 93.

*A Paul Meurice encore, en mai 1863 :*

Je suis un peu vieux pour mettre en mouvement ces montagnes, et quelle montagne ! La Montagne elle-même !
93 !

*Lettres, notes, confidences, au cours des années qui
suivent, permettent de suivre la lente préparation du roman
qui ne sera rédigé que dix ans plus tard. C'est qu'entre temps
Hugo a dû assumer les tâches que les circonstances ou les
éditeurs réclament du travailleur infatigable :* William
Shakespeare *(1864), les* Chansons des rues et des
bois *(1865), les* Travailleurs de la mer *(1866), l'introduction à* Paris-Guide *(1867). C'est aussi qu'à ce
moment, Hugo conçoit* 93 *comme le terme d'une sorte de
trilogie romanesque dont les deux premiers livres sont à
écrire : l'un sur l'Angleterre avant 1688, ou l'Aristocratie ; l'autre sur la France avant 1789, ou la Monarchie.*

*C'est surtout que, selon sa méthode constante, Hugo, avant de commencer la rédaction, multiplie les plans, les projets, ouvre des dossiers, emplit de signets les livres consultés, complète sur un rythme de plus en plus rapide les notes déjà prises sur la Révolution depuis près de vingt ans\*.*

*L'esprit du romancier s'est donc fermement accroché au sujet. Comme il le confie à la presse guernesiaise en janvier 1867 — c'est Stapfer témoin qui rappelle ce propos — sa « principale entreprise » au cours de ces années est bien son roman* Quatrevingt-treize. *Le 3 décembre de la même année, il écrit à l'éditeur Albert Lacroix :* « Ce 93 à faire me crée une sorte de servitude ; c'est la servitude d'un devoir ; car il y a du devoir dans ce livre\*\*. »

*En 1869, paraît* l'Homme qui rit. *Cet extraordinaire roman baroque, d'un romantisme effréné, tour à tour extravagant et génial, forme le premier membre de la trilogie annoncée : l'Angleterre aristocratique et la réaction monarchique après Cromwell y sont dénoncées avec une âpreté dans la satire qui confirme les positions de Hugo à l'égard des puissances d'ancien régime, noblesse et royauté.*

---

\* Ce travail d'élaboration n'a pas été perdu. Comme pour toutes les grandes œuvres de V. Hugo, le département des manuscrits de la Bibliothèque Nationale conserve un gros volume de notes prises pour *Quatrevingt-treize* sur des papiers de tous formats, et qui sont classés par dossiers. Il s'agit de notes documentaires sur la période révolutionnaire, de réflexions, de listes de noms ou de faits. On y trouve encore des esquisses, des fragments parfois considérables, qui n'ont pas été retenus dans l'œuvre définitive. Tous ces matériaux ont été en effet plus ou moins exploités dans le roman tel qu'il existe : nous en signalerons quelques-uns au passage, dans les notes de cette édition. Certains d'entre eux auraient été utilisés sans doute pour les romans qui devraient faire suite à *Quatrevingt-treize* (voir p. XXII).
L'édition de *Quatrevingt-treize* dite de l'Imprimerie Nationale a présenté un choix important de ces notes sous le titre *Reliquat* (pp. 351-436). Nous aurons à plusieurs reprises l'occasion d'y renvoyer.
\*\* *Correspondance*, éd. de l'Imprimerie Nationale, IV, p. 90.

*Quant au second roman prévu, la France avant 1789, il ne verra jamais le jour ; plus exactement, il se fondra dans la grande synthèse de* Quatrevingt-treize, *dont la conception d'ensemble va se trouver renforcée (et la rédaction hâtée sans doute) par l'épreuve des événements.*

*La chute de l'Empire, la fin de l'exil, le retour en France, l'invasion, le siège de Paris, la défaite, la mort subite de Charles Hugo : de septembre 1870 à mars 1871, l'existence de Hugo est en pleine tourmente. Et voici, pour achever, la Commune. Hugo, parti pour Bruxelles après la mort de Charles avec sa belle-fille (d'origine belge) et les deux petits-enfants, Georges et Jeanne, n'assistera pas sur place au drame de Paris insurgé. Mais comment ne se serait-il pas senti bouleversé et sommé de prendre parti, devant l'insurrection qui rendait brusquement palpable l'idée révolutionnaire, remettait en question le passé et semblait annoncer en même temps pour un proche avenir une Révolution sociale plus formidable encore ? On sait quelle fut sa position : la balance égale entre Versailles et Paris ; la réprobation des violences des deux partis (« Cette Commune est aussi idiote que l'Assemblée est féroce ») ; le refus de la Révolution sanglante et de toute doctrine qui ferait de l'« horreur » une « force » ; mais le refus, non moins affirmé, de porter contre les insurgés une condamnation unilatérale ; la certitude que les torts n'étaient pas tous dans leur camp.* « Toute ma pensée oscille entre ces deux pôles : Civilisation, Révolution. Quand la liberté est en péril, je dis : Civilisation, mais Révolution. Quand c'est l'ordre qui est en danger, je dis : Révolution, mais Civilisation. » *Hugo écrit le 9 avril 1871 cette phrase où nous reconnaissons* « l'oscillation » *si caractéristique de sa pensée. Comment s'étonner de son attitude une fois*

*la Commune vaincue, du cri : « Pas de représailles! »;
de l'offre d'asile qu'il adressa (sans approuver leurs actes)
aux Fédérés traqués, offre qui lui valut son expulsion de
Belgique et la surprise réprobatrice de certains mêmes de
ses amis. Tout cela n'était pas en désaccord, il s'en faut,
avec ce qu'il pensait, disait, écrivait depuis tant
d'années.*

*Que cette suprême expérience ait achevé de mûrir le livre,
ce n'est guère douteux.* « Ce roman, *écrit un des plus récents commentateurs de Hugo, M. J.-B. Barrère,* est
directement rattaché au choc émotif qu'ont produit
sur Hugo les événements de 1870-1871. » *Mais ces
événements n'ont pas créé la philosophie de l'œuvre, ils l'ont
seulement confirmée.*

*Il ne restait plus à Hugo pour écrire* Quatrevingt-
treize *qu'à se placer dans les meilleures conditions de
travail : ce fut, après la publication de* l'Année Terrible
*(19 avril 1872), l'évasion loin de Paris, le retour à Jersey
et Guernesey (août 1872), l'étonnant renouveau de vitalité,
d'imagination, de puissance créatrice qui s'ensuivit. La
nature, la mer (si présentes dans le roman) opéraient une
fois de plus leur miracle sur le puissant organisme; et
aussi — les récents biographes ne le laissent pas oublier —
la flambée sensuelle du septuagénaire pour la camériste Blanche,
dont on a voulu, avec quelque hardiesse, retrouver les traits,
virilisés, dans le héros Gauvain. C'est l'époque des grands
vers du* Tombeau de Théophile Gautier, *de maintes
pages destinées aux recueils à venir :* suite de la Légende
des Siècles, l'Art d'être grand-père, Théâtre en liberté.
*C'est surtout l'année de* Quatrevingt-treize :

Je commence ce livre aujourd'hui 16 décembre 1872.
Je suis à Hauteville-House. — Je finis ce livre aujourd'hui

9 juin 1873, à Hauteville-House, dans l'atelier d'en bas, à midi et demie.

*Entre ces deux notes du manuscrit, s'étend la composition de l'œuvre, qui a obéi à la loi de la plupart des grandes créations de Hugo : méditation lente et prolongée, exécution d'un jet.*

*Quelques mois de revisions et de corrections, à peine interrompues, dans la vie du travailleur intrépide, par le retour à Paris (31 juillet 1873) et un nouveau deuil, la mort de son dernier fils François-Victor (26 décembre 1873) : le livre parut en trois volumes, chez Michel Lévy, le 19 février 1874.*

**\***
**\* \***

*L'édition originale porte un sous-titre :* Premier récit. La guerre civile. *Ainsi* Quatrevingt-treize, *qui avait dû former d'abord la dernière composition d'une sorte de trilogie romanesque, devenait, par un changement de perspective, le premier roman d'une série. C'est ce que Victor Hugo, à défaut d'une préface qu'il renonça à écrire (il en reste les ébauches), confiait dans une lettre à Paul Meurice, en lui laissant entendre que cette « première fresque » serait suivie d'autres études révolutionnaires. Des notes conservées dans le* Reliquat *confirment ce projet.*

*En fait,* Quatrevingt-treize *n'aura pas de « suite ». Faut-il le regretter ? L'ouvrage lu, nous n'avons pas l'impression qu'il laisse autre chose à attendre. Au contraire, la grande synthèse longtemps rêvée y paraît bien accomplie. Le travail d'idées que nous avons tenté de décrire se trouve définitivement mis au point, dans les abondantes digressions du roman, et d'abord dans la conception d'ensemble : personnages, action.*

*Hugo a choisi pour centre la guerre de Vendée, la confrontation la plus pathétique entre deux régimes, entre deux idéaux. Mais, fidèle à sa position constante, il s'est refusé au roman proprement « historique ». Il y a là une distinction capitale. Dès les débuts du romantisme, deux techniques s'étaient manifestées dans l'évocation romanesque du passé : celle de Walter Scott, qui inventait ses personnages en les situant dans un moment de l'histoire fortement caractérisé ; celle de Vigny, qui, dans la préface de* Cinq-Mars *(1827), dédaignait cette méthode, comme trop facile :*

...l'action étant placée dans des personnages inventés, que l'on fait agir comme on veut, tandis qu'il passe de loin en loin à l'horizon une grande figure historique...

*Lui préférait peindre les protagonistes authentiques, quitte à les déformer pour servir la thèse : Richelieu, Cinq-Mars, Louis XIII. Ainsi, dans la partie de* Stello *(1832) consacrée aux temps révolutionnaires, on voyait paraître au premier plan les trois Chénier, le père et les deux fils ; Aimée de Coigny; Robespierre. Au contraire, Victor Hugo, dès* Notre-Dame de Paris *(1831), avait opté pour la manière de Walter Scott : des personnages créés par l'imagination de l'auteur; dans une scène ou deux seulement, un personnage historique (Louis XI) dont la présence épisodique datait le livre. Même procédé pour la partie historique des* Misérables *(l'insurrection de 1832). Hugo pouvait donc soutenir à son éditeur Lacroix, en 1868, qu'il n'avait « jamais fait » de roman historique. La méthode, dans* Quatrevingt-treize, *demeure la même : la scène où dialoguent Marat, Robespierre et Danton correspond exactement au dialogue entre Louis XI et ses conseillers dans* Notre-Dame de Paris. *Pour le reste l'action est confiée à des personnages sortis de l'imagination du romancier.* « La légende, *dit une note du* Reliquat *de* Quatrevingt-treize, est aussi fausse et aussi vraie que l'histoire. C'est la légende que j'écris. » *Et l'on se rappelle la formule des Misérables :* l'idée engendrant les personnages.

*Ainsi, des idées que l'esprit de Hugo avait brassées en songeant à la Révolution, sont nés les protagonistes de* Quatrevingt-treize : *héros qui fondent en eux bien des traits empruntés à des personnages authentiques de l'histoire, mais qui, vivant malgré tout d'une vie créée par l'auteur, sont poussés par lui au type, au symbole, selon une méthode qui n'est pas éloignée des « types individualisés » de Balzac.*

*Tel est d'abord Cimourdain ; sorti d'une seule coulée de l'imagination du romancier, il rassemble en lui et porte à leur plus haute tension les caractères de ces « inexorables » pour lesquels Hugo a usé, dans le poème de* l'Échafaud *cité plus haut, d'une formule antithétique à souhait, et quelque peu bizarre :*

Tigres compatissants ! formidables agneaux !

*Poussant le type à l'extrême, par une tendance naturelle à son génie, Hugo a voulu que Cimourdain ait été prêtre (il est vrai que l'histoire lui offrait plus d'un modèle de défroqué terroriste) et qu'il ait gardé, comme le conventionnel des* Misérables, *une foi déiste. Aucune bassesse en lui ; aucune faiblesse, si ce n'est son affection pour Gauvain, le seul coin de son âme qui ne soit pas « trempé dans le Styx » ; révolutionnaire absolu et pur, capable de dévouements sublimes,*

*jusqu'à ce que la crise de 1793 ait fait de lui l'«effrayant
homme juste », implacable par humanité et incarnant la
fatalité de la Terreur destructrice du vieux monde.*

*En face de Cimourdain, Lantenac. La genèse du vieux
Chouan fut plus compliquée. Pour incarner l'ancien régime
irréductible, Hugo avait songé d'abord à un type d'homme
qui l'amusait, et dont il avait donné, nous l'avons vu, la
caricature poétique dans* les Contemplations* \* : *l'aristocrate léger et désinvolte, enfin confondu par les événements
qui le transforment en opposant aveugle et farouche. Tel
eût été sans doute ce « duc de Réthel », protagoniste probable
du roman prévu sur la France d'avant 1789. Hugo avait col-
lectionné tout un recueil de traits et de mots\*\* qu'il eût
prêtés à ce personnage. Tardivement, semble-t-il, il lui a
substitué la figure hautaine et plus expressive du Breton
« d'acier », incarnant la révolte de l'Ouest contre Paris,
le marquis de Lantenac, semblable à quelqu'un de ces « antiques » dessinés par Balzac ou évoqués par Chateaubriand.*

*Certes, ce sont là des êtres trop destinés à incarner l'idée
pour ne pas paraître raidis dans leur grandeur et poussés
au surhumain. Il ne faudrait pas chercher dans Cimourdain
les nuances qu'Anatole France, romancier ironique et
sceptique de la Révolution, indiquera dans le portrait de
son jacobin Évariste Gamelin\*\*\*. Cimourdain et Lantenac
sont peints à larges traits, à grand renfort d'images et de
formules, dont beaucoup au reste sont saisissantes.*

*Derrière ces deux colosses se groupent les types popu-
laires des deux camps aux prises. Le sergent Radoub a le*

---

\* Voir p. XI.
\*\* Édition de l'Imprimerie Nationale, pp. 417-421.
\*\*\* *Les Dieux ont soif* (1912).

*langage coloré, la gouaille du Parisien, la ferveur républi-
caine du soldat des bataillons « bleus ». Du côté vendéen,
Halmalo, Chante-en-hiver, l'Imânus incarnent la résistance
bretonne, dressée contre les bourreaux de Louis XVI
et les geôliers du petit roi « qui est au Temple ».*

*Dans cette peinture d'un moment de l'histoire, Hugo
confirme sa position idéologique d'une manière explicite et
définitive. Impartialité? Il faut s'entendre. Le livre n'a
pu être écrit que par un admirateur de la Révolution. Personne à la lecture ne s'y méprendra. Non seulement les
commentaires, mais la peinture même des personnages laissent
par mille détails échapper la préférence. Hugo a des phrases
terribles, à la Michelet, sur l'ignorance du paysan « aimant
ses rois, ses seigneurs, ses prêtres, ses poux, » sur
l'aveuglement de sa résistance, à ses yeux attentat anti-
national : « On n'est pas héros contre son pays. » Tout
l'enthousiasme et la générosité du peuple républicain sont
passés dans l'âme du sergent Radoub; les haines royalistes de
l'Imânus font de lui un monstre.*

*Du moins le romancier ne refuse-t-il pas la parole aux
protestations obstinées de la Vendée. Il ne lui dénie pas la
grandeur. Les Vendéens de* Quatrevingt-treize *illustrent
d'avance l'apostrophe que leur adressera Hugo dans le
seul poème des temps révolutionnaires qui fasse partie de la*
Légende des Siècles *(1877),* Jean Chouan :

> Paysans! paysans! hélas! vous aviez tort,
> Mais votre souvenir n'amoindrit pas la France ;
> Vous fûtes grands dans l'âpre et sinistre ignorance.

*Mais surtout — nous retrouvons ici la restriction capi-
tale — la Terreur, dans* Quatrevingt-treize, *n'a pas le*

*dernier mot. Dans un texte précieux, qui ne fait pas partie du roman, mais que le* Reliquat *nous a conservé\*, Hugo dégageait la signification du livre :*

Disons-le nettement, la Révolution a commis des crimes. Pourquoi le dissimuler?... Nous sommes de ceux qui constatent la quantité de mal mêlée à la quantité de bien. Le bien l'emporte dans une proportion incommensurable. Tant mieux. Nous n'en jugeons pas moins nécessaire de maintenir au-dessus de tout les principes qui sont le ciel même de la conscience.

*Ce sont des réflexions de cet ordre, reprises sous tant de formes et depuis tant d'années, qui l'ont incité à créer le troisième héros du roman, Gauvain. Si Hugo ne condamne pas Cimourdain, s'il le préfère à Lantenac, s'il reconnaît en lui le caractère nécessaire et bienfaisant, en dépit de tout, de la crise de 1793, ce n'est pas sans réserves. Cimourdain* « savait tout de la science et ignorait tout de la vie ». *De là sa rigidité, son* « ingénuité implacable », *son illusion d'être infaillible. Combien Gauvain se situe plus haut, aristocrate gagné à la cause populaire, chef intrépide, mais apôtre de la Révolution clémente ! Lantenac porte en lui tout l'esprit du passé monarchique et féodal ; Cimourdain incarne l'âpre intransigeance des temps présents ; enthousiaste et pacificateur, Gauvain, dans son rêve visionnaire de civilisation et d'amour, paraît l'annonciateur de l'avenir et le plus clairvoyant de tous ; sa beauté symbolique d'archange contraste avec le sombre visage de ses deux parte-*

---

\* Toute la page est à lire (pp. 391-392 de l'éd. de l'Imprimerie Nationale). Elle est à rapprocher d'un texte publié dans *Océan-Prose*, XI, éd. de l'Imprimerie Nationale, 1942 : « Nous ne sommes plus le peuple de 93 ; nous n'avons plus à faire cette rude besogne de liquider en trois ou quatre années huit siècles d'oppression. »

*naires ; Hugo lui donne un nom cher entre tous, celui de
Juliette Drouet (née Gauvain). Ses idées sont, jusque dans
le détail\*, celles mêmes de son créateur, qui campe en lui le
républicain selon son cœur.*

*On a cherché, on a trouvé dans la réalité historique les
personnages dont le romancier put s'inspirer pour créer
son trio de protagonistes. Lantenac dut avoir pour original
le comte de Puisaye, dont les* Mémoires, *nous le verrons,
ont été largement exploités dans* Quatrevingt-treize.
*Il n'est pas impossible, comme on l'a suggéré récemment,
que des personnages politiques, des révolutionnaires connus
de Hugo, des communards champions de la révolution
« scientifique » lui aient fourni quelques traits pour Cimourdain. Gauvain a bien de la ressemblance avec Lazare Hoche,
dont Hugo avait écrit le panégyrique dans la treizième lettre
du Rhin. Mais au fond il importe peu. De tels rapprochements pourraient s'étendre à une foule d'autres figurants
authentiques de l'histoire. C'est le cas dans toute création de
personnages typiques. L'essentiel est dans l'idée qu'ils incarnent et qui les pousse jusqu'au symbole.*

*La confrontation de Cimourdain, de Lantenac et de Gauvain
n'aurait pas encore suffi à mettre en lumière toute la signification idéologique de* Quatrevingt-treize. *En face de
ces héros que nous dirions « engagés », il fallait peindre
l'humble humanité, étrangère aux passions politiques et
sociales, et qui n'est là que pour assister au drame, pour en
souffrir ou pour panser les plaies. Cette humanité, dont le
souci balançait dans l'esprit de Hugo la ferveur révolutionnaire, la voici incarnée d'abord dans le personnage épisodique
du « caimand » Tellmarch. Figure symbolique aussi, et*

---

*bien de Hugo, que celle de ce « pauvre », de ce mendiant
hôte de la forêt, gueux sympathique, nimbé d'on ne sait quel
rayon du ciel, qui partage sa tanière avec les fugitifs, soigne
les blessés, constate les crimes commis de part et d'autre
(« il y a à dire des deux côtés ») et formule ainsi sa profession de foi :*

Vous comprenez, je ne sais pas au juste, on va, on vient,
il se passe des choses, moi je suis là sous les étoiles.

*Dans le même esprit, Hugo a créé Michelle Fléchard.
« Roman d'hommes », a-t-on dit de* Quatrevingt-treize.
*Une femme y tient pourtant une place essentielle, non,
il est vrai, celle que la tradition romanesque attribue le plus
volontiers à la femme. La passion amoureuse est totalement
absente de* Quatrevingt-treize. *Quelques brèves esquisses
du* Reliquat *semblent indiquer que Hugo a hésité avant cette
renonciation. Rien ne le distingue davantage d'autres roman-
ciers de la Révolution, avant et après lui.*

*De Balzac d'abord.* Quatrevingt-treize *appelle naturellement la comparaison avec les* Chouans, *antérieurs de
près d'un demi-siècle (1829). Balzac, choisissant déjà
comme sujet la guerre de Vendée, avait le premier présenté
quelques individus « typiques » dont Hugo a pu se souvenir :
le chef des bleus, Hulot ; les Chouans Pille-Miche et Marche-
à-terre ; le marquis de Montauran, dit « le Gars ». Mais
il avait été attiré par l'aventure romanesque de Mlle de
Verneuil, qui, envoyée par la police pour perdre « le Gars »,
devient amoureuse de lui, cherche à le sauver, puis, par jalou-
sie et imprudence, finit par servir les desseins de ses ennemis,
et périt avec son amant. Quand le sujet sera repris, après
Hugo, par Elémir Bourges dans* Sous la Hache *(1885),
roman où l'influence de* Quatrevingt-treize *n'est pas*

douteuse, l'histoire de Rose-Manon viendra corser le drame
vendéen. Anatole France, dans les Dieux ont soif, donnera
un puissant relief aux amours du jacobin Gamelin et d'Élodie
Blaise. Hugo n'a pas choisi cette forme d'amour, mais un
amour plus instinctif, plus élémentaire, pourrait-on dire,
pour braver les idéologies aux prises. La Vendéenne Michelle
Fléchard incarne la Mère.

Ce type humain, Hugo s'en était fait depuis longtemps
une image aux traits accusés : farouche, presque animale.
Telle, dans Notre-Dame de Paris, la « recluse », la
Sachette, éclatant en paroles incohérentes, en cris de bête
à qui l'on arrache ses petits, tandis que le bourreau traîne
au gibet sa fille qu'elle vient de reconnaître dans la bohémienne Esmeralda. Telle la Fléchard : depuis qu'on lui
a tué son mari sans qu'elle sache pourquoi, elle erre, hébétée,
stupide, ne comprenant rien à ce qui se passe, avec ses trois
petits dont la guerre fait des otages. Mère et enfants, incar-
nation de l'humanité innocente et souffrante, partagent avec
les trois grandes figures viriles l'attention du lecteur, et
dégagent tout le sens du roman en déclenchant la péripétie
essentielle.

*
* *

Ces personnages typiques, « engendrés » par l'idée,
selon la formule de Hugo, vont en effet « engendrer » à leur
tour une action significative.

Ici s'accuse de nouveau la différence avec Balzac. Le romancier des Chouans s'était laissé tenter par les complications
d'une intrigue policière quelque peu confuse, dont le réseau
enveloppe lentement les deux amants. Hugo n'a que faire

*d'une trame subtile. Pour dégager l'idée, il fallait une action simple, du moins dans ses grandes lignes, serrée, tendue, d'une structure calculée.*

*Toute la première partie du roman établit dans notre esprit l'idée d'un duel implacable. Pour en accentuer le caractère cornélien, sensible d'un bout à l'autre, le romancier resserre entre les protagonistes les liens de famille, d'affection, de situation : Gauvain, neveu de Lantenac, élevé par lui comme un fils ; Cimourdain précepteur et vrai « père spirituel » de Gauvain ; — Lantenac chef de l'insurrection vendéenne, Gauvain chef républicain chargé de l'abattre, Cimourdain délégué par la Convention pour assister (et surveiller) Gauvain. En quelques semaines (l'action est très courte), défis, batailles, décrets, ordres sanguinaires, massacres, atrocités, s'accumulent et poussent d'épisode en épisode les trois protagonistes à une situation extrême, que symbolise le siège de la Tourgue (plus d'un tiers du roman) : Lantenac bloqué par Cimourdain et Gauvain dans la vieille forteresse familiale et promis à la guillotine ; les trois enfants enfermés par les Vendéens comme otages et voués à la mort dans les flammes : « Sauvagerie contre barbarie. » Parallèlement à l'intrigue militaire, la course éperdue de la Fléchard à la recherche de ses enfants la conduit elle aussi devant la Tourgue à l'instant critique. C'est au moment où le paroxysme est près d'être atteint que la péripétie éclate : Lantenac, qui avait consenti par avance au sacrifice des otages, ne résiste pas aux cris d'angoisse de la mère. Le plus impitoyable des trois est touché par une sorte de grâce. Au risque de perdre la cause vendéenne, il se jette dans le brasier, il sauve les enfants, il se livre à ses ennemis, il consent au destin qui l'attend. L'innocence a été plus forte que la haine. L'humanité a triomphé de l'inhumain. Désor-*

*mais la Fléchard et ses petits retrouvés disparaissent du récit : et c'est le premier dénouement.*

*L'intrigue se resserre maintenant autour des trois hommes ; le moment des débats décisifs est venu. Cimourdain n'est pas touché par le geste de Lantenac ; il n'y voit que l'occasion de terminer la guerre en livrant le chef des Chouans à la guillotine. Tout le drame se concentre dans l'âme de Gauvain. L'héroïque détermination de son oncle l'incite à le surpasser encore en générosité. Le geste de Lantenac avait jailli presque instinctivement ; dans le discours qu'il tiendra à Gauvain, il ne cherchera pas à l'expliquer, il n'y fera même aucune allusion. La détermination de Gauvain suivra au contraire une longue crise, un débat intérieur, organisé en monologue de tragédie, où tout sera médité et pesé. Alors, malgré les sarcasmes et les reproches du vieux royaliste, qui a cédé à un mouvement spontané de pitié humaine, mais n'a rien renié de ses convictions ni de ses haines, Gauvain lui permettra de s'évader et prendra sa place dans le cachot : seconde phase du dénouement.*

*Imagine-t-on que Cimourdain, touché à son tour par une sorte de contagion de générosité, pardonne à Gauvain, quitte à se donner la mort pour avoir trahi la consigne révolutionnaire ? Hugo ne l'a pas admis. L'implacable génie de la Terreur doit triompher jusqu'au bout en Cimourdain. Clément, il ne serait plus lui-même. Du reste, l'ordre de la Convention n'est-il pas formel : exécuter quiconque aura favorisé l'évasion d'un adversaire ? Et pourtant, Cimourdain aime Gauvain. Au début de la bataille où il savait que son élève allait être dangereusement exposé, il n'a pas hésité (geste d'ailleurs peu vraisemblable) à s'offrir en otage aux Blancs pour arrêter le combat au cas où ceux-ci consentiraient à livrer Lantenac. Maintenant tout est révolu :*

*par un enchaînement logique, le geste du vieux Chouan a entraîné la décision de Gauvain, et cristallisé le conflit latent entre la Révolution inexorable et la Révolution clémente. Après une nuit passée à discuter de la meilleure des républiques, Cimourdain livrera donc son élève bien-aimé à la guillotine, dressée pour le Vendéen. Et Gauvain, loin de mourir révolté, fera un signe d'adieu amical à son maître avant d'offrir sa tête au bourreau. C'est la troisième phase.*

*Tout doit-il s'arrêter ici ? Gauvain mort, Lantenac et Cimourdain resteraient face à face. Mais non : en quelques lignes, surgit le dénouement suprême ; le suicide de Cimourdain accompagne l'exécution de Gauvain.*

*Les commentateurs qui ont pris très au sérieux la « philosophie » de* Quatrevingt-treize, *et n'ont pas eu tort, se sont interrogés sur le sens de ce geste final, que Victor Hugo, dans le texte imprimé, livre à notre jugement sans commentaires. Après tout, Cimourdain a obéi à son devoir ; il peut vivre ; il devrait même vivre pour continuer la guerre que l'évasion de Lantenac va rallumer, pour ne pas permettre que l'ennemi de la République soit le seul survivant des trois et le gagnant de l'aventure. Pourquoi ce suicide ? On a évoqué (Berret entre autres) le suicide de Javert dans les* Misérables. *Mais la situation est toute différente. Javert le policier se tue parce qu'il a eu la faiblesse d'épargner l'ancien forçat Jean Valjean. Il se punit d'un moment d'humanité, où la rigueur du devoir a fléchi devant la magnanimité de son partenaire. Telle serait un peu la situation de Cimourdain s'il avait épargné Gauvain. Or, malgré les supplications de l'armée, il a fait son devoir révolutionnaire jusqu'au bout, il a livré Gauvain au bourreau. Alors ? Le* Reliquat *de* Quatrevingt-treize *nous fournit sur ce point un précieux document : deux fragments manuscrits que Hugo n'a pas reproduits dans le texte. Dans le premier de ces fragments, Cimourdain parle :*

Montrant la guillotine : — J'ai satisfait à la loi. — Saisissant un pistolet : — Maintenant je satisfais à la justice. — Et il se brûle la cervelle.

*Dans le second fragment, il laisse par écrit sa justification :*

Il y a deux choses, la loi et la justice. Toutes deux doivent être obéies. La mort de Gauvain satisfait à la loi ; la mienne satisfait à la justice.

*Autrement dit, Cimourdain, après l'exécution ordonnée par lui, ne se reconnaît plus le droit de vivre. Sa mort « satisfait » en nous une exigence à laquelle il donne le nom d'une des plus hautes idées morales.*

*Cette explication n'éclaire pas seulement la résolution de Cimourdain. Elle apporte une réponse à la question que pose toute la dernière partie de* Quatrevingt-treize, *si tendue, si fortement composée. Quelle en est la vraie signification idéologique ? Sur quelle impression doit nous laisser en fin de compte cette suprême création de Hugo romancier ?*

*« L'idée générale de fatalité règne dans ce dernier roman », écrit Renouvier\*. Fatalité, c'est déjà le mot-clef de* Notre-Dame. *Le suicide apparaît alors comme « la conclusion pratique du drame » : ainsi dans les* Travailleurs de la mer, *dans* l'Homme qui rit. *Plusieurs commentateurs, poussant dans ce sens, ont cru déceler dans le dénouement de* Quatrevingt-treize *un pessimisme essentiel,*

---

\* *Victor Hugo le philosophe* (1900), ch. x.

*et l'ont attribué pour une part à l'amertume que la crise récente de 1870-71 avait dû laisser dans l'âme de Victor Hugo.*

*Cette appréciation nous semble exiger de sérieuses retouches.*

*D'abord, il est au moins un dénouement heureux dans* Quatrevingt-treize : *le sauvetage des enfants rendus à leur mère. Mais, en dépit même de la tragédie finale, on ne peut dire que ce soit là une œuvre de désespoir. Comme dans* les Misérables, *où l'optimisme aussi l'emporte, « on n'y perd pas de vue le ciel ». Certes, la nature divine condamne par sa sérénité « l'impudeur humaine »; elle enveloppe dans une égale réprobation le passé et le présent, la Terreur et la Vendée, la Tourgue et la guillotine. Ainsi Tolstoï, au début de* Résurrection, *exaltera la nature en présence des turpitudes humaines : « le printemps restait le printemps ». Pourtant, dans* Quatrevingt-treize, Dieu, le Dieu de Hugo, *se manifeste clairement en l'homme par la conscience qui libère les âmes murées dans leurs idéologies, par l'acte volontaire qui rachète pour une part les horreurs et les crimes. Lantenac le féroce arrache trois enfants à la mort ; Gauvain sacrifie ses idées les plus chères — car il est républicain de toute son âme, — sa sûreté, son existence, pour ne pas laisser guillotiner l'adversaire capable d'un tel sursaut d'humanité ; Cimourdain enfin, après sa décision atroce et logique, renonce à la vie pour expier en quelque sorte l'action que lui ont fait commettre sa dévotion à l'idée révolutionnaire et son respect du devoir social. Tous trois se sont montrés également sincères, loyaux, convaincus, entiers dans leurs idées ; tous trois ont eu loisir de s'expliquer, en monologues ou en dialogues, de justifier leurs décisions contradictoires. Et tous trois se trouvent réconciliés dans l'obéissance à un impératif qui n'est plus celui de leurs convic-*

*tions politiques, mais d'un idéal moral. C'est par là que la mort tragique des deux chefs républicains et le supplice même de l'admirable Gauvain ne laissent pas seulement l'impression d'une fatalité sinistre. Renouvier était plus près de la vérité quand il voyait aussi paraître dans cette conclusion « la thèse du triomphe définitif de l'amour dans les grandes âmes ».*

\*
\*\*

*Roman d'imagination avec une évocation très poussée d'un moment de l'histoire : telle était la formule de* Notre-Dame de Paris ; *telle est aussi l'armature de* Quatrevingt-treize.

*Pour composer le cadre proprement historique, pour créer l'atmosphère, Hugo réunit toute une documentation : il avait eu la coquetterie de l'érudition dès sa jeunesse, à l'époque des drames et des premiers romans. Le travail de préparation de* Quatrevingt-treize *s'est étendu sur plusieurs années. Dès 1863, on peut en suivre les premiers pas dans la* Correspondance *avec Paul Meurice. Hugo demande des documents :*

Soyez assez bon pour acheter à mon compte et m'envoyer le livre dont vous me parlez, l'*Art sous la Révolution*. Y a-t-il une gravure quelque part ou une description détaillée de la salle où la Convention a jugé Louis XVI ?... Qu'est-ce que l'ouvrage Mortimer-Ternaux sur la Terreur ?

*Meurice, à son tour, suggère à son ami de consulter*

le catalogue très curieux de la bibliothèque Labédoyère. ... Vous avez le Michelet, n'est-ce pas? et aussi... les *Mémoires* de Garat et autres ?

*Les innombrables signets de papier couverts d'annotations, glissés dans les livres, et retrouvés dans la bibliothèque de Guernesey, ont fourni la matière à deux importantes études :* l'Historique de Quatrevingt-treize *dans l'édition de l'Imprimerie Nationale (pp. 451-469) et l'article de Paul Berret dans la* Revue Universitaire *de 1914 :* Comment V. Hugo prépara son roman historique de Quatrevingt-treize. *Nous en résumons les conclusions.*

*Selon sa méthode, le romancier s'attache à trois ou quatre livres essentiels où il puise l'argument : les* Mémoires du comte Joseph de Puisaye, *l'original de Lantenac (1803), les* Lettres sur l'origine de la Chouannerie, *de J. Duchemin-Descepeaux (1825) ; la* Révolution française de Louis Blanc *(1866) ; l'*Histoire de Robespierre d'*Ernest Hamel (1865). Il dépouille ou feuillette bien d'autres ouvrages. Qu'y récolte-t-il ? Une multitude de faits significatifs. Ainsi procédera, dans une certaine mesure, et souvent avec les mêmes ouvrages (Mortimer-Ternaux entre autres) Taine préparant, à l'époque même où Hugo écrit* Quatrevingt-treize, *ses* Origines de la France contemporaine, *sur un plan tout différent et dans un tout autre esprit. Hugo, romancier et poète, s'arrête naturellement de préférence aux détails pittoresques, aux mots à effet, aux traits qui portent. Il y joint des souvenirs de récits oraux, parfois des réflexions personnelles jetées au passage, et se constitue ainsi une liasse de dossiers, que le* Reliquat *nous a transmis.*

*Il fut un temps où cette érudition prêtait à sourire. On n'en retenait que les lacunes et quelques erreurs spectaculaires. Les études contemporaines lui sont en général plus favorables. Dans* Quatrevingt-treize, *tous ces documents fécondés par l'imagination donnent une image très valable du drame vendéen, tel que les historiens l'ont présenté. Balzac, dans* les Chouans, *était surtout sensible à des détails de mœurs. Hugo s'attache davantage aux grands aspects du conflit. A travers les épisodes du roman, il évoque bien la place de la révolte bretonne dans la lutte de l'Europe contre la Révolution, les espérances qu'elle suscite en Angleterre ; les phases et les aspects divers de l'insurrection, aristocratique ou paysanne ; les caractères originaux de cette guerre que Balzac avait déjà fortement soulignés dans* les Chouans : *embuscades, surprises, combats de forêts, batailles de rues (la rencontre de Dol est en grande partie historique) ; les passions forcenées aux prises ; la férocité des combattants. Surtout ces recherches ont permis à Hugo de placer au centre du roman, en interrompant le récit selon la technique déjà utilisée dans* Notre-Dame de Paris, *les deux vastes développements sur la Convention (livre III de la Seconde Partie) et sur la Vendée (livre I de la Troisième Partie) : tableaux antithétiques, où se mêlent histoire et poésie, et qui sont au moins de prestigieuses évocations. L'idéologie politique s'y étale. Hugo explique et juge. Tout ce qu'il avait écrit et pensé de la Révolution depuis cinquante ans aboutit à ces chapitres qui commentent largement quelques formules-clefs :* « La Convention... peut-être le point culminant de l'histoire... La Vendée... une plaie qui est une gloire. » *C'est là qu'il n'a pas résisté devant la* « scène à faire » : *la rencontre entre Marat, Robespierre et Danton, morceau historique rattaché à l'action du roman par un lien assez ténu, vaste dialogue où les trois personnages apparaissent conduits chacun par une idée fixe, Marat par l'intrigue parisienne et l'espionnage, Robespierre par le souci de la Vendée, Danton par le péril extérieur, tous trois secrètement hostiles l'un à l'autre, et incarnations de trois aspects du génie révolutionnaire. Taine allait bientôt, dans ses* Origines, *présen-*

ter des portraits *tout aussi symboliques, et, malgré des
prétentions de pur historien, non pas forcément plus authentiques que la puissante construction de Hugo.*

*Mais voici le revers. Cette érudition, mise en œuvre par
un travailleur doué d'une mémoire aussi robuste et d'un don
verbal quasi sans limites, est pour une part responsable de
la surabondance qui excuse les impatiences du lecteur d'aujourd'hui. Encore Hugo a-t-il choisi ! Il a cherché visiblement
dans* Quatrevingt-treize *à faire plus court; pour ne pas
déséquilibrer l'action, il a laissé dans le Reliquat nombre de
« copeaux », toute une dissertation, entre autres, sur Marat,
Danton et Robespierre. Trop de pages pourtant donnent
encore l'impression d'une virtuosité inexorable. Qu'il évoque
les rues de Paris en ce temps-là, les séances de la Convention,
les mots grandioses ou terribles tombés de cette tribune,
les figures des principaux orateurs, les aspects du maquis
vendéen, qu'il fasse dialoguer* La Vieuville *et* Boisberthelot,
Lantenac *et* Halmalo *ou les trois grands conventionnels,
il procède par énumération et accumulation de détails ras-
semblés avec une assurance implacable. Non qu'il se répète ;
on est confondu au contraire par la variété des tours, des
images, des rythmes, par la maîtrise verbale avec laquelle
il brasse et entraîne les faits, les dates, les allusions. Mais
trop souvent l'auteur et ses personnages semblent vouloir
laisser les lecteurs étourdis d'histoire pittoresque, comme il
arrive de l'être aux spectateurs des drames romantiques.*

*Du reste, la digression sous toutes ses formes tient une
place abusive dans* Quatrevingt-treize *comme dans tous
les romans de Hugo : historique, mais aussi sociale, morale,*

*philosophique et lyrique. Qu'il s'agisse de dissertation massive ou de réflexions en passant, le romancier cède au goût du perpétuel commentaire; à force de vouloir dégager la signification des choses, il lui arrive de surcharger et d'alourdir ce que le récit, par lui-même, expliquait suffisamment. Le fameux:* Ceci tuera cela *de* Notre-Dame de Paris *avait inauguré ce genre de développements en style hautain et flamboyant. Malgré un effort certain de concision, Hugo n'y a pas renoncé. La forme qu'il adopte dans de tels morceaux s'est même accentuée et durcie pendant l'exil; on tirerait de* Quatrevingt-treize *un répertoire complet des traits qui la rendent reconnaissable entre toutes : formules à l'emporte-pièce, balancements combinés et termes antithétiques ; emploi constant du substantif abstrait et de l'adjectif-substantif; phrases sans verbes, elliptiques, « en coup de poing » ; passages répétés à la ligne ; interrogations suivies de réponses décisives ; variations, par images et métaphores, sur l'idée qui ne semble jamais assez signifiée. C'est prodigieux de verve ; Hugo seul en son temps était capable de soutenir sans broncher une pareille virtuosité verbale. Mais avouons que rien n'est plus éloigné de notre goût (excessif peut-être à son tour) pour la sobriété et la manière allusive. Il est juste de dire que, plus que dans les romans antérieurs,* Quatrevingt-treize *manifeste parfois une discrétion qui laisse au lecteur la possibilité de dégager lui-même du récit l'idée et l'émotion, sans être étouffé par des explications péremptoires : telle apparaît la dernière page. On souhaiterait qu'il en fût ainsi plus souvent dans le cours du roman, et que de très beaux passages, des idées très fortes, ne fussent pas gâtés par une insistance excessive. Cette tension est particulièrement sensible dans les morceaux idéologiques : réquisitoire de Lantenac contre la Révolution ;*

*suprême discussion entre Gauvain et Cimourdain. La médi-*
*tation de Gauvain, si belle en elle-même, et digne pendant*
*de la* Tempête *sous un crâne des* Misérables, *souffre,*
*comme la méditation de Jean Valjean, de la prolixité qui*
*porte tant sur les nerfs du lecteur contemporain. Les portraits,*
*les récits mêmes n'en sont pas exempts. Les chapitres char-*
*mants où sont mis en scène les enfants de la Fléchard sont*
*alourdis par telles réflexions sur l'enfance, qui rappellent*
*trop le mage « pensif » et annoncent certains poèmes ponti-*
*fiants de* l'Art d'être grand-père. *Et si, parmi toutes les*
*formules inventées par Hugo, il en est de saisissantes et*
*souvent d'admirables, d'autres semblent se parodier elles-*
*mêmes : qu'on lise à titre d'exemple le portrait moral*
*de Cimourdain.*

*En fait, Hugo septuagénaire s'affirme plus que jamais,*
*avec l'autorité du génie qui ne se discute pas, que l'on doit*
*accepter tel quel, tout entier. La technique du roman apporte*
*une autre preuve de cette imperturbable constance. « Roman-*
*tisme pas mort ! » auraient pu dire en 1874 les lecteurs*
*de* Quatrevingt-treize, *alors que, depuis vingt ans, le*
*roman était passé au réalisme, puis au naturalisme. Qu'il*
*suffise de rappeler que* Quatrevingt-treize *s'inscrit,*
*pour la date, entre* l'Éducation sentimentale *de Flaubert*
*(1869) et* l'Assommoir *de Zola (1877).*

*L'action, nous l'avons dit, ne manque pas de simplicité*
*dans ses grandes lignes : dans le détail, elle utilise toutes*
*les formules d'autrefois. Le découpage en parties, livres,*
*chapitres, précédés de titres pittoresques, familiers, para-*
*doxaux, énigmatiques, répond à un goût déjà manifeste dans*

Notre-Dame. *Les épisodes s'annoncent, s'enchaînent, se dénouent selon la technique du roman ou du drame des années 1830, sinon du mélodrame. Ils donnent souvent à* Quatre-vingt-treize *l'allure voulue d'un roman populaire. C'est aussi amusant que de l'Alexandre Dumas (avec le style en plus), et fabriqué de procédés analogues : coups de surprise dès longtemps préparés, suspensions calculées du récit aux moments pathétiques. L'échelle et la guillotine qui circulent à travers la campagne, et dont on ne sait si, quand, où elles arriveront ; la porte secrète que les assiégés près de périr voient s'ouvrir dans la muraille : autant d'accessoires éprouvés. Et voici les révélations inattendues, les rencontres providentielles, les gestes et les coups de théâtre : le marquis de Lantenac décorant solennellement le matelot pour le livrer aussitôt au peloton d'exécution ; Cimourdain parvenant à Dol juste à temps pour sauver Gauvain d'un coup mortel ; la mère, après une course interminable, ne retrouvant ses enfants que pour les voir cernés par les flammes ; Lantenac, à l'instant précis où il prenait la clef des champs, arrêté par le cri de Michelle Fléchard.*

*Dès 1835, Sainte-Beuve, à propos de Vigny, avait porté son diagnostic sur ce vice du roman romantique :*

... un certain manque de réalité, une certaine apparence de poétique chimère... La scène a beau être disposée... avec toute la science et toute l'application dont le poète est capable... ; on n'ose s'y confier comme à la vérité même malgré l'émotion qu'on en reçoit.

*Nous sommes tentés de le redire pour maintes pages de* Quatrevingt-treize : *l'histoire des trois enfants, otages qui finissent par être au centre de la guerre civile, sur lesquels tout l'intérêt, tout l'acharnement, toute la pitié des combat-*

*tants se concentrent, cette fiction essentielle du roman nous laisse-t-elle tout à fait convaincus ?*

*Ces survivances romantiques sont plus marquées encore dans les propos des personnages, dans les dialogues. Flaubert en était exaspéré. Il écrit le 1<sup>er</sup> mai 1874 à Mme Roger des Genettes, après lecture de* Quatrevingt-treize :

> Quels bonshommes en pain d'épice, que ses bonshommes ! Tous parlent comme des acteurs. Le don de faire des êtres humains manque à ce génie. S'il avait eu ce don-là, Hugo aurait dépassé Shakespeare.

*Comme des acteurs... Et, bien entendu, comme des acteurs des drames de Hugo. Ils pratiquent, à l'exemple de leur créateur, la prouesse verbale, l'image à profusion. Même les types populaires ont un style auquel on ne peut se méprendre : que l'on compare les propos du sergent Radoub et de la cantinière à ceux des personnages de Stendhal, dans le récit de Waterloo ! Comment ne pas reconnaître l'auteur de* Hernani, *de* Ruy Blas, *des* Burgraves, *à ces effets infaillibles : ici une tirade de plusieurs pages d'invectives (Lantenac dans sa prison accablant Gauvain de reproches) pour aboutir à cette seule riposte :* « Vous êtes libre ». *Ailleurs, les réponses « sublimes » :* « Soldats, ôtez vos souliers — Nous n'en avons pas » ; *les répliques en cliquetis de mots :* « Mon maître ! — Ton père. » — « C'est toi, prêtre ! — Oui, c'est moi, traître ! » — « Je t'arrête, dit Cimourdain. — Je t'approuve, dit Lantenac. »

Quatrevingt-treize *appelait la transposition scénique ; Paul Meurice, autorisé par Hugo, en fit un drame représenté à la Gaîté le 28 décembre 1881, Marie Laurent tenant le rôle de la Flécharde. La radio suisse nous a récemment fait*

*réentendre cette adaptation que suggérait la structure théâ-
trale du roman.*

\*
\* \*

*Les ironies de Flaubert, dans la lettre citée, ne s'étendent
pourtant pas, il s'en faut, à tout le livre : « Le* Quatrevingt-
treize *du père Hugo », avouait-il, « me paraît au-dessus
de ses derniers romans ; j'aime beaucoup la moitié du premier
volume, la marche dans le bois, le débarquement du marquis,
et le massacre de Saint-Barthélemy, ainsi que tous les paysages. » Choix auquel le lecteur d'aujourd'hui peut sous-
crire. L'art descriptif et narratif de Hugo dans* Quatrevingt-treize *n'apporte pas un renouvellement sensible de
sa manière. Ici encore, il se continue. Du moins reste-t-il
égal à lui-même. L'œuvre appartient à une année féconde, où
la puissance de création et d'expression du vieillard ne fléchit
pas.*

*Le sujet prêtait aux descriptions. La mer, une fois
de plus, a inspiré Victor Hugo. Sous des aspects variés,
elle est présente dans tous les romans écrits depuis les*
Misérables. *Dans les* Travailleurs de la mer *(le plus
riche à cet égard), c'étaient l'existence des pêcheurs de
Jersey, les naufrages, l'écueil battu du vent et des vagues,
les grottes sous-marines pleines d'une vie fourmillante, les
couleurs des rochers, des galets et des plages, l'odeur des
varechs. L'*Homme qui rit *retraçait, dans un lointain
passé, l'épopée du vaisseau fantôme des acheteurs d'enfants,
assailli par les tempêtes de neige au large des côtes de l'Angleterre. Les premiers épisodes de* Quatrevingt-treize *font
revivre le voyage de la corvette* Claymore, *chargée du débarquement clandestin de Lantenac ; voyage coupé d'épisodes,*

*le canon démonté, l'apparition de la flotte ennemie, la fuite du canot de sauvetage, le combat, où* la Claymore *meurt comme* le Vengeur, *comme la frégate* la Sérieuse *dans le poème de Vigny.* Hugo *exploite le vocabulaire technique de la vie des vaisseaux de guerre au temps de la Révolution ; autour du drame de la corvette, il évoque, par touches impressionnistes, les spectacles de l'océan, le brouillard, les effets de lumière et d'ombre, le crépuscule du matin et du soir, et ce qu'il nomme d'un mot de peintre : « le modelé de la mer ».*

*Toute la suite de l'action a pour cadre la terre bretonne. Hugo nourrit ici ses descriptions de souvenirs. La baie d'Avranches, où il fait débarquer Lantenac, lui rappelait son voyage du printemps 1836 au pays de Juliette Drouet. Il en avait gardé, avec de magnifiques dessins, les lettres adressées à Adèle Hugo, à Louis Boulanger, et qui ont été publiées dans le recueil posthume :* En voyage. France et Belgique *(1892).*

*De Coutances, le 28 juin, il envoyait à sa femme une description du Mont-Saint-Michel, pour lequel il aurait voulu* « entasser les superlatifs d'admiration, comme les hommes ont entassé les édifices sur les rochers » : « pyramide merveilleuse », *qui a pour base* « tantôt un désert de sable comme Chéops » *(la comparaison reparaîtra dans le roman),* « tantôt la mer comme Ténériffe ».

*Il y a dans* Quatrevingt-treize *une page descriptive égale aux plus belles : celle où Lantenac, débarqué près du Mont, parcourt la grève, monte en haut de la dune, contemple la plaine parsemée de villages et voit soudain, sans les entendre, dans les clochers lointains, les cloches en branle sonner le tocsin d'alerte qui annonce son débarquement et rassemble les forces chargées de le traquer. L'éclairage de* la scène, l'air des vastes étendues et le frisson de terreur qui la parcourent, tout y condense la grande manière de Hugo : sensations saisies au vif, et agrandissement visionnaire.

Après la lande, la campagne et la forêt. Les épisodes tragiques de Quatrevingt-treize se jouent dans le décor d'une nature rayonnante. On a pensé que cette évocation avait été suggérée au romancier par le printemps et l'été guernesiais de 1874. Mais ses notes de voyage de 1836 sont riches d'impressions recueillies au pays même où se déroule l'action du roman : Fougères, Ernée, Audrain, « le fameux champ de bataille de l'armée vendéenne ». « Le temps est redevenu beau », écrivait-il de Fougères, le 22 juin ; « les routes sont charmantes. Tout est verdure, buissons, grands arbres, chaumes fleuris, avec des fumées mêlées aux senteurs des églantines. Çà et là un champ de ciguë qui exhale une odeur de bête fauve, un mur en ruines où poussent de grands bouillons blancs..., et puis tout cet encadrement de la route magnifiquement doré par les genêts en fleurs ».

Ces réminiscences ont dû suffire à inspirer les pages consacrées au bois de la Saudraie, aux forêts-repaires des Vendéens, et la scène finale, où la lumière, les parfums du jour naissant, le paysage tout imprégné de divinité accusent par contraste l'horreur de la guerre civile. Par les descriptions de la nature et les « contemplations » qu'elle nourrit, le lyrisme pénètre le roman.

On s'étonne que, parmi les villes bretonnes, Hugo n'ait pas donné dans Quatrevingt-treize une place de choix à Fougères ; il en avait envoyé à Louis Boulanger un tableau enthousiaste. Peut-être n'a-t-il pas voulu recommencer la description de Balzac, au début des Chouans. Dol, visitée

*aussi en 1836, et théâtre historique d'une bataille entre*
*Bleus et Blancs, a eu la préférence.*

*Mais le triomphe de la description architecturale dans*
Quatrevingt-treize, *c'est la vieille forteresse, rendez-vous*
*final de tous les personnages et centre de l'action :*

J'ai vu Lassay, charmante petite ville demi-sauvage...
qui a trois vieux châteaux, dont deux admirables que j'ai
dessinés. Le troisième n'a plus que quelques ruines situées
au milieu des arbres les plus beaux et les plus farouches du
monde.

*Ces souvenirs de 1836, d'autres impressions antérieures*
*ou plus récentes*[1]*, se sont combinés pour créer la bastille*
*bretonne, qui dut se nommer d'abord la tour Méchante ou*
*le château de Mauvaise avec ses tours « Mauvaise »,*
*« Poingdextre » et « Frontpabent », avant d'être simple-*
*ment la Tour-Gauvain, « la Tourgue », rivale de tant*
*d'autres architectures des romans, des drames, des poèmes :*
*les burgs du* Rhin, *le château de Heppenheff des* Burgraves,
*le donjon de Corbus d'Eviradnus, le castel d'Osbor d'où*
*Welf, comme Lantenac, défie les assiégeants. Pour évoquer*
*chaque forteresse avec son caractère original, Hugo joue de*
*toutes les ressources de son style : vocabulaire technique,*
*détails accumulés, images. La description de la Tourgue,*
*avec sa brèche, ses oubliettes, sa « retirade », sa « vis de*
*Saint-Gilles », le pont-châtelet, contrastant avec la rudesse*
*de la tour, autant de pages où Hugo confirme sa maîtrise iné-*
*galée dans l'archéologie pittoresque.*

*Sur ce fond de décors, les récits défilent, comme dans* Notre-
Dame de Paris *défilait tout le moyen âge : ici dominent*
*naturellement les visions de guerre, chacune avec sa couleur,*

---

1. Voir la note p. 296.

*combat naval, embuscade, bataille de rues, assaut de la tour. Et comme ce fut une coquetterie de Hugo d'avoir « la grâce des forts », le drame est entrecoupé par l'épisode gracieux des trois enfants, à rapprocher de tant de scènes du même genre dans* les Misérables, *dans* la Grand'mère *du* Théâtre en liberté, *et surtout dans* l'Art d'être grand-père, *que Victor Hugo commence à composer après 1871. Il n'est pas douteux que Georges et Jeanne aient posé pour les petits de Michelle Fléchard. Mis à part quelques attendrissements un peu mièvres et quelques formules superflues, René-Jean, Gros-Alain et Georgette forment un des meilleurs groupes de putti que Hugo ait dessinés ; le réveil dans la bibliothèque, le massacre de Saint-Barthélemy, le sauvetage, justifient l'admiration de Flaubert par la justesse du trait et le charme du récit.*

*Enfin, plus que jamais, Hugo est le maître de la narration épique. On sait ce qu'il faut entendre par là : précision du détail sans cesse rattaché à la vie de l'ensemble ; un certain élargissement aussi qui veut nous rendre perceptibles les effets de grandeur ou de terreur ; un souffle poétique qui transpose la réalité en images et l'histoire en légende. Les narrateurs rebelles à l'épopée, c'est Mérimée, c'est Stendhal. L'art de Hugo, ni supérieur, ni inférieur au leur, mais absolument autre, multiplie dans* Quatrevingt-treize *les épisodes « homériques » ou « dantesques » : le carnage de l'Herbe-en-Pail, une gravure de Goya ; les péripéties du siège de la Tourgue, combats singuliers, ruées en masse. Le réalisme est sans cesse dépassé. Hugo se sent à l'aise dans la disproportion et le paroxysme. A Dol, le bataillon du Bonnet-Rouge, réduit à douze hommes, met en fuite une armée de Vendéens ; par compensation, Lantenac, avec dix-huit survivants, tient tête à des milliers*

*d'ennemis. L'intempérance verbale trouve là son emploi :
le narrateur nous force un peu trop à imaginer des « titans »
en lutte contre des « géants » ; nous préférerions qu'il
eût suggéré sans le dire que Lantenac descendant son échelle
ressemblait à la statue du Commandeur. Mais quelle variété,
quelle couleur il donne à ce remuement d'hommes dans ce
cadre d'architecture hallucinée ; et, pour prendre un terme
qui s'impose au lecteur d'aujourd'hui, quelles « séquences » !*

*Hugo a toujours su douer l'inanimé d'une vie effrayante et
fantastique ; peut-être n'a-t-il rien fait de supérieur en
ce genre à* Notre-Dame de Paris. *Mais* Quatrevingt-
treize *peut revendiquer l'incendie dévorant la Tourgue, et
surtout la caronade déchaînée : page d'anthologie, page de
virtuose.*

*Toute cette richesse descriptive est rassemblée dans la
dernière scène. Elle y est d'autant plus sensible que l'idée
s'y fond mieux dans le récit, sans déborder en digressions
excessives. La confrontation symbolique des deux « monstres », Tourgue et guillotine, la marche de Gauvain au supplice, le suicide de Cimourdain projettent les couleurs
d'une gravure des temps révolutionnaires sur une vision de*
Légende des siècles.

*Une telle page était digne de mettre le point final, non seu-
lement au roman, mais à l'œuvre entière de Hugo romancier.
Elle résume la double impression que, le livre fermé, nous
gardons de* Quatrevingt-treize : *plénitude et grandeur;
constance d'un art fidèle à lui-même, prise de la pensée et de
l'imagination sur une matière immense. Moins touffu malgré
tout que dans les précédents romans, Hugo domine son sujet et*

*en assume toute l'ampleur. Le titre l'annonçait : non pas simple épisode de guerre civile, mais 93, en bloc. Il n'aurait pas fallu tenter de démontrer à Hugo, comme Taine allait s'y évertuer bientôt, que les hommes de cette année-là avaient été petits et mesquins. Balzac, dans* les Chouans, *Vigny, dans* Stello, *avaient traduit déjà en fortes scènes quelques épisodes des années révolutionnaires. Mais Balzac s'attache davantage au pittoresque des mœurs, et, d'ailleurs, il situe son roman après la Terreur, en 1799 ; Vigny, dans son évocation de la période robespierriste, était soucieux surtout de mettre en relief le poète victime, André Chénier, et d'accabler ses bourreaux. La synthèse de Hugo paraît vraiment à la mesure de cette « année terrible » que fut aussi 1793. On s'en rend mieux compte si l'on relit aussitôt après son livre cet autre grand roman de la Terreur, tout à l'opposé de sa manière :* les Dieux ont soif, *livre de sceptique, ce que n'était à aucun degré Victor Hugo. Anatole France décompose en analyste l'âme de son terroriste ; il juge avec une pitié pleine d'ironie ce crédule, épris d'absolu, que l'idéologie dont il est à la fois le servant et la victime transforme en fou sanglant. La vie continue après le passage du philanthrope dévastateur ; l'humanité, qu'il a eu la naïveté de vouloir régénérer, reprend toujours les mêmes chemins. La sagesse est tombée sous le couperet en la personne de Brotteaux, lecteur de Lucrèce et contemplateur sans illusions des marionnettes humaines.*

*Le romancier de* Quatrevingt-treize *voyait « plus gros » peut-être — on le lui a assez reproché — mais plus grand aussi. Et sa vision n'est-elle pas à certains égards mieux accordée à notre vue des choses, malgré tout ce qui sépare son roman de l'esthétique d'aujourd'hui ? Ces statues colossales (André Gill caricaturait l'auteur de* Quatrevingt-treize *en sculpteur de bustes), ces personnages soumis à une sorte de simplification symbolique, et tout en relief, ne sont-ils pas, en dépit d'une grandiloquence périmée, assez proches de telles créations contemporaines ? Nous avons revu de ces êtres incarnant des idéaux contradictoires, absolus eux aussi, simples et tout d'une pièce, parce qu'ils sont tout entiers au service d'une idée, terribles et coupables souvent, mais qui attestent à la fois l'horreur et la grandeur de la condition d'homme. Et l'épisode-charnière de* Quatrevingt-treize, *ce retournement qui parut à certains plus théâtral que vraisemblable, ce sursaut d'humanité qui fait fléchir le partisan fanatique devant l'innocence, serait-il impossible d'en découvrir l'équivalent dans les romans et les drames qui retracent les luttes idéologiques de notre temps? A travers l'enflure et l'emphase trop réelles, Hugo affirme une fois de plus dans* Quatrevingt-treize *le sens qu'il eut toujours des hauts moments de l'histoire, son respect des combats d'idées, où s'affrontent les âmes hors série. Gauvain domine le roman par sa noblesse sans reproche. Mais Lantenac et Cimourdain, les deux inexorables, gardent leur stature et sont pour une part justifiés. Là même où le romancier juge, critique ou condamne, il ne témoigne pas de mépris. Son idéologie, traduite en épopée grandiose, garde ce mérite, rare à nos yeux, de ne jamais diminuer l'homme.*

Jean BOUDOUT.

# REMARQUES
## SUR LES NOTES DE CETTE ÉDITION

*Les allusions historiques abondent dans* Quatrevingt-treize : *le sujet y prêtait, sans préjudice du goût de Victor Hugo pour tout ce qui recrée la couleur d'une époque, de sa confiance dans le pouvoir expressif, sonore et quasi magique des noms, de sa méthode même de préparation. Il est des pages entières où s'accumulent des listes de noms propres, des nomenclatures de faits, de détails rares ou pittoresques : noms de Vendéens et de conventionnels, épisodes de guerre civile, traits de mœurs du temps. On pourrait dire de certains morceaux ce qu'E. Huguet disait du seul premier chapitre de* Notre-Dame de Paris : « *un document par phrase* ».*

*Il ne saurait être question d'annoter toutes ces références à la réalité historique. Du reste, nombre d'entre elles se passent de commentaire, soit que le contexte les explique, soit que l'auteur ne dédaigne pas de les éclaircir. Nous avons dit d'où le romancier a tiré cette documentation. On trouvera dans l'*Historique *de* Quatrevingt-treize *(édition de l'Imprimerie Nationale, pp. 453-469) un choix de passages exploités. Nous y renvoyons une fois pour toutes, quitte à signaler dans les notes quelques curiosités. Parfois, Hugo altère un nom ou un détail; le plus souvent il incorpore les renseignements tels qu'ils lui sont fournis par ses sources, en les plaçant là où il les juge capables de produire le meilleur effet.*

*En revanche, nous insisterons sur une autre espèce de curiosités : des allusions plus cachées, des intentions qui s'expliquent par rapprochement avec d'autres textes de Victor Hugo, et qui renforcent l'éclairage de tel ou tel épisode.*

*D'autre part, Victor Hugo a usé, dans* Quatrevingt-treize, *comme dans tous ses romans, d'un vocabulaire d'une extrême variété. Il avait trop réclamé le droit d'accès de tous les mots à l'œuvre littéraire pour ne pas faire appel aux vocabulaires particuliers et techniques. S'agit-il des plantes et des fleurs qui parsèment une forêt, de l'équipement et des manœuvres d'un vaisseau de guerre à la fin du* XVIIIe *siècle, de l'architecture d'une forteresse féodale, le romancier donne l'impression de déverser dans ses phrases tout un répertoire de termes spéciaux. Parfois l'auteur donne l'explication lui-même, ou, par une note, place le lecteur sur la piste de l'ouvrage mis à contribution. Parfois il a laissé aux commentateurs l'amusement de déceler la source. Au lendemain de la publication de* Quatrevingt-treize *(voir la* Bibliographie*), L. Havet, poussant ses recherches sur un point de détail, découvrait les emprunts de V. Hugo au* Dictionnaire franco-normand ou recueil des mots particuliers au dialecte de Guernesey, faisant voir leurs relations romanes, celtiques et tudesques, *par Georges Métivier, publié à Londres-Edimbourg en 1870. Et il ironisait :* « M. Victor Hugo fait de la couleur locale bretonne avec des mots guernesiais... Il se divertit visiblement...; joue à l'érudition. »*

*Il semble qu'il y ait mieux à dire. En fait, il s'agit là d'un procédé de style que G. Lanson a remarquablement analysé dans le chapitre de son* Art de la prose *(pp. 227-233) où il étudie les éléments artistiques de la phrase au* XIXe *siècle. Ces mots rares, nous ne les comprenons évidem-*

*ment pas sans recourir nous-mêmes aux dictionnaires, voire aux ouvrages spéciaux où ils ont été puisés. Mais, dans beaucoup de cas, c'est à peine s'il est néces- saire d'en connaître l'exacte signification. Ils constituent plutôt un jeu de signes, un appel adressé à notre imagination. Ils visent à la dépayser, à l'orienter dans une certaine direction, à déclencher, au cours de la lecture, un certain ordre de réactions évocatrices. Ce trait de style se retrouve chez Balzac, chez les réalistes et les naturalistes ; Flaubert et Zola en font usage : G. Lanson a tiré de* Salammbô *et de* Germinal *quelques exemples typiques de ce curieux aspect de la prose au* XIXᵉ *siècle. Ce n'est donc pas un procédé propre au seul Victor Hugo. Mais c'est bien lui qui semble en avoir donné le modèle, dès* Notre-Dame de Paris, *et qui l'a poussé jusqu'aux limites de la griserie verbale.*

*Un choix s'impose ici encore pour l'annotation. Parfois, une explication est souhaitable. On doit pouvoir s'en dispenser ailleurs sous peine de souligner et d'accentuer une forme de pédantisme dont le romancier, abusant du procédé, ne sut pas toujours se défendre.*

J. B.

# SOMMAIRE BIOGRAPHIQUE

**1802.** — Naissance, à Besançon, le 26 février, de Victor-Marie Hugo. Son père, Léopold-Sigisbert (1773-1828), fils d'un menuisier de Nancy, est chef de bataillon. Sa mère est née Sophie Trébuchet (1772-1821), fille d'un armateur de Nantes. Victor est le troisième fils du ménage, après Abel (1798-1855) et Eugène (1800-1837).

**1803-1804.** — Le commandant Hugo et ses enfants à Bastia et dans l'île d'Elbe.

**1804-1807.** — V. Hugo vit avec sa mère et ses frères rue de Clichy, à Paris.

**1807-1808.** — Mᵐᵉ Hugo et ses enfants rejoignent le colonel Hugo en Italie (à Naples), puis regagnent Paris en décembre 1808.

**1809.** — Installation rue Saint-Jacques, et, à partir d'avril, dans le même quartier, au couvent désaffecté des Feuillantines.

**1811.** — Le père de V. Hugo, promu général, fait venir les siens en Espagne (mars), où ils séjournent (notamment à Madrid) pendant un an.

**1812.** — Retour aux Feuillantines. Le général Lahorie, parrain de Victor, compromis dans la conspiration du général Malet, est fusillé le 29 octobre.

**1813.** — La famille s'installe (décembre) rue des Vieilles-Thuileries (actuellement : du Cherche-Midi).

**1814-1818.** — Victor, élève à la pension Cordier, compose ses premiers essais littéraires : vers sur Napoléon (après Waterloo, 1815). — Traductions de Virgile. — *Irtamène*, tragédie. — *Inez de Castro*, « mélodrame ». — *Athélie ou les Scandinaves*, ébauche. — *Le Déluge*. — Le poème sur *le Bonheur que procure l'étude*, sujet mis au concours par l'Académie française, reçoit une mention (juin 1817).

**1818.** — Installation, en août, 18, rue des Petits-Augustins. V. Hugo, qui a poursuivi, depuis 1816, au lycée Louis-le-Grand, des études scientifiques, obtient un accessit de physique au concours général. Il multiplie les essais poétiques : *Mes adieux à l'enfance. — La Canadienne. — Les Vierges de Verdun.* — L'inspiration du jeune « jacobite » est nettement royaliste.

**1819.** — V. Hugo déclare son amour (26 avril) à une amie d'enfance, Adèle Foucher. Les lettres qu'il lui écrira de janvier 1820 à octobre 1822, seront publiées en 1901 *(Lettres à la fiancée). — Ode sur le rétablissement de la statue de Henri IV*, couronnée, ainsi que *les Vierges de Verdun*, par l'Académie des Jeux floraux de Toulouse. Discours sur *les Avantages de l'enseignement mutuel. — Les Destins de la Vendée*, ode. *Le Télégraphe*, satire. Envoi à l'Académie française de poèmes sur *L'Institution du Jury*, sur *le Dévouement de Malesherbes*. V. Hugo fonde avec ses frères (en décembre) une revue bi mensuelle, *le Conser-*

*vateur littéraire* qui cessera de paraître à la fin de mars 1821; V. Hugo y insère des essais divers, entre autres des études critiques sur André Chénier et Lamartine.

**1820.** — Mars. *Ode sur la mort du duc de Berry*. En mai, le poème *Moyse sur le Nil*, adressé en février à l'Académie des Jeux floraux, obtient un prix. En septembre : *Ode sur la naissance du duc de Bordeaux*.

**1821.** — Installation, 10, rue de Mézières. — 27 juin. Mort de la générale Hugo. V. Hugo va demeurer 30, rue du Doyen.

**1822.** — 8 juin. *Odes et poésies diverses*. V. Hugo obtient en août une pension de mille francs.
12 octobre. V. Hugo épouse Adèle Foucher. Installation chez ses beaux-parents, 39, rue du Cherche-Midi. Le jour même du mariage, son frère Eugène est atteint de folie.

**1823.** — Le roman *Han d'Islande* paraît en février. En juillet, V. Hugo fonde « La Muse française », revue mensuelle qui paraîtra jusqu'en juin 1824. Le 16 juillet, naissance du premier fils du poète, Léopold-Victor, qui mourra le 9 octobre de la même année.

**1824.** — 13 mars. *Nouvelles Odes*. En juin, installation 90, rue de Vaugirard; le 28 août, naissance de Léopoldine, première fille du poète.

**1825.** — En avril, Hugo est nommé chevalier de la Légion d'honneur. Il séjourne en avril-mai à Blois, chez son père (remarié depuis 1821), assiste à Reims au sacre de Charles X (29 mai), publie en juin l'*Ode sur le Sacre*, voyage (août-septembre) avec Charles Nodier dans le Mâconnais (à Saint-Point, chez Lamartine), découvre la montagne en Savoie et en Suisse, séjourne enfin en octobre chez son ami Saint-Valry à Montfort-l'Amaury (déjà visité en 1821).

**1826.** — Le roman *Bug-Jargal* paraît en février (la première version avait figuré en 1820 dans *le Conservateur littéraire*). En novembre, naissance de Charles, second fils de V. Hugo. Le même mois, publication des *Odes et Ballades*, avec une préface qui marque une importante évolution littéraire.

**1827.** — Année décisive. *Le Globe* publie (2 et 9 janvier) l'article de Sainte-Beuve sur les *Odes et Ballades*. Le 9 février, le *Journal des Débats* donne l'*Ode à la colonne de la place Vendôme*, témoignage de l'évolution « napoléonienne » de V. Hugo. — 5 décembre : Publication du drame *Cromwell* (non joué) avec la fameuse *Préface*. Hugo groupe autour de lui, 11, rue Notre-Dame-des-Champs, où il s'est installé en avril, un « Cénacle » d'amis et d'admirateurs ; il s'affirme comme chef du mouvement romantique.

**1828.** — 29 janvier. Mort du père de V. Hugo. Le 13 février, *Amy Robsart*, drame de V. Hugo présenté sous le nom de son beau-frère Paul Foucher, est joué à l'Odéon : échec. Août : *Odes et Ballades* (état définitif). 28 octobre : Naissance de François-Victor Hugo.

**1829.** — Janvier. *Les Orientales.* 7 février : *Le Dernier Jour d'un condamné*, première œuvre d'inspiration « sociale ». Le 13 août, la censure interdit le drame *Un duel sous Richelieu* (intitulé plus tard : *Marion de Lorme*).

**1830.** — 25 février. Première d'*Hernani* au Théâtre-Français. Les Hugo s'installent en avril rue Jean-Goujon, où naît leur seconde fille Adèle (28 juillet). Le 19 août, le *Globe* publie l'ode *A la jeune France*, inspirée par la révolution des 27-29 juillet et qui confirme le ralliement de V. Hugo aux idées « libérales » (elle reparaîtra dans *les Chants du crépuscule* sous le titre : *Dicté après juillet 1830*).

**1831.** — 16 mars. *Notre-Dame de Paris*. Premier séjour pendant l'été, chez les Bertin, aux Roches (vallée de la Bièvre); Hugo y retournera souvent (automnes de 1834-1835-1837). Le 28 juillet, *Le Globe* et *le Journal des Débats* publient le célèbre *Hymne* aux morts, composé à la mémoire des victimes des journées de juillet 1830, et réimprimé dans les *Chants du crépuscule*. Le 11 août, *Marion de Lorme* est jouée à la Porte-Saint-Martin. En décembre, paraissent *les Feuilles d'automne*.

**1832.** — 15 mars. Seconde préface du *Dernier Jour d'un condamné* (pamphlet contre la peine de mort). 25 octobre : Installation 6, place Royale (place des Vosges actuelle) où Hugo demeurera jusqu'en 1848. 22 novembre : *Le Roi s'amuse* au Théâtre-Français. La pièce est interdite le lendemain. Protestation de Hugo dans la Préface du drame imprimé (30 novembre); procès au Théâtre-Français devant le tribunal de Commerce : débats le 19 décembre ; déclaration d'incompétence du tribunal (2 janvier 1833).

**1833.** — 2 février. *Lucrèce Borgia* (à la Porte-Saint-Martin). Début de la liaison de V. Hugo avec l'actrice Juliette Drouet (Juliette Gauvain, née en 1806 à Fougères), liaison qui ne se rompra que par la mort de Juliette en 1883. Le 29 mai, l'*Europe littéraire* publie un important article de V. Hugo consacré à sa conception de l'art, et qui servira de Préface à *Littérature et philosophie mêlées* (1834). Le 6 novembre, *Marie Tudor* est jouée à la Porte-Saint-Martin.

**1834.** — Janvier. *Étude sur Mirabeau*. Mars : *Littérature et philosophie mêlées*. 6 juillet : *Claude Gueux* (récit publié par la *Revue de Paris*). Août : Voyage en Bretagne, où V. Hugo découvre la mer.

**1835.** — 28 avril. *Angelo* (au Théâtre-Français). Juillet-août : Voyage en Picardie et en Normandie. 26 octobre : *Les Chants du crépuscule*.

**1836.** — 18 février. Échec à l'Académie française. Juin-Juillet : Voyage en Bretagne. 14 novembre : Représentation à l'Académie royale de musique d'un drame musical, inspiré de *Notre-Dame de Paris* et composé par M^lle Louise Bertin sur un livret de V. Hugo ; échec. 29 décembre : Second échec à l'Académie.

**1837.** — Rapprochement de V. Hugo avec la Monarchie de juillet. Il assiste (le 10 juin) à la fête donnée par Louis-Philippe à l'occasion du mariage de son fils, le duc d'Orléans, et deviendra l'un des hôtes familiers de l'héritier du trône (jusqu'à sa mort accidentelle en 1842). Le 27 juin, paraissent *les Voix intérieures*. Le « vicomte Hugo » (il porte ce titre depuis la mort, le 5 mars, de son frère Eugène) est promu officier de la Légion d'honneur. 4 juillet : Il voyage (août-septembre) dans le Nord, en Flandre, en Belgique et gagne (6 novembre) un procès intenté à la Comédie-Française pour la contraindre à reprendre *Hernani* et *Marion de Lorme*.

**1838.** — Après un court voyage en Champagne (août), Hugo fait représenter *Ruy Blas* sur la scène d'un théâtre nouvellement créé, la Renaissance.

**1839.** — V. Hugo commence à composer un drame (demeuré inachevé) sur l'histoire du « masque de fer » : *les Jumeaux*. Il voyage, d'août à octobre, en Alsace et en Suisse (premier contact avec les pays rhénans). 19 décembre : Troisième candidature à l'Académie ; élection nulle.

**1840.** — Le 20 février, nouvel échec à l'Académie. 16 mai : *Les Rayons et les Ombres*. D'août à octobre, voyage au Rhin (de Cologne à la Forêt-Noire). 23 décembre : Publication du *Retour de l'Empereur*, poème inspiré par le retour des cendres de Napoléon (15 décembre).

**1841.** — Élu à l'Académie (au fauteuil de Népomucène Lemercier) le 7 janvier, V. Hugo est reçu le 3 juin.

**1842.** — 28 janvier. *Le Rhin*, récit des voyages de 1838-39-40, sous forme de lettres suivies d'une longue conclusion politique, inspirée par les événements d'Orient et la crise européenne de 1840. Le 15 décembre, la *Revue des Deux Mondes* publie un poème de V. Hugo sur la situation internationale : *les Deux Côtés de l'horizon*.

**1843.** — 7 mars. Première des *Burgraves* au Théâtre-Français. Prompt échec du drame, auquel le public préfère la *Lucrèce* de Ponsard, jouée le 22 avril à l'Odéon.
Au retour d'un voyage aux Pyrénées et en Espagne du Nord (août-septembre), V. Hugo apprend par un journal, le 9 septembre, dans un village proche de Rochefort, la mort de sa fille Léopoldine et de son gendre Charles

Vacquerie, mariés depuis le 15 février, et victimes, le 4 septembre, d'un accident au cours d'une promenade en bateau sur la Seine, à Villequier.

**1845.** — 27 février. Réponse de V. Hugo au discours de réception de Sainte-Beuve à l'Académie. V. Hugo est nommé pair de France (avril).

**1846.** — Discours à la Chambre des Pairs (sur la propriété littéraire; sur la Pologne).

**1848.** — Au moment de la révolution du 24 février, V. Hugo tente de faire proclamer régente la duchesse d'Orléans. Il est nommé maire du 8e arrondissement, le 25 et il est élu, le 4 juin, député de Paris à l'Assemblée constituante. Le 1er juillet, il s'installe 5, rue de l'Isly. Le 1er août, il fonde avec ses fils le journal *l'Événement* et parle en septembre contre la peine de mort.

**1849.** — Hugo est élu, le 13 mai, député de Paris à l'Assemblée législative. Il s'installe 37, rue de La Tour-d'Auvergne.

**1850.** — Hugo, dont l'évolution vers la « gauche » républicaine se précise, prononce (18 janvier) un discours sur la liberté de l'enseignement. En août, il parle aux obsèques de Balzac.

**1851.** — 17 juillet. Discours sur les ambitions du Prince-Président Louis-Napoléon Bonaparte. Au moment du coup d'État (2 décembre), après avoir tenté en vain d'organiser la résistance légale et populaire, V. Hugo part clandestinement le 11 pour Bruxelles. Le 14 décembre, il commence *l'Histoire du Deux Décembre* (*Histoire d'un crime*) qu'il interrompra en mai 1852.

**1852.** — Installé Grand'Place à Bruxelles, le 5 janvier, V. Hugo est inscrit le 9 sur une liste de députés « expulsés » de France. Son mobilier est vendu à Paris (8-9 juin). Le 1er août, il quitte la Belgique, arrive le 5 dans l'île de Jersey (dépendance de la Grande-Bretagne). Ce jour même, paraît son pamphlet *Napoléon le Petit*. Il s'installe le 12 dans la maison de Marine-Terrace.

**1853.** — Novembre. *Châtiments*. Au cours de l'automne, M^me de Girardin initie la famille Hugo au spiritisme et aux « tables tournantes ».

**1853-1855.** — V. Hugo multiplie les manifestations oratoires (qui se poursuivront tout au long de l'exil) en faveur des proscrits, des condamnés à mort, des victimes de la répression dans le monde entier. Une déclaration de solidarité avec un groupe de proscrits français, expulsés par la police jersiaise à la suite de la publication d'une lettre injurieuse à l'égard de la reine Victoria, provoque son départ de l'île. Le 31 octobre, il quitte Jersey pour Guernesey.

**1856.** — 23 avril. *Les Contemplations*. Installation en octobre à Hauteville-House.

**1859.** — V. Hugo, dans une déclaration publique, repousse à jamais l' « amnistie » offerte par l'Empire (18 août). 26 septembre : *La Légende des siècles* (première série).

**1861.** — V. Hugo fait, de mars à août, un voyage en Belgique et en Hollande, premier d'une série de déplacements qu'il effectuera les années suivantes, pendant l'été, vers les mêmes régions et vers les pays rhénans.

**1862.** — Avril-juillet. Publication des *Misérables*.

**1863.** — *Victor Hugo raconté par un témoin de sa vie* (livre signé par M^me V. Hugo). Publication de *Dessins* du poète, gravés par F. Chesnay.

**1864.** — Avril. *William Shakespeare*, composé après l'achèvement d'une traduction des œuvres de Shakespeare par le fils de V. Hugo, François-Victor.

**1865.** — 25 octobre. *Les Chansons des rues et des bois.*

**1866.** — 12 mars. *Les Travailleurs de la mer.*

**1867.** — Mai. Hugo compose une *Introduction à Paris-Guide* (pour les visiteurs de l'Exposition universelle). En juin, il reçoit une lettre enthousiaste d'un groupe de jeunes écrivains à l'occasion de la reprise de *Hernani*. En novembre, il publie *La Voix de Guernesey*, pamphlet poétique contre le pape Pie IX et l'intervention française dans la question romaine.

**1868.** — 30 juillet. Arrivée à Bruxelles, où M^me V. Hugo meurt le 27 août.

**1869.** — Avril-mai. *L'Homme qui rit.* V. Hugo assiste en septembre au Congrès de la Paix à Lausanne.

**1870.** — *Le Rappel*, journal créé par les fils de V. Hugo et par ses amis Auguste Vacquerie et Paul Meurice, publie (19 mai) un pamphlet poétique de V. Hugo *(Turba)* contre le plébiscite organisé par l'Empire. Le 14 juillet, Hugo préside à la plantation, dans le jardin de Hauteville-House, du « Chêne des États-Unis d'Europe ». La guerre éclate, le 19 juillet, entre la France et la Prusse. A la nouvelle des défaites françaises en Alsace et en Lorraine. Hugo gagne Bruxelles le 18 août. Après la catastrophe de Sedan (1er septembre), la reddition de Napoléon III, le 2, la chute de l'Empire et la proclamation de la République le 4, V. Hugo rentre à Paris le 5 ; il va résider pendant tout le siège (19 septembre-28 janvier) 5, rue Frochot. Il adresse des appels aux Allemands (9 septembre), aux Français (17 septembre), aux Parisiens (2 octobre).

20 octobre : *Les Châtiments* (première édition française, avec cinq poèmes inédits).

**1871.** — Représentant de Paris (8 février) à l'Assemblée nationale réunie à Bordeaux après l'armistice, V. Hugo entre en conflit avec la majorité conservatrice et donne sa démission de député (8 mars). Son fils Charles meurt subitement le 13, laissant deux enfants : Georges (né en 1868) et Jeanne (née en 1869). Rentré à Paris, le 17, V. Hugo conduit les obsèques au Père-Lachaise le 18, le jour même où éclate à Paris l'insurrection de la Commune. Hugo réside à Bruxelles (sa belle-fille était d'origine belge) à partir du 21 mars et pendant les troubles de la Commune. *Le Rappel* publie plusieurs de ses poèmes (avril-mai) appelant les Français à la réconciliation. Après l'écrasement des Communards, V. Hugo — sans du reste approuver leurs actes — offre, le 27 mai, un asile dans sa maison, à Bruxelles, aux vaincus traqués par la police. Manifestation hostile sous ses fenêtres (nuit du 27 au 28). Expulsé de Belgique (30 mai), il séjourne dans le grand-duché de Luxembourg (juin-septembre) et rentre enfin à Paris (25 septembre) où il s'installe 66, rue de La Rochefoucauld.

**1872.** — 20 avril. *L'Année terrible*. Retour à Jersey, puis à Guernesey (8 août 1872-juillet 1873).

**1873.** — 31 juillet. A Paris, 21, avenue de Clichy. Septembre : Publication du poème pour *le Tombeau de Théophile Gautier* (recueil collectif). Le 26 décembre, V. Hugo perd son dernier fils, François-Victor. Sa seconde fille, Adèle, atteinte depuis 1865 d'une affection incurable, est entrée en 1872 dans une maison de santé (elle mourra en 1915).

**1874.** — 19 février. *Quatrevingt-treize*. Octobre : *Mes fils*.

**1875.** — 30 janvier. Hugo sénateur de la Seine. Il publie *Actes et Paroles* en trois séries (mai, novembre 1875 ; juillet 1876).

**1877.** — 26 février. *La Légende des siècles* (seconde série). 12 mai : *L'Art d'être grand-père*. 1er octobre : *Histoire d'un crime* (tome I).

**1878.** — 15 mars. *Histoire d'un crime* (tome II). Avril : *Le Pape*, poème. Nombreuses manifestations oratoires (à l'occasion du centenaire de Voltaire, en mai ; au Congrès littéraire international, en juin, à propos de la propriété littéraire). Juillet-novembre : Séjour à Guernesey, puis installation définitive de Hugo à Paris, 130, avenue d'Eylau, près de sa belle-fille (remariée au député Lockroy) et de ses petits-enfants.

**1879.** — Février. *La Pitié suprême*, poème. Interventions au Sénat sur l'amnistie.

**1880.** — Avril. *Religions et religion*. Octobre : *L'Ane*, poèmes philosophiques.

**1880-1885.** — Publication des œuvres complètes de V. Hugo (Éd. dite *ne varietur*, Hetzel-Quantin).

**1881.** — 27 février. Fête en l'honneur de V. Hugo ; défilé sous ses fenêtres. 31 mai : *Les Quatre vents de l'esprit.*

**1882.** — 2 juin. Publication du drame *Torquemada.*

**1883.** — 11 mai. Mort de Juliette Drouet. 9 juin : *La Légende des siècles* (dernière série).

**1885.** — 22 mai (1 h. 30 de l'après-midi). V. Hugo meurt des suites d'une congestion pulmonaire. 31 mai : Exposition du cercueil sous l'Arc de Triomphe. 1er juin : Funérailles nationales de l'Étoile au Panthéon.

Principales publications posthumes : *Théâtre en liberté* (1886). *La Fin de Satan* (1886). *Dieu* (1891). *Toute la lyre* (1888-93). *Les Années funestes* (1898). *Dernière Gerbe* (1902). *Choses vues* (1887-99). *Alpes et Pyrénées* (1890). *France et Belgique* (1892). *Correspondance* (1896-98), plus complète dans l'édition de l'Imprimerie Nationale (1948-52). *Post-scriptum de ma vie* (1901). *Océan* (1942).

1904-1952 : Édition complète et définitive, dite de l'Imprimerie Nationale (Ollendorff, puis Albin Michel, éd.).

# QUATREVINGT-TREIZE

QUATREVINGT-TREIZE

# EN MER

# LIVRE PREMIER

# LE BOIS DE LA SAUDRAIE

Dans les derniers jours de mai 1793[1], un des bataillons parisiens amenés en Bretagne par Santerre fouillait le redoutable[a] bois de la Saudraie en Astillé[2].

---

1. L'action imaginaire du roman se situe à un moment décisif en effet de ce que fut l'authentique guerre de Vendée. Engagée depuis mars 1793, l'insurrection s'organisa solidement au début de juin. Les révoltés remportèrent un grand succès en occupant Saumur (9 juin). La lutte se poursuivit tout l'été avec des chances diverses. L'arrivée (au mois d'août) des « Mayençais », troupe d'élite, fit pencher la balance en faveur des Bleus. L'automne fut défavorable aux Vendéens, et les deux batailles du Mans et de Savenay en décembre consommèrent leur désastre.

2. Astillé est une commune du département de la Mayenne. L'action du roman se déroule dans une région éloignée du pays vendéen proprement dit. Mais on sait que les noms de *Vendée* et de *Vendéens* désignèrent vite tout l'ensemble de la révolte de l'Ouest.

Les épisodes de *Quatrevingt-treize* ont pour théâtre une région qui fut un des foyers principaux de l'insurrection, aux confins de la Normandie, de la Bretagne et du Maine, entre la baie du Mont-Saint-Michel, la vallée du Couesnon et les collines qui dominent le cours de la Mayenne. Les centres principaux du pays sont Fougères, Antrain, Ernée, dont il est souvent question dans le récit. Région fort pittoresque, où abondent les forêts, et que Victor Hugo, nous l'avons dit, avait visitée en 1836.

D'autre part, à propos de ce premier épisode, le *Livre d'or de Victor Hugo* (publié en 1883 sous la direction d'E. Blémont) fait état (p. 247) d'un épisode des campagnes militaires en Vendée de l' « adjudant-major » Hugo. « Il sauva des femmes. *Il adopta un enfant*, qui, plus tard, ayant à établir son état civil, reçut de lui cette attestation. » Suit le texte d'une note datée de Naples, 22 juillet 1806, par laquelle le père de Victor Hugo certifie qu'il « enleva d'autorité » un enfant de dix

On n'était pas plus de trois cents, car le bataillon était décimé par cette rude guerre. C'était l'époque où, après l'Argonne, Jemmapes et Valmy, du premier bataillon de Paris, qui était de six cents volontaires, il restait vingt-sept hommes, du deuxième trente-trois, et du troisième cinquante-sept. Temps des luttes épiques.

Les bataillons envoyés de Paris en Vendée comptaient neuf cent douze hommes. Chaque bataillon avait trois pièces de canon. Ils avaient été rapidement mis sur pied. Le 25 avril, Gohier étant ministre de la justice et Bouchotte étant ministre de la guerre, la section du Bon-Conseil avait proposé d'envoyer des bataillons de volontaires en Vendée; le membre de la commune Lubin avait fait le rapport; le 1er mai, Santerre était prêt à faire partir douze mille soldats, trente pièces de campagne et un bataillon de canonniers. Ces bataillons, faits si vite, furent si bien faits, qu'ils servent aujourd'hui de modèles; c'est d'après leur mode de composition qu'on forme les compagnies de ligne; ils ont changé l'ancienne proportion entre le nombre des soldats et le nombre des sous-officiers.

Le 28 avril, la commune de Paris avait donné aux volontaires de Santerre cette consigne : *Point de grâce, point de quartier.* A la fin de mai, sur les douze mille partis de Paris, huit mille étaient morts.

Le bataillon engagé dans le bois de la Saudraie se tenait sur ses gardes. On se ne hâtait point. On regardait à la fois à droite et à gauche, devant soi et derrière soi; Kléber a dit : *Le soldat a un œil dans le dos.*

---

à douze ans, condamné à être fusillé avec plusieurs Vendéens, qu'il « le conserva près de lui et le fit, quelques années ensuite, admettre à l'honneur de servir dans le 8e bataillon du Bas-Rhin amalgamé pour la formation du 8e de ligne; et que cet enfant, nommé Jean Prin,... est resté au service jusqu'en l'an VIII ».

Il y avait longtemps qu'on marchait. Quelle heure pouvait-il être ? à quel moment du jour en était-on ? Il eût été difficile de le dire, car il y a toujours une sorte de soir dans de si sauvages [a] halliers, et il ne fait jamais clair dans ce bois-là.

Le bois de la Saudraie était tragique. C'était dans ce taillis que, dès le mois de novembre 1792 [1], la guerre civile avait commencé ses crimes ; Mousqueton, le boiteux féroce, était sorti de ces épaisseurs funestes ; la quantité de meurtres qui s'étaient commis là faisait dresser les cheveux. Pas de lieu plus épouvantable. Les soldats s'y enfonçaient [b] avec précaution. Tout était plein de fleurs ; on avait autour de soi une tremblante muraille de branches d'où tombait la charmante fraîcheur des feuilles ; des rayons de soleil trouaient çà et là ces ténèbres vertes ; à terre, le glaïeul, la flambe des marais, le narcisse des prés, la gênotte, cette petite fleur qui annonce le beau temps [c], le safran printanier, brodaient et passementaient un profond tapis de végétation où fourmillaient toutes les formes de la mousse, depuis celle qui ressemble à la chenille jusqu'à celle qui ressemble à l'étoile. Les soldats avançaient pas à pas, en silence, en écartant doucement les broussailles. Les oiseaux gazouillaient au-dessus des bayonnettes [2].

La Saudraie était un de ces halliers où jadis, dans les temps paisibles, on avait fait la Houiche-ba, qui est la chasse aux oiseaux pendant la nuit ; maintenant on y faisait la chasse aux hommes.

Le taillis était tout de bouleaux, de hêtres et de chênes ; le sol plat ; la mousse et l'herbe épaisse amortissaient le bruit des hommes en marche ; aucun

---

1. Cette première phase de l'insurrection bretonne sera décrite plus tard par G. Lenôtre dans son étude historique : *Le marquis de la Rouërie* (Perrin, 1899).
2. Hugo conserve l'ancienne orthographe, conforme à l'étymologie.

sentier, ou des sentiers tout de suite perdus ; des houx, des prunelliers sauvages, des fougères, des haies d'arrête-bœufs[1], de hautes ronces ; impossibilité de voir un homme à dix pas.

Par instants passait dans le branchage un héron ou une poule d'eau indiquant le voisinage des marais.

On marchait. On allait à l'aventure, avec inquiétude et en craignant de trouver ce qu'on cherchait.

De temps en temps on rencontrait des traces de campements, des places brûlées, des herbes foulées, des bâtons en croix, des branches sanglantes. Là on avait fait la soupe, là on avait dit la messe, là on avait pansé des blessés. Mais ceux qui avaient passé avaient disparu. Où étaient-ils ? bien loin peut-être. Peut-être là tout près, cachés, l'espingole au poing. Le bois semblait désert. Le bataillon redoublait de prudence. Solitude, donc défiance. On ne voyait personne ; raison de plus pour redouter quelqu'un. On avait affaire à une forêt mal famée.

Une embuscade était probable.

Trente grenadiers, détachés en éclaireurs et commandés par un sergent, marchaient en avant à une assez grande distance du gros de la troupe. La vivandière du bataillon les accompagnait. Les vivandières se joignent volontiers aux avant-gardes. On court des dangers, mais on va voir quelque chose. La curiosité est une des formes de la bravoure féminine[a].

Tout à coup les soldats de cette petite troupe d'avant-garde eurent ce tressaillement connu des chasseurs

---

1. *L'arrête-bœuf* est une plante légumineuse aux racines très résistantes. — A propos de cette documentation dans le domaine de la botanique, on trouve, à la page 413 du volume de notes pour *Quatre-vingt-treize* déposé à la Bibliothèque Nationale, une véritable nomenclature de fleurs sauvages : *sarriette, menthe,... hautes vipérines bleues,... germandrée, épiaire...* — On se souvient aussi de la description du jardin de la rue Plumet dans *les Misérables*.

qui indique qu'on touche au gîte. On avait entendu comme un souffle au centre d'un fourré, et il semblait qu'on venait de voir un mouvement dans les feuilles. Les soldats se firent signe.

Dans l'espèce de guet et de quête[1] confiée aux éclaireurs, les officiers n'ont pas besoin de s'en mêler; ce qui doit être fait se fait de soi-même.

En moins d'une minute le point où l'on avait remué fut cerné ; un cercle de fusils braqués l'entoura; le centre obscur du hallier fut couché en joue de tous les côtés à la fois, et les soldats, le doigt sur la détente, l'œil sur le lieu suspect, n'attendirent plus pour le mitrailler que le commandement du sergent.

Cependant la vivandière s'était hasardée à regarder à travers les broussailles, et au moment où le sergent allait crier : Feu! cette femme cria : Halte !

Et se tournant vers les soldats : — Ne tirez pas, camarades !

Et elle se précipita dans le taillis. On l'y suivit.

Il y avait quelqu'un là en effet.

Au plus épais du fourré, au bord d'une de ces petites clairières rondes que font dans les bois les fourneaux à charbon en brûlant les racines des arbres, dans une sorte de trou de branches, espèce de chambre de feuillage, entr'ouverte comme une alcôve, une femme était assise sur la mousse, ayant au sein un enfant qui tétait et sur ses genoux les deux têtes blondes de deux enfants endormis.

C'était là l'embuscade.

— Qu'est-ce que vous faites ici, vous ? cria la vivandière.

La femme leva la tête.

---

[1]. Le terme, employé dans le langage de la vénerie, est donc bien ici le mot propre.

La vivandière ajouta furieuse :

— Êtes-vous folle d'être là !

Et elle reprit :

— Un peu plus, vous étiez exterminée !

Et, s'adressant aux soldats, la vivandière ajouta :

— C'est une femme.

— Pardine, nous le voyons bien ! dit un grenadier.

La vivandière poursuivit :

— Venir dans les bois se faire massacrer ! a-t-on idée de faire des bêtises comme ça !

La femme stupéfaite, effarée, pétrifiée, regardait autour d'elle, comme à travers un rêve, ces fusils, ces sabres, ces bayonnettes, ces faces farouches.

Les deux enfants s'éveillèrent et crièrent.

— J'ai faim, dit l'un.

— J'ai peur, dit l'autre.

Le petit continuait de téter.

La vivandière lui adressa la parole.

— C'est toi qui as raison, lui dit-elle.

La mère était muette d'effroi.

Le sergent lui cria :

— N'ayez pas peur, nous sommes le bataillon du Bonnet-Rouge.

La femme trembla de la tête aux pieds[a]. Elle regarda le sergent, rude visage dont on ne voyait que les sourcils, les moustaches et deux braises qui étaient les deux yeux.

— Le bataillon de la ci-devant Croix-Rouge, ajouta la vivandière.

Et le sergent continua :

— Qui es-tu, madame ?

La femme le considérait, terrifiée. Elle était maigre, jeune, pâle, en haillons ; elle avait le gros capuchon des paysannes bretonnes et la couverture de laine rattachée au cou avec une ficelle. Elle laissait voir son

sein nu avec une indifférence de femelle. Ses pieds,
sans bas ni souliers, saignaient.

— C'est une pauvre, dit le sergent.

Et la vivandière reprit de sa voix soldatesque et
féminine, douce en dessous :

— Comment vous appelez-vous ?

La femme murmura dans un bégaiement presque
indistinct :

— Michelle Fléchard.

Cependant la vivandière caressait avec sa grosse
main la petite tête du nourrisson.

— Quel âge a ce môme ? demanda-t-elle.

La mère ne comprit pas. La vivandière insista.

— Je vous demande l'âge de ça.

— Ah ! dit la mère, dix-huit mois.

— C'est vieux, dit la vivandière. Ça ne doit plus
téter. Il faudra me sevrer ça. Nous lui donnerons de
la soupe.

La mère commençait à se rassurer. Les deux petits
qui s'étaient réveillés étaient plus curieux qu'effrayés.
Ils admiraient les plumets.

— Ah ! dit la mère, ils ont bien faim.

Et elle ajouta :

— Je n'ai plus de lait.

— On leur donnera à manger, cria le sergent, et
à toi aussi. Mais ce n'est pas tout ça. Quelles sont tes
opinions politiques ?

La femme regarda le sergent et ne répondit pas.

— Entends-tu ma question ?

Elle balbutia :

— J'ai été mise au couvent toute jeune, mais
je me suis mariée, je ne suis pas religieuse. Les sœurs
m'ont appris à parler français. On a mis le feu au village. Nous nous sommes sauvés si vite que je n'ai
pas eu le temps de mettre des souliers.

— Je te demande quelles sont tes opinions politiques ?

— Je ne sais pas ça.

Le sergent poursuivit :

— C'est qu'il y a des espionnes. Ça se fusille, les
espionnes. Voyons. Parle. Tu n'es pas bohémienne ?
Quelle est ta patrie ?

Elle continua de le regarder comme ne comprenant
pas. Le sergent répéta :

— Quelle est ta patrie ?

— Je ne sais pas, dit-elle.

— Comment, tu ne sais pas quel est ton pays ?

— Ah ! mon pays. Si fait.

— Eh bien, quel est ton pays ?

La femme répondit :

— C'est la métairie de Siscoignard, dans la paroisse
d'Azé.

Ce fut le tour du sergent d'être stupéfait. Il demeura
un moment pensif, puis il reprit :

— Tu dis ?

— Siscoignard.

— Ce n'est pas une patrie, ça.

— C'est mon pays.

Et la femme, après un instant de réflexion, ajouta :

— Je comprends, monsieur. Vous êtes de France,
moi je suis de Bretagne.

— Eh bien ?

— Ce n'est pas le même pays.

— Mais c'est la même patrie ! cria le sergent.

La femme se borna à répondre :

— Je suis de Siscoignard.

— Va pour Siscoignard, repartit le sergent. C'est
de là qu'est ta famille ?

— Oui.

— Que fait-elle ?

— Elle est toute morte. Je n'ai plus personne.

Le sergent, qui était un peu beau parleur, continua l'interrogatoire.

— On a des parents, que diable! ou on en a eu. Qui es-tu ? Parle.

La femme écouta, ahurie, cet — *ou on en a eu* — qui ressemblait plus à un cri de bête qu'à une parole humaine.

La vivandière sentit le besoin d'intervenir. Elle se remit à caresser l'enfant qui tétait, et donna une tape sur la joue aux deux autres.

— Comment s'appelle la téteuse? demanda-t-elle; car c'est une fille, ça.

La mère répondit : Georgette.

— Et l'aîné? car c'est un homme, ce polisson-là.

— René-Jean.

— Et le cadet? car lui aussi, il est un homme, et joufflu encore!

— Gros-Alain, dit la mère.

— Ils sont gentils, ces petits, dit la vivandière ; ça vous a déjà des airs d'être des personnes.

Cependant le sergent insistait.

— Parle donc, madame. As-tu une maison?

— J'en avais une.

— Où ça?

— A Azé.

— Pourquoi n'es-tu pas dans ta maison ?

— Parce qu'on l'a brûlée.

— Qui ça ?

— Je ne sais pas. Une bataille.

— D'où viens-tu?

— De là.

— Où vas-tu?

— Je ne sais pas.

— Arrive au fait. Qui es-tu?

— Je ne sais pas.

— Tu ne sais pas qui tu es ?

— Nous sommes des gens qui nous sauvons.

— De quel parti es-tu ?

— Je ne sais pas.

— Es-tu des bleus ? Es-tu des blancs ? Avec qui es-tu ?

— Je suis avec mes enfants.

Il y eut une pause. La vivandière dit :

— Moi, je n'ai pas eu d'enfants. Je n'ai pas eu le temps.

Le sergent recommença.

— Mais tes parents ! Voyons, madame, mets-nous au fait de tes parents. Moi, je m'appelle Radoub ; je suis sergent, je suis de la rue du Cherche-Midi, mon père et ma mère en étaient, je peux parler de mes parents. Parle-nous des tiens. Dis-nous ce que c'était que tes parents.

— C'étaient les Fléchard. Voilà tout.

— Oui, les Fléchard sont les Fléchard, comme les Radoub sont les Radoub. Mais on a un état. Quel était l'état de tes parents ? Qu'est-ce qu'ils faisaient ? Qu'est-ce qu'ils font ? Qu'est-ce qu'ils fléchardaient, tes Fléchard ?

— C'étaient des laboureurs. Mon père était infirme et ne pouvait travailler à cause qu'il avait reçu des coups de bâton que le seigneur, son seigneur, notre seigneur, lui avait fait donner, ce qui était une bonté, parce que mon père avait pris un lapin, pour le fait de quoi on était jugé à mort ; mais le seigneur avait fait grâce et avait dit : Donnez-lui seulement cent coups de bâton ; et mon père était demeuré estropié.

— Et puis ?

— Mon grand-père était huguenot. Monsieur le curé l'a fait envoyer aux galères. J'étais toute petite.

— Et puis?

— Le père de mon mari était un faux-saulnier. Le roi l'a fait pendre.

— Et ton mari, qu'est-ce qu'il fait?

— Ces jours-ci, il se battait.

— Pour qui?

— Pour le roi.

— Et puis?

— Dame, pour son seigneur.

— Et puis?

— Dame, pour monsieur le curé.

— Sacré mille noms de noms de brutes! cria un grenadier.

La femme eut un soubresaut d'épouvante.

— Vous voyez, madame, nous sommes des Parisiens, dit gracieusement la vivandière.

La femme joignit les mains et cria :

— O mon Dieu seigneur Jésus!

— Pas de superstitions, reprit le sergent.

La vivandière s'assit à côté de la femme et attira entre ses genoux l'aîné des enfants, qui se laissa faire. Les enfants sont rassurés comme ils sont effarouchés, sans qu'on sache pourquoi. Ils ont on ne sait quels avertissements intérieurs.

— Ma pauvre bonne femme de ce pays-ci, vous avez de jolis mioches, c'est toujours ça. On devine leur âge. Le grand a quatre ans, son frère a trois ans. Par exemple, la momignarde qui tette est fameusement gouliafre[a]. Ah! la monstre! Veux-tu bien ne pas manger ta mère comme ça! Voyez-vous, madame, ne craignez rien[b]. Vous devriez entrer dans le bataillon. Vous feriez comme moi. Je m'appelle Houzarde; c'est un sobriquet. Mais j'aime mieux m'appeler Houzarde que mamzelle Bicorneau, comme ma mère. Je suis la cantinière, comme qui dirait celle qui donne à boire quand on se mitraille et qu'on s'assassine. Le diable et son train. Nous avons à peu près le même pied, je vous donnerai des souliers à moi. J'étais à Paris le 10 août. J'ai donné à boire à Westermann[1]. Ça a marché. J'ai vu guillotiner Louis XVI, Louis Capet, qu'on appelle. Il ne voulait pas. Dame, écoutez donc. Dire que le 13 janvier il faisait cuire des marrons et qu'il riait avec sa famille! Quand on l'a couché de force sur la bascule, qu'on appelle, il n'avait plus ni habit ni souliers; il n'avait que sa chemise, une veste piquée, une culotte de drap gris et des bas de soie gris. J'ai vu ça, moi. Le fiacre où on l'a amené était peint en vert. Voyez-vous, venez avec nous, on est des bons garçons dans le bataillon; vous serez la cantinière numéro deux; je vous montrerai l'état. Oh! c'est bien simple! on a son bidon et sa clochette, on s'en va dans le vacarme, dans les feux de peloton, dans les coups de canon, dans le hourvari, en criant : Qui est-ce qui veut boire un coup, les enfants? Ce n'est pas plus malaisé que ça. Moi, je verse à boire à tout le monde. Ma foi oui. Aux blancs comme aux bleus, quoique je sois une bleue. Et même une bonne bleue. Mais je donne à boire à tous. Les blessés, ça a soif. On meurt sans distinction d'opinion. Les gens qui meurent, ça devrait se serrer la main. Comme c'est godiche de se battre! Venez avec nous. Si je suis tuée, vous aurez ma survivance. Voyez-vous, j'ai l'air comme ça; mais je suis une bonne femme et un brave homme. Ne craignez rien.

Quand la vivandière eut cessé de parler, la femme murmura :

---

1. Westermann, dont il est souvent question dans *Quatrevingt-treize*, avait joué un grand rôle dans l'assaut des Tuileries le 10 août 1792. Il remporta de nombreux succès pendant la guerre de Vendée, et mourut sur l'échafaud en 1794 avec ses amis dantonistes.

— Notre voisine s'appelait Marie-Jeanne et notre servante s'appelait Marie-Claude.

Cependant le sergent Radoub admonestait le grenadier.

— Tais-toi. Tu as fait peur à madame. On ne jure pas devant les dames.

— C'est que c'est tout de même un véritable massacrement pour l'entendement d'un honnête homme, répliqua le grenadier, que de voir des iroquois de la Chine qui ont eu leur beau-père estropié par le seigneur, leur grand-père galérien par le curé et leur père pendu par le roi, et qui se battent, nom d'un petit bonhomme ! et qui se fichent en révolte [1] et qui se font écrabouiller pour le seigneur, le curé et le roi !

Le sergent cria :

— Silence dans les rangs !

— On se tait, sergent, reprit le grenadier; mais ça n'empêche pas que c'est ennuyeux qu'une jolie femme comme ça s'expose à se faire casser la gueule pour les beaux yeux d'un calotin.

— Grenadier, dit le sergent, nous ne sommes pas ici au club de la section des Piques. Pas d'éloquence.

Et il se tourna vers la femme.

— Et ton mari, madame? que fait-il? Qu'est-ce qu'il est devenu?

— Il est devenu rien, puisqu'on l'a tué.

— Où ça?

— Dans la haie.

— Quand ça?

— Il y a trois jours.

— Qui ça?

---

1. On remarquera l'intention, manifeste dans cette première scène, de donner à la révolte vendéenne un caractère d'ignorance et d'abêtissement.

— Je ne sais pas.

— Comment, tu ne sais pas qui a tué ton mari?

— Non.

— Est-ce un bleu? Est-ce un blanc?

— C'est un coup de fusil.

— Et il y a trois jours?

— Oui.

— De quel côté?

— Du côté d'Ernée. Mon mari est tombé. Voilà.

— Et depuis que ton mari est mort, qu'est-ce que tu fais?

— J'emporte mes petits.

— Où les emportes-tu?

— Devant moi.

— Où couches-tu?

— Par terre.

— Qu'est-ce que tu manges?

— Rien.

Le sergent eut cette moue militaire qui fait toucher le nez par les moustaches.

— Rien?

— C'est-à-dire des prunelles, des mûres dans les ronces, quand il y en a de reste de l'an passé, des graines de myrtille, des pousses de fougère.

— Oui. Autant dire rien.

L'aîné des enfants, qui semblait comprendre, dit : J'ai faim.

Le sergent tira de sa poche un morceau de pain de munition et le tendit à la mère. La mère rompit le pain en deux morceaux et les donna aux enfants. Les petits mordirent avidement.

— Elle n'en a pas gardé pour elle, grommela le sergent.

— C'est qu'elle n'a pas faim, dit un soldat.

— C'est qu'elle est la mère, dit le sergent.

Les enfants s'interrompirent.

— A boire, dit l'un.

— A boire, répéta l'autre.

— Il n'y a pas de ruisseau dans ce bois du diable? dit le sergent.

La vivandière prit le gobelet de cuivre qui pendait à sa ceinture à côté de sa clochette, tourna le robinet du bidon qu'elle avait en bandoulière, versa quelques gouttes dans le gobelet et approcha le gobelet des lèvres des enfants.

Le premier but et fit la grimace.

Le second but et cracha.

— C'est pourtant bon, dit la vivandière.

— C'est du coupe-figure? demanda le sergent.

— Oui, et du meilleur. Mais ce sont des paysans.

Et elle essuya son gobelet.

Le sergent reprit :

— Et comme ça, madame, tu te sauves?

— Il faut bien.

— A travers champs, va comme je te pousse?

— Je cours de toutes mes forces, et puis je marche, et puis je tombe.

— Pauvre paroissienne! dit la vivandière.

— Les gens se battent, balbutia la femme. Je suis toute[a] entourée de coups de fusil. Je ne sais pas ce qu'on se veut. On m'a tué mon mari. Je n'ai compris que ça.

Le sergent fit sonner à terre la crosse de son fusil, et cria :

— Quelle bête de guerre! nom d'une bourrique!

La femme continua :

— La nuit passée, nous avons couché dans une émousse.

— Tous les quatre?

— Tous les quatre.

— Couché?

— Couché.

— Alors, dit le sergent, couché debout.

Et il se tourna vers les soldats :

— Camarades, un gros vieux arbre creux et mort où un homme peut se fourrer comme dans une gaîne, ces sauvages appellent ça une émousse. Qu'est-ce que vous voulez? Ils ne sont pas forcés d'être de Paris.

— Coucher dans le creux d'un arbre! dit la vivandière, et avec trois enfants!

— Et, reprit le sergent, quand les petits gueulaient, pour les gens qui passaient et qui ne voyaient rien du tout, ça devait être drôle d'entendre un arbre crier : *Papa, maman!*

— Heureusement c'est l'été, soupira la femme.

Elle regardait la terre, résignée, ayant dans les yeux l'étonnement des catastrophes.

Les soldats silencieux faisaient cercle autour de cette misère.

Une veuve, trois orphelins, la fuite, l'abandon, la solitude, la guerre grondant tout autour de l'horizon, la faim, la soif, pas d'autre nourriture que l'herbe, pas d'autre toit que le ciel.

Le sergent s'approcha de la femme et fixa ses yeux sur l'enfant qui tétait. La petite quitta le sein, tourna doucement la tête, regarda avec ses belles prunelles bleues l'effrayante face velue, hérissée et fauve qui se penchait sur elle, et se mit à sourire.

Le sergent se redressa et l'on vit une grosse larme rouler sur sa joue et s'arrêter au bout de sa moustache comme une perle.

Il éleva la voix.

— Camarades, de tout ça je conclus que le bataillon va devenir père. Est-ce convenu? Nous adoptons ces trois enfants-là.

— Vive la République ! crièrent les grenadiers.

— C'est dit, fit le sergent.

Et il étendit les deux mains au-dessus de la mère et des enfants.

— Voilà, dit-il, les enfants du bataillon du Bonnet-Rouge.

La vivandière sauta de joie.

— Trois têtes dans un bonnet, cria-t-elle.

Puis elle éclata en sanglots, embrassa éperdument la pauvre veuve et lui dit :

— Comme la petite a déjà l'air gamine !

— Vive la République ! répétèrent les soldats.

Et le sergent dit à la mère :

— Venez, citoyenne.

# LIVRE DEUXIÈME

# LA CORVETTE *CLAYMORE*

## I

### ANGLETERRE ET FRANCE MÊLÉES[a]

Au printemps de 1793, au moment où la France, attaquée à la fois à toutes ses frontières, avait la pathétique distraction de la chute des Girondins[1], voici ce qui se passait dans l'archipel de la Manche.

Un soir, le 1er juin, à Jersey, dans la petite baie déserte de Bonnenuit[2], une heure environ avant le coucher du soleil, par un de ces temps brumeux qui sont commodes pour s'enfuir parce qu'ils sont dangereux pour naviguer, une corvette mettait à la voile. Ce bâtiment était monté par un équipage français, mais faisait partie de la flottille anglaise placée en station et comme en sentinelle à la pointe orientale de l'île. Le prince de la Tour-d'Auvergne, qui était de la maison de Bouillon, commandait la flottille anglaise, et c'était par ses ordres, et pour un service urgent et spécial, que la corvette en avait été détachée.

---

1. Journées du 31 mai et du 2 juin.
2. Au nord de l'île, du côté opposé à la ville principale Saint-Hélier.

Cette corvette, immatriculée à la Trinity-House [1]
sous le nom de *the Claymore*, était en apparence une
corvette de charge, mais en réalité une corvette de
guerre. Elle avait la lourde et pacifique allure marchande ; il ne fallait pas s'y fier pourtant. Elle avait
été construite à deux fins, ruse et force ; tromper, s'il
est possible, combattre, s'il est nécessaire. Pour le
service qu'elle avait à faire cette nuit-là, le chargement
avait été remplacé dans l'entre-pont par trente caronades de fort calibre. Ces trente caronades, soit qu'on
prévît une tempête, soit plutôt qu'on voulût donner
une figure débonnaire au navire, étaient à la serre,
c'est-à-dire fortement amarrées en dedans par de
triples chaînes et la volée appuyée aux écoutilles [2]
tamponnées ; rien ne se voyait au dehors ; les sabords
étaient aveuglés ; les panneaux étaient fermés ; c'était
comme un masque mis à la corvette. Les corvettes
d'ordonnance n'ont de canons que sur le pont ; celle-ci,
faite pour la surprise et l'embûche, était à pont désarmé,
et avait été construite de façon à pouvoir porter, comme
on vient de le voir, une batterie d'entre-pont. *La
Claymore* était d'un gabarit massif et trapu, et pourtant
bonne marcheuse ; c'était la coque la plus solide de
toute la marine anglaise, et au combat elle valait
presque une frégate, quoiqu'elle n'eût pour mât

1. Il s'agit de la corporation fondée au moyen âge pour la surveil-
lance des côtes, les secours à donner aux gens en péril de mer, plus
tard la construction des phares, etc.

2. Dans le récit du voyage de *la Claymore*, Hugo va mettre à contribution tout le vocabulaire de la marine (comparer pour le procédé
certains poèmes de *la Légende des siècles* : la description des armures
dans *Eviradnus*, par exemple). L'*écoutille* est l'ouverture pratiquée
dans le pont d'un navire ; les écoutilles sont ici fermées à l'aide d'un
*tampon ;* le *sabord* est l'ouverture dans la coque même du vaisseau pour
le passage de la *volée* du canon ; un peu plus loin, la *brigantine* est la
voile adaptée d'ordinaire au *brigantin*, vaisseau de petite taille, etc.

d'artimon qu'un mâtereau avec une simple brigantine. Son gouvernail, de forme rare et savante, avait
une membrure courbe presque unique qui avait coûté
cinquante livres sterling dans les chantiers de Southampton.

L'équipage, tout français, était composé d'officiers
émigrés et de matelots déserteurs. Ces hommes étaient
triés ; pas un qui ne fût bon marin, bon soldat et bon
royaliste. Ils avaient le triple fanatisme du navire, de
l'épée et du roi.

Un demi-bataillon d'infanterie de marine, pouvant
au besoin être débarqué, était amalgamé à l'équipage.

La corvette *Claymore* avait pour capitaine un chevalier de Saint-Louis, le comte du Boisberthelot, un des
meilleurs officiers de l'ancienne marine royale, pour
second le chevalier de La Vieuville qui avait commandé
aux gardes-françaises la compagnie où Hoche avait été
sergent, et pour pilote le plus sagace patron de Jersey,
Philip Gacquoil.

On devinait que ce navire avait à faire quelque chose
d'extraordinaire. Un homme, en effet, venait de s'y
embarquer, qui avait tout l'air d'entrer dans une
aventure. C'était un haut vieillard, droit et robuste,
à figure sévère, dont il eût été difficile de préciser
l'âge, parce qu'il semblait à la fois vieux et jeune ;
un de ces hommes qui sont pleins d'années et de force[a],
qui ont des cheveux blancs sur le front et un éclair
dans le regard ; quarante ans pour la vigueur et quatre-
vingts ans pour l'autorité. Au moment où il était monté
sur la corvette, son manteau de mer s'était entr'ouvert,
et l'on avait pu le voir vêtu, sous ce manteau, de larges
braies dites *bragou-bras,* de bottes-jambières, et d'une
veste en peau de chèvre montrant en dessus le cuir pas-
sementé de soie, et en dessous le poil hérissé et sauvage,
costume complet du paysan breton. Ces anciennes

vestes bretonnes étaient à deux fins, servaient aux jours
de fête comme aux jours de travail, et se retournaient,
offrant à volonté le côté velu ou le côté brodé ; peaux
de bête toute la semaine, habits de gala le dimanche.
Le vêtement de paysan que portait ce vieillard était,
comme pour ajouter à une vraisemblance cherchée
et voulue, usé aux genoux et aux coudes, et paraissait
avoir été longtemps porté, et le manteau de mer,
de grosse étoffe, ressemblait à un haillon de pêcheur.
Ce vieillard avait sur la tête le chapeau rond du temps,
à haute forme et à large bord, qui, rabattu, a l'aspect
campagnard, et, relevé d'un côté par une ganse à
cocarde, a l'aspect militaire. Il portait ce chapeau
ras baissé [a] à la paysanne, sans ganse ni cocarde.

Lord Balcarras, gouverneur de l'île, et le prince de
la Tour-d'Auvergne, l'avaient en personne conduit
et installé à bord. L'agent secret des princes,
Gélambre [1], ancien garde du corps de M. le comte
d'Artois, avait lui-même veillé à l'aménagement de sa
cabine, poussant le soin et le respect, quoique fort
bon gentilhomme, jusqu'à porter derrière ce vieillard
sa valise. En le quittant pour retourner à terre, M. de
Gélambre avait fait à ce paysan un profond salut ;
lord Balcarras lui avait dit : *Bonne chance, général,* et
le prince de la Tour-d'Auvergne lui avait dit : *Au
revoir, mon cousin.*

« Le paysan », c'était en effet le nom sous lequel
les gens de l'équipage s'étaient mis tout de suite à
désigner leur passager, dans les courts dialogues
que les hommes de mer ont entre eux ; mais, sans en
savoir plus long, ils comprenaient que ce paysan

---

1. Le nom authentique de ce personnage, expert en double jeu,
a été modifié par Hugo, afin de ne pas « affliger » la famille, qui,
écrivait-il, « existe peut-être encore » (voir l'édition de l'Imprimerie
Nationale, p. 437).

n'était pas plus un paysan que la corvette de guerre n'était une corvette de charge.

Il y avait peu de vent. *La Claymore* quitta Bonnenuit, passa devant Boulay-Bay, et fut quelque temps en vue, courant des bordées ; puis elle décrut dans la nuit croissante, et s'effaça.

Une heure après, Gélambre, rentré chez lui à Saint-Hélier, expédia, par l'exprès de Southampton, à M. le comte d'Artois, au quartier général du duc d'York [1], les quatre lignes qui suivent :

« Monseigneur, le départ vient d'avoir lieu. Succès certain. Dans huit jours toute la côte sera en feu, de Granville à Saint-Malo. »

Quatre jours auparavant, par émissaire secret, le représentant Prieur, de la Marne [2], en mission près de l'armée des côtes de Cherbourg, et momentanément en résidence à Granville, avait reçu, écrit de la même écriture que la dépêche précédente, le message qu'on va lire :

« Citoyen représentant, le 1er juin, à l'heure de la marée, la corvette de guerre *la Claymore*, à batterie masquée, appareillera pour déposer sur la côte de France un homme dont voici le signalement : haute taille, vieux, cheveux blancs, habits de paysan, mains d'aristocrate. Je vous enverrai demain plus de détails. Il débarquera le 2 au matin. Avertissez la croisière, capturez la corvette, faites guillotiner l'homme. »

---

1. Commandant en chef l'armée anglaise en Flandre.
2. Le nom, qui revient à plusieurs reprises, est presque toujours écrit dans l'édition originale avec une virgule après *Prieur*. Dans le manuscrit, la virgule n'apparaît pas aussi fréquemment.

## II

### NUIT SUR LE NAVIRE ET SUR LE PASSAGER[a]

La corvette, au lieu de prendre par le sud et de se diriger vers Sainte-Catherine, avait mis le cap au nord, puis avait tourné à l'ouest et s'était résolument engagée entre Serk et Jersey dans le bras de mer qu'on appelle le Passage de la Déroute[1]. Il n'y avait alors de phare sur aucun point de ces deux côtes.

Le soleil s'était bien couché ; la nuit était noire, plus que ne le sont d'ordinaire les nuits d'été ; c'était une nuit de lune, mais de vastes nuages, plutôt de l'équinoxe que du solstice, plafonnaient le ciel, et, selon toute apparence, la lune ne serait visible que lorsqu'elle toucherait l'horizon, au moment de son coucher. Quelques nuées pendaient jusque sur la mer et la couvraient de brume.

Toute cette obscurité était favorable.

L'intention du pilote Gacquoil était de laisser Jersey à gauche et Guernesey à droite, et de gagner, par une marche hardie entre les Hanois et les Douvres[2], une baie quelconque du littoral de Saint-Malo, route moins courte que par les Minquiers[3], mais plus sûre, la croisière française ayant pour consigne habituelle de faire surtout le guet entre Saint-Hélier et Granville.

---

1. Toute la région de la Manche où évolue *la Claymore* était familière à Hugo depuis le début de l'exil. Les noms qu'il cite dans ce chapitre reviennent souvent dans ses poèmes et surtout dans *les Travailleurs de la mer* (1866), roman pour lequel il avait écrit une longue introduction géographique et historique : *l'Archipel de la Manche* (publiée seulement en 1883).

2. C'est sur les rochers Douvres, très à l'ouest de Jersey, que se déroulent, dans *les Travailleurs de la mer,* le naufrage de *la Durande* et les épisodes du labeur de Gilliatt pour recouvrer l'épave.

3. Groupe d'îlots au sud de Jersey, juste à mi-chemin entre l'île et Saint-Malo.

Si le vent s'y prêtait, si rien ne survenait, et en couvrant la corvette de toile, Gacquoil espérait toucher la côte de France au point du jour.

Tout allait bien ; la corvette venait de dépasser Gros-Nez [1] ; vers neuf heures, le temps fit mine de bouder, comme disent les marins, et il y eut du vent et de la mer ; mais ce vent était bon, et cette mer était forte sans être violente. Pourtant, à de certains [2] coups de lame, l'avant de la corvette embarquait.

Le « paysan » que lord Balcarras avait appelé *général*, et auquel le prince de la Tour-d'Auvergne avait dit : *Mon cousin*, avait le pied marin et se promenait avec une gravité tranquille sur le pont de la corvette. Il n'avait pas l'air de s'apercevoir qu'elle était fort secouée. De temps en temps il tirait de la poche de sa veste une tablette de chocolat dont il cassait et mâchait un morceau ; ses cheveux blancs n'empêchaient [a] pas qu'il eût toutes ses dents.

Il ne parlait à personne, si ce n'est, par instants, bas et brièvement, au capitaine, qui l'écoutait avec déférence et semblait considérer ce passager comme plus commandant que lui-même.

*La Claymore*, habilement pilotée, côtoya, inaperçue dans le brouillard, le long escarpement nord de Jersey, serrant de près la côte, à cause du redoutable écueil Pierres-de-Leeq qui est au milieu du bras de mer entre Jersey et Serk. Gacquoil, debout à la barre, signalant tour à tour la Grève de Leeq, Gros-Nez, Plémont [3],

---

1. A la pointe nord-ouest de Jersey.

2. *De certains* : c'est le tour constamment employé par Hugo.

3. La pointe Plémont, dressée en falaise au nord-ouest de l'île, fut un des hauts lieux aimés du proscrit :

O bruyères ! Plémont qu'évite le steamer !
Vieux palais de Cybèle écroulé dans la mer !...
*(Les Quatre Vents de l'Esprit,*
*Livre lyrique*, XIV, *Jersey.)*

faisait glisser la corvette parmi ces chaînes de récifs, en quelque sorte à tâtons, mais avec certitude, comme un homme qui est de la maison et qui connaît les êtres de l'Océan. La corvette n'avait pas de feu à l'avant, de crainte de dénoncer son passage dans ces mers surveillées. On se félicitait du brouillard. On atteignit la Grande-Etaque ; la brume était si épaisse qu'à peine distinguait-on la haute silhouette du Pinacle. On entendit dix heures sonner au clocher de Saint-Ouen [1], signe que le vent se maintenait vent-arrière. Tout continuait d'aller bien ; la mer devenait plus houleuse à cause du voisinage de la Corbière.

Un peu après dix heures, le comte du Boisberthelot et le chevalier de La Vieuville reconduisirent l'homme aux habits de paysan jusqu'à sa cabine qui était la propre chambre du capitaine. Au moment d'y entrer, il leur dit en baissant la voix :

— Vous le savez, messieurs, le secret importe. Silence jusqu'au moment de l'explosion. Vous seuls connaissez ici mon nom.

— Nous l'emporterons au tombeau, répondit Boisberthelot.

— Quant à moi, repartit le vieillard, fussé-je devant la mort, je ne le dirais pas.

Et il entra dans sa chambre.

## III

### NOBLESSE ET ROTURE MÊLÉES[a]

Le commandant et le second remontèrent sur le pont et se mirent à marcher côte à côte en causant.

---

1. Dans la partie occidentale de Jersey, un peu à l'intérieur des terres.

Ils parlaient évidemment de leur passager, et voici à peu près le dialogue que le vent dispersait dans les ténèbres.

Boisberthelot grommela à demi-voix à l'oreille de La Vieuville :

— Nous allons voir si c'est un chef.

La Vieuville répondit :

— En attendant, c'est un prince.

— Presque.

— Gentilhomme en France, mais prince en Bretagne.

— Comme les La Trémoille, comme les Rohan.

— Dont il est l'allié.

Boisberthelot reprit :

— En France et dans les carrosses du roi, il est marquis comme je suis comte et comme vous êtes chevalier.

— Ils sont loin les carrosses ! s'écria La Vieuville. Nous en sommes au tombereau.

Il y eut un silence.

Boisberthelot repartit :

— A défaut d'un prince français, on prend un prince breton.

— Faute de grives... — Non, faute d'un aigle, on prend un corbeau.

— J'aimerais mieux un vautour, dit Boisberthelot.

Et La Vieuville répliqua :

— Certes ! un bec et des griffes.

— Nous allons voir.

— Oui, reprit La Vieuville, il est temps qu'il y ait un chef. Je suis de l'avis de Tinténiac [1] : *un chef,*

---

1. Le procédé consistant à multiplier les noms, puisés aux sources que nous avons indiquées, n'est nulle part plus sensible que dans ce long dialogue, rempli d'intentions de la part des personnages et de l'auteur, et assez fastidieux.

*et de la poudre !* Tenez, commandant, je connais à peu
près tous les chefs possibles et impossibles ; ceux
d'hier, ceux d'aujourd'hui et ceux de demain ; pas un
n'est la caboche de guerre qu'il nous faut. Dans cette
diable de Vendée, il faut un général qui soit en même
temps un procureur ; il faut ennuyer l'ennemi, lui
disputer le moulin, le buisson, le fossé, le caillou,
lui faire de mauvaises querelles, tirer parti de tout,
veiller à tout, massacrer beaucoup, faire des exemples,
n'avoir ni sommeil ni pitié. A cette heure, dans cette
armée de paysans, il y a des héros, il n'y a pas de capitaines. D'Elbée est nul, Lescure est malade, Bonchamps
fait grâce ; il est bon, c'est bête ; La Rochejaquelein
est un magnifique sous-lieutenant ; Silz est un officier
de rase campagne, impropre à la guerre d'expédients.
Cathelineau est un charretier naïf, Stofflet est un
garde-chasse rusé, Bérard est inepte, Boulainvilliers
est ridicule, Charette est horrible. Et je ne parle pas
du barbier Gaston. Car, mordemonbleu ! à quoi bon
chamailler la révolution et quelle différence y a-t-il
entre les républicains et nous si nous faisons commander
les gentilshommes par les perruquiers ?

— C'est que cette chienne de révolution nous gagne,
nous aussi.

— Une gale qu'a la France !

— Gale du tiers état, reprit Boisberthelot. L'Angleterre seule peut nous tirer de là.

— Elle nous en tirera, n'en doutez pas, capitaine.

— En attendant, c'est laid.

— Certes, des manants partout ; la monarchie qui
a pour général en chef Stofflet, garde-chasse de M. de
Maulevrier, n'a rien à envier à la république qui a
pour ministre Pache, fils du portier du duc de Castries.
Quel vis-à-vis que cette guerre de la Vendée : d'un côté
Santerre le brasseur, de l'autre Gaston le merlan !

— Mon cher La Vieuville, je fais un certain cas de ce Gaston. Il n'a point mal agi dans son commandement de Guéménée. Il a gentiment arquebusé trois cents bleus après leur avoir fait creuser leur fosse par eux-mêmes.

— A la bonne heure ; mais je l'eusse fait tout aussi bien que lui.

— Pardieu, sans doute. Et moi aussi.

— Les grands actes de guerre, reprit La Vieuville, veulent de la noblesse dans qui les accomplit. Ce sont choses de chevaliers et non de perruquiers.

— Il y a pourtant dans ce tiers état, répliqua Boisberthelot, des hommes estimables. Tenez, par exemple, cet horloger Joly. Il avait été sergent au régiment de Flandre ; il se fait chef vendéen ; il commande une bande de la côte ; il a un fils, qui est républicain, et, pendant que le père sert dans les blancs, le fils sert dans les bleus. Rencontre. Bataille. Le père fait prisonnier son fils, et lui brûle la cervelle.

— Celui-là est bien, dit La Vieuville.

— Un Brutus royaliste, reprit Boisberthelot.

— Cela n'empêche pas qu'il est insupportable d'être commandé par un Coquereau, un Jean-Jean, un Moulins, un Focart, un Bouju, un Chouppes !

— Mon cher chevalier, la colère est la même de l'autre côté. Nous sommes pleins de bourgeois ; ils sont pleins de nobles. Croyez-vous que les sans-culottes soient contents d'être commandés par le comte de Canclaux, le vicomte de Miranda, le vicomte de Beauharnais, le comte de Valence, le marquis de Custine et le duc de Biron !

— Quel gâchis !

— Et le duc de Chartres !

— Fils d'Égalité. Ah çà, quand sera-t-il roi, celui-là ?

— Jamais[1].

— Il monte au trône. Il est servi par ses crimes.

— Et desservi par ses vices, dit Boisberthelot.

Il y eut encore un silence, et Boisberthelot poursuivit :

— Il avait pourtant voulu se réconcilier. Il était venu voir le roi. J'étais là, à Versailles, quand on lui a craché dans le dos.

— Du haut du grand escalier?

— Oui.

— On a bien fait.

— Nous l'appelions Bourbon le Bourbeux.

— Il est chauve, il a des pustules, il est régicide, pouah !

Et La Vieuville ajouta :

— Moi, j'étais à Ouessant avec lui.

— Sur *le Saint-Esprit?*

— Oui.

— S'il eût obéi au signal de tenir le vent que lui faisait l'amiral d'Orvilliers, il empêchait les Anglais de passer.

— Certes.

— Est-il vrai qu'il se soit caché à fond de cale?

— Non. Mais il faut le dire tout de même.

Et La Vieuville éclata de rire.

Boisberthelot repartit :

— Il y a des imbéciles. Tenez, ce Boulainvilliers dont vous parliez, La Vieuville, je l'ai connu, je l'ai vu de près. Au commencement, les paysans étaient armés de piques ; ne s'était-il pas fourré dans la tête d'en faire des piquiers? Il voulait leur apprendre l'exercice de la pique-en-biais et de la pique-traînante-le-fer-devant.

---

1. Passage « à effet », très comparable à certains morceaux des drames de Dumas père : on sait que le duc de Chartres régnera précisément sous le nom de Louis-Philippe.

Il avait rêvé de transformer ces sauvages en soldats de ligne. Il prétendait leur enseigner à émousser [1] les angles d'un carré et à faire des bataillons à centre vide. Il leur baragouinait la vieille langue militaire ; pour dire un chef d'escouade, il disait un *cap d'escade,* ce qui était l'appellation des caporaux sous Louis XIV. Il s'obstinait à créer un régiment avec tous ces braconniers ; il avait des compagnies régulières dont les sergents se rangeaient en rond tous les soirs, recevant le mot et le contre-mot du sergent de la colonelle qui les disait tout bas au sergent de la lieutenance, lequel les disait à son voisin qui les transmettait au plus proche, et ainsi d'oreille en oreille jusqu'au dernier. Il cassa un officier qui ne s'était pas levé tête nue pour recevoir le mot d'ordre de la bouche du sergent. Vous jugez comme cela a réussi. Ce butor ne comprenait pas que les paysans veulent être menés à la paysanne, et qu'on ne fait pas des hommes de caserne avec des hommes des bois. Oui, j'ai connu ce Boulainvilliers-là.

Ils firent quelques pas, chacun songeant de son côté. Puis la causerie continua :

— A propos, se confirme-t-il que Dampierre soit tué ?

— Oui, commandant.

— Devant Condé ?

— Au camp de Pamars ; d'un boulet de canon. Boisberthelot soupira.

— Le comte de Dampierre. Encore un des nôtres qui était des leurs !

— Bon voyage ! dit La Vieuville.

---

1. C'était le terme exact pour désigner l'opération consistant à retrancher les quatre coins d'un carré, « de sorte que, formant un octogone, il puisse faire face de tous côtés » (Littré).

— Et Mesdames [1] ? où sont-elles ?

— A Trieste.

— Toujours ?

— Toujours.

Et La Vieuville s'écria :

— Ah ! cette république ! Que de dégâts pour peu de chose ! Quand on pense que cette révolution est venue pour un déficit de quelques millions !

— Se défier des petits points de départ, dit Boisberthelot.

— Tout va mal, reprit La Vieuville.

— Oui, La Rouarie est mort, Du Dresnay est idiot. Quels tristes meneurs que tous ces évêques, ce Coucy, l'évêque de La Rochelle, ce Beaupoil Saint-Aulaire, l'évêque de Poitiers, ce Mercy, l'évêque de Luçon, amant de madame de l'Eschasserie...

— Laquelle s'appelle Servanteau, vous savez, commandant : l'Eschasserie est un nom de terre.

— Et ce faux évêque d'Agra, qui est curé de je ne sais quoi !

— De Dol. Il s'appelle Guillot de Folleville. Il est brave, du reste, et se bat.

— Des prêtres quand il faudrait des soldats ! Des évêques qui ne sont pas des évêques ! des généraux qui ne sont pas des généraux !

La Vieuville interrompit Boisberthelot.

— Commandant, vous avez le *Moniteur* dans votre cabine ?

— Oui.

— Qu'est-ce donc qu'on joue à Paris dans ce moment-ci ?

---

1. Il s'agit ici, non de la fille du roi, alors captive au Temple, mais de la comtesse de Provence et de la comtesse d'Artois, belles-sœurs de Louis XVI.

— *Adèle et Paulin,* et *la Caverne*[1].

— Je voudrais voir ça.

— Vous le verrez. Nous serons à Paris dans un mois.

Boisberthelot réfléchit un moment et ajouta :

— Au plus tard. M. Windham l'a dit à milord Hood[2].

— Mais alors, commandant, tout ne va pas si mal?

— Tout irait bien, parbleu, à la condition que la guerre de Bretagne fût bien conduite.

La Vieuville hocha la tête.

— Commandant, reprit-il, débarquerons-nous l'infanterie de marine?

— Oui, si la côte est pour nous ; non, si elle est hostile. Quelquefois il faut que la guerre enfonce les portes, quelquefois il faut qu'elle se glisse. La guerre civile doit toujours avoir dans sa poche une fausse clef. On fera le possible. Ce qui importe, c'est le chef.

Et Boisberthelot, pensif, ajouta :

— La Vieuville, que penseriez-vous du chevalier de Dieuzie?

— Du jeune?

— Oui.

— Pour commander?

— Oui.

— Que c'est encore un officier de plaine et de bataille rangée. La broussaille ne connaît que le paysan.

---

1. *Adèle et Paulin,* drame en trois actes et en vers de Delrieu, fut joué en août 1793 pour l'ouverture du Théâtre National. *La Caverne,* drame en prose inspiré par l'épisode des brigands, dans le *Gil Blas* de Le Sage, avec paroles de Darcy et musique de Lesueur, avait été donné au Théâtre Feydeau en février 1793. — Toutes ces précisions, qui tendent à restituer la couleur d'un temps, sont exactement dans l'esprit des dialogues de théâtre tels qu'on les trouve dans les pièces jouées vers 1830 *(Henri III et sa cour, Marion de Lorme,* etc.).

2. Windham, collaborateur de Pitt, devait organiser deux ans plus tard le débarquement de Quiberon. — Hood dirigeait la flotte anglaise engagée devant Toulon en 1793.

— Alors, résignez-vous au général Stofflet et au général Cathelineau.

La Vieuville rêva un moment et dit :

— Il faudrait un prince, un prince de France, un prince du sang. Un vrai prince.

— Pourquoi ? Qui dit prince...

— Dit poltron. Je le sais, commandant. Mais c'est pour l'effet sur les gros yeux bêtes des gars[1].

— Mon cher chevalier, les princes ne veulent pas venir.

— On s'en passera.

Boisberthelot fit ce mouvement machinal qui consiste à se presser le front avec la main, comme pour en faire sortir une idée.

Il reprit :

— Enfin, essayons de ce général-ci.

— C'est un grand gentilhomme.

— Croyez-vous qu'il suffira ?

— Pourvu qu'il soit bon ! dit La Vieuville.

— C'est-à-dire féroce, dit Boisberthelot.

Le comte et le chevalier se regardèrent.

— Monsieur du Boisberthelot, vous avez dit le mot. Féroce. Oui, c'est là ce qu'il nous faut. Ceci est la guerre sans miséricorde. L'heure est aux sanguinaires. Les régicides ont coupé la tête à Louis XVI, nous arracherons les quatre membres aux régicides. Oui, le général nécessaire est le général Inexorable. Dans l'Anjou et le haut Poitou, les chefs font les magnanimes ; on patauge dans la générosité ; rien ne va. Dans le

---

1. C'est le nom que se donnaient les insurgés vendéens. Balzac, qui se complaisait aussi aux digressions, avait présenté dans *les Chouans* toute une étude sur l'origine et l'emploi du mot « que l'on prononce *gâ*,... débris de la langue celtique... »

Marais et dans le pays de Retz[1], les chefs sont atroces, tout marche. C'est parce que Charette est féroce qu'il tient tête à Parrein [a]. Hyène contre hyène.

Boisberthelot n'eut pas le temps de répondre à La Vieuville. La Vieuville eut la parole brusquement coupée par un cri désespéré, et en même temps on entendit un bruit qui ne ressemblait à aucun des bruits qu'on entend. Ce cri et ces bruits venaient du dedans du navire.

Le capitaine et le lieutenant se précipitèrent vers l'entre-pont, mais ne purent y entrer. Tous les canonniers remontaient éperdus.

Une chose effrayante venait d'arriver.

# IV

## TORMENTUM BELLI [2]

Une des caronades de la batterie, une pièce de vingt-quatre, s'était détachée.

Ceci est le plus redoutable peut-être des événements de mer. Rien de plus terrible ne peut arriver à un navire de guerre au large et en pleine marche.

Un canon qui casse son amarre devient brusquement on ne sait quelle bête surnaturelle. C'est une machine qui se transforme en un monstre. Cette masse court sur ses roues, a des mouvements de bille de billard, penche avec le roulis, plonge avec le tangage, va,

---

1. C'est dans le pays de Retz, au sud de la Loire, près de Nantes, que se situent en effet quelques-uns des foyers où l'insurrection prit la forme la plus sanguinaire (Machecoul).

2. Les titres en latin furent une des coquetteries de Hugo romancier. *Tormentum belli* : machine de guerre.

vient, s'arrête, paraît méditer, reprend sa course,
traverse comme une flèche le navire d'un bout à
l'autre, pirouette, se dérobe, s'évade, se cabre, heurte,
ébrèche, tue, extermine. C'est un bélier qui bat à sa
fantaisie une muraille. Ajoutez ceci : le bélier est de fer,
la muraille est de bois. C'est l'entrée en liberté de la
matière ; on dirait que cet esclave éternel se venge ;
il semble que la méchanceté qui est dans ce que nous
appelons les objets inertes sorte et éclate tout à coup ;
cela a l'air de perdre patience et de prendre une étrange
revanche obscure ; rien de plus inexorable que la colère
de l'inanimé. Ce bloc forcené a les sauts de la panthère,
la lourdeur de l'éléphant, l'agilité de la souris, l'opiniâtreté de la cognée, l'inattendu de la houle, les coups
de coude de l'éclair, la surdité du sépulcre. Il pèse
dix mille, et il ricoche comme une balle d'enfant. Ce
sont des tournoiements[1] brusquement coupés d'angles
droits. Et que faire ? Comment en venir à bout ? Une
tempête cesse, un cyclone passe, un vent tombe, un
mât brisé se remplace, une voie d'eau se bouche,
un incendie s'éteint ; mais que devenir avec cette énorme
brute de bronze ? De quelle façon s'y prendre ? Vous
pouvez raisonner un dogue, étonner un taureau,
fasciner un boa, effrayer un tigre, attendrir un lion ;
aucune ressource avec ce monstre, un canon lâché.
Vous ne pouvez pas le tuer, il est mort ; et en même
temps, il vit. Il vit d'une vie sinistre qui lui vient
de l'infini. Il a sous lui son plancher qui le balance.
Il est remué par le navire, qui est remué par la mer,
qui est remuée par le vent. Cet exterminateur est un
jouet. Le navire, les flots, les souffles, tout cela le

---

1. L'usage du substantif abstrait est constant chez Hugo, surtout dans les ouvrages écrits depuis l'exil. Ces chapitres en four-
nissent des exemples caractéristiques.

tient ; de là sa vie affreuse. Que faire à cet engrenage ?
Comment entraver ce mécanisme monstrueux du
naufrage ? Comment prévoir ces allées et venues, ces
retours, ces arrêts, ces chocs ? Chacun de ces[a] coups
au bordage peut défoncer le navire. Comment deviner
ces affreux méandres ? On a affaire à un projectile
qui se ravise, qui a l'air d'avoir des idées, et qui
change à chaque instant de direction. Comment
arrêter ce qu'il faut éviter ? L'horrible canon se démène,
avance, recule, frappe à droite, frappe à gauche, fuit,
passe, déconcerte l'attente, broie l'obstacle, écrase
les hommes comme des mouches. Toute la terreur
de la situation est dans la mobilité du plancher. Comment combattre un plan incliné qui a des caprices ?
Le navire a, pour ainsi dire, dans le ventre la foudre
prisonnière qui cherche à s'échapper ; quelque chose
comme un tonnerre roulant sur un tremblement de
terre.

En un instant tout l'équipage fut sur pied. La faute
était au chef de pièce qui avait négligé de serrer l'écrou
de la chaîne d'amarrage et mal entravé les quatre roues
de la caronade ; ce qui donnait du jeu à la semelle et
au châssis, désaccordait les deux plateaux, et avait
fini par disloquer la brague[1]. Le combleau s'était cassé,
de sorte que le canon n'était plus ferme à l'affût. La
brague fixe, qui empêche le recul, n'était pas encore
en usage à cette époque. Un paquet de mer étant venu
frapper le sabord, la caronade mal amarrée avait
reculé et brisé sa chaîne, et s'était mise à errer formidablement dans l'entre-pont.

Qu'on se figure, pour avoir une idée de ce glisse-

---

1. Accumulation de termes techniques. La *semelle* est la planche de
bois qui soutient la caronade ; le *châssis* fait partie de l'affût ; la *brague*
est le cordage qui retenait le canon au moment du recul ; le *combleau*
la corde qui servait à tirer la caronade.

ment étrange, une goutte d'eau courant sur une vitre.

Au moment où l'amarre cassa, les canonniers étaient dans la batterie. Les uns groupés, les autres épars, occupés aux ouvrages de mer que font les marins en prévoyance d'un branle-bas de combat. La caronade, lancée par le tangage, fit une trouée dans ce tas d'hommes et en écrasa quatre du premier coup, puis, reprise et décochée par le roulis, elle coupa en deux un cinquième misérable, et alla heurter à la muraille de bâbord une pièce de la batterie qu'elle démonta. De là le cri de détresse qu'on venait d'entendre. Tous les hommes se pressèrent à l'escalier-échelle. La batterie se vida en un clin d'œil.

L'énorme pièce avait été laissée seule. Elle était livrée à elle-même. Elle était sa maîtresse, et la maîtresse du navire. Elle pouvait en faire ce qu'elle voulait. Tout cet équipage accoutumé à rire[a] dans la bataille tremblait. Dire l'épouvante est impossible.

Le capitaine Boisberthelot et le lieutenant La Vieuville, deux intrépides pourtant, s'étaient arrêtés au haut de l'escalier, et, muets, pâles, hésitants, regardaient dans l'entre-pont. Quelqu'un les écarta du coude et descendit.

C'était leur passager, le paysan, l'homme dont ils venaient de parler le moment d'auparavant.

Arrivé au bas de l'escalier-échelle, il s'arrêta.

# V

## VIS ET VIR[1]

Le canon allait et venait dans l'entre-pont. On eût dit le chariot vivant de l'Apocalypse. Le falot de marine,

---

1. « La force brutale et l'homme. »

oscillant sous l'étrave de la batterie, ajoutait à cette vision un vertigineux balancement d'ombre et de lumière. La forme du canon s'effaçait dans la violence de sa course, et il apparaissait, tantôt noir dans la clarté, tantôt reflétant de vagues blancheurs dans l'obscurité.

Il continuait l'exécution du navire. Il avait déjà fracassé quatre autres pièces et fait dans la muraille deux crevasses heureusement au-dessus de la flottaison, mais par où l'eau entrerait, s'il survenait une bourrasque. Il se ruait frénétiquement sur la membrure ; les porques[1] très robustes résistaient, les bois courbes ont une solidité particulière ; mais on entendait leurs craquements sous cette massue démesurée, frappant, avec une sorte d'ubiquité inouïe, de tous les côtés à la fois. Un grain de plomb secoué dans une bouteille n'a pas des percussions plus insensées et plus rapides. Les quatre roues passaient et repassaient sur les hommes tués, les coupaient, les dépeçaient et les déchiquetaient, et des cinq cadavres avaient fait vingt tronçons qui roulaient à travers la batterie ; les têtes mortes semblaient crier ; des ruisseaux de sang se tordaient sur le plancher selon les balancements du roulis. Le vaigrage[2], avarié en plusieurs endroits, commençait à s'entr'ouvrir. Tout le navire était plein d'un bruit monstrueux.

Le capitaine avait promptement repris son sang-froid, et sur son ordre on avait jeté par le carré, dans l'entre-pont, tout ce qui pouvait amortir et entraver la course effrénée du canon, les matelas, les hamacs, les rechanges de voiles, les rouleaux de cordages, les sacs d'équipage,

1. Pièces de bois qui renforcent la charpente.
2. L'ensemble des planches qui forment le revêtement intérieur de la carcasse.

et les ballots de faux assignats dont la corvette avait tout un chargement, cette infamie anglaise[1] étant regardée comme de bonne guerre.

Mais que pouvaient faire ces chiffons? Personne n'osant descendre pour les disposer comme il eût fallu, en quelques minutes ce fut de la charpie.

Il y avait juste assez de mer pour que l'accident fût aussi complet que possible. Une tempête eût été désirable; elle eût peut-être culbuté le canon, et, une fois les quatre roues en l'air, on eût pu s'en rendre maître. Cependant le ravage s'aggravait. Il y avait des écorchures et même des fractures aux mâts, qui, emboîtés dans la charpente de la quille, traversent les étages des navires et y font comme de gros piliers ronds. Sous les frappements convulsifs du canon, le mât de misaine s'était lézardé, le grand mât lui-même était entamé. La batterie se disloquait. Dix pièces sur trente étaient hors de combat; les brèches au bordage se multipliaient et la corvette commençait à faire eau.

Le vieux passager descendu dans l'entre-pont semblait un homme de pierre au bas de l'escalier. Il jetait sur cette dévastation un œil sévère. Il ne bougeait point. Il paraissait impossible de faire un pas dans la batterie.

Chaque mouvement de la caronade en liberté ébauchait l'effondrement du navire. Encore quelques instants, et le naufrage était inévitable.

Il fallait périr ou couper court au désastre; prendre un parti, mais lequel?

Quelle combattante que cette caronade!

Il s'agissait d'arrêter cette épouvantable folle.

---

1. Il s'agit du procédé qui consistait à hâter en France la dépréciation du papier-monnaie, et à soulever par ce moyen l'opinion contre le gouvernement révolutionnaire. Hugo condamne au passage cette forme de guerre financière.

Il s'agissait de colleter cet éclair.

Il s'agissait de terrasser cette foudre.

Boisberthelot dit à La Vieuville :

— Croyez-vous en Dieu, chevalier?

La Vieuville répondit :

— Oui. Non. Quelquefois.

— Dans la tempête?

— Oui. Et dans des moments comme celui-ci.

— Il n'y a en effet que Dieu qui puisse nous tirer de là, dit Boisberthelot.

Tous se taisaient, laissant la caronade faire son fracas horrible.

Du dehors, le flot battant le navire répondait aux chocs du canon par des coups de mer. On eût dit deux marteaux alternant.

Tout à coup, dans cette espèce de cirque inabordable où bondissait le canon échappé, on vit un homme apparaître, une barre de fer à la main. C'était l'auteur de la catastrophe, le chef de pièce coupable de négligence et cause de l'accident, le maître de la caronade. Ayant fait le mal, il voulait le réparer. Il avait empoigné une barre d'aspect[1] d'une main, une drosse[2] à nœud coulant de l'autre main, et il avait sauté par le carré dans l'entre-pont.

Alors une chose farouche commença; spectacle titanique; le combat du canon contre le canonnier; la bataille de la matière et de l'intelligence, le duel de la chose contre l'homme.

L'homme s'était posté dans un angle, et, sa barre et sa corde dans ses deux poings, adossé à une porque[3], affermi sur ses jarrets qui semblaient deux

---

1. Sorte de levier de bois.
2. Cordage.
3. Pièce de bois qui renforce la structure d'un navire.

piliers d'acier, livide, calme, tragique, comme enraciné dans le plancher, il attendait.

Il attendait que le canon passât près de lui.

Le canonnier connaissait sa pièce, et il lui semblait qu'elle devait le connaître. Il vivait depuis longtemps avec elle. Que de fois il lui avait fourré la main dans la gueule! C'était son monstre familier. Il se mit à lui parler comme à son chien.

— Viens, disait-il. Il l'aimait peut-être.

Il paraissait souhaiter qu'elle vînt à lui.

Mais venir à lui, c'était venir sur lui. Et alors il était perdu. Comment éviter l'écrasement? Là était la question. Tous regardaient, terrifiés.

Pas une poitrine ne respirait librement, excepté peut-être celle du vieillard qui était seul dans l'entrepont avec les deux combattants, témoin sinistre.

Il pouvait lui-même être broyé par la pièce. Il ne bougeait pas.

Sous eux le flot, aveugle, dirigeait le combat.

Au moment où, acceptant ce corps-à-corps effroyable, le canonnier vint provoquer le canon, un hasard des balancements de la mer fit que la caronade demeura un moment immobile et comme stupéfaite. « Viens donc! » lui disait l'homme. Elle semblait écouter.

Subitement elle sauta sur lui. L'homme esquiva le choc.

La lutte s'engagea. Lutte inouïe. Le fragile se colletant avec l'invulnérable. Le belluaire de chair attaquant la bête d'airain. D'un côté une force, de l'autre une âme.

Tout cela se passait dans une pénombre. C'était comme la vision indistincte d'un prodige.

Une âme; chose étrange, on eût dit que le canon en avait une, lui aussi; mais une âme de haine et de rage. Cette cécité paraissait avoir des yeux. Le

monstre avait l'air de guetter l'homme. Il y avait,
on l'eût pu croire du moins, de la ruse dans cette
masse. Elle aussi choisissait son moment. C'était
on ne sait quel gigantesque insecte de fer ayant ou
semblant avoir une volonté de démon. Par moment,
cette sauterelle colossale cognait le plafond bas de la
batterie, puis elle retombait sur ses quatre roues
comme un tigre sur ses quatre griffes, et se remettait
à courir sur l'homme. Lui, souple, agile, adroit, se
tordait comme une couleuvre sous tous ces mouvements de foudre. Il évitait les rencontres, mais les coups
auxquels il se dérobait tombaient sur le navire et continuaient de le démolir.

Un bout de chaîne cassée était resté accroché à la
caronade. Cette chaîne s'était enroulée on ne sait
comment dans la vis du bouton de culasse. Une extrémité de la chaîne était fixée à l'affût. L'autre, libre,
tournoyait éperdument autour du canon dont elle
exagérait tous les soubresauts. La vis la tenait comme
une main fermée, et cette chaîne, multipliant les coups
de bélier par des coups de lanière, faisait autour du
canon un tourbillon terrible, fouet de fer dans un poing
d'airain. Cette chaîne compliquait le combat.

Pourtant l'homme luttait. Même, par instants, c'était
l'homme qui attaquait le canon ; il rampait le long du
bordage, sa barre et sa corde à la main ; et le canon
avait l'air de comprendre, et, comme s'il devinait un
piège, fuyait. L'homme, formidable, le poursuivait.

De telles choses ne peuvent durer longtemps. Le
canon sembla se dire tout à coup : Allons ! il faut en
finir ! et il s'arrêta. On sentit l'approche du dénoûment. Le canon, comme en suspens, semblait avoir
ou avait, car pour tous c'était un être, une préméditation féroce. Brusquement, il se précipita sur le canonnier. Le canonnier se rangea de côté, le laissa passer,

et lui cria en riant : « A refaire ! » Le canon, comme
furieux, brisa une caronade à bâbord ; puis ressaisi par
la fronde invisible qui le tenait, il s'élança à tribord sur
l'homme, qui échappa. Trois caronades s'effondrèrent
sous la poussée du canon ; alors, comme aveugle et ne
sachant plus ce qu'il faisait, il tourna le dos à l'homme,
roula de l'arrière à l'avant, détraqua l'étrave et alla
faire une brèche à la muraille de proue. L'homme s'était
réfugié au pied de l'escalier, à quelques pas du vieillard
témoin. Le canonnier tenait sa barre d'anspect en arrêt.
Le canon parut l'apercevoir, et, sans prendre la peine
de se retourner, recula sur l'homme avec une promptitude de coup de hache. L'homme acculé au bordage
était perdu. Tout l'équipage poussa un cri.

Mais le vieux passager jusqu'alors immobile s'était
élancé lui-même plus rapide que toutes ces rapidités
farouches. Il avait saisi un ballot de faux assignats,
et, au risque d'être écrasé, il avait réussi à le jeter entre
les roues de la caronade. Ce mouvement décisif et
périlleux n'eût pas été exécuté avec plus de justesse
et de précision par un homme rompu à tous les exer-
cices décrits dans le livre de Durosel sur la *Manœuvre
du canon de mer*.

Le ballot fit l'effet d'un tampon. Un caillou enraye
un bloc, une branche d'arbre détourne une avalanche.
La caronade trébucha. Le canonnier à son tour, saisissant ce joint redoutable, plongea sa barre de fer
entre les rayons d'une des roues d'arrière. Le canon
s'arrêta.

Il penchait. L'homme, d'un mouvement de levier
imprimé à la barre, le fit basculer. La lourde masse se
renversa, avec le bruit d'une cloche qui s'écroule, et
l'homme se ruant à corps perdu, ruisselant de sueur,
passa le nœud coulant de la drosse au cou de bronze
du monstre terrassé.

C'était fini. L'homme avait vaincu. La fourmi avait eu raison du mastodonte ; le pygmée avait fait le tonnerre prisonnier.

Les soldats et les marins battirent des mains.

Tout l'équipage se précipita avec des câbles et des chaînes, et en un instant le canon fut amarré.

Le canonnier salua le passager.

— Monsieur, lui dit-il, vous m'avez sauvé la vie.

Le vieillard avait repris son attitude impassible, et ne répondit pas.

## VI

### LES DEUX PLATEAUX DE LA BALANCE

L'homme avait vaincu, mais on pouvait dire que le canon avait vaincu aussi. Le naufrage immédiat était évité, mais la corvette n'était point sauvée. Le délabrement du navire paraissait irrémédiable. Le bordage avait cinq brèches, dont une fort grande à l'avant ; vingt caronades sur trente gisaient dans leur cadre. La caronade ressaisie et remise à la chaîne était elle-même hors de service ; la vis du bouton de culasse était forcée, et par conséquent le pointage impossible. La batterie était réduite à neuf pièces. La cale faisait eau. Il fallait tout de suite courir aux avaries et faire jouer les pompes.

L'entre-pont, maintenant qu'on le [1] pouvait regarder, était effroyable à voir. Le dedans d'une cage d'éléphant furieux n'est pas plus démantelé.

---

1. Cette disposition de la phrase (pronom non intercalé) est une des survivances de la langue classique que l'on trouve encore même dans les ouvrages de la vieillesse de Hugo.

Quelle que fût pour la corvette la nécessité de ne pas être aperçue, il y avait une nécessité plus impérieuse encore, le sauvetage immédiat. Il avait fallu éclairer le pont par quelques falots plantés çà et là dans le bordage.

Cependant, tout le temps qu'avait duré cette diversion tragique, l'équipage étant absorbé par une question de vie ou de mort, on n'avait guère su ce qui se passait hors de la corvette. Le brouillard s'était épaissi ; le temps avait changé ; le vent avait fait du navire ce qu'il avait voulu ; on était hors de route, à découvert de Jersey et de Guernesey, plus au sud qu'on ne devait l'être ; on se trouvait en présence d'une mer démontée. De grosses vagues venaient baiser les plaies béantes de la corvette, baisers redoutables. Le bercement de la mer était menaçant. La brise devenait bise. Une bourrasque, une tempête peut-être, se dessinait. On ne voyait pas à quatre lames devant soi.

Pendant que les hommes d'équipage réparaient en hâte et sommairement les ravages de l'entre-pont, aveuglaient les voies d'eau et remettaient en batterie les pièces échappées au désastre, le vieux passager était remonté sur le pont.

Il s'était adossé au grand mât.

Il n'avait point pris garde à un mouvement qui avait eu lieu dans le navire. Le chevalier de La Vieuville avait fait mettre en bataille des deux côtés du grand mât les soldats d'infanterie de marine, et, sur un coup de sifflet du maître d'équipage, les matelots occupés à la manœuvre s'étaient rangés debout sur les vergues.

Le comte du Boisberthelot s'avança vers le passager.

Derrière le capitaine marchait un homme hagard, haletant, les habits en désordre, l'air satisfait pourtant.

C'était le canonnier qui venait de se montrer si à

propos dompteur de monstres, et qui avait eu raison du canon.

Le comte fit au vieillard vêtu en paysan le salut militaire, et lui dit :

— Mon général, voilà l'homme.

Le canonnier se tenait debout, les yeux baissés, dans l'attitude d'ordonnance.

Le comte du Boisberthelot reprit :

— Mon général, en présence de ce qu'a fait cet homme, ne pensez-vous pas qu'il y a pour ses chefs quelque chose à faire?

— Je le pense, dit le vieillard.

— Veuillez donner des ordres, repartit Boisberthelot.

— C'est à vous de les donner. Vous êtes le capitaine.

— Mais vous êtes le général, reprit Boisberthelot.

Le vieillard regarda le canonnier.

— Approche, dit-il.

Le canonnier fit un pas.

Le vieillard se tourna vers le comte du Boisberthelot, détacha la croix de Saint-Louis du capitaine, et la noua à la vareuse du canonnier.

— Hurrah! crièrent les matelots.

Les soldats de marine présentèrent les armes.

Et le vieux passager, montrant du doigt le canonnier ébloui, ajouta :

— Maintenant, qu'on fusille cet homme.

La stupeur succéda à l'acclamation.

Alors, au milieu d'un silence de tombe, le vieillard éleva la voix. Il dit :

— Une négligence a compromis ce navire. A cette heure il est peut-être perdu. Être en mer, c'est être devant l'ennemi. Un navire qui fait une traversée est une armée qui livre une bataille. La tempête se cache, mais ne s'absente pas. Toute la mer est une embuscade.

Peine de mort à toute faute commise en présence de l'ennemi. Il n'y a pas de faute réparable. Le courage doit être récompensé, et la négligence doit être punie.

Ces paroles tombaient l'une après l'autre, lentement, gravement, avec une sorte de mesure inexorable, comme des coups de cognée sur un chêne.

Et le vieillard, regardant les soldats, ajouta :

— Faites.

L'homme à la veste duquel brillait la croix de Saint-Louis courba la tête.

Sur un signe du comte du Boisberthelot, deux matelots descendirent dans l'entre-pont, puis revinrent apportant le hamac-suaire ; l'aumônier du bord, qui depuis le départ était en prière dans le carré des officiers, accompagnait les deux matelots ; un sergent détacha de la ligne de bataille douze soldats qu'il rangea sur deux rangs, six par six ; le canonnier, sans dire un mot, se plaça entre les deux files. L'aumônier, le crucifix en main, s'avança et se mit près de lui. « Marche », dit le sergent. — Le peloton se dirigea à pas lents vers l'avant. Les deux matelots, portant le suaire, suivaient.

Un morne silence se fit sur la corvette. Un ouragan lointain soufflait.

Quelques instants après, une détonation éclata dans les ténèbres, une lueur passa, puis tout se tut, et l'on entendit le bruit que fait un corps en tombant dans la mer.

Le vieux passager, toujours adossé au grand mât, avait croisé les bras, et songeait.

Boisberthelot, dirigeant vers lui l'index de sa main gauche, dit bas à La Vieuville :

— La Vendée a une tête.

# VII

## QUI MET A LA VOILE MET A LA LOTERIE

Mais qu'allait devenir la corvette?

Les nuages, qui toute la nuit s'étaient mêlés aux vagues, avaient fini par s'abaisser tellement qu'il n'y avait plus d'horizon et que toute la mer était comme sous un manteau. Rien que le brouillard. Situation toujours périlleuse, même pour un navire bien portant.

A la brume s'ajoutait la houle.

On avait mis le temps à profit; on avait allégé la corvette en jetant à la mer tout ce qu'on avait pu déblayer du dégât fait par la caronade, les canons démontés, les affûts brisés, les membrures tordues ou déclouées, les pièces de bois et de fer fracassées; on avait ouvert les sabords, et l'on avait fait glisser sur des planches dans les vagues les cadavres et les débris humains enveloppés dans des prélarts.

La mer commençait à n'être plus tenable. Non que la tempête devînt précisément imminente; il semblait au contraire qu'on entendît décroître l'ouragan qui bruissait derrière l'horizon, et la rafale s'en allait au nord; mais les lames restaient très hautes, ce qui indiquait un mauvais fond de mer, et, malade comme était la corvette, elle était peu résistante aux secousses, et les grandes vagues pouvaient lui être funestes.

Gacquoil était à la barre, pensif.

Faire bonne mine à mauvais jeu, c'est l'habitude des commandants de mer.

La Vieuville, qui était une nature d'homme gai dans les désastres, accosta Gacquoil.

— Eh bien, pilote, dit-il, l'ouragan rate. L'envie d'éternuer n'aboutit pas. Nous nous en tirerons. Nous aurons du vent. Voilà tout.

Gacquoil, sérieux, répondit :

— Qui a du vent a du flot.

Ni riant, ni triste, tel est le marin. La réponse avait un sens inquiétant. Pour un navire qui fait eau, avoir du flot, c'est s'emplir vite. Gacquoil avait souligné ce pronostic d'un vague froncement de sourcil. Peut-être, après la catastrophe du canon et du canonnier, La Vieuville avait-il dit, un peu trop tôt, des paroles presque joviales et légères. Il y a des choses qui portent malheur quand on est au large. La mer est secrète ; on ne sait jamais ce qu'elle a. Il faut prendre garde.

La Vieuville sentit le besoin de redevenir grave.

— Où sommes-nous, pilote ? demanda-t-il.

Le pilote répondit :

— Nous sommes dans la volonté de Dieu.

Un pilote est un maître ; il faut toujours le laisser faire et il faut souvent le laisser dire.

D'ailleurs cette espèce d'homme parle peu. La Vieuville s'éloigna.

La Vieuville avait fait une question au pilote, ce fut l'horizon qui répondit.

La mer se découvrit tout à coup.

Les brumes qui traînaient sur les vagues se déchirèrent, tout l'obscur bouleversement des flots s'étala à perte de vue dans un demi-jour crépusculaire, et voici ce qu'on vit.

Le ciel avait comme un couvercle de nuages ; mais les nuages ne touchaient plus la mer ; à l'est apparaissait une blancheur qui était le lever du jour, à l'ouest blêmissait une autre blancheur qui était le coucher de la lune. Ces deux blancheurs faisaient sur l'horizon, vis-à-vis l'une de l'autre, deux bandes étroites de lueur pâle entre la mer sombre et le ciel ténébreux.

Sur ces deux clartés se dessinaient, droites et immobiles, des silhouettes noires.

Au couchant, sur le ciel éclairé par la lune, se découpaient trois hautes roches, debout comme des peulvens [1] celtiques.

Au levant, sur l'horizon pâle du matin, se dressaient huit voiles rangées en ordre et espacées d'une façon redoutable.

Les trois roches étaient un écueil; les huit voiles étaient une escadre.

On avait derrière soi les Minquiers, un rocher qui avait mauvaise réputation, devant soi la croisière française. A l'ouest l'abîme, à l'est le carnage; on était entre un naufrage et un combat.

Pour faire face à l'écueil, la corvette avait une coque trouée, un gréement disloqué, une mâture ébranlée dans sa racine; pour faire face à la bataille, elle avait une artillerie dont vingt et un canons sur trente étaient démontés, et dont les meilleurs canonniers étaient morts.

Le point du jour était très faible, et l'on avait un peu de nuit devant soi. Cette nuit pouvait même durer encore assez longtemps, étant surtout faite par les nuages, qui étaient hauts, épais et profonds, et avaient l'aspect solide d'une voûte.

Le vent qui avait fini par emporter les brumes d'en bas drossait la corvette sur les Minquiers.

Dans l'excès de fatigue et de délabrement où elle était, elle n'obéissait presque plus à la barre, elle roulait plutôt qu'elle ne voguait, et, soufffletée par le flot, elle se laissait faire par lui.

1. Du bas-breton *peulvan*. Hugo, pendant son premier voyage en Bretagne (1834), avait visité Karnac. Il écrivait de Vannes, le 12 août, à Adèle Hugo : « Te rappelles-tu? Un peulven, c'est une pierre debout comme nous en avons vu ensemble à Autun. »

Les Minquiers, écueil tragique, étaient plus âpres encore en ce temps-là qu'aujourd'hui. Plusieurs tours de cette citadelle de l'abîme ont été rasées par l'incessant dépècement que fait la mer ; la configuration des écueils change ; ce n'est pas en vain que les flots s'appellent les lames ; chaque marée est un trait de scie. A cette époque, toucher les Minquiers, c'était périr.

Quant à la croisière, c'était cette escadre de Cancale, devenue depuis célèbre sous le commandement de ce capitaine Duchesne que Léquinio[1] appelait « le père Duchêne[2] ».

La situation était critique. La corvette avait, sans le savoir, pendant le déchaînement de la caronade, dévié et marché plutôt vers Granville que vers Saint-Malo. Quand même elle eût pu naviguer et faire voile, les Minquiers lui barraient le retour vers Jersey et la croisière lui barrait l'arrivée en France.

Du reste, de tempête point. Mais, comme l'avait dit le pilote, il y avait du flot. La mer, roulant sous un vent rude et sur un fond déchirant, était sauvage.

La mer ne dit jamais tout de suite ce qu'elle veut. Il y a de tout dans le gouffre, même de la chicane. On pourrait presque dire que la mer a une procédure ; elle avance et recule, elle propose et se dédit, elle ébauche une bourrasque et elle y renonce, elle promet l'abîme et ne le tient pas, elle menace le nord et frappe le sud. Toute la nuit, la corvette *la Claymore* avait eu le brouillard et craint la tourmente ; la mer venait de se démentir, mais d'une façon farouche ; elle avait esquissé la tempête et réalisé l'écueil. C'était toujours, sous une autre forme, le naufrage.

---

1. Député montagnard du Morbihan à la Convention.
2. Allusion à un type populaire parisien, dont Hébert donna le nom à son journal terroriste célèbre par sa violence.

Et à la perte sur les brisants s'ajoutait l'extermination par le combat. Un ennemi complétant[a] l'autre.

La Vieuville s'écria à travers son vaillant rire :

— Naufrage ici, bataille là. Des deux côtés nous avons le quine[1].

# VIII

## $9 = 380$

La corvette n'était presque plus qu'une épave.

Dans la blême clarté éparse, dans la noirceur des nuées, dans les mobilités confuses de l'horizon, dans les mystérieux froncements des vagues, il y avait une solennité sépulcrale. Excepté le vent soufflant d'un souffle hostile, tout se taisait. La catastrophe sortait du gouffre avec majesté. Elle ressemblait plutôt à une apparition qu'à une attaque. Rien ne bougeait dans les rochers, rien ne remuait dans les navires. C'était on ne sait quel colossal silence. Avait-on affaire à quelque chose de réel? On eût dit un rêve passant sur la mer. Les légendes ont de ces visions ; la corvette était en quelque sorte entre l'écueil démon et la flotte fantôme[2].

Le comte du Boisberthelot donna à demi-voix des ordres à La Vieuville qui descendit dans la batterie, puis le capitaine saisit sa longue-vue et vint se placer à l'arrière à côté du pilote.

Tout l'effort de Gacquoil était de maintenir la cor-

---

1. Par ironie : le coup de chance (cinq numéros sortant ensemble à la loterie).

2. On reconnaît ici l'emploi du substantif-épithète, une des originalités propres au style de Hugo.

vette debout au flot; car, prise de côté par le vent et par la mer, elle eût inévitablement chaviré.

— Pilote, dit le capitaine, où sommes-nous?

— Sur les Minquiers.

— De quel côté?

— Du mauvais.

— Quel fond?

— Roche criarde [1].

— Peut-on s'embosser?

— On peut toujours mourir, dit le pilote.

Le capitaine dirigea sa lunette d'approche vers l'ouest et examina les Minquiers; puis il la tourna vers l'est et considéra les voiles en vue.

Le pilote continua, comme se parlant à lui-même:

— C'est les Minquiers. Cela sert de reposoir à la mouette rieuse [2] quand elle s'en va de Hollande et au grand goëland à manteau noir.

Cependant le capitaine avait compté les voiles.

Il y avait bien en effet huit navires correctement disposés et dressant sur l'eau leur profil de guerre. On apercevait au centre la haute stature d'un vaisseau à trois ponts.

Le capitaine questionna le pilote:

— Connaissez-vous ces voiles?

— Certes! répondit Gacquoil.

— Qu'est-ce?

— C'est l'escadre.

— De France?

— Du diable.

Il y eut un silence. Le capitaine reprit:

— Toute la croisière est-elle là?

— Pas toute.

---

1. Il est question des Minquiers, « cailloux très mauvais », dans *les Travailleurs de la mer* (première partie, VI, 3).

2. Variété de mouettes caractérisée par la bigarrure des couleurs.

En effet, le 2 avril, Valazé avait annoncé à la Convention que dix frégates et six vaisseaux de ligne croisaient dans la Manche. Ce souvenir revint à l'esprit du capitaine.

— Au fait, dit-il, l'escadre est de seize bâtiments. Il n'y en a ici que huit.

— Le reste, dit Gacquoil, traîne par là-bas sur toute la côte, et espionne.

Le capitaine, tout en regardant à travers sa longue-vue, murmura :

— Un vaisseau à trois ponts, deux frégates de premier rang, cinq de deuxième rang.

— Mais moi aussi, grommela Gacquoil, je les ai espionnés.

— Bons bâtiments, dit le capitaine. J'ai un peu commandé tout cela.

— Moi, dit Gacquoil, je les ai vus de près. Je ne prends pas l'un pour l'autre. J'ai leur signalement dans la cervelle.

Le capitaine passa sa longue-vue au pilote.

— Pilote, distinguez-vous bien le bâtiment de haut bord?

— Oui, mon commandant, c'est le vaisseau *la Côte-d'Or*.

— Qu'ils ont débaptisé, dit le capitaine. C'était autrefois *les États-de-Bourgogne*. Un navire neuf. Cent vingt-huit canons.

Il tira de sa poche un carnet et un crayon, et écrivit sur le carnet le chiffre 128.

Il poursuivit :

— Pilote, quelle est la première voile à bâbord?

— C'est *l'Expérimentée*.

— Frégate de premier rang. Cinquante-deux canons. Elle était en armement à Brest il y a deux mois.

Le capitaine marqua sur son carnet le chiffre 52.

— Pilote, reprit-il, quelle est la deuxième voile à
bâbord?

— *La Dryade.*

— Frégate de premier rang. Quarante canons de
dix-huit. Elle a été dans l'Inde. Elle a une belle histoire
militaire.

Et il écrivit au-dessous du chiffre 52 le chiffre 40 ;
puis, relevant la tête :

— A tribord, maintenant.

— Mon commandant, ce sont toutes des frégates
de second rang. Il y en a cinq.

— Quelle est la première à partir du vaisseau?

— *La Résolue.*

— Trente-deux pièces de dix-huit. Et la seconde?

— *La Richemont.*

— Même force. Après?

— *L'Athée* [1].

— Drôle de nom pour aller en mer. Après?

— *La Calypso.*

— Après?

— *La Preneuse.*

— Cinq frégates de trente-deux chaque.

Le capitaine écrivit au-dessous des premiers chiffres,
160.

— Pilote, dit-il, vous les reconnaissez bien?

— Et vous, répondit Gacquoil, vous les connaissez
bien, mon commandant. Reconnaître est quelque
chose, connaître est mieux.

Le capitaine avait l'œil fixé sur son carnet et addition-
nait entre ses dents.

— Cent vingt-huit, cinquante-deux, quarante, cent
soixante.

En ce moment La Vieuville remontait sur le pont.

---

1. *Archives de la marine.* État de la flotte en mars 1793. (Note de
Victor Hugo.)

— Chevalier, lui cria le capitaine, nous sommes en présence de trois cent quatre-vingts pièces de canon[a].

— Soit, dit La Vieuville.

— Vous revenez de l'inspection, La Vieuville ; combien décidément avons-nous de pièces en état de faire feu ?

— Neuf.

— Soit, dit à son tour Boisberthelot.

Il reprit la longue-vue des mains du pilote, et regarda l'horizon.

Les huit navires silencieux et noirs semblaient immobiles, mais ils grandissaient.

Ils se rapprochaient insensiblement.

La Vieuville fit le salut militaire.

— Commandant, dit La Vieuville, voici mon rapport. Je me défiais de cette corvette *Claymore*. C'est toujours ennuyeux d'être embarqué brusquement sur un navire qui ne vous connaît pas ou qui ne vous aime pas. Navire anglais, traître aux Français. La chienne de caronade l'a prouvé. J'ai fait la visite. Bonnes ancres. Ce n'est pas du fer de loupe[1], c'est forgé avec des barres soudées au martinet[2]. Les cigales[3] des ancres sont solides. Câbles excellents, faciles à débiter, ayant la longueur d'ordonnance, cent vingt brasses. Force munitions. Six canonniers morts. Cent soixante et onze coups à tirer par pièce.

— Parce qu'il n'y a plus que neuf pièces, murmura le capitaine.

Boisberthelot braqua sa longue-vue sur l'horizon. La lente approche de l'escadre continuait.

Les caronades ont un avantage, trois hommes suffisent pour les manœuvrer ; mais elles ont un incon-

---

1. Fer encore mêlé de scories, non complètement épuré.
2. Marteau dont on se servait pour perfectionner le fer.
3. Sorte d'anneaux.

vénient, elles portent moins loin et tirent moins juste
que les canons. Il fallait donc laisser arriver l'escadre
à portée de caronade.

Le capitaine donna ses ordres à voix basse. Le silence
se fit dans le navire. On ne sonna point le branle-bas,
mais on l'exécuta. La corvette était aussi hors de combat
contre les hommes que contre les flots. On tira tout le
parti possible de ce reste de ª navire de guerre. On
accumula près des drosses[1], sur le passavant[2], tout ce
qu'il y avait d'aussières[3] et de grelins de rechange
pour raffermir au besoin la mâture. On mit en ordre
le poste des blessés. Selon la mode navale d'alors, on
bastingua le pont, ce qui est une garantie contre les
balles, mais non contre les boulets. On apporta les
passe-balles, bien qu'il fût un peu tard pour vérifier
les calibres ; mais on n'avait pas prévu tant d'incidents.
Chaque matelot reçut une giberne et mit dans sa ceinture une paire de pistolets et un poignard. On plia
les branles[4] ; on pointa l'artillerie ; on prépara la mousqueterie ; on disposa les haches et les grappins ; on
tint prêtes les soutes à gargousses et les soutes à boulets ;
on ouvrit la soute aux poudres. Chaque homme prit
son poste. Tout cela sans dire une parole et comme dans
la chambre d'un mourant. Ce fut rapide et lugubre.

Puis on embossa la corvette. Elle avait six ancres
comme une frégate. On les mouilla toutes les six ;
l'ancre de veille à l'avant, l'ancre de toue[5] à l'arrière,
l'ancre de flot du côté du large, l'ancre de jusant du

---

1. Cordages servant au maniement du gouvernail.
2. Partie du pont supérieur du navire permettant le « passage »
d'une extrémité à l'autre du bâtiment.
3. Aussières (ou haussières) et grelins sont des cordages.
4. Hamacs pour les matelots.
5. Servant à « touer » le navire, c'est-à-dire à l'entraîner dans une
certaine direction, au moyen d'un cordage fixé à l'ancre.

côté des brisants, l'ancre d'affourche[1] à tribord et la
maîtresse-ancre à bâbord.

Les neuf caronades qui restaient vivantes furent
mises en batterie toutes les neuf d'un seul côté, du côté
de l'ennemi.

L'escadre, non moins silencieuse, avait, elle aussi,
complété sa manœuvre. Les huit bâtiments formaient
maintenant un demi-cercle dont les Minquiers faisaient
la Corde. *La Claymore*, enfermée dans ce demi-cercle,
et d'ailleurs garrottée par ses propres ancres, était
adossée à l'écueil, c'est-à-dire au naufrage.

C'était comme une meute autour d'un sanglier, ne
donnant pas de voix, mais montrant les dents.

Il semblait de part et d'autre qu'on s'attendait.

Les canonniers de *la Claymore* étaient à leurs pièces.

Boisberthelot dit à La Vieuville :

— Je tiendrais à commencer le feu.

— Plaisir de coquette, dit La Vieuville.

# IX

## QUELQU'UN ÉCHAPPE

Le passager n'avait pas quitté le pont, il observait
tout, impassible.

Boisberthelot s'approcha de lui.

— Monsieur, lui dit-il, les préparatifs sont faits.
Nous voilà maintenant cramponnés à notre tombeau,
nous ne lâcherons pas prise. Nous sommes prisonniers
de l'escadre ou de l'écueil. Nous rendre à l'ennemi ou
sombrer dans les brisants, nous n'avons pas d'autre

---

1. A cause de la disposition « en fourche » des câbles fixés à l'ancre.

choix. Il nous reste une ressource, mourir. Combattre vaut mieux que naufrager. J'aime mieux être mitraillé que noyé ; en fait de mort, je préfère le feu à l'eau. Mais mourir, c'est notre affaire à nous autres, ce n'est pas la vôtre, à vous. Vous êtes l'homme choisi par les princes, vous avez une grande mission, diriger la guerre de Vendée. Vous de moins, c'est peut-être la monarchie perdue ; vous devez donc vivre. Notre honneur à nous est de rester ici, le vôtre est d'en sortir. Vous allez, mon général, quitter le navire. Je vais vous donner un homme et un canot. Gagner la côte par un détour n'est pas impossible. Il n'est pas encore jour, les lames sont hautes, la mer est obscure, vous échapperez. Il y a des cas où fuir, c'est vaincre.

Le vieillard fit, de sa tête sévère, un grave signe d'acquiescement.

Le comte du Boisberthelot éleva la voix :

— Soldats et matelots, cria-t-il.

Tous les mouvements s'arrêtèrent, et de tous les points du navire, les visages se tournèrent vers le capitaine.

Il poursuivit :

— L'homme qui est parmi nous représente le roi. Il nous est confié, nous devons le conserver. Il est nécessaire au trône de France ; à défaut d'un prince, il sera, c'est du moins notre attente, le chef de la Vendée. C'est un grand officier de guerre. Il devait aborder en France avec nous, il faut qu'il y aborde sans nous. Sauver la tête, c'est tout sauver.

— Oui ! oui ! oui ! crièrent toutes les voix de l'équipage.

Le capitaine continua :

— Il va courir, lui aussi, de sérieux dangers. Atteindre la côte n'est pas aisé. Il faudrait que le canot fût grand pour affronter la haute mer et il faut qu'il

soit petit pour échapper à la croisière. Il s'agit d'aller
atterrir à un point quelconque, qui soit sûr, et plutôt
du côté de Fougères que du côté de Coutances. Il
faut un matelot solide, bon rameur et bon nageur ;
qui soit du pays et qui connaisse les passes. Il y a encore
assez de nuit pour que le canot puisse s'éloigner de
la corvette sans être aperçu. Et puis, il va y avoir
de la fumée qui achèvera de le cacher. Sa petitesse
l'aidera à se tirer des bas-fonds. Où la panthère est
prise, la belette échappe. Il n'y a pas d'issue pour nous ;
il y en a pour lui. Le canot s'éloignera à force de
rames ; les navires ennemis ne le verront pas ; et
d'ailleurs pendant ce temps-là, nous ici, nous allons
les amuser. Est-ce dit ?

— Oui ! oui ! oui ! cria l'équipage.

— Il n'y a pas une minute à perdre, reprit le capitaine.
Y a-t-il un homme de bonne volonté ?

Un matelot dans l'obscurité sortit des rangs et dit :
— Moi.

# X

## ÉCHAPPE-T-IL ?

Quelques instants après, un de ces petits canots qu'on
appelle you-yous et qui sont spécialement affectés
au service des capitaines s'éloignait du navire. Dans
ce canot, il y avait deux hommes, le vieux passager qui
était à l'arrière, et le matelot « de bonne volonté »
qui était à l'avant. La nuit était encore très obscure.
Le matelot, conformément aux indications du capitaine,
ramait vigoureusement dans la direction des Minquiers.
Aucune autre issue n'était d'ailleurs possible.
On avait jeté au fond du canot quelques provisions,

un sac de biscuits, une langue[a] de bœuf fumée et un baril d'eau.

Au moment où le you-you prit la mer, La Vieuville, goguenard devant le gouffre, se pencha par-dessus l'étambot[1] du gouvernail de la corvette, et ricana cet adieu au canot :

— C'est bon pour s'échapper, et excellent pour se noyer.

— Monsieur, dit le pilote, ne rions plus.

L'écart se fit vite et il y eut promptement bonne distance entre la corvette et le canot. Le vent et le flot étaient d'accord avec le rameur, et la petite barque fuyait rapidement, ondulant dans le crépuscule et cachée par les grands plis des vagues.

Il y avait sur la mer on ne sait quelle sombre attente.

Tout à coup, dans ce vaste et tumultueux silence[2] de l'océan, il s'éleva une voix qui, grossie par le porte-voix comme par le masque d'airain de la tragédie antique, semblait presque surhumaine.

C'était le capitaine Boisberthelot qui prenait la parole.

— Marins du roi, cria-t-il, clouez le pavillon blanc au grand mât. Nous allons voir se lever notre dernier soleil.

Et un coup de canon partit de la corvette.

— Vive le roi ! cria l'équipage.

Alors on entendit au fond de l'horizon un autre cri, immense, lointain, confus, distinct pourtant :

— Vive la République !

Et un bruit pareil au bruit de trois cents foudres éclata dans les profondeurs de l'océan.

---

1. La pièce de bois qui supporte le gouvernail.
2. Est-ce la source du célèbre « tumulte au silence pareil » de Paul Valéry ?

La lutte commençait.

La mer se couvrit de fumée et de feu.

Les jets d'écume que font les boulets en tombant dans l'eau piquèrent les vagues de tous les côtés. *La Claymore* se mit à cracher de la flamme sur les huit navires. En même temps toute l'escadre groupée en demi-lune autour de *la Claymore* faisait feu de toutes ses batteries. L'horizon s'incendia. On eût dit un volcan qui sort de la mer. Le vent tordait cette immense pourpre de la bataille où les navires apparaissaient et disparaissaient comme des spectres. Au premier plan, le squelette noir de la corvette se dessinait sur ce fond rouge.

On distinguait à la pointe du grand mât le pavillon fleurdelysé.

Les deux hommes qui étaient dans le canot se taisaient.

Le bas-fond triangulaire des Minquiers, sorte de trinacrie[1] sous-marine, est plus vaste que l'île entière de Jersey ; la mer le couvre ; il a pour point culminant un plateau qui émerge des plus hautes marées et duquel se détachent au nord-est six puissants rochers rangés en droite ligne, qui font l'effet d'une grande muraille écroulée çà et là. Le détroit entre le plateau et les six écueils n'est praticable qu'aux barques d'un très faible tirant d'eau. Au delà de ce détroit, on trouve le large.

Le matelot qui s'était chargé du sauvetage du canot engagea l'embarcation dans le détroit. De cette façon il mettait les Minquiers entre la bataille et le canot. Il nagea avec adresse dans l'étroit chenal, évitant les récifs à bâbord comme à tribord ; les rochers maintenant masquaient la bataille. La lueur de l'horizon et

---

1. Allusion au nom antique de la Sicile, *Trinacria,* l'île aux trois pointes.

le fracas furieux de la canonnade commençaient à décroître, à cause de la distance qui augmentait ; mais, à la continuité des détonations, on pouvait comprendre que la corvette tenait bon et qu'elle voulait épuiser, jusqu'à la dernière, ses cent quatre-vingt-onze [a] bordées.

Bientôt, le canot se trouva dans une eau libre, hors de l'écueil, hors de la bataille, hors de la portée des projectiles.

Peu à peu le modelé de la mer devenait moins sombre, les luisants brusquement noyés de noirceurs s'élargissaient, les écumes compliquées se brisaient en jets de lumière, des blancheurs flottaient sur les méplats des vagues. Le jour parut.

Le canot était hors de l'atteinte de l'ennemi ; mais le plus difficile restait à faire. Le canot était sauvé de la mitraille, mais non du naufrage. Il était en haute mer, coque imperceptible, sans pont, sans voile, sans mât, sans boussole, n'ayant de ressource que la rame, en présence de l'océan et de l'ouragan, atome à la merci des colosses.

Alors, dans cette immensité, dans cette solitude, levant sa face que blêmissait le matin, l'homme qui était à l'avant du canot regarda fixement l'homme qui était à l'arrière et lui dit :

— Je suis le frère de celui que vous avez fait fusiller.

# LIVRE TROISIÈME

# HALMALO

## I

### LA PAROLE, C'EST LE VERBE

LE vieillard redressa lentement la tête.

L'homme qui lui parlait avait environ trente ans. Il avait sur le front le hâle de la mer ; ses yeux étaient étranges ; c'était le regard sagace du matelot dans la prunelle candide du paysan. Il tenait puissamment les rames dans ses deux poings. Il avait l'air doux.

On voyait à sa ceinture un poignard, deux pistolets et un rosaire.

— Qui êtes-vous ? dit le vieillard.

— Je viens de vous le dire.

— Qu'est-ce que vous me voulez ?

L'homme quitta les avirons, croisa les bras et répondit :

— Vous tuer.

— Comme vous voudrez, dit le vieillard.

L'homme haussa la voix.

— Préparez-vous.

— A quoi ?

— A mourir.

— Pourquoi? demanda le vieillard.

Il y eut un silence. L'homme sembla un moment comme interdit de la question. Il reprit :

— Je dis que je veux vous tuer.

— Et je vous demande pourquoi?

Un éclair passa dans les yeux du matelot.

— Parce que vous avez tué mon frère.

Le vieillard repartit avec calme :

— J'ai commencé par lui sauver la vie.

— C'est vrai. Vous l'avez sauvé d'abord et tué ensuite.

— Ce n'est pas moi qui l'ai tué.

— Qui donc l'a tué?

— Sa faute.

Le matelot, béant, regarda le vieillard; puis ses sourcils reprirent leur froncement farouche.

— Comment vous appelez-vous? dit le vieillard.

— Je m'appelle Halmalo, mais vous n'avez pas besoin de savoir mon nom pour être tué par moi.

En ce moment le soleil se leva. Un rayon frappa le matelot en plein visage et éclaira vivement cette figure sauvage. Le vieillard le considérait attentivement.

La canonnade, qui se prolongeait toujours, avait maintenant des interruptions et des saccades d'agonie. Une vaste fumée s'affaissait sur l'horizon. Le canot, que ne maniait plus le rameur, allait à la dérive.

Le matelot saisit de sa main droite un des pistolets de sa ceinture et de sa main gauche son chapelet.

Le vieillard se dressa debout :

— Tu crois en Dieu? dit-il.

— Notre Père qui est au ciel, répondit le matelot. Et il fit le signe de la croix.

— As-tu ta mère?

— Oui.

Il fit un deuxième signe de croix. Puis il reprit :

— C'est dit. Je vous donne une minute, monseigneur.

Et il arma le pistolet.

— Pourquoi m'appelles-tu monseigneur?

— Parce que vous êtes un seigneur. Cela se voit.

— As-tu un seigneur, toi?

— Oui, et un grand. Est-ce qu'on vit sans seigneur?

— Où est-il?

— Je ne sais pas. Il a quitté le pays. Il s'appelle monsieur le marquis de Lantenac, vicomte de Fontenay, prince en Bretagne ; il est le seigneur des Sept-Forêts. Je ne l'ai jamais vu, ce qui ne l'empêche pas d'être mon maître.

— Et si tu le voyais, lui obéirais-tu?

— Certes. Je serais donc un païen, si je ne lui obéissais pas ! on doit obéissance à Dieu, et puis au roi qui est comme Dieu, et puis au seigneur qui est comme le roi. Mais ce n'est pas tout ça, vous avez tué mon frère, il faut que je vous tue.

Le vieillard répondit :

— D'abord, j'ai tué ton frère, j'ai bien fait.

Le matelot crispa son poing sur son pistolet.

— Allons, dit-il.

— Soit, dit le vieillard.

Et, tranquille, il ajouta :

— Où est le prêtre?

Le matelot le regarda.

— Le prêtre?

— Oui, le prêtre. J'ai donné un prêtre à ton frère, tu me dois un prêtre.

— Je n'en ai pas, dit le matelot.

Et il continua :

— Est-ce qu'on a des prêtres en pleine mer?

On entendait les détonations convulsives du combat de plus en plus lointain.

— Ceux qui meurent là-bas ont le leur, dit le vieillard.

— C'est vrai, murmura le matelot. Ils ont monsieur l'aumônier.

Le vieillard poursuivit :

— Tu perds mon âme, ce qui est grave.

Le matelot baissa la tête, pensif.

— Et en perdant mon âme, reprit le vieillard, tu perds la tienne. Écoute. J'ai pitié de toi. Tu feras ce que tu voudras. Moi, j'ai fait mon devoir tout à l'heure, d'abord en sauvant la vie à ton frère et ensuite en la lui ôtant, et je fais mon devoir à présent en tâchant de sauver ton âme. Réfléchis. Cela te regarde. Entends-tu les coups de canon dans ce moment-ci ? Il y a là des hommes qui périssent, il y a là des désespérés qui agonisent, il y a là des maris qui ne reverront plus leurs femmes, des pères qui ne reverront plus leur enfant, des frères qui, comme toi, ne reverront plus leur frère. Et par la faute de qui ? par la faute de ton frère à toi. Tu crois en Dieu, n'est-ce pas ? Eh bien, tu sais que Dieu souffre en ce moment ; Dieu souffre dans son fils très-chrétien le roi de France qui est enfant comme l'enfant Jésus et qui est en prison dans la tour du Temple ; Dieu souffre dans son église de Bretagne ; Dieu souffre dans ses cathédrales insultées, dans ses évangiles déchirés, dans ses maisons de prière violées ; Dieu souffre dans ses prêtres assassinés. Qu'est-ce que nous venions faire, nous, dans ce navire qui périt en ce moment ? Nous venions secourir Dieu. Si ton frère avait été un bon serviteur, s'il avait fidèlement fait son office d'homme sage et utile, le malheur de la caronade ne serait pas arrivé, la corvette n'eût pas été désemparée, elle n'eût pas manqué sa route, elle ne fût pas tombée dans cette flotte de perdition, et nous débarquerions à cette heure en France, tous, en vaillants hommes de guerre et de mer que nous sommes, sabre au poing, drapeau blanc déployé, nombreux, contents, joyeux, et nous viendrions aider les braves paysans de Vendée à sauver la France, à sauver le roi, à sauver Dieu. Voilà ce que nous venions faire, voilà ce que nous ferions. Voilà ce que, moi, le seul qui reste, je viens faire. Mais tu t'y opposes. Dans cette lutte des impies contre les prêtres, dans cette lutte des régicides contre le roi, dans cette lutte de Satan contre Dieu, tu es pour Satan. Ton frère a été le premier auxiliaire du démon, tu es le second. Il a commencé, tu achèves. Tu es pour les régicides contre le trône, tu es pour les impies contre l'Église. Tu ôtes à Dieu sa dernière ressource. Parce que je ne serai point là, moi qui représente le roi, les hameaux vont continuer de brûler, les familles de pleurer, les prêtres de saigner, la Bretagne de souffrir, et le roi d'être en prison, et Jésus-Christ d'être en détresse. Et qui aura fait cela ? Toi. Va, c'est ton affaire. Je comptais sur toi pour tout le contraire. Je me suis trompé. Ah oui, c'est vrai, tu as raison, j'ai tué ton frère. Ton frère avait été courageux, je l'ai récompensé ; il avait été coupable, je l'ai puni. Il avait manqué à son devoir, je n'ai pas manqué au mien. Ce que j'ai fait, je le ferais encore. Et, je le jure par la grande sainte Anne d'Auray qui nous regarde, en pareil cas, de même que j'ai fait fusiller ton frère, je ferais fusiller mon fils. Maintenant, tu es le maître. Oui, je te plains. Tu as menti à ton capitaine. Toi, chrétien, tu es sans foi ; toi, Breton, tu es sans honneur ; j'ai été confié à ta loyauté et accepté par ta trahison ; tu donnes ma mort à ceux à qui tu as promis ma vie. Sais-tu qui tu perds ici ? C'est toi. Tu prends ma vie

au roi et tu donnes ton éternité au démon. Va, commets
ton crime, c'est bien. Tu fais bon marché de ta part
de paradis. Grâce à toi, le diable vaincra, grâce à toi,
les églises tomberont, grâce à toi, les païens continue-
ront de fondre les cloches et d'en faire des canons ;
on mitraillera les hommes avec ce qui sauvait les
âmes. En ce moment où je parle, la cloche qui a sonné
ton baptême tue peut-être ta mère. Va, aide le démon.
Ne t'arrête pas. Oui, j'ai condamné ton frère, mais
sache cela, je suis un instrument de Dieu. Ah ! tu juges
les moyens de Dieu ! tu vas donc te mettre à juger la
foudre qui est dans le ciel ? Malheureux, tu seras jugé
par elle. Prends garde à ce que tu vas faire. Sais-tu
seulement si je suis en état de grâce ? Non. Va tout de
même. Fais ce que tu voudras. Tu es libre de me jeter
en enfer et de t'y jeter avec moi. Nos deux damna-
tions sont dans ta main. Le responsable devant Dieu,
ce sera toi. Nous sommes seuls et face à face dans
l'abîme. Continue, termine, achève. Je suis vieux
et tu es jeune ; je suis sans armes et tu es armé ; tue-moi.

Pendant que le vieillard, debout, d'une voix plus
haute que le bruit de la mer, disait ces paroles, les
ondulations de la vague le faisaient apparaître tantôt
dans l'ombre, tantôt dans la lumière ; le matelot
était devenu livide ; de grosses gouttes de sueur
lui tombaient du front ; il tremblait comme la feuille ;
par moments il baisait son rosaire ; quand le vieillard
eut fini, il jeta son pistolet et tomba à genoux.

— Grâce, monseigneur ! pardonnez-moi, cria-t-il ;
vous parlez comme le bon Dieu. J'ai tort. Mon frère
a eu tort. Je ferai tout pour réparer son crime. Disposez
de moi. Ordonnez. J'obéirai.

— Je te fais grâce, dit le vieillard.

## II

### MÉMOIRE DE PAYSAN VAUT SCIENCE DE CAPITAINE

Les provisions qui étaient dans le canot ne furent pas inutiles.

Les deux fugitifs, obligés à de longs détours, mirent trente-six heures à atteindre la côte. Ils passèrent une nuit en mer ; mais la nuit fut belle, avec trop de lune cependant pour des gens qui cherchaient à se dérober.

Ils durent d'abord s'éloigner de France et gagner le large vers Jersey.

Ils entendirent la suprême canonnade de la corvette foudroyée, comme on entend le dernier rugissement du lion que les chasseurs tuent dans les bois. Puis le silence se fit sur la mer.

Cette corvette *la Claymore* mourut de la même façon que *le Vengeur* ; mais la gloire l'a ignoré. On n'est pas héros contre son pays.

Halmalo était un marin surprenant. Il fit des miracles de dextérité et d'intelligence ; cette improvisation d'un itinéraire à travers les écueils, les vagues et le guet de l'ennemi fut un chef-d'œuvre. Le vent avait décru et la mer était devenue maniable.

Halmalo évita les Caux des Minquiers, contourna la Chaussée-aux-Bœufs, s'y abrita, afin d'y prendre quelques heures de repos dans la petite crique qui s'y fait au nord à mer basse, et, redescendant au sud, trouva moyen de passer entre Granville et les îles Chausey sans être aperçu ni de la vigie de Chausey ni de la vigie de Granville. Il s'engagea dans la baie de Saint-Michel, ce qui était hardi à cause du voisinage de Cancale, lieu d'ancrage de la croisière.

Le soir du second jour, environ une heure avant le

coucher du soleil, il laissa derrière lui le mont Saint-Michel, et vint atterrir à une grève qui est toujours déserte, parce qu'elle est dangereuse ; on s'y enlise [1].

Heureusement la marée était haute.

Halmalo poussa l'embarcation le plus avant qu'il put, tâta le sable, le trouva solide, y échoua le canot et sauta à terre.

Le vieillard après lui enjamba le bord et examina l'horizon.

— Monseigneur, dit Halmalo, nous sommes ici à l'embouchure du Couesnon. Voilà Beauvoir à tribord et Huisnes à bâbord. Le clocher devant nous, c'est Ardevon.

Le vieillard se pencha dans le canot, y prit un biscuit qu'il mit dans sa poche, et dit à Halmalo :

— Prends le reste.

Halmalo mit dans le sac ce qui restait de viande avec ce qui restait de biscuit, et chargea le sac sur son épaule. Cela fait, il dit :

— Monseigneur, faut-il vous conduire ou vous suivre ?

— Ni l'un ni l'autre.

Halmalo stupéfait regarda le vieillard.

Le vieillard continua :

— Halmalo, nous allons nous séparer. Être deux ne vaut rien. Il faut être mille ou seul.

Il s'interrompit, et tira d'une de ses poches un nœud de soie verte, assez pareil à une cocarde, au centre duquel était brodée une fleur de lys en or. Il reprit :

— Sais-tu lire ?

— Non.

— C'est bien. Un homme qui lit, ça gêne. As-tu bonne mémoire ?

---

1. Souvenir du fameux tableau de l'enlisement, dans *les Misérables (cinquième partie,* livre III).

— Oui.

— C'est bien. Écoute, Halmalo. Tu vas prendre à droite et moi à gauche. J'irai du côté de Fougères, toi du côté de Bazouges. Garde ton sac qui te donne l'air d'un paysan. Cache tes armes. Coupe-toi un bâton dans les haies. Rampe dans les seigles qui sont hauts. Glisse-toi derrière les clôtures. Enjambe les échaliers[1] pour aller à travers champs. Laisse à distance les passants. Évite les chemins et les ponts. N'entre pas à Pontorson. Ah! tu auras à traverser le Couesnon. Comment le passeras-tu?

— A la nage.

— C'est bien. Et puis il y a un gué. Sais-tu où il est?

— Entre Ancey et Vieux-Viel.

— C'est bien. Tu es vraiment du pays.

— Mais la nuit vient. Où monseigneur couchera-t-il?

— Je me charge de moi. Et toi, où coucheras-tu?

— Il y a des émousses[2]. Avant d'être matelot j'ai été paysan.

— Jette ton chapeau de marin qui te trahirait. Tu trouveras bien quelque part une carapousse.

— Oh! nu tapabor[3], cela se trouve partout. Le premier pêcheur venu me vendra le sien.

— C'est bien. Maintenant, écoute. Tu connais les bois?

— Tous.

— De tout le pays?

— Depuis Noirmoutier jusqu'à Laval.

— Connais-tu aussi les noms?

---

1. Les clôtures faites de branches d'arbre.
2. Le mot a été expliqué plus haut par le sergent Radoub, à la fin du premier épisode (le bois de la Saudraie).
3. Carapousse ou tapabor : sorte de bonnet dont on peut rabattre les bords pour se protéger du vent.

— Je connais les bois, je connais les noms, je connais tout.

— Tu n'oublieras rien?

— Rien.

— C'est bien. A présent, attention. Combien peux-tu faire de lieues par jour?

— Dix, quinze, dix-huit, vingt, s'il le faut.

— Il le faudra. Ne perds pas un mot de ce que je vais te dire. Tu iras au bois de Saint-Aubin.

— Près de Lamballe?

— Oui. Sur la lisière du ravin qui est entre Saint-Rieul et Plédéliac il y a un gros châtaignier. Tu t'arrêteras là. Tu ne verras personne.

— Ce qui n'empêche pas qu'il y aura quelqu'un. Je sais.

— Tu feras l'appel. Sais-tu faire l'appel?

Halmalo enfla ses joues, se tourna du côté de la mer, et l'on entendit le hou-hou de la chouette.

On eût dit que cela venait des profondeurs nocturnes ; c'était ressemblant et sinistre.

— Bien, dit le vieillard. Tu en es.

Il tendit à Halmalo le nœud de soie verte.

— Voici mon nœud de commandement. Prends-le. Il importe que personne encore ne sache mon nom. Mais ce nœud suffit. La fleur de lys a été brodée par Madame Royale [1] dans la prison du Temple.

Halmalo mit un genou en terre. Il reçut avec un tremblement le nœud fleurdelysé, et en approcha ses lèvres ; puis s'arrêtant comme effrayé de ce baiser :

— Le puis-je? demanda-t-il.

— Oui, puisque tu baises le crucifix.

Halmalo baisa la fleur de lys.

---

1. La fille de Louis XVI.

— Relève-toi, dit le vieillard.

Halmalo se releva et mit le nœud dans sa poitrine.

Le vieillard poursuivit :

— Écoute bien ceci. Voici l'ordre : *Insurgez-vous. Pas de quartier.* Donc, sur la lisière du bois de Saint-Aubin tu feras l'appel. Tu le feras trois fois. A la troisième fois tu verras un homme sortir de terre.

— D'un trou sous les arbres. Je sais.

— Cet homme, c'est Planchenault, qu'on appelle aussi Cœur-de-Roi. Tu lui montreras ce nœud. Il comprendra. Tu iras ensuite, par les chemins que tu inventeras, au bois d'Astillé ; tu y trouveras un homme cagneux qui est surnommé Mousqueton, et qui ne fait miséricorde à personne. Tu lui diras que je l'aime, et qu'il mette en branle ses paroisses. Tu iras ensuite au bois de Couesbon qui est à une lieue de Ploërmel. Tu feras l'appel de la chouette ; un homme sortira d'un trou ; c'est M. Thuault, sénéchal de Ploërmel, qui a été de ce qu'on appelle l'Assemblée constituante, mais du bon côté. Tu lui diras d'armer le château de Couesbon qui est au marquis de Guer, émigré. Ravins, petits bois, terrain inégal, bon endroit. M. Thuault est un homme droit et d'esprit. Tu iras ensuite à Saint-Ouen-les-Toits, et tu parleras à Jean Chouan[1], qui est à mes yeux le vrai chef. Tu iras ensuite au bois de Ville-

---

1. Ce personnage a particulièrement intéressé Victor Hugo. Il le cite souvent dans *Quatrevingt-treize.* Il avait pris sur lui un grand nombre de renseignements fournis par les *Lettres sur l'origine de la chouannerie* de Duchemin-Descepeaux ; et il en a fait, nous l'avons rappelé, le héros d'un poème: *Jean Chouan* (dans *la Légende des siècles* de 1877, XXI, *Le temps présent*). Le Vendéen y accomplit un acte de magnanimité qui n'est pas sans rapports avec le geste de Lantenac sauvant les enfants. Pour protéger une femme, égarée en pleine bataille, il se désigne lui-même aux coups des Républicains :
Debout : — C'est moi qui suis Jean Chouan ! cria-t-il.
Et, quand il a vu que la femme était désormais hors de danger :
Jean Chouan murmura : C'est bien ! et tomba mort.

Anglose, tu y verras Guitter, qu'on appelle Saint-
Martin, tu lui diras d'avoir l'œil sur un certain Cour-
mesnil, qui est gendre du vieux Goupil de Préfeln
et qui mène la jacobinière d'Argentan. Retiens bien
tout. Je n'écris rien parce qu'il ne faut rien écrire. La
Rouarie a écrit une liste ; cela a tout perdu. Tu iras
ensuite au bois de Rougefeu où est Miélette qui saute
par-dessus les ravins en s'arc-boutant sur une longue
perche.

— Cela s'appelle une ferte.

— Sais-tu t'en servir ?

— Je ne serais donc pas Breton et je ne serais donc
pas paysan ? La ferte, c'est notre amie. Elle agrandit
nos bras et allonge nos jambes.

— C'est-à-dire qu'elle rapetisse l'ennemi et raccour-
cit le chemin. Bon engin.

— Une fois, avec ma ferte, j'ai tenu tête à trois
gabeloux[a] qui avaient des sabres.

— Quand ça ?

— Il y a dix ans.

— Sous le roi ?

— Mais oui.

— Tu t'es donc battu sous le roi ?

— Mais oui.

— Contre qui ?

— Ma foi, je ne sais pas. J'étais faux-saulnier.

— C'est bien.

— On appelait cela se battre contre les gabelles.
Les gabelles, est-ce que c'est la même chose que le
roi ?

— Oui. Non. Mais il n'est pas nécessaire que tu
comprennes cela.

— Je demande pardon à monseigneur d'avoir fait
une question à monseigneur.

— Continuons. Connais-tu la Tourgue?

— Si je connais la Tourgue! j'en suis.

— Comment?

— Oui, puisque je suis de Parigné [1].

— En effet, la Tourgue est voisine de Parigné.

— Si je connais la Tourgue! Le gros château rond qui est le château de famille de mes seigneurs! Il y a une grosse porte de fer qui sépare le bâtiment neuf du bâtiment vieux et qu'on n'enfoncerait pas avec du canon. C'est dans le bâtiment neuf qu'est le fameux livre sur saint Barthélemy qu'on venait voir par curiosité. Il y a des grenouilles dans l'herbe. J'ai joué tout petit avec ces grenouilles-là. Et la passe souterraine! je la connais. Il n'y a peut-être plus que moi qui la connaisse.

— Quelle passe souterraine? Je ne sais pas ce que tu veux dire.

— C'était pour autrefois, dans les temps, quand la Tourgue était assiégée. Les gens du dedans pouvaient se sauver dehors en passant par un passage sous terre qui va aboutir à la forêt.

— En effet, il y a un passage souterrain de ce genre au château de la Jupellière, et au château de la Hunaudaye, et à la tour de Champéon; mais il n'y a rien de pareil à la Tourgue.

— Si fait, monseigneur. Je ne connais pas ces passages-là dont monseigneur parle. Je ne connais que celui de la Tourgue, parce que je suis du pays. Et, encore, il n'y a guère que moi qui sache cette passe-là. On n'en parlait pas. C'était défendu, parce que ce passage avait servi du temps des guerres de M. de Rohan. Mon père savait le secret et il me l'a montré. Je connais le secret pour entrer et le secret pour sortir. Si je suis

---

1. A 10 km de Fougères.

dans la forêt, je puis aller dans la tour, et si je suis dans la tour, je puis aller dans la forêt, sans qu'on me voie. Et quand les ennemis entrent, il n'y a plus personne. Voilà ce que c'est que la Tourgue. Ah! je la connais.

Le vieillard demeura un moment silencieux.

— Tu te trompes évidemment; s'il y avait un tel secret, je le saurais.

— Monseigneur, j'en suis sûr. Il y a une pierre qui tourne.

— Ah bon! Vous autres paysans, vous croyez aux pierres qui tournent, aux pierres qui chantent, aux pierres qui vont boire la nuit au ruisseau d'à côté. Tas de contes.

— Mais puisque je l'ai fait tourner, la pierre...

— Comme d'autres l'ont entendue chanter. Camarade, la Tourgue est une bastille sûre et forte, facile à défendre; mais celui qui compterait sur une issue souterraine pour s'en tirer serait naïf.

— Mais, monseigneur...

Le vieillard haussa les épaules.

— Ne perdons pas de temps, parlons de nos affaires.

Ce ton péremptoire coupa court à l'insistance de Halmalo.

Le vieillard reprit :

— Poursuivons. Écoute. De Rougefeu, tu iras au bois de Montchevrier, où est Bénédicité, qui est le chef des Douze. C'est encore un bon. Il dit son *Benedicite* pendant qu'il fait arquebuser les gens. En guerre, pas de sensiblerie. De Montchevrier, tu iras...

Il s'interrompit.

— J'oubliais l'argent.

Il prit dans sa poche et mit dans la main de Halmalo une bourse et un portefeuille.

— Voilà dans ce portefeuille trente mille francs en
assignats, quelque chose comme trois livres dix sous ;
il faut dire que les assignats sont faux, mais les vrais
valent juste autant ; et voici dans cette bourse, attention, cent louis en or. Je te donne tout ce que j'ai.
Je n'ai plus besoin de rien ici. D'ailleurs, il vaut mieux
qu'on ne puisse pas trouver d'argent sur moi. Je
reprends. De Montchevrier tu iras à Antrain, où tu
verras M. de Frotté ; d'Antrain à la Jupellière, où tu
verras M. de Rochecotte ; de la Jupellière à Noirieux,
où tu verras l'abbé Baudouin. Te rappelleras-tu
tout cela ?

— Comme mon *Pater*.

— Tu verras M. Dubois-Guy à Saint-Brice-en-
Cogles, M. de Turpin, à Morannes, qui est un bourg
fortifié, et le prince de Talmont, à Château-Gonthier.

— Est-ce qu'un prince me parlera ?

— Puisque je te parle.

Halmalo ôta son chapeau.

— Tout le monde te recevra bien en voyant cette
fleur de lys de Madame. N'oublie pas qu'il faut que tu
ailles dans des endroits où il y a des montagnards et
des patauds[1]. Tu te déguiseras. C'est facile. Ces républicains sont si bêtes, qu'avec un habit bleu, un chapeau
à trois cornes et une cocarde tricolore on passe partout.
Il n'y a plus de régiments, il n'y a plus d'uniformes,
les corps n'ont pas de numéros ; chacun met la guenille
qu'il veut. Tu iras à Saint-Mhervé. Tu y verras Gaulier,
dit Grand-Pierre. Tu iras au cantonnement de Parné
où sont les hommes aux visages noircis. Ils mettent
du gravier dans leurs fusils et double charge de poudre
pour faire plus de bruit, ils font bien ; mais surtout
dis-leur de tuer, de tuer, de tuer. Tu iras au camp de

---

1. Le nom donné aux Républicains par les Chouans.

la Vache-Noire qui est sur une hauteur, au milieu du bois de la Charnie, puis au camp de l'Avoine, puis au camp Vert, puis au camp des Fourmis. Tu iras au Grand-Bordage, qu'on appelle aussi le Haut-du-Pré[a], et qui est habité par une veuve dont Treton, dit l'Anglais, a épousé la fille. Le Grand-Bordage est dans la paroisse de Quelaines. Tu visiteras Épineux-le-Chevreuil, Sillé-le-Guillaume, Parannes, et tous les hommes qui sont dans tous les bois. Tu auras des amis et tu les enverras sur la lisière du haut et du bas Maine ; tu verras Jean Treton dans la paroisse de Vaisges, Sans-Regret au Bignon, Chambord à Bonchamps, les frères Corbin à Maisoncelles, et le Petit-Sans-Peur, à Saint-Jean-sur-Erve. C'est le même qui s'appelle Bourdoiseau. Tout cela fait, et le mot d'ordre, *Insurgez-vous, Pas de quartier,* donné partout, tu joindras la grande armée, l'armée catholique et royale, où elle sera. Tu verras MM. d'Elbée, de Lescure, de La Rochejaquelein, ceux des chefs qui vivront alors. Tu leur montreras mon nœud de commandement. Ils savent ce que c'est. Tu n'es qu'un matelot, mais Cathelineau n'est qu'un charretier. Tu leur diras de ma part ceci : Il est temps de faire les deux guerres ensemble ; la grande et la petite[1]. La grande fait plus de tapage, la petite plus de besogne. La Vendée est bonne, la Chouannerie est pire ; et en guerre civile, c'est la pire qui est la meilleure. La bonté d'une guerre se juge à la quantité de mal qu'elle fait.

---

1. Historiquement, la guerre de Vendée a bien pris ce double aspect. Les révoltés tentèrent d'abord des opérations de grande envergure (marche sur Nantes, sur Granville, passage de la Loire). Les désastres de décembre 1793 mirent pratiquement fin à ces opérations stratégiques. A partir de ce moment et jusqu'à la pacification en 1795, ce fut la « petite guerre » dont Lantenac définit très exactement la tactique.

Il s'interrompit.

— Halmalo, je te dis tout cela. Tu ne comprends pas les mots, mais tu comprends les choses. J'ai pris confiance en toi en te voyant manœuvrer le canot ; tu ne sais pas la géométrie, et tu fais des mouvements de mer surprenants ; qui sait mener une barque peut piloter une insurrection ; à la façon dont tu as manié l'intrigue de la mer, j'affirme que tu te tireras bien de toutes mes commissions. Je reprends. Tu diras donc ceci aux chefs, à peu près, comme tu pourras, mais ce sera bien. J'aime mieux la guerre des forêts que la guerre des plaines ; je ne tiens pas à aligner cent mille paysans sous la mitraille des soldats bleus et sous l'artillerie de monsieur Carnot ; avant un mois je veux avoir cinq cent mille tueurs embusqués dans les bois. L'armée républicaine est mon gibier. Braconner, c'est guerroyer. Je suis le stratège des broussailles. Bon, voilà encore un mot que tu ne saisiras pas, c'est égal, tu saisiras ceci : Pas de quartier ! et des embuscades partout ! Je veux faire plus de Chouannerie que de Vendée. Tu ajouteras que les Anglais sont avec nous. Prenons la république entre deux feux. L'Europe nous aide. Finissons-en avec la révolution. Les rois lui font la guerre des royaumes, faisons-lui la guerre des paroisses. Tu diras cela. As-tu compris ?

— Oui. Il faut tout mettre à feu et à sang.

— C'est ça.

— Pas de quartier.

— A personne. C'est ça.

— J'irai partout.

— Et prends garde. Car dans ce pays-ci on est facilement un homme mort.

— La mort, cela ne me regarde point. Qui fait son premier pas use peut-être ses derniers souliers.

— Tu es un brave.

— Et si l'on me demande le nom de monseigneur?

— On ne doit pas le savoir encore. Tu diras que tu ne le sais pas, et ce sera la vérité.

— Où reverrai-je monseigneur?

— Où je serai.

— Comment le saurai-je?

— Parce que tout le monde le saura. Avant huit jours on parlera de moi, je ferai des exemples, je vengerai le roi et la religion, et tu reconnaîtras bien que c'est de moi qu'on parle.

— J'entends.

— N'oublie rien.

— Soyez tranquille.

— Pars maintenant. Que Dieu te conduise. Va.

— Je ferai tout ce que vous m'avez dit. J'irai. Je parlerai. J'obéirai. Je commanderai.

— Bien.

— Et si je réussis...

— Je te ferai chevalier de Saint-Louis.

— Comme mon frère; et si je ne réussis pas, vous me ferez fusiller.

— Comme ton frère.

— C'est dit, monseigneur.

Le vieillard baissa la tête et sembla tomber dans une sévère rêverie. Quand il releva les yeux, il était seul. Halmalo n'était plus qu'un point noir s'enfonçant dans l'horizon.

Le soleil venait de se coucher.

Les goëlands et les mouettes à capuchon rentraient; la mer c'est dehors.

On sentait dans l'espace cette espèce d'inquiétude qui précède la nuit; les rainettes coassaient, les jaquets s'envolaient des flaques d'eau en sifflant, les mauves, les freux, les carabins, les grolles, faisaient leur vacarme du soir; les oiseaux de rivage s'appelaient; mais pas un bruit humain. La solitude était profonde. Pas une voile dans la baie, pas un paysan dans la campagne. A perte de vue l'étendue déserte. Les grands chardons des sables frissonnaient. Le ciel blanc du crépuscule jetait sur la grève une vaste clarté livide. Au loin les étangs dans la plaine sombre ressemblaient à des plaques d'étain posées à plat sur le sol. Le vent soufflait du large.

# LIVRE QUATRIÈME

# TELLMARCH

## I

### LE HAUT DE LA DUNE

Le vieillard laissa disparaître Halmalo, puis serra son manteau de mer autour de lui, et se mit en marche. Il cheminait à pas lents, pensif. Il se dirigeait vers Huisnes, pendant que Halmalo s'en allait vers Beauvoir.

Derrière lui se dressait, énorme triangle noir, avec sa tiare de cathédrale et sa cuirasse de forteresse, avec ses deux grosses tours du levant, l'une ronde, l'autre carrée, qui aident la montagne à porter le poids de l'église et du village, le mont Saint-Michel, qui est à l'océan ce que Chéops est au désert [1].

Les sables mouvants de la baie du mont Saint-Michel déplacent insensiblement leurs dunes. Il y

---

1. Nous avons dit l'impression que la visite du Mont-St-Michel en 1836 avait laissée à Victor Hugo. La comparaison avec la Grande Pyramide s'était imposée tout de suite à son imagination. Il la reprendra dans un poème des *Quatre Vents de l'Esprit* (Livre lyrique, VI, *Près d'Avranches*) :

> Saint-Michel surgissait, seul sur les flots amers,
> Chéops de l'occident, pyramide des mers.

avait à cette époque entre Huisnes et Ardevon une
dune très haute, effacée aujourd'hui. Cette dune, qu'un
coup d'équinoxe a nivelée, avait cette rareté d'être
ancienne et de porter à son sommet une pierre milliaire
érigée au XIIe siècle en commémoration du concile
tenu à Avranches contre les assassins de saint Thomas
de Cantorbéry[1]. Du haut de cette dune on découvrait
tout le pays, et l'on pouvait s'orienter.

Le vieillard marcha vers cette dune et y monta.

Quand il fut sur le sommet, il s'adossa à la pierre
milliaire, s'assit sur une des quatre bornes qui en mar-
quaient les angles, et se mit à examiner l'espèce de
carte de géographie qu'il avait sous les pieds. Il
semblait chercher une route dans un pays d'ailleurs
connu. Dans ce vaste paysage, trouble à cause du
crépuscule, il n'y avait de précis que l'horizon, noir
sur le ciel blanc.

On y apercevait les groupes de toits de onze bourgs
et villages ; on distinguait à plusieurs lieues de distance tous les clochers de la côte, qui sont très hauts,
afin de servir au besoin de points de repère aux gens
qui sont en mer.

Au bout de quelques instants, le vieillard sembla
avoir trouvé dans ce clair-obscur ce qu'il cherchait ;
son regard s'arrêta sur un enclos d'arbres, de murs
et de toitures, à peu près visible au milieu de la plaine
et des bois, et qui était une métairie ; il eut ce hoche-
ment de tête satisfait d'un homme qui se dit menta-
lement : C'est là ; et il se mit à tracer avec son doigt
dans l'espace l'ébauche d'un itinéraire à travers les
haies et les cultures. De temps en temps il examinait
un objet informe et peu distinct, qui s'agitait au-

---

1. Allusion au « meurtre dans la cathédrale » de Thomas Becket,
le 29 décembre 1170.

dessus du toit principal de la métairie, et il semblait
se demander: Qu'est-ce que c'est? Cela était incolore
et confus à cause de l'heure ; ce n'était pas une girouette
puisque cela flottait, et il n'y avait aucune raison pour
que ce fût un drapeau.

Il était las ; il restait volontiers assis sur cette borne
où il était ; et il se laissait aller à cette sorte de vague
oubli que donne aux hommes fatigués la première
minute de repos.

Il y a une heure du jour qu'on pourrait appeler
l'absence de bruit, c'est l'heure sereine, l'heure du soir.
On était dans cette heure-là. Il en jouissait ; il regardait,
il écoutait, quoi? la tranquillité. Les farouches eux-
mêmes ont leur instant de mélancolie. Subitement,
cette tranquillité fut, non troublée, mais accentuée
par des voix qui passaient ; c'étaient des voix de
femmes et d'enfants. Il y a parfois dans l'ombre de ces
carillons de joie inattendus. On ne voyait point, à
cause des broussailles, le groupe d'où sortaient les
voix, mais ce groupe cheminait au pied de la dune
et s'en allait vers la plaine et la forêt. Ces voix montaient
claires et fraîches jusqu'au vieillard pensif ; elles étaient
si près qu'il n'en perdait rien.

Une voix de femme disait :

— Dépêchons-nous, la Flécharde. Est-ce par ici?

— Non, c'est par là.

Et le dialogue continuait entre les deux voix, l'une
haute, l'autre timide.

— Comment appelez-vous cette métairie que nous
habitons en ce moment?

— L'Herbe-en-Pail.

— En sommes-nous encore loin?

— A un bon quart d'heure.

— Dépêchons-nous d'aller manger la soupe.

— C'est vrai que nous sommes en retard.

— Il faudrait courir. Mais vos mômes sont fatigués. Nous ne sommes que deux femmes, nous ne pouvons pas porter trois mioches. Et puis, vous en portez déjà un, vous, la Flécharde. Un vrai plomb. Vous l'avez sevrée, cette goinfre, mais vous la portez toujours. Mauvaise habitude. Faites-moi donc marcher ça. Ah! tant pis, la soupe sera froide.

— Ah! les bons souliers que vous m'avez donnés là! On dirait qu'ils sont faits pour moi.

— Ça vaut mieux que d'aller nu-pattes.

— Dépêche-toi donc, René-Jean.

— C'est pourtant lui qui nous a retardées. Il faut qu'il parle à toutes les petites paysannes qu'on rencontre. Ça fait son homme.

— Dame, il va sur cinq ans.

— Dis donc, René-Jean, pourquoi as-tu parlé à cette petite dans le village?

Une voix d'enfant, qui était une voix de garçon, répondit :

— Parce que c'est une que je connais.

La femme reprit :

— Comment, tu la connais?

— Oui, répondit le petit garçon, puisqu'elle m'a donné des bêtes ce matin.

— Voilà qui est fort! s'écria la femme, nous ne sommes dans le pays que depuis trois jours, c'est gros comme le poing, et ça vous a déjà une amoureuse!

Les voix s'éloignèrent. Tout bruit cessa.

## II

### AURES HABET, ET NON AUDIET

Le vieillard restait immobile. Il ne pensait pas ; à peine songeait-il. Autour de lui tout était sérénité,

assoupissement, confiance, solitude. Il faisait grand
jour encore sur la dune, mais presque nuit dans la
plaine et tout à fait nuit dans les bois. La lune montait
à l'orient. Quelques étoiles piquaient le bleu pâle
du zénith. Cet homme, bien que plein de préoccupations violentes, s'abîmait dans l'inexprimable mansuétude de l'infini. Il sentait monter en lui cette aube
obscure, l'espérance, si le mot espérance peut s'appli-
quer aux attentes de la guerre civile. Pour l'instant,
il lui semblait qu'en sortant de cette mer qui venait
d'être si inexorable, et en touchant la terre, tout danger
s'était évanoui. Personne ne savait son nom, il était
seul, perdu pour l'ennemi, sans trace derrière lui,
car la surface de la mer ne garde rien, caché, ignoré,
pas même soupçonné. Il sentait on ne sait quel apai-
sement suprême. Un peu plus il se serait endormi.

Ce qui, pour cet homme, en proie au dedans comme au
dehors à tant de tumultes, donnait un charme étrange
à cette heure calme qu'il traversait, c'était, sur la terre
comme au ciel, un profond silence.

On n'entendait que le vent qui venait de la mer,
mais le vent est une basse continue et cesse presque
d'être un bruit, tant il devient une habitude.

Tout à coup, il se dressa debout.

Son attention venait d'être brusquement réveillée ;
il considéra l'horizon. Quelque chose donnait à son
regard une fixité particulière.

Ce qu'il regardait, c'était le clocher de Cormeray
qu'il avait devant lui au fond de la plaine. On ne sait
quoi d'extraordinaire se passait en effet dans ce clocher.

La silhouette de ce clocher se découpait nettement ;
on voyait la tour surmontée de la pyramide, et, entre
la tour et la pyramide, la cage de la cloche, carrée,
à jour, sans abat-vent, et ouverte aux regards des quatre
côtés, ce qui est la mode des clochers bretons.

Or cette cage apparaissait alternativement ouverte et fermée, à intervalles égaux ; sa haute fenêtre se dessinait toute blanche, puis toute noire ; on voyait le ciel à travers, puis on ne le voyait plus ; il y avait clarté, puis occultation, et l'ouverture et la fermeture se succédaient d'une seconde à l'autre avec la régularité du marteau sur l'enclume.

Le vieillard avait ce clocher de Cormeray devant lui, à une distance d'environ deux lieues ; il regarda à sa droite le clocher de Baguer-Pican, également droit sur l'horizon ; la cage de ce clocher s'ouvrait et se fermait comme celle de Cormeray.

Il regarda à sa gauche le clocher de Tanis ; la cage du clocher de Tanis s'ouvrait et se fermait comme celle de Baguer-Pican.

Il regarda tous les clochers de l'horizon l'un après l'autre, à sa gauche les clochers de Courtils, de Précey, de Crollon et de la Croix-Avranchin ; à sa droite les clochers de Raz-sur-Couesnon, de Mordrey et des Pas ; en face de lui, le clocher de Pontorson. La cage de tous ces clochers était alternativement noire et blanche.

Qu'est-ce que cela voulait dire ?

Cela signifiait que toutes les cloches étaient en branle.

Il fallait, pour apparaître et disparaître ainsi, qu'elles fussent furieusement secouées.

Qu'était-ce donc ? évidemment le tocsin.

On sonnait le tocsin, on le sonnait frénétiquement, on le sonnait partout, dans tous les clochers, dans toutes les paroisses, dans tous les villages, et l'on n'entendait rien.

Cela tenait à la distance qui empêchait les sons d'arriver et au vent de mer qui soufflait du côté opposé et qui emportait tous les bruits de la terre hors de l'horizon.

Toutes ces cloches forcenées appelant de toutes parts, et en même temps ce silence, rien de plus sinistre.

Le vieillard regardait et écoutait.

Il n'entendait pas le tocsin, et il le voyait. Voir le tocsin, sensation étrange.

A qui en voulaient ces cloches?

Contre qui ce tocsin?

### III

#### UTILITÉ DES GROS CARACTÈRES

Certainement quelqu'un était traqué.

Qui?

Cet homme d'acier eut un frémissement.

Ce ne pouvait être lui. On n'avait pu deviner son arrivée, il était impossible que les représentants en mission fussent déjà informés; il venait à peine de débarquer. La corvette avait évidemment sombré sans qu'un homme échappât. Et dans la corvette même, excepté Boisberthelot et La Vieuville, personne ne savait son nom.

Les clochers continuaient leur jeu farouche. Il les examinait et les comptait machinalement, et sa rêverie, poussée d'une conjecture à l'autre, avait cette fluctuation que donne le passage d'une sécurité profonde à une certitude terrible. Pourtant, après tout, ce tocsin pouvait s'expliquer de bien des façons, et il finissait par se rassurer en se répétant : « En somme, personne ne sait mon arrivée et personne ne sait mon nom. »

Depuis quelques instants il se faisait un léger bruit au-dessus de lui et derrière lui. Ce bruit ressemblait

au froissement d'une feuille d'arbre agitée. Il n'y prit
d'abord pas garde ; puis, comme le bruit persistait,
on pourrait dire insistait, il finit par se retourner.
C'était une feuille en effet, mais une feuille de papier.
Le vent était en train de décoller au-dessus de sa tête
une large affiche appliquée sur la pierre milliaire. Cette
affiche était placardée depuis peu de temps, car elle
était encore humide et offrait prise au vent qui s'était
mis à jouer avec elle et qui la détachait.

Le vieillard avait gravi la dune du côté opposé et
n'avait pas vu cette affiche en arrivant.

Il monta sur la borne où il était assis, et posa sa main
sur le coin du placard que le vent soulevait ; le ciel
était serein, les crépuscules sont longs en juin ; le bas
de la dune était ténébreux, mais le haut était éclairé ;
une partie de l'affiche était imprimée en grosses lettres,
et il faisait encore assez de jour pour qu'on pût les
lire. Il lut ceci :

RÉPUBLIQUE FRANÇAISE, UNE ET INDIVISIBLE.

« Nous, Prieur, de la Marne, représentant du peuple
en mission près de l'armée des Côtes-de-Cherbourg, —
— ordonnons : — Le ci-devant marquis de Lantenac,
vicomte de Fontenay, soi-disant prince breton, furti-
vement débarqué sur la côte de Granville, est mis
hors la loi. — Sa tête est mise à prix. — Il sera payé
à qui le livrera, mort ou vivant, la somme de soixante
mille livres. — Cette somme ne sera point payée en
assignats, mais en or. — Un bataillon de l'armée des
Côtes-de-Cherbourg sera immédiatement envoyé à
la rencontre et à la recherche du ci-devant marquis
de Lantenac. — Les communes sont requises de
prêter main-forte. — Fait en la maison commune de
Granville, le 2 juin 1793. — Signé :

« PRIEUR, DE LA MARNE. »

Au-dessous de ce nom il y avait une autre signature, qui était en beaucoup plus petit caractère, et qu'on ne pouvait lire à cause du peu de jour qui restait.

Le vieillard rabaissa son chapeau sur ses yeux, croisa sa cape de mer jusque sous son menton, et descendit rapidement la dune. Il était évidemment inutile de s'attarder sur ce sommet éclairé.

Il y avait été peut-être trop longtemps déjà ; le haut de la dune était le seul point du paysage qui fût resté visible.

Quand il fut en bas et dans l'obscurité, il ralentit le pas.

Il se dirigeait dans le sens de l'itinéraire qu'il s'était tracé vers la métairie, ayant probablement des raisons de sécurité de ce côté-là.

Tout était désert. C'était l'heure où il n'y avait plus de passants.

Derrière une broussaille, il s'arrêta, défit son manteau, retourna sa veste du côté velu, rattacha à son cou son manteau qui était une guenille nouée d'une corde, et se remit en route.

Il faisait clair de lune.

Il arriva à un embranchement de deux chemins où se dressait une vieille croix de pierre. Sur le piédestal de la croix on distinguait un carré blanc qui était vraisemblablement une affiche pareille à celle qu'il venait de lire. Il s'en approcha.

— Où allez-vous ? lui dit une voix.

Il se retourna.

Un homme était là dans les haies, de haute taille comme lui, vieux comme lui, comme lui en cheveux blancs, et plus en haillons encore que lui-même. Presque son pareil.

Cet homme s'appuyait sur un long bâton.

L'homme reprit :

— Je vous demande où vous allez?

— D'abord où suis-je? dit-il, avec un calme presque hautain.

L'homme répondit[a] :

— Vous êtes dans la seigneurie de Tanis, et j'en suis le mendiant, et vous en êtes le seigneur.

— Moi?

— Oui, vous, monsieur le marquis de Lantenac.

# IV

## LE CAIMAND

Le marquis de Lantenac, nous le nommerons par son nom désormais, répondit gravement :

— Soit. Livrez-moi.

L'homme poursuivit :

— Nous sommes tous deux chez nous ici, vous dans le château, moi dans le buisson.

— Finissons. Faites. Livrez-moi, dit le marquis.

L'homme continua :

— Vous alliez à la métairie d'Herbe-en-Pail, n'est-ce pas?

— Oui.

— N'y allez point.

— Pourquoi?

— Parce que les bleus y sont.

— Depuis quand?

— Depuis trois jours.

— Les habitants de la ferme et du hameau ont-ils résisté?

— Non. Ils ont ouvert toutes les portes.

— Ah! dit le marquis.

L'homme montra du doigt le toit de la métairie qu'on apercevait à quelque distance par-dessus les arbres.

— Voyez-vous le toit, monsieur le marquis?

— Oui.

— Voyez-vous ce qu'il y a dessus?

— Qui flotte?

— Oui.

— C'est un drapeau.

— Tricolore, dit l'homme.

C'était l'objet qui avait déjà attiré l'attention du marquis quand il était au haut de la dune.

— Ne sonne-t-on pas le tocsin? demanda le marquis.

— Oui.

— A cause de quoi?

— Évidemment à cause de vous.

— Mais on ne l'entend pas?

— C'est le vent qui empêche.

L'homme continua :

— Vous avez vu votre affiche?

— Oui.

— On vous cherche.

Et, jetant un regard du côté de la métairie, il ajouta :

— Il y a là un demi-bataillon.

— De républicains?

— Parisiens.

— Eh bien, dit le marquis, marchons.

Et il fit un pas vers la métairie.

L'homme lui saisit le bras.

— N'y allez pas.

— Et où voulez-vous que j'aille?

— Chez moi.

Le marquis regarda le mendiant [1].

1. La rencontre du caimand a été inspirée par la lecture des *Mémoires du comte Joseph de Puisaye,* qui raconte la nuit passée dans la

— Écoutez, monsieur le marquis, ce n'est pas beau chez moi, mais c'est sûr. Une cabane plus basse qu'une cave. Pour plancher un lit de varech, pour plafond un toit de branches et d'herbe. Venez. A la métairie vous seriez fusillé. Chez moi vous dormirez. Vous devez être las ; et demain matin les bleus se seront remis en marche, et vous irez où vous voudrez.

Le marquis considérait cet homme.

— De quel côté êtes-vous donc? demanda le marquis ; êtes-vous républicain? êtes-vous royaliste?

— Je suis un pauvre.

— Ni royaliste, ni républicain?

— Je ne crois pas.

— Êtes-vous pour ou contre le roi?

— Je n'ai pas le temps de ça.

— Qu'est-ce que vous pensez de ce qui se passe?

— Je n'ai pas de quoi vivre.

— Pourtant vous venez à mon secours.

— J'ai vu que vous étiez hors la loi. Qu'est-ce que c'est que cela, la loi? On peut donc être dehors. Je ne comprends pas. Quant à moi, suis-je dans la loi? suis-je hors la loi? Je n'en sais rien. Mourir de faim, est-ce être dans la loi?

— Depuis quand mourez-vous de faim?

— Depuis toute ma vie.

— Et vous me sauvez?

— Oui.

— Pourquoi?

— Parce que j'ai dit : Voilà encore un plus pauvre que moi. J'ai le droit de respirer, lui ne l'a pas.

— C'est vrai. Et vous me sauvez?

---

hutte d'un mendiant charitable. Mais Victor Hugo a, selon sa manière, grandi la figure de Tellmarch, image symbolique du « pauvre » (voir les dialogues qui suivent). Un élargissement analogue apparaissait dans le poème : Le Mendiant des Contemplations.

— Sans doute. Nous voilà frères, monseigneur. Je demande du pain, vous demandez la vie. Nous sommes deux mendiants.

— Mais savez-vous que ma tête est mise à prix ?

— Oui.

— Comment le savez-vous ?

— J'ai lu l'affiche.

— Vous savez lire ?

— Oui. Et écrire aussi. Pourquoi serais-je une brute ?

— Alors, puisque vous savez lire, et puisque vous avez lu l'affiche, vous savez qu'un homme qui me livrerait gagnerait soixante mille francs ?

— Je le sais.

— Pas en assignats.

— Oui, je sais, en or.

— Vous savez que soixante mille francs, c'est une fortune ?

— Oui.

— Et que quelqu'un qui me livrerait ferait sa fortune ?

— Eh bien, après ?

— Sa fortune !

— C'est justement ce que j'ai pensé. En vous voyant je me suis dit : Quand je pense que quelqu'un qui livrerait cet homme-ci gagnerait soixante mille francs et ferait sa fortune ! Dépêchons-nous de le cacher [1].

Le marquis suivit le pauvre.

Ils entrèrent dans un fourré. La tanière du mendiant était là. C'était une sorte de chambre qu'un grand vieux chêne avait laissé prendre chez lui à cet homme ; elle était creusée sous ses racines et couverte de ses branches. C'était obscur, bas, caché, invisible. Il y avait place pour deux.

---

1. C'est un mot « sublime » qui est un peu un mot d'auteur. On en trouverait d'autres dans les propos de Tellmarch.

— J'ai prévu que je pouvais avoir un hôte, dit le mendiant.

Cette espèce de logis sous terre, moins rare en Bretagne qu'on ne croit, s'appelle en langue paysanne *carnichot*. Ce nom s'applique aussi à des cachettes pratiquées dans l'épaisseur des murs.

C'est meublé de quelques pots, d'un grabat de paille ou de goëmon lavé et séché, d'une grosse couverture de créseau [1], et de quelques mèches de suif avec un briquet et des tiges creuses de brane-ursine [2] pour allumettes.

Ils se courbèrent, rampèrent un peu, pénétrèrent dans la chambre où les grosses racines de l'arbre découpaient des compartiments bizarres, et s'assirent sur un tas de varech sec qui était le lit. L'intervalle de deux racines par où l'on entrait et qui servait de porte donnait quelque clarté. La nuit était venue, mais le regard se proportionne à la lumière, et l'on finit par trouver toujours un peu de jour dans l'ombre. Un reflet du clair de lune blanchissait vaguement l'entrée. Il y avait dans un coin une cruche d'eau, une galette de sarrasin et des châtaignes.

— Soupons, dit le pauvre.

Ils se partagèrent les châtaignes ; le marquis donna son morceau de biscuit ; ils mordirent à la même miche de blé noir et burent à la cruche l'un après l'autre.

Ils causèrent.

Le marquis se mit à interroger cet homme.

— Ainsi, tout ce qui arrive ou rien, c'est pour vous la même chose ?

— A peu près. Vous êtes des seigneurs, vous autres. Ce sont vos affaires.

---

1. Étoffe de laine croisée.
2. Nom populaire de l'acanthe.

— Mais enfin, ce qui se passe...

— Ça se passe là-haut.

Le mendiant ajouta :

— Et puis il y a des choses qui se passent encore plus haut, le soleil qui se lève, la lune qui augmente ou diminue, c'est de celles-là que je m'occupe.

Il but une gorgée à la cruche et dit :

— La bonne eau fraîche !

Et il reprit :

— Comment trouvez-vous cette eau, monseigneur ?

— Comment vous appelez-vous ? dit le marquis.

— Je m'appelle Tellmarch, et l'on m'appelle le Caimand.

— Je sais. Caimand est un mot du pays.

— Qui veut dire mendiant. On me surnomme aussi le Vieux.

Il poursuivit :

— Voilà quarante ans qu'on m'appelle le Vieux.

— Quarante ans ! mais vous étiez jeune ?

— Je n'ai jamais été jeune. Vous l'êtes toujours, vous, monsieur le marquis. Vous avez des jambes de vingt ans, vous escaladez la grande dune ; moi, je commence à ne plus marcher ; au bout d'un quart de lieue je suis las. Nous sommes pourtant du même âge ; mais les riches, ça a sur nous un avantage, c'est que ça mange tous les jours. Manger conserve.

Le mendiant, après un silence, continua :

— Les pauvres, les riches, c'est une terrible affaire. C'est ce qui produit les catastrophes. Du moins, ça me fait cet effet-là. Les pauvres veulent être riches, les riches ne veulent pas être pauvres. Je crois que c'est un peu là le fond. Je ne m'en mêle pas. Les événements sont les événements. Je ne suis ni pour le créancier, ni pour le débiteur. Je sais qu'il y a une dette et qu'on la paye. Voilà tout. J'aurais mieux aimé qu'on ne tuât pas le roi, mais il me serait difficile de dire pourquoi. Après ça, on me répond : Mais autrefois, comme on vous accrochait les gens aux arbres pour rien du tout ! Tenez, moi, pour un méchant coup de fusil tiré à un chevreuil du roi, j'ai vu pendre un homme qui avait une femme et sept enfants. Il y a à dire des deux côtés.

Il se tut encore, puis ajouta :

— Vous comprenez, je ne sais pas au juste, on va, on vient, il se passe des choses ; moi, je suis là sous les étoiles.

Tellmarch eut encore une interruption de rêverie, puis continua :

— Je suis un peu rebouteux, un peu médecin, je connais les herbes, je tire parti des plantes, les paysans me voient attentif devant rien, et cela me fait passer pour sorcier[1]. Parce que je songe, on croit que je sais.

— Vous êtes du pays ? dit le marquis.

— Je n'en suis jamais sorti.

— Vous me connaissez ?

— Sans doute. La dernière fois que je vous ai vu, c'est à votre dernier passage, il y a deux ans. Vous êtes allé d'ici en Angleterre. Tout à l'heure j'ai aperçu un homme au haut de la dune. Un homme de grande taille. Les hommes grands sont rares ; c'est un pays d'hommes petits, la Bretagne. J'ai bien regardé, j'avais lu l'affiche. J'ai dit : tiens ! Et quand vous êtes descendu, il y avait de la lune, je vous ai reconnu.

— Pourtant, moi, je ne vous connais pas.

— Vous m'avez vu, mais vous ne m'avez pas vu.

Et Tellmarch le Caimand ajouta :

---

1. Tellmarch n'est pas sans ressemblances avec Gilliatt des *Travailleurs de la mer,* Ursus de l'*Homme qui rit,* la vieille Zineb de *Mangerontils?* du *Théâtre en liberté* : l'être simple, pauvre, bienfaisant, qui « songe » et passe pour extravagant.

— Je vous voyais, moi. De mendiant à passant, le regard n'est pas le même.

— Est-ce que je vous avais rencontré autrefois?

— Souvent, puisque je suis votre mendiant. J'étais le pauvre du bas du chemin de votre château. Vous m'avez dans l'occasion fait l'aumône; mais celui qui donne ne regarde pas, celui qui reçoit examine et observe. Qui dit mendiant dit espion. Mais moi, quoique souvent triste, je tâche de ne pas être un mauvais espion. Je tendais la main, vous ne voyiez que la main, et vous y jetiez l'aumône dont j'avais besoin le matin pour ne pas mourir de faim le soir. On est des fois des vingt-quatre heures sans manger. Quelquefois un sou, c'est la vie. Je vous dois la vie, je vous la rends.

— C'est vrai, vous me sauvez.

— Oui, je vous sauve, monseigneur.

Et la voix de Tellmarch devint grave.

— A une condition.

— Laquelle?

— C'est que vous ne venez pas ici pour faire le mal.

— Je viens ici pour faire le bien, dit le marquis.

— Dormons, dit le mendiant.

Ils se couchèrent côte à côte sur le lit de varech. Le mendiant fut tout de suite endormi. Le marquis, bien que très las, resta un moment rêveur, puis, dans cette ombre, il regarda le pauvre, et se coucha. Se coucher sur ce lit, c'était se coucher sur le sol; il en profita pour coller son oreille à terre, et il écouta. Il y avait sous la terre un sombre bourdonnement; on sait que le son se propage dans les profondeurs du sol; on entendait le bruit des cloches.

Le tocsin continuait.

Le marquis s'endormit.

## V

### SIGNÉ GAUVAIN

Quand il se réveilla, il faisait jour.

Le mendiant était debout, non dans la tanière, car on ne pouvait s'y tenir droit, mais dehors et sur le seuil. Il était appuyé sur son bâton. Il y avait du soleil sur son visage.

— Monseigneur, dit Tellmarch, quatre heures du matin viennent de sonner au clocher de Tanis. J'ai entendu les quatre coups. Donc le vent a changé ; c'est le vent de terre ; je n'entends aucun autre bruit ; donc le tocsin a cessé. Tout est tranquille dans la métairie et dans le hameau d'Herbe-en-Pail. Les bleus dorment ou sont partis. Le plus fort du danger est passé ; il est sage de nous séparer. C'est mon heure de m'en aller.

Il désigna un point de l'horizon.

— Je m'en vais par là.

Et il désigna le point opposé.

— Vous, allez-vous-en par ici.

Le mendiant fit au marquis un grave salut de la main.

Il ajouta en montrant ce qui restait du souper :

— Emportez des châtaignes, si vous avez faim.

Un moment après, il avait disparu sous les arbres.

Le marquis se leva, et s'en alla du côté que lui avait indiqué Tellmarch.

C'était l'heure charmante que la vieille langue paysanne normande appelle la « piperette du jour ». On entendait jaser les cardrounettes [1] et les moineaux

---

1. Les chardonnerets. Le mot se trouve dans le *Dictionnaire franco-normand,* exploité par V. Hugo, mais du reste aussi dans Littré.

de haie. Le marquis suivit le sentier par où ils étaient venus la veille. Il sortit du fourré et se retrouva à l'embranchement de routes marqué par la croix de pierre. L'affiche y était, blanche et comme gaie au soleil levant. Il se rappela qu'il y avait au bas de l'affiche quelque chose qu'il n'avait pu lire la veille à cause de la finesse des lettres et du peu de jour qu'il faisait. Il alla au piédestal de la croix. L'affiche se terminait en effet, au-dessous de la signature PRIEUR, DE LA MARNE, par ces deux lignes en petits caractères :

« L'identité du ci-devant marquis de Lantenac constatée, il sera immédiatement passé par les armes. — Signé : *le chef de bataillon, commandant la colonne d'expédition,* GAUVAIN. »

— Gauvain ! dit le marquis.

Il s'arrêta profondément pensif, l'œil fixé sur l'affiche.

— Gauvain ! répéta-t-il.

Il se remit en marche, se retourna, regarda la croix, revint sur ses pas, et lut l'affiche encore une fois.

Puis il s'éloigna à pas lents. Quelqu'un qui eût été près de lui l'eût entendu murmurer à demi-voix : « Gauvain ! »

Du fond des chemins creux où il se glissait, on ne voyait pas les toits de la métairie qu'il avait laissée à sa gauche. Il côtoyait une éminence abrupte, toute couverte d'ajoncs en fleur, de l'espèce dite longue-épine. Cette éminence avait pour sommet une de ces pointes de terre qu'on appelle dans le pays une « hure ». Au pied de l'éminence, le regard se perdait tout de suite sous les arbres. Les feuillages étaient comme trempés de lumière. Toute la nature avait la joie profonde du matin.

Tout à coup ce paysage fut terrible. Ce fut comme une embuscade qui éclate. On ne sait quelle trombe

faite de cris sauvages et de coups de fusil s'abattit
sur ces champs et ces bois pleins de rayons, et l'on vit
s'élever, du côté où était la métairie, une grande
fumée coupée de flammes claires, comme si le hameau
et la ferme n'étaient plus qu'une botte de paille qui
brûlait. Ce fut subit et lugubre, le passage brusque du
calme à la furie, une explosion de l'enfer en pleine
aurore, l'horreur sans transition. On se battait du côté
d'Herbe-en-Pail. Le marquis s'arrêta.

Il n'est personne qui, en pareil cas, ne l'ait éprouvé,
la curiosité est plus forte que le danger ; on veut
savoir, dût-on périr. Il monta sur l'éminence au bas
de laquelle passait le chemin creux. De là on était vu,
mais on voyait. Il fut sur la hure en quelques minutes.
Il regarda.

En effet, il y avait une fusillade et un incendie. On
entendait des clameurs, on voyait du feu. La métairie
était comme le centre d'on ne sait quelle catastrophe.
Qu'était-ce ? La métairie d'Herbe-en-Pail était-elle
attaquée ? Mais par qui ? Était-ce un combat ? N'était-ce
pas plutôt une exécution militaire ? Les bleus, et cela
leur était ordonné par un décret révolutionnaire,
punissaient très souvent, en y mettant le feu, les fermes
et les villages réfractaires ; on brûlait, pour l'exemple,
toute métairie et tout hameau qui n'avaient point
fait les abatis d'arbres prescrits par la loi et qui n'avaient
pas ouvert et taillé dans les fourrés des passages pour la
cavalerie républicaine. On avait notamment exécuté
ainsi tout récemment la paroisse de Bourgon, près
d'Ernée. Herbe-en-Pail était-il dans le même cas ?
Il était visible qu'aucune des percées stratégiques com-
mandées par le décret n'avait été faite dans les halliers
et dans les enclos de Tanis et d'Herbe-en-Pail. Était-
ce le châtiment ? Était-il arrivé un ordre à l'avant-garde
qui occupait la métairie ? Cette avant-garde ne faisait-

elle pas partie d'une de ces colonnes d'expédition sur-
nommées *colonnes infernales?*

Un fourré très hérissé et très fauve entourait de
toutes parts l'éminence au sommet de laquelle le
marquis s'était placé en observation. Ce fourré, qu'on
appelait le bocage d'Herbe-en-Pail, mais qui avait
les proportions d'un bois, s'étendait jusqu'à la métairie,
et cachait, comme tous les halliers bretons, un réseau
de ravins, de sentiers et de chemins creux, labyrinthes
où les armées républicaines se perdaient.

L'exécution, si c'était une exécution, avait dû être
féroce, car elle fut courte. Ce fut, comme toutes les
choses brutales, tout de suite fait. L'atrocité des guerres
civiles comporte ces sauvageries. Pendant que le marquis, multipliant les conjectures, hésitant à descendre,
hésitant à rester, écoutait et épiait, ce fracas d'extermination cessa, ou pour mieux dire se dispersa. Le marquis constata dans le hallier comme l'éparpillement
d'une troupe furieuse et joyeuse. Un effrayant fourmillement se fit sous les arbres. De la métairie on se
jetait dans le bois. Il y avait des tambours qui battaient
la charge. On ne tirait plus de coups de fusil. Cela
ressemblait maintenant à une battue ; on semblait
fouiller, poursuivre, traquer ; il était évident qu'on
cherchait quelqu'un ; le bruit était diffus et profond ;
c'était une confusion de paroles de colère et de triomphe, une rumeur composée de clameurs ; on n'y distinguait rien ; brusquement, comme un linéament se
dessine dans une fumée, quelque chose devint articulé
et précis dans ce tumulte, c'était un nom, un nom
répété par mille voix, et le marquis entendit nettement ce cri :

« Lantenac ! Lantenac ! le marquis de Lantenac ! »

C'était lui qu'on cherchait.

# VI

## LES PÉRIPÉTIES DE LA GUERRE CIVILE

Et subitement, autour de lui, et de tous les côtés à la fois, le fourré se remplit de fusils, de bayonnettes et de sabres, un drapeau tricolore se dressa dans la pénombre, le cri *Lantenac !* éclata à son oreille, et à ses pieds, à travers les ronces et les branches, des faces violentes apparurent.

Le marquis était seul, debout sur un sommet, visible de tous les points du bois. Il voyait à peine ceux qui criaient son nom, mais il était vu de tous. S'il y avait mille fusils dans le bois, il était là comme une cible. Il ne distinguait rien dans le taillis que des prunelles ardentes fixées sur lui.

Il ôta son chapeau, en retroussa le bord, arracha une longue épine sèche à un ajonc, tira de sa poche une cocarde blanche, fixa avec l'épine le bord retroussé et la cocarde à la forme du chapeau, et, remettant sur la tête le chapeau dont le bord relevé laissait voir son front et sa cocarde, il dit d'une voix haute, parlant à toute la forêt à la fois :

— Je suis l'homme que vous cherchez. Je suis le marquis de Lantenac, vicomte de Fontenay, prince breton, lieutenant général des armées du roi. Finissons-en. En joue ! Feu [1] !

Et, écartant de ses deux mains sa veste de peau de chèvre, il montra sa poitrine nue.

Il baissa les yeux, cherchant du regard les fusils braqués, et se vit entouré d'hommes à genoux.

---

1. Ce sera l'attitude de Jean Chouan dans le poème de *la Légende des Siècles* qui lui est consacré.

Un immense cri s'éleva : « Vive Lantenac! Vive monseigneur! Vive le général! »

En même temps des chapeaux sautaient en l'air, des sabres tournoyaient joyeusement, et l'on voyait dans tout le taillis se dresser des bâtons au bout desquels s'agitaient des bonnets de laine brune.

Ce qu'il avait autour de lui, c'était une bande vendéenne.

Cette bande s'était agenouillée en le voyant.

La légende raconte qu'il y avait dans les vieilles forêts thuringiennes des êtres étranges, race des géants, plus et moins qu'hommes, qui étaient considérés par les Romains comme des animaux horribles et par les Germains comme des incarnations divines, et qui, selon la rencontre, couraient la chance d'être exterminés ou adorés.

Le marquis éprouva quelque chose de pareil à ce que devait ressentir un de ces êtres quand, s'attendant à être traité comme un monstre, il était brusquement traité comme un dieu.

Tous ces yeux pleins d'éclairs redoutables se fixaient sur le marquis avec une sorte de sauvage amour.

Cette cohue était armée de fusils, de sabres, de faulx, de perches[a], de bâtons ; tous avaient de grands feutres ou des bonnets bruns, avec des cocardes blanches, une profusion de rosaires et d'amulettes, de larges culottes ouvertes au genou, des casaques de poil, des guêtres en cuir, le jarret nu, les cheveux longs, quelques-uns l'air féroce, tous l'air[b] naïf.

Un homme jeune et de belle mine traversa les gens agenouillés et monta à grands pas vers le marquis. Cet homme était, comme les paysans, coiffé d'un feutre à bord relevé et à cocarde blanche, et vêtu d'une casaque de poil, mais il avait les mains blanches et une chemise fine, et il portait par-dessus sa veste une écharpe de soie blanche à laquelle pendait une épée à poignée dorée.

Parvenu sur la hure, il jeta son chapeau, détacha son écharpe, mit un genou en terre, présenta au marquis l'écharpe et l'épée, et dit :

— Nous vous cherchions en effet, nous vous avons trouvé. Voici l'épée de commandement. Ces hommes sont maintenant à vous. J'étais leur commandant, je monte en grade, je suis votre soldat. Acceptez notre hommage, monseigneur. Donnez vos ordres, mon général.

Puis il fit un signe, et des hommes qui portaient un drapeau tricolore sortirent du bois. Ces hommes montèrent jusqu'au marquis et déposèrent le drapeau à ses pieds. C'était le drapeau qu'il venait d'entrevoir à travers les arbres.

— Mon général, dit le jeune homme qui lui avait présenté l'épée et l'écharpe, ceci est le drapeau que nous venons de prendre aux bleus qui étaient dans la ferme d'Herbe-en-Pail. Monseigneur, je m'appelle Gavard. J'ai été au marquis de la Rouarie.

— C'est bien, dit le marquis.

Et, calme et grave, il ceignit l'écharpe.

Puis il tira l'épée, et l'agitant nue au-dessus de sa tête :

— Debout! dit-il, et vive le roi!

Tous se levèrent.

Et l'on entendit dans les profondeurs du bois une clameur éperdue et triomphante : *Vive le roi! Vive notre marquis! Vive Lantenac!*

Le marquis se tourna vers Gavard.

— Combien donc êtes-vous?

— Sept mille.

Et tout en descendant de l'éminence, pendant que

les paysans écartaient les ajoncs devant les pas du
marquis de Lantenac, Gavard continua :

— Monseigneur, rien de plus simple. Tout cela
s'explique d'un mot. On n'attendait qu'une étincelle.
L'affiche de la république, en révélant votre présence,
a insurgé le pays pour le roi. Nous avions en outre
été avertis sous main par le maire de Granville qui
est un homme à nous, le même qui a sauvé l'abbé
Olivier. Cette nuit on a sonné le tocsin.

— Pour qui?

— Pour vous.

— Ah! dit le marquis.

— Et nous voilà, reprit Gavard.

— Et vous êtes sept mille?

— Aujourd'hui. Nous serons quinze mille demain.
C'est le rendement du pays. Quand M. Henri de La
Rochejaquelein est parti pour l'armée catholique,
on a sonné le tocsin, et en une nuit six paroisses, Isernay,
Corqueux, les Échaubroignes, les Aubiers, Saint-
Aubin et Nueil, lui ont amené dix mille hommes.
On n'avait pas de munitions, on a trouvé chez un
maçon soixante livres de poudre de mine, et M. de
La Rochejaquelein est parti avec cela. Nous pensions
bien que vous deviez être quelque part dans cette
forêt, et nous vous cherchions.

— Et vous avez attaqué les bleus dans la ferme
d'Herbe-en-Pail?

— Le vent les avait empêchés d'entendre le tocsin.
Ils ne se défiaient pas ; les gens du hameau, qui sont
patauds, les avaient bien reçus. Ce matin, nous avons
investi la ferme, les bleus dormaient, et en un tour de
main la chose a été faite. J'ai un cheval. Daignez-vous
l'accepter, mon général?

— Oui.

Un paysan amena un cheval blanc militairement

harnaché. Le marquis, sans user de l'aide que lui offrait Gavard, monta à cheval.

— Hurrah! crièrent les paysans. Car les cris anglais sont fort usités sur la côte bretonne-normande, en commerce perpétuel avec les îles de la Manche.

Gavard fit le salut militaire et demanda :

— Quel sera votre quartier général, monseigneur?

— D'abord la forêt de Fougères.

— C'est une de vos sept forêts, monsieur le marquis.

— Il faut un prêtre.

— Nous en avons un.

— Qui?

— Le vicaire de la Chapelle-Erbrée.

— Je le connais. Il a fait le voyage de Jersey.

Un prêtre sortit des rangs et dit :

— Trois fois.

Le marquis tourna la tête.

— Bonjour, monsieur le vicaire. Vous allez avoir de la besogne.

— Tant mieux, monsieur le marquis.

— Vous aurez du monde à confesser. Ceux qui voudront. On ne force personne.

— Monsieur le marquis, dit le prêtre, Gaston, à Guéménée, force les républicains à se confesser.

— C'est un perruquier, dit le marquis ; mais la mort doit être libre.

Gavard, qui était allé donner quelques consignes, revint :

— Mon général, j'attends vos commandements.

— D'abord, le rendez-vous est à la forêt de Fougères. Qu'on se disperse et qu'on y aille.

— L'ordre est donné.

— Ne m'avez-vous pas dit que les gens d'Herbe-en-Pail avaient bien reçu les bleus?

— Oui, mon général.

— Vous avez brûlé la ferme?

— Oui.

— Avez-vous brûlé le hameau?

— Non.

— Brûlez-le.

— Les bleus ont essayé de se défendre; mais ils étaient cent cinquante et nous étions sept mille.

— Qu'est-ce que c'est que ces bleus-là?

— Des bleus de Santerre.

— Qui a commandé le roulement de tambours pendant qu'on coupait la tête au roi. Alors c'est un bataillon de Paris?

— Un demi-bataillon.

— Comment s'appelle ce bataillon?

— Mon général, il y a sur le drapeau : Bataillon du Bonnet-Rouge.

— Des bêtes féroces.

— Que faut-il faire des blessés?

— Achevez-les.

— Que faut-il faire des prisonniers?

— Fusillez-les.

— Il y en a environ quatre-vingts.

— Fusillez tout.

— Il y a deux femmes.

— Aussi.

— Il y a trois enfants.

— Emmenez-les. On verra ce qu'on en fera.

Et le marquis poussa son cheval.

## VII

PAS DE GRACE (MOT D'ORDRE DE LA COMMUNE). —
PAS DE QUARTIER (MOT D'ORDRE DES PRINCES).

Pendant que ceci se passait près de Tanis, le mendiant s'en était allé vers Crollon. Il s'était enfoncé
dans les ravins, sous les vastes feuillées sourdes, inat-
tentif à tout et attentif à rien, comme il l'avait dit
lui-même, rêveur plutôt que pensif, car le pensif
a un but et le rêveur n'en a pas, errant, rôdant, s'arrêtant, mangeant çà et là une pousse d'oseille sauvage,
buvant aux sources, dressant la tête par moments à
des fracas lointains, puis rentrant dans l'éblouissante
fascination de la nature, offrant ses haillons au soleil,
entendant peut-être le bruit des hommes, mais écoutant
le chant des oiseaux[1].

Il était vieux et lent ; il ne pouvait aller loin ; comme
il l'avait dit au marquis de Lantenac, un quart de lieue
le fatiguait ; il fit un court circuit vers la Croix-Avranchin, et le soir était venu quand il s'en retourna.

Un peu au delà de Macey, le sentier qu'il suivait
le conduisit sur une sorte de point culminant dégagé
d'arbres, d'où l'on voit de très loin et d'où l'on
découvre tout l'horizon de l'ouest jusqu'à la mer.

Une fumée appela son attention.

Rien de plus doux qu'une fumée, rien de plus
effrayant. Il y a les fumées paisibles et il y a les fumées
scélérates. Une fumée, l'épaisseur et la couleur d'une
fumée, c'est toute la différence entre la paix et la guerre,

---

1. Le caractère symbolique du caimand s'accentue : il est « l'homme
de la nature ».

entre la fraternité et la haine, entre l'hospitalité et le sépulcre, entre la vie et la mort. Une fumée qui monte dans les arbres peut signifier ce qu'il y a de plus charmant au monde, le foyer, ou ce qu'il y a de plus affreux, l'incendie ; et tout le bonheur comme tout le malheur de l'homme sont parfois dans cette chose éparse au vent.

La fumée que regardait Tellmarch était inquiétante.

Elle était noire avec des rougeurs subites comme si le brasier d'où elle sortait avait des intermittences et achevait de s'éteindre, et elle s'élevait au-dessus d'Herbe-en-Pail.

Tellmarch hâta le pas et se dirigea vers cette fumée. Il était bien las, mais il voulait savoir ce que c'était.

Il arriva au sommet d'un coteau auquel étaient adossés le hameau et la métairie.

Il n'y avait plus ni métairie ni hameau.

Un tas de masures brûlait, et c'était là Herbe-en-Pail.

Il y a quelque chose de plus poignant à voir brûler qu'un palais, c'est une chaumière. Une chaumière en feu est lamentable. La dévastation s'abattant sur la misère, le vautour s'acharnant sur le ver de terre, il y a là on ne sait quel contre-sens qui serre le cœur.

A en croire la légende biblique, un incendie regardé change une créature humaine en statue ; Tellmarch fut un moment cette statue. Le spectacle qu'il avait sous les yeux le fit immobile. Cette destruction s'accomplissait en silence. Pas un cri ne s'élevait ; pas un soupir humain ne se mêlait à cette fumée ; cette fournaise travaillait et achevait de dévorer ce village sans qu'on entendît d'autre bruit que le craquement des charpentes et le pétillement des chaumes. Par moments la fumée se déchirait, les toits effondrés laissaient voir les chambres béantes, le brasier montrait tous ses rubis, des guenilles écarlates et de pauvres vieux meubles couleur de pourpre se dressaient dans ces intérieurs vermeils, et Tellmarch avait le sinistre éblouissement du désastre.

Quelques arbres d'une châtaigneraie contiguë aux maisons avaient pris feu et flambaient.

Il écoutait, tâchant d'entendre une voix, un appel, une clameur ; rien ne remuait, excepté les flammes ; tout se taisait, excepté l'incendie. Est-ce donc que tous avaient fui ?

Où était ce groupe vivant et travaillant d'Herbe-en-Pail ? Qu'était devenu tout ce petit peuple ?

Tellmarch descendit du coteau.

Une énigme funèbre était devant lui. Il s'en approchait sans hâte et l'œil fixe. Il avançait vers cette ruine avec une lenteur d'ombre ; il se sentait fantôme dans cette tombe.

Il arriva à ce qui avait été la porte de la métairie, et il regarda dans la cour qui, maintenant, n'avait plus de murailles et se confondait avec le hameau groupé autour d'elle.

Ce qu'il avait vu n'était rien. Il n'avait encore aperçu que le terrible, l'horrible lui apparut.

Au milieu de la cour il y avait un monceau noir, vaguement modelé d'un côté par la flamme, de l'autre par la lune ; ce monceau était un tas d'hommes ; ces hommes étaient morts.

Il y avait autour de ce tas une grande mare qui fumait un peu ; l'incendie se reflétait dans cette mare ; mais elle n'avait pas besoin du feu pour être rouge ; c'était du sang.

Tellmarch s'approcha. Il se mit à examiner, l'un après l'autre, ces corps gisants ; tous étaient des cadavres.

La lune éclairait, l'incendie aussi.

Ces cadavres étaient des soldats. Tous étaient pieds nus ; on leur avait pris leurs souliers ; on leur avait aussi pris leurs armes ; ils avaient encore leurs uniformes qui étaient bleus ; çà et là on distinguait, dans l'amoncellement des membres et des têtes, des chapeaux troués avec des cocardes tricolores. C'étaient des républicains. C'étaient ces Parisiens qui, la veille encore, étaient là tous vivants, et tenaient garnison dans la ferme d'Herbe-en-Pail. Ces hommes avaient été suppliciés, ce qu'indiquait la chute symétrique des corps ; ils avaient été foudroyés sur place, et avec soin. Ils étaient tous morts. Pas un râle ne sortait du tas.

Tellmarch passa cette revue des cadavres, sans en omettre un seul ; tous étaient criblés de balles.

Ceux qui les avaient mitraillés, pressés probablement d'aller ailleurs, n'avaient pas pris le temps de les enterrer.

Comme il allait se retirer, ses yeux tombèrent sur un mur bas qui était dans la cour, et il vit quatre pieds qui passaient de derrière l'angle de ce mur.

Ces pieds avaient des souliers ; ils étaient plus petits que les autres ; Tellmarch approcha. C'étaient des pieds de femme.

Deux femmes étaient gisantes côte à côte derrière le mur, fusillées aussi.

Tellmarch se pencha sur elles. L'une de ces femmes avait une sorte d'uniforme ; à côté d'elle était un bidon brisé et vidé ; c'était une vivandière. Elle avait quatre balles dans la tête. Elle était morte.

Tellmarch examina l'autre. C'était une paysanne. Elle était blême et béante. Ses yeux étaient fermés. Elle n'avait aucune plaie à la tête. Ses vêtements, dont les fatigues, sans doute, avaient fait des haillons, s'étaient ouverts dans sa chute, et laissaient voir son torse à demi nu. Tellmarch acheva de les écarter, et vit à une épaule la plaie ronde que fait une balle ; la clavicule était cassée. Il regarda ce sein livide.

— Mère et nourrice, murmura-t-il.

Il la toucha. Elle n'était pas froide.

Elle n'avait pas d'autre blessure que la clavicule cassée et la plaie à l'épaule.

Il posa la main sur le cœur et sentit un faible battement. Elle n'était pas morte.

Tellmarch se redressa debout et cria d'une voix terrible :

— Il n'y a donc personne ici ?

— C'est toi, le caimand ! répondit une voix, si basse qu'on l'entendait à peine.

Et en même temps une tête sortit d'un trou de ruine.

Puis une autre face apparut dans une autre masure.

C'étaient deux paysans qui s'étaient cachés ; les seuls qui survécussent.

La voix connue du caimand les avait rassurés et les avait fait sortir des recoins où ils se blottissaient.

Ils avancèrent vers Tellmarch, fort tremblants encore.

Tellmarch avait pu crier, mais ne pouvait parler ; les émotions profondes sont ainsi.

Il leur montra du doigt la femme étendue à ses pieds.

— Est-ce qu'elle est encore en vie ? dit l'un des paysans.

Tellmarch fit de la tête signe que oui.

— L'autre femme est-elle vivante ? demanda l'autre paysan.

Tellmarch fit signe que non.

Le paysan qui s'était montré le premier, reprit :

— Tous les autres sont morts, n'est-ce pas ? J'ai vu cela. J'étais dans ma cave. Comme on remercie Dieu dans ces moments-là de n'avoir pas de famille ! Ma maison brûlait. Seigneur Jésus ! on a tout tué. Cette femme-ci avait des enfants. Trois enfants, tout petits ! Les enfants criaient : Mère ! La mère criait :

Mes enfants! On a tué la mère et on a emmené les enfants. J'ai vu cela, mon Dieu! mon Dieu! mon Dieu! Ceux qui ont tout massacré sont partis. Ils étaient contents. Ils ont emmené les petits et tué la mère. Mais elle n'est pas morte, n'est-ce pas, elle n'est pas morte? Dis donc, le caimand, est-ce que tu crois que tu pourrais la sauver? veux-tu que nous t'aidions à la porter dans ton carnichot?

Tellmarch fit signe que oui.

Le bois touchait à la ferme. Ils eurent vite fait un brancard avec des feuillages et des fougères. Ils placèrent sur le brancard la femme toujours immobile et se mirent en marche dans le hallier, les deux paysans portant le brancard, l'un à la tête, l'autre aux pieds, Tellmarch soutenant le bras de la femme et lui tâtant le pouls.

Tout en cheminant, les deux paysans causaient, et, par-dessus la femme sanglante dont la lune éclairait la face pâle, ils échangeaient des exclamations effarées.

— Tout tuer!

— Tout brûler!

— Ah! monseigneur Dieu! est-ce qu'on va être comme ça à présent?

— C'est ce grand homme vieux qui l'a voulu.

— Oui, c'est lui qui commandait.

— Je ne l'ai pas vu quand on a fusillé. Est-ce qu'il était là?

— Non. Il était parti. Mais c'est égal, tout s'est fait par son commandement.

— Alors, c'est lui qui a tout fait.

— Il avait dit : Tuez! brûlez! pas de quartier!

— C'est un marquis?

— Oui, puisque c'est notre marquis.

— Comment s'appelle-t-il donc déjà?

— C'est monsieur de Lantenac.

Tellmarch leva les yeux au ciel et murmura entre ses dents :

— Si j'avais su !

# A PARIS

# LIVRE PREMIER

# CIMOURDAIN

## I

### LES RUES DE PARIS DANS CE TEMPS-LA [1]

O<small>N</small> vivait en public, on mangeait sur des tables dressées devant les portes, les femmes assises sur les perrons des églises faisaient de la charpie en chantant *la Marseillaise*, le parc Monceaux [2] et le Luxembourg étaient des champs de manœuvre, il y avait dans tous les carrefours des armureries en plein travail, on

---

1. L'interruption du récit par ces longues pages d'évocation historique rappelle la structure de *Notre-Dame de Paris,* où l'intrigue romanesque était coupée d'une vaste dissertation sur l'art du moyen âge.

Quant à ce premier chapitre, avec son défilé de notations qui se succèdent dans un désordre calculé, et prolixe, afin de créer l'atmosphère, il est construit tout à fait à la manière du chapitre des *Misérables* intitulé : *L'année 1817* (Première Partie, livre III).

La documentation est sortie naturellement de tous les ouvrages sur la Révolution consultés par Victor Hugo au cours des années de préparation du roman : *la Révolution française* de Louis Blanc, l'*Histoire de Robespierre* d'Ernest Hamel, le *Paris pendant la Révolution* (1789-1798) de Sébastien Mercier, etc.

2. C'est l'orthographe véritable, du nom d'un ancien village (R<small>OCHEGUDE</small> et D<small>UMOLIN</small>, *Guide pratique à travers le Vieux Paris,* p. 265).

fabriquait des fusils sous les yeux des passants qui
battaient des mains ; on n'entendait que ce mot dans
toutes les bouches : *Patience. Nous sommes en révolution.*
On souriait héroïquement. On allait au spectacle
comme à Athènes pendant la guerre du Péloponèse ;
on voyait affichés au coin des rues : *Le Siège de Thionville. — La Mère de famille sauvée des flammes. — Le Club
des Sans-Soucis. — L'Aînée des papesses Jeanne. — Les
Philosophes soldats. — L'Art d'aimer au village.* — Les
Allemands étaient aux portes ; le bruit courait que le
roi de Prusse avait fait retenir des loges à l'Opéra.
Tout était effrayant et personne n'était effrayé. La
ténébreuse loi des suspects, qui est le crime de Merlin
de Douai, faisait la guillotine visible au-dessus de
toutes les têtes. Un procureur, nommé Séran, dénoncé,
attendait qu'on vînt l'arrêter, en robe de chambre et
en pantoufles, et en jouant de la flûte à sa fenêtre.
Personne ne semblait avoir le temps. Tout le monde
se hâtait. Pas un chapeau qui n'eût une cocarde. Les
femmes disaient : *Nous sommes jolies sous le bonnet
rouge.* Paris semblait plein d'un déménagement. Les
marchands de bric-à-brac étaient encombrés de couronnes, de mitres, de sceptres en bois doré et de fleurs
de lys, défroques des maisons royales ; c'était la démolition de la monarchie qui passait. On voyait chez les
fripiers des chapes et des rochets à vendre au *décroche-
moi-ça.* Aux Porcherons et chez Ramponneau [1], des
hommes affublés de surplis et d'étoles, montés sur
des ânes caparaçonnés de chasubles, se faisaient verser
le vin du cabaret dans les ciboires des cathédrales.
Rue Saint-Jacques, des paveurs, pieds nus, arrêtaient

---

1. *Les Porcherons,* hameau de la banlieue parisienne de l'époque
(quartier St-Lazare), célèbre par ses cabarets, parmi lesquels celui
de Ramponneau (1724-1802).

la brouette d'un colporteur qui offrait des chaussures
à vendre, se cotisaient et achetaient quinze paires de
souliers qu'ils envoyaient à la Convention pour nos
soldats. Les bustes de Franklin, de Rousseau, de Brutus,
et il faut ajouter de Marat, abondaient ; au-dessous
d'un de ces bustes de Marat, rue Cloche-Perce, était
accroché sous verre, dans un cadre de bois noir, un
réquisitoire contre Malouet, avec faits à l'appui et
ces deux lignes en marge : « Ces détails m'ont été
donnés par la maîtresse de Sylvain Bailly, bonne patriote qui a des bontés pour moi. — Signé : MARAT. »
Sur la place du Palais-Royal, l'inscription de la fon-
taine : *Quantos effundit in usus!* était cachée par deux
grandes toiles peintes à la détrempe, représentant l'une,
Cahier de Gerville [1] dénonçant à l'Assemblée nationale
le signe de ralliement des « chiffonnistes » d'Arles [2] ;
l'autre, Louis XVI ramené de Varennes dans son
carrosse royal, et sous ce carrosse une planche liée
par des cordes portant à ses deux bouts deux grenadiers, la bayonnette au fusil. Peu de grandes boutiques
étaient ouvertes ; des merceries et des bimbeloteries
roulantes circulaient traînées par des femmes, éclairées
par des chandelles, les suifs fondant sur les marchan-
dises ; des boutiques en plein vent étaient tenues par
des ex-religieuses en perruque blonde ; telle ravaudeuse,
raccommodant des bas dans une échoppe, était une
comtesse ; telle couturière était une marquise ; madame de Boufflers habitait un grenier d'où elle voyait
son hôtel. Des crieurs couraient, offrant les « papiers-
nouvelles ». On appelait *écrouelleux* ceux qui cachaient

---

1. Ancien avocat au Parlement de Paris, ministre de l'intérieur
en 1791.
2. Les *Chiffonnistes* étaient le parti contre-révolutionnaire, puissant
à Arles, jusqu'à l'expédition « punitive » organisée par les Jacobins
contre la ville (Cf. TAINE, *La Révolution*, III, ii, 4).

leur menton dans leur cravate. Les chanteurs ambulants pullulaient. La foule huait Pitou, le chansonnier royaliste, vaillant d'ailleurs, car il fut emprisonné vingt-deux fois et fut traduit devant le tribunal révolutionnaire pour s'être frappé le bas des reins en prononçant le mot *civisme* ; voyant sa tête en danger, il s'écria : *Mais c'est le contraire de ma tête qui est coupable!* ce qui fit rire les juges et le sauva. Ce Pitou raillait la mode des noms grecs et latins ; sa chanson favorite était sur un savetier qu'il appelait *Cujus,* et dont il appelait la femme *Cujusdam.* On faisait des rondes de carmagnole ; on ne disait pas *le cavalier et la dame,* on disait « le citoyen et la citoyenne ». On dansait dans les cloîtres en ruine, avec des lampions sur l'autel, à la voûte deux bâtons en croix portant quatre chandelles, et des tombes sous la danse. — On portait des vestes bleu de tyran. On avait des épingles de chemise « au bonnet de la liberté » faites de pierres blanches, bleues et rouges. La rue de Richelieu se nommait rue de la Loi ; le faubourg Saint-Antoine se nommait le faubourg de Gloire ; il y avait sur la place de la Bastille une statue de la Nature. On se montrait certains passants connus, Chatelet, Didier, Nicolas et Garnier-Delaunay, qui veillaient à la porte du menuisier Duplay ; Voullant, qui ne manquait pas un jour de guillotine et suivait les charretées de condamnés, et qui appelait cela « aller à la messe rouge » ; Montflabert, juré révolutionnaire et marquis, lequel se faisait appeler *Dix-Août.* On regardait défiler les élèves de l'École militaire, qualifiés par les décrets de la Convention « aspirants à l'école de Mars », et par le peuple « pages de Robespierre». On lisait les proclamations de Fréron[1],

---

1. Louis-Marie-Stanislas Fréron (1754-1802), fils du publiciste adversaire de Voltaire et des Philosophes, organisa la Terreur dans le Midi, avant de devenir un des auteurs de la réaction thermidorienne.

dénonçant les suspects du crime de « négociantisme ». Les « muscadins », ameutés aux portes des mairies, raillaient les mariages civils, s'attroupaient au passage de l'épousée et de l'époux, et disaient : « mariés *municipaliter* ». Aux Invalides les statues des saints et des rois étaient coiffées du bonnet phrygien. On jouait aux cartes sur la borne des carrefours ; les jeux de cartes étaient, eux aussi, en pleine révolution ; les rois étaient remplacés par les génies, les dames par les libertés, les valets par les égalités, et les as par les lois[1]. On labourait les jardins publics ; la charrue travaillait aux Tuileries. A tout cela était mêlée, surtout dans les partis vaincus, on ne sait quelle hautaine lassitude de vivre ; un homme écrivait à Fouquier-Tinville : « Ayez la bonté de me délivrer de la vie. Voici mon adresse. » Champcenetz[2] était arrêté pour s'être écrié en plein Palais-Royal : « A quand la révolution de Turquie ? Je voudrais voir la république à la Porte. » Partout des journaux. Des garçons perruquiers crêpaient en public des perruques de femmes, pendant que le patron lisait à haute voix le *Moniteur* ; d'autres commentaient au milieu des groupes, avec force gestes, le journal *Entendons-nous,* de Dubois-Crancéª, ou la *Trompette du Père Bellerose.* Quelquefois les barbiers étaient en même temps charcutiers ; et l'on voyait des jambons et des andouilles pendre à côté d'une poupée coiffée de cheveux d'or. Des marchands vendaient sur la voie publique « des vins d'émigrés » ; un marchand affichait des vins de *cinquante-deux espèces* ; d'autres brocantaient des pendules en lyre et des sophas à la duchesse ; un perruquier

---

1. Anatole France, dans *les Dieux ont soif,* tirera parti de ce trait de mœurs à propos de l'histoire du vieux traitant Brotteaux des Ilettes.
2. Le chevalier de Champcenetz, polémiste contre-révolutionnaire, collaborateur des *Actes des Apôtres,* exécuté en 1794.

avait pour enseigne ceci : « Je rase le clergé, je peigne la noblesse, j'accommode le tiers-état. » On allait se faire tirer les cartes par Martin, au n° 173 de la rue d'Anjou, ci-devant Dauphine. Le pain manquait, le charbon manquait, le savon manquait ; on voyait passer des bandes de vaches laitières arrivant des provinces. A la Vallée, l'agneau se vendait quinze francs la livre. Une affiche de la Commune assignait à chaque bouche une livre de viande par décade[1]. On faisait queue aux portes des marchands ; une de ces queues est restée légendaire, elle allait de la porte d'un épicier de la rue du Petit-Carreau jusqu'au milieu de la rue Montorgueil. Faire queue, cela s'appelait « tenir la ficelle », à cause d'une longue corde que prenaient dans leur main, l'un derrière l'autre, ceux qui étaient à la file [2]. Les femmes dans cette misère étaient vaillantes et douces. Elles passaient les nuits à attendre leur tour d'entrer chez le boulanger[3]. Les expédients réussissaient à la révolution ; elle soulevait cette vaste détresse avec deux moyens périlleux, l'assignat et le maximum ; l'assignat était le levier, le maximum [4] était le point d'appui. Cet empirisme sauva la France.

---

1. La semaine révolutionnaire de dix jours.

2. La queue devant la boulangerie a fourni à Anatole France une des scènes les plus pittoresques de son roman les Dieux ont soif.

3. Il est probable que Victor Hugo songe ici à un spectacle dont les événements récents l'avaient rendu témoin : les queues à la porte des commerçants pendant le siège de Paris. Il venait de chanter dans l'Année Terrible (1872) l'héroïsme des femmes parisiennes :

> Elles acceptent tout, les femmes de Paris,
> Leur âtre éteint, leurs pieds par le verglas meurtris,
> Au seuil noir des bouchers les attentes nocturnes...

*(Lettre à une femme.)*

4. La loi qui fixait les prix maxima pour les denrées, et qui eut pour conséquences la dissimulation des vivres et le « marché noir » de l'époque.

L'ennemi, aussi bien l'ennemi de Coblentz que l'ennemi de Londres, agiotait sur l'assignat. Des filles allaient et venaient, offrant de l'eau de lavande, des jarretières et des cadenettes [1], et faisant l'agio ; il y avait les agioteurs du Perron de la rue Vivienne, en souliers crottés, en cheveux gras, en bonnet à poil à queue de renard, et les mayolets de la rue de Valois en bottes cirées, le cure-dents à la bouche, le chapeau velu sur la tête, tutoyés par les filles. Le peuple leur faisait la chasse, ainsi qu'aux voleurs, que les royalistes appelaient « citoyens actifs [2] ». Du reste, très peu de vols. Un dénûment farouche, une probité stoïque. Les va-nu-pieds et les meurt-de-faim passaient, les yeux gravement baissés, devant les devantures des bijoutiers du Palais-Égalité. Dans une visite domiciliaire que fit la section Antoine chez Beaumarchais, une femme cueillit dans le jardin une fleur ; le peuple la souffleta. Le bois coûtait quatre cents francs, argent, la corde ; on voyait dans les rues des gens scier leur bois de lit ; l'hiver, les fontaines étaient gelées ; l'eau coûtait vingt sous la voie [3] ; tout le monde se faisait porteur d'eau. Le louis d'or valait trois mille neuf cent cinquante francs. Une course en fiacre coûtait six cents francs. Après une journée de fiacre on entendait ce dialogue : — Cocher, combien vous dois-je ? — Six mille livres. Une marchande d'herbe vendait pour vingt mille francs par jour. Un mendiant disait : *Par charité, secourez-moi ! il me manque deux cent trente livres pour payer mes souliers.* A l'entrée des ponts, on

---

1. Du nom de Cadenet (sous Louis XIII) : chevelure postiche en tresses.
2. Par allusion ironique à la distinction établie par la Constitution de 1791 entre « citoyens passifs » et « citoyens actifs » (ceux qui avaient le droit de vote aux élections, d'après leur fortune).
3. La quantité d'eau qui pouvait remplir les deux seaux des porteurs, une trentaine de litres.

voyait des colosses sculptés et peints par David que
Mercier insultait : *Énormes polichinelles de bois,* disait-il.
Ces colosses figuraient le fédéralisme et la coalition
terrassés. Aucune défaillance dans ce peuple. La sombre
joie d'en avoir fini avec les trônes. Les volontaires
affluaient, offrant leurs poitrines. Chaque rue donnait
un bataillon. Les drapeaux des districts allaient et
venaient, chacun avec sa devise. Sur le drapeau du
district des Capucins on lisait : *Nul ne nous fera la barbe.*
Sur un autre : *Plus de noblesse que dans le cœur.* Sur
tous les murs, des affiches, grandes, petites, blanches,
jaunes, vertes, rouges, imprimées, manuscrites, où on
lisait ce cri : *Vive la République!* Les petits enfants
bégayaient *Ça ira.*

Ces petits enfants, c'était l'immense avenir.

Plus tard, à la ville tragique succéda la ville cynique ;
les rues de Paris ont eu deux aspects révolutionnaires
très distincts, avant et après le 9 thermidor ; le Paris
de Saint-Just fit place au Paris de Tallien ; et, ce sont
là les continuelles antithèses de Dieu, immédiatement
après le Sinaï, la Courtille [1] apparut.

Un accès de folie publique, cela se voit. Cela s'était
déjà vu quatre-vingts ans auparavant. On sort de
Louis XIV comme on sort de Robespierre, avec un
grand besoin de respirer ; de là la Régence qui ouvre
le siècle et le Directoire qui le termine. Deux saturnales
après deux terrorismes. La France prend la clef des
champs, hors du cloître puritain comme hors du
cloître monarchique, avec une joie de nation échappée.

Après le 9 thermidor, Paris fut gai, d'une gaieté
égarée. Une joie malsaine déborda. A la frénésie de
mourir succéda la frénésie de vivre, et la grandeur

---

1. Le célèbre jardin à guinguettes de Belleville.

s'éclipsa. On eut un Trimalcion [1] qui s'appela Grimod de la Reynière [2] ; on eut l'*Almanach des Gourmands*. On dîna au bruit des fanfares dans les entre-sols du Palais-Royal, avec des orchestres de femmes battant du tambour et sonnant de la trompette ; « le rigaudinier » [3], l'archet au poing, régna ; on soupa « à l'orientale » chez Méot, au milieu des cassolettes pleines de parfums. Le peintre Boze peignait ses filles, innocentes et charmantes têtes de seize ans, « en guillotinées », c'est-à-dire décolletées avec des chemises rouges. Aux danses violentes dans les églises en ruine succédèrent les bals de Ruggieri, de Luquet, de Wenzel, de Mauduit, de la Montansier ; aux graves citoyennes qui faisaient de la charpie succédèrent les sultanes, les sauvages, les nymphes ; aux pieds nus des soldats couverts de sang, de boue et de poussière succédèrent les pieds nus des femmes ornés de diamants ; en même temps que l'impudeur, l'improbité reparut ; il y eut en haut les fournisseurs et en bas « la petite pègre » ; un fourmillement de filous emplit Paris, et chacun dut veiller sur son « luc », c'est-à-dire sur son portefeuille : un des passe-temps était d'aller voir, place du Palais-de-Justice, les voleuses au tabouret ; on était obligé de leur lier les jupes ; à la sortie des théâtres, des gamins offraient des cabriolets en disant : *Citoyen et citoyenne, il y a place pour deux* ; on ne criait plus *le Vieux Cor-*

---

1. Hugo a souvent cité le personnage mis en scène par Pétrone dans le *Satiricon* (1er s. ap. J. C.) : le récit du « festin de Trimalcion » lui a paru (surtout après 1851) un témoignage typique de l'orgie chez les parvenus de l'Empire.

2. Le gastronome, dont l'*Almanach* ne parut en réalité qu'au temps de Napoléon.

3. Le mot se trouve dans le livre des Goncourt : *Histoire de la société française pendant le Directoire* (1855), ch. III, sous la forme : *rigaudonnier* ; l'instrumentiste qui fait danser le « rigaudon », si populaire au xviiie siècle.

*delier* et *l'Ami du peuple*, on criait *la Lettre de Polichi-nelle* et *la Pétition des Galopins* ; le marquis de Sade présidait la section des Piques, place Vendôme. La réaction était joviale et féroce : les *Dragons de la Liberté* de 92 renaissaient sous le nom de *Chevaliers du Poignard*. En même temps surgit sur les tréteaux ce type, Jo-crisse [1]. On eut les « merveilleuses », et au delà des merveilleuses les « inconcevables » ; on jura par sa *paole victimée* et par sa *paole verte* [a] ; on recula de Mi-rabeau jusqu'à Bobèche [2]. C'est ainsi que Paris va et vient ; il est l'énorme pendule de la civilisation ; il touche tour à tour un pôle et l'autre, les Thermopyles et Gomorrhe. Après 93, la Révolution traversa une occultation singulière, le siècle sembla oublier de finir ce qu'il avait commencé, on ne sait quelle orgie s'inter-posa, prit le premier plan, fit reculer au second l'ef-frayante apocalypse, voila la vision démesurée, et éclata de rire après l'épouvante ; la tragédie disparut dans la parodie, et au fond de l'horizon une fumée de carnaval effaça vaguement Méduse.

Mais en 93, où nous sommes, les rues de Paris avaient encore tout l'aspect grandiose et farouche des commencements. Elles avaient leurs orateurs, Varlet qui promenait une baraque roulante du haut de la-quelle il haranguait les passants, leurs héros, dont un s'appelait « le capitaine des bâtons ferrés », leurs favoris, Guffroy, l'auteur du pamphlet *Rougiff*. Quel-ques-unes de ces popularités étaient malfaisantes ;

---

1. En fait, Jocrisse était un type de benêt déjà connu au XVIIe siècle.
    Je ne l'aimerais point, s'il faisait le jocrisse
dit Martine dans *les Femmes Savantes*. Mais il est vrai que les vaudevilles de Dorvigny (1742-1812) le mirent tout à fait à la mode à la fin du XVIIIe siècle.
2. Le type de Bobèche, bouffon de foires, fut créé sous le Premier Empire.

d'autres étaient saines. Une entre toutes était honnête et fatale : c'était celle de Cimourdain.

## II

### CIMOURDAIN

Cimourdain était une conscience pure, mais sombre. Il avait en lui l'absolu. Il avait été prêtre, ce qui est grave. L'homme peut, comme le ciel, avoir une sérénité noire ; il suffit que quelque chose fasse en lui la nuit. La prêtrise avait fait la nuit dans Cimourdain. Qui a été prêtre l'est [1].

Ce qui fait la nuit en nous peut laisser en nous les étoiles. Cimourdain était plein de vertus et de vérités, mais qui brillaient dans les ténèbres.

Son histoire était courte à faire. Il avait été curé de village et précepteur dans une grande maison ; puis un petit héritage lui était venu, et il s'était fait libre.

C'était par-dessus tout un opiniâtre. Il se servait de la méditation comme on se sert d'une tenaille ; il ne se croyait le droit de quitter une idée que lorsqu'il était arrivé au bout ; il pensait avec acharnement. Il savait toutes les langues de l'Europe et un peu les autres ; cet homme étudiait sans cesse, ce qui l'aidait à porter sa chasteté, mais rien de plus dangereux qu'un tel refoulement [2].

Prêtre, il avait, par orgueil, hasard ou hauteur d'âme, observé ses vœux ; mais il n'avait pu garder sa croyance.

---

1. Ce genre — et ce style — de réflexions rappellent les pages sur les couvents dans *les Misérables* (Deuxième partie, livre VI et VII).
2. Trait qui rappelle Claude Frollo, le prêtre de *Notre-Dame de Paris*. — Quant à l'emploi du mot *refoulement,* avec une acception qui a fait fortune, il est remarquable à cette date. Littré ne signale pas ce sens.

La science avait démoli sa foi ; le dogme s'était évanoui
en lui. Alors, s'examinant, il s'était senti comme mutilé, et, ne pouvant se défaire prêtre, il avait travaillé
à se refaire homme, mais d'une façon austère ; on lui
avait ôté la famille, il avait adopté la patrie ; on lui
avait refusé une femme, il avait épousé l'humanité.
Cette plénitude énorme, au fond, c'est le vide.

Ses parents, paysans, en le faisant prêtre, avaient
voulu le faire sortir du peuple ; il était rentré dans le
peuple.

Et il y était rentré passionnément. Il regardait les
souffrants avec une tendresse redoutable. De prêtre il
était devenu philosophe, et de philosophe athlète.
Louis XV vivait encore que déjà Cimourdain se sentait
vaguement républicain. De quelle république ? De la
république de Platon peut-être, et peut-être aussi de
la république de Dracon [1].

Défense lui étant faite d'aimer, il s'était mis à haïr.
Il haïssait les mensonges, la monarchie, la théocratie,
son habit de prêtre ; il haïssait le présent, et il appelait
à grands cris l'avenir ; il le pressentait, il l'entrevoyait
d'avance, il le devinait effrayant et magnifique ; il
comprenait, pour le dénoûment de la lamentable
misère humaine, quelque chose comme un vengeur
qui serait un libérateur. Il adorait de loin la catastrophe.

En 1789, cette catastrophe était arrivée, et l'avait
trouvé prêt. Cimourdain s'était jeté dans ce vaste
renouvellement humain avec logique, c'est-à-dire,
pour un esprit de sa trempe, inexorablement ; la logique
ne s'attendrit pas. Il avait vécu les grandes années
révolutionnaires, et avait eu le tressaillement de tous

---

1. Le législateur athénien du VIIe siècle av. J. C. est cité très souvent
par Hugo comme le type de l' « inexorable », à cause des pénalités
rigoureuses qu'il édicta.

ces souffles : 89, la chute de la Bastille, la fin du supplice
des peuples ; 90, le 4 août[a], la fin de la féodalité ; 91,
Varennes, la fin de la royauté ; 92, l'avènement de la
République. Il avait vu se lever la Révolution ; il n'était
pas homme à avoir peur de cette géante ; loin de là,
cette croissance de tout l'avait vivifié ; et quoique déjà
presque vieux — il avait cinquante ans, — et un
prêtre est plus vite vieux qu'un autre homme, il s'était
mis à croître, lui aussi. D'année en année, il avait
regardé les événements grandir, et il avait grandi
comme eux. Il avait craint d'abord que la Révolution
n'avortât, il l'observait, elle avait la raison et le droit,
il exigeait qu'elle eût aussi le succès ; et à mesure qu'elle
effrayait, il se sentait rassuré. Il voulait que cette
Minerve, couronnée des étoiles de l'avenir, fût aussi
Pallas et eût pour bouclier le masque aux serpents [1].
Il voulait que son œil divin pût au besoin jeter aux
démons la lueur infernale, et leur rendre terreur
pour terreur.

Il était arrivé ainsi à 93.

93 est la guerre de l'Europe contre la France et de
la France contre Paris. Et qu'est-ce que la Révolution ?
C'est la victoire de la France sur l'Europe et de Paris
sur la France. De là, l'immensité de cette minute épouvantable, 93, plus grande que tout le reste du siècle.

Rien de plus tragique, l'Europe attaquant la France
et la France attaquant Paris[b]. Drame qui a la stature
de l'épopée.

93 est une année intense. L'orage est là dans toute
sa colère et dans toute sa grandeur. Cimourdain s'y
sentait à l'aise. Ce milieu éperdu, sauvage et splendide

---

1. Minerve, la déesse de la mythologie latine, symbolise pour Hugo
la Sagesse. Pallas, la déesse grecque à laquelle Minerve fut assimilée,
représente plutôt la divinité guerrière, dont le bouclier portait la tête
de Méduse, coiffée de serpents.

convenait à son envergure. Cet homme avait, comme
l'aigle de mer, un profond calme intérieur, avec le
goût du risque au dehors. Certaines natures ailées,
farouches et tranquilles sont faites pour les grands
vents. Les âmes de tempête, cela existe.

Il avait une pitié à part, réservée seulement aux
misérables. Devant l'espèce de souffrance qui fait
horreur, il se dévouait. Rien ne lui répugnait. C'était
là son genre de bonté. Il était hideusement secourable,
et divinement. Il cherchait les ulcères pour les baiser.
Les belles actions laides à voir sont les plus difficiles
à faire ; il préférait celles-là. Un jour à l'Hôtel-Dieu,
un homme allait mourir, étouffé par une tumeur à la
gorge, abcès fétide, affreux, contagieux peut-être et
qu'il fallait vider sur-le-champ. Cimourdain était là ;
il appliqua sa bouche à la tumeur, la pompa, recrachant
à mesure que sa bouche était pleine, vida l'abcès, et
sauva l'homme. Comme il portait encore à cette époque
son habit de prêtre, quelqu'un lui dit : — Si vous
faisiez cela au roi, vous seriez évêque. — Je ne le ferais
pas au roi, répondit Cimourdain. L'acte et la réponse
le firent populaire dans les quartiers sombres de
Paris.

Si bien qu'il faisait de ceux qui souffrent, qui pleurent
et qui menacent, ce qu'il voulait. A l'époque des colères
contre les accapareurs, colères si fécondes en méprises,
ce fut Cimourdain qui, d'un mot, empêcha le pillage
d'un bateau chargé de savon sur le port Saint-Nicolas
et qui dissipa les attroupements furieux arrêtant les
voitures à la barrière Saint-Lazare.

Ce fut lui qui, deux jours après le 10 août, mena le
peuple jeter bas les statues des rois. En tombant elles
tuèrent ; place Vendôme, une femme, Reine Violet,
fut écrasée par Louis XIV au cou duquel elle avait
mis une corde qu'elle tirait. Cette statue de Louis XIV

avait été cent ans debout ; elle avait été érigée le 12 août 1692, elle fut renversée le 12 août 1792. Place de la Concorde, un nommé Guinguerlot ayant appelé les démolisseurs : canailles ! fut assommé sur le piédestal de Louis XV. La statue fut mise en pièces. Plus tard on en fit des sous. Le bras seul échappa ; c'était le bras droit que Louis XV étendait avec un geste d'empereur romain. Ce fut sur la demande de Cimourdain que le peuple donna et qu'une députation porta ce bras à Latude, l'homme enterré trente-sept ans à la Bastille. Quand Latude, le carcan au cou, la chaîne au ventre, pourrissait vivant au fond de cette prison par ordre de ce roi dont la statue dominait Paris, qui lui eût dit que cette prison tomberait, que cette statue tomberait, qu'il sortirait du sépulcre et que la monarchie y entrerait, que lui, le prisonnier, il serait le maître de cette main de bronze qui avait signé son écrou, et que de ce roi de boue il ne resterait que ce bras d'airain[1] !

Cimourdain était de ces hommes qui ont en eux une voix, et qui l'écoutent. Ces hommes-là semblent distraits ; point ; ils sont attentifs.

Cimourdain savait tout et ignorait tout. Il savait tout de la science et ignorait tout de la vie. De là sa rigidité. Il avait les yeux bandés comme la Thémis d'Homère. Il avait la certitude aveugle de la flèche qui ne voit que le but et qui y va. En révolution rien de redoutable comme la ligne droite. Cimourdain allait devant lui, fatal.

Cimourdain croyait que, dans les genèses sociales, le point extrême est le terrain solide ; erreur propre aux esprits qui remplacent la raison par la logique.

---

1. Ce passage, pour l'idée et pour le ton, rappelle le poème de la *Révolution* des *Quatre Vents de l'Esprit*, dont nous avons parlé dans l'Introduction, et notamment les invectives furieuses contre Louis XV.

Il dépassait la Convention ; il dépassait la Commune ; il était de l'Évêché.

La réunion, dite l'Évêché, parce qu'elle tenait ses séances dans une salle du vieux palais épiscopal, était plutôt une complication d'hommes qu'une réunion. Là assistaient, comme à la Commune, ces spectateurs silencieux et significatifs qui avaient sur eux, comme dit Garat, « autant de pistolets que de poches ». L'Évêché [1] était un pêle-mêle étrange ; pêle-mêle cosmopolite et parisien, ce qui ne s'exclut point, Paris étant le lieu où bat le cœur des peuples [2]. Là était la grande incandescence plébéienne. Près de l'Évêché la Convention était froide et la Commune était tiède. L'Évêché était une de ces formations révolutionnaires pareilles aux formations volcaniques ; l'Évêché contenait de tout, de l'ignorance, de la bêtise, de la probité, de l'héroïsme, de la colère et de la police. Brunswick y avait des agents. Il y avait là des hommes dignes de Sparte et des hommes dignes du bagne. La plupart étaient forcenés et honnêtes. La Gironde, par la bouche d'Isnard, président momentané de la Convention, avait dit un mot monstrueux : — *Prenez garde, Parisiens. Il ne restera pas pierre sur pierre de votre ville, et l'on cherchera un jour la place où fut Paris.* — Ce mot avait créé l'Évêché. Des hommes, et, nous venons de le dire, des hommes de toutes nations, avaient senti le besoin[a] de se serrer autour de Paris. Cimourdain s'était rallié à ce groupe.

Ce groupe réagissait contre les réacteurs. Il était né de ce besoin public de violence qui est le côté redou-

---

1. Thiers et Michelet, dans leurs histoires de la Révolution, avaient longuement parlé de l'Évêché. « C'est de là », écrit Thiers, « que partaient les propositions les plus incendiaires. »
2. Cette phrase rappelle l'*Introduction à Paris-Guide* écrite par Hugo en 1867 (voir, plus loin, la note p. 473).

table et mystérieux des révolutions. Fort de cette force, l'Évêché s'était tout de suite fait sa part. Dans les commotions de Paris, c'était la Commune qui tirait le canon, c'était l'Évêché qui sonnait le tocsin.

Cimourdain croyait, dans son ingénuité implacable, que tout est équité au service du vrai ; ce qui le rendait propre à dominer les partis extrêmes. Les coquins le sentaient honnête, et étaient contents. Des crimes sont flattés d'être présidés par une vertu. Cela les gêne et leur plaît. Palloy, l'architecte qui avait exploité la démolition de la Bastille, vendant ces pierres à son profit, et qui, chargé de badigeonner le cachot de Louis XVI, avait, par zèle, couvert le mur de barreaux, de chaînes et de carcans ; Gonchon, l'orateur suspect du faubourg Saint-Antoine dont on a retrouvé plus tard des quittances ; Fournier, l'Américain qui, le 17 juillet, avait tiré sur Lafayette un coup de pistolet payé, disait-on, par Lafayette ; Henriot, qui sortait de Bicêtre, et qui avait été valet, saltimbanque, voleur et espion avant d'être général et de pointer des canons sur la Convention ; La Reynie, l'ancien grand vicaire de Chartres, qui avait remplacé son bréviaire par le *Père Duchesne* ; tous ces hommes étaient tenus en respect par Cimourdain, et, à de certains moments, pour empêcher les pires de broncher, il suffisait qu'ils sentissent en arrêt devant eux cette redoutable candeur convaincue. C'est ainsi que Saint-Just terrifiait Schneider. En même temps, la majorité de l'Évêché, composée surtout de pauvres et d'hommes violents, qui étaient bons, croyait en Cimourdain et le suivait. Il avait pour vicaire ou pour aide de camp, comme on voudra, cet autre prêtre républicain, Danjou, que le peuple aimait pour sa haute taille et avait baptisé l'abbé Six-Pieds. Cimourdain eût mené où il eût voulu cet intrépide chef qu'on appelait le *général la Pique,* et ce hardi

Truchon, dit le Grand-Nicolas, qui avait voulu sauver madame de Lamballe, et qui lui avait donné le bras et fait enjamber les cadavres ; ce qui eût réussi sans la féroce plaisanterie du barbier Charlot.

La Commune surveillait la Convention, l'Évêché surveillait la Commune ; Cimourdain, esprit droit et répugnant à l'intrigue, avait cassé plus d'un fil mystérieux dans la main de Pache, que Beurnonville appelait « l'homme noir ». Cimourdain, à l'Évêché, était de plain-pied avec tous. Il était consulté par Dobsent et Momoro. Il parlait espagnol à Gusman, italien à Pio, anglais à Arthur, flamand à Pereyra, allemand à l'Autrichien Proly, bâtard d'un prince. Il créait l'entente entre ces discordances. De là une situation obscure et forte. Hébert le craignait.

Cimourdain avait, dans ces temps et dans ces groupes tragiques, la puissance des inexorables. C'était un impeccable qui se croit infaillible. Personne ne l'avait vu pleurer. Vertu inaccessible et glaciale. Il était l'effrayant homme juste.

Pas de milieu pour un prêtre dans la révolution. Un prêtre ne pouvait se donner à la prodigieuse aventure flagrante que pour les motifs les plus bas ou les plus hauts ; il fallait qu'il fût infâme ou qu'il fût sublime. Cimourdain était sublime ; mais sublime dans l'isolement, dans l'escarpement, dans la lividité inhospitalière ; sublime dans un entourage de précipices. Les hautes montagnes ont cette virginité sinistre.

Cimourdain avait l'apparence d'un homme ordinaire ; vêtu de vêtements quelconques, d'aspect pauvre. Jeune, il avait été tonsuré ; vieux, il était chauve. Le peu de cheveux qu'il avait étaient gris [1]. Son front

---

1. Aspect physique qui rappelle encore le Claude Frollo de *Notre-Dame*.

était large, et sur ce front il y avait pour l'observateur
un signe. Cimourdain avait une façon de parler brusque,
passionnée et solennelle ; la voix brève ; l'accent
péremptoire ; la bouche triste et amère ; l'œil clair et
profond, et sur tout le visage on ne sait quel air indigné.

Tel était Cimourdain.

Personne aujourd'hui ne sait son nom. L'histoire
a de ces inconnus terribles.

### III

#### UN COIN NON TREMPÉ DANS LE STYX

Un tel homme était-il un homme ? Le serviteur du
genre humain pouvait-il avoir une affection ? N'était-
il pas trop une âme pour être un cœur ? Cet embras-
sement énorme qui admettait tout et tous, pouvait-il
se réserver à quelqu'un ? Cimourdain pouvait-il aimer ?
Disons-le. Oui.

Étant jeune et précepteur dans une maison presque
princière, il avait eu un élève, fils et héritier de la maison,
et il l'aimait. Aimer un enfant est si facile. Que ne
pardonne-t-on pas à un enfant ? On lui pardonne d'être
seigneur, d'être prince, d'être roi. L'innocence de
l'âge fait oublier les crimes de la race ; la faiblesse
de l'être fait oublier l'exagération du rang. Il est si
petit qu'on lui pardonne d'être grand. L'esclave lui
pardonne d'être le maître. Le vieillard nègre idolâtre
le marmot blanc. Cimourdain avait pris en passion
son élève. L'enfance a cela d'ineffable qu'on peut
épuiser sur elle tous les amours. Tout ce qui pouvait
aimer dans Cimourdain s'était abattu, pour ainsi dire,

sur cet enfant; ce doux être innocent était devenu
une sorte de proie pour ce cœur condamné à la solitude. Il l'aimait de toutes les tendresses à la fois, comme
père, comme frère, comme ami, comme créateur.
C'était son fils; le fils, non de sa chair, mais de son
esprit. Il n'était pas le père, et ce n'était pas son œuvre ;
mais il était le maître, et c'était son chef-d'œuvre. De
ce petit seigneur, il avait fait un homme. Qui sait?
Un grand homme peut-être. Car tels sont les rêves. A
l'insu de la famille, — a-t-on besoin de permission
pour créer une intelligence, une volonté et une droi-
ture? — il avait communiqué au jeune vicomte, son
élève, tout le progrès qu'il avait en lui; il lui avait
inoculé le virus redoutable de sa vertu; il lui avait
infusé dans les veines sa conviction, sa conscience,
son idéal; dans ce cerveau d'aristocrate, il avait versé
l'âme du peuple.

L'esprit allaite; l'intelligence est une mamelle. Il
y a analogie entre la nourrice qui donne son lait et
le précepteur qui donne sa pensée. Quelquefois le
précepteur est plus père que le père, de même que
souvent la nourrice est plus mère que la mère.

Cette profonde paternité spirituelle liait Cimourdain
à son élève. La seule vue de cet enfant l'attendrissait.

Ajoutons ceci : remplacer le père était facile, l'enfant
n'en avait plus; il était orphelin; son père était mort,
sa mère était morte; il n'avait pour veiller sur lui
qu'une grand'mère aveugle et un grand-oncle absent.
La grand'mère mourut; le grand-oncle, chef de la
famille, homme d'épée et de grande seigneurie, pourvu
de charges à la cour, fuyait le vieux donjon de famille,
vivait à Versailles [1], allait aux armées, et laissait l'or-

---

1. Par ce passé de courtisan, Lantenac garde quelque chose de la
physionomie du « duc de Réthel » auquel Hugo avait songé d'abord
pour incarner la France de l'ancien régime (voir notre *Introduction*).

phelin seul dans le château solitaire. Le précepteur était donc le maître, dans toute l'acception du mot.

Ajoutons ceci encore : Cimourdain avait vu naître l'enfant qui avait été son élève. L'enfant, orphelin tout petit, avait eu une maladie grave. Cimourdain, en ce danger de mort, l'avait veillé jour et nuit ; c'est le médecin qui soigne, c'est le garde-malade qui sauve, et Cimourdain avait sauvé l'enfant. Non seulement son élève lui avait dû l'éducation, l'instruction, la science ; mais il lui avait dû la convalescence et la santé ; non seulement son élève lui devait de penser ; mais il lui devait de vivre. Ceux qui nous doivent tout, on les adore ; Cimourdain adorait cet enfant.

L'écart naturel de la vie s'était fait. L'éducation finie, Cimourdain avait dû quitter l'enfant devenu jeune homme. Avec quelle froide et inconsciente cruauté ces séparations-là se font ! Comme les familles congédient tranquillement le précepteur qui laisse sa pensée dans un enfant, et la nourrice qui y laisse ses entrailles ! Cimourdain, payé et mis dehors, était sorti du monde d'en haut et rentré dans le monde d'en bas ; la cloison entre les grands et les petits s'était refermée ; le jeune seigneur, officier de naissance et fait d'emblée capitaine, était parti pour une garnison quelconque ; l'humble précepteur, déjà au fond de son cœur prêtre insoumis, s'était hâté de redescendre dans cet obscur rez-de-chaussée de l'Église, qu'on appelait le bas clergé ; et Cimourdain avait perdu de vue son élève.

La Révolution était venue ; le souvenir de cet être dont il avait fait un homme, avait continué de couver en lui, caché, mais non éteint, par l'immensité des choses publiques.

Modeler une statue et lui donner la vie, c'est beau ; modeler une intelligence et lui donner la vérité, c'est plus beau encore. Cimourdain était le Pygmalion d'une âme.

Un esprit peut avoir un enfant.

Cet élève, cet enfant, cet orphelin, était le seul être qu'il aimât sur la terre.

Mais, même dans une telle affection, un tel homme était-il vulnérable?

On va le voir.

# LIVRE DEUXIÈME

# LE CABARET DE LA RUE DU PAON

## I

### MINOS, ÉAQUE ET RHADAMANTE

IL y avait rue du Paon[1] un cabaret qu'on appelait
café. Ce café avait une arrière-chambre, aujourd'hui
historique. C'était là que se rencontraient parfois à
peu près secrètement des hommes tellement puissants
et tellement surveillés qu'ils hésitaient à se parler en
public. C'était là qu'avait été échangé, le 23 octobre
1792, un baiser fameux entre la Montagne et la Gironde. C'était là que Garat, bien qu'il n'en convienne
pas dans ses *Mémoires*, était venu aux renseignements
dans cette nuit lugubre où, après avoir mis Clavière
en sûreté rue de Beaune, il arrêta sa voiture sur le
Pont-Royal pour écouter le tocsin[2].

---

1. Près de l'École de Médecine actuelle. Marat demeurait non loin
de là, rue des Cordeliers.
2. Toutes les allusions de ce chapitre aux luttes à l'intérieur de la
Convention suivent les récits des historiens de la Révolution (Thiers,
Michelet, *Mémoires* de Garat, etc.). Garat fut ministre de l'intérieur.
Clavière avait eu les finances dans le premier ministère girondin.
Arrêté le 2 juin avec ses amis, il se donna la mort. La « nuit lugubre »
est celle qui précéda la chute des Girondins (30-31 mai), etc.

Le 28 juin 1793, trois hommes étaient réunis autour d'une table dans cette arrière-chambre. Leurs chaises ne se touchaient pas ; ils étaient assis chacun à un des côtés de la table, laissant vide le quatrième. Il était environ huit heures du soir ; il faisait jour encore dans la rue, mais il faisait nuit dans l'arrière-chambre, et un quinquet accroché au plafond, luxe d'alors, éclairait la table.

Le premier de ces trois hommes était pâle, jeune, grave, avec les lèvres minces et le regard froid. Il avait dans la joue un tic nerveux qui devait le gêner pour sourire. Il était poudré, ganté, brossé, boutonné ; son habit bleu clair ne faisait pas un pli. Il avait une culotte de nankin, des bas blancs, une haute cravate, un jabot plissé, des souliers à boucles d'argent. Les deux autres hommes étaient, l'un, une espèce de géant, l'autre, une espèce de nain. Le grand, débraillé dans un vaste habit de drap écarlate, le col nu dans une cravate dénouée tombant plus bas que le jabot, la veste ouverte avec des boutons arrachés, était botté de bottes à revers et avait les cheveux tout hérissés, quoiqu'on y vît un reste de coiffure et d'apprêt ; il y avait de la crinière dans sa perruque. Il avait la petite vérole sur la face, une ride de colère entre les sourcils, le pli de la bonté au coin de la bouche, les lèvres épaisses, les dents grandes, un poing de portefaix, l'œil éclatant. Le petit était un homme jaune qui, assis, semblait difforme ; il avait la tête renversée en arrière, les yeux injectés de sang, des plaques livides sur le visage, un mouchoir noué sur ses cheveux gras et plats, pas de front, une bouche énorme et terrible. Il avait un pantalon à pied, des pantoufles[a], un gilet qui semblait avoir été de satin blanc, et par-dessus ce gilet une rouppe dans les plis de laquelle une ligne dure et droite laissait deviner un poignard.

Le premier de ces hommes s'appelait Robespierre,
le second Danton, le troisième Marat.

Ils étaient seuls dans cette salle. Il y avait devant
Danton un verre et une bouteille de vin couverte de
poussière, rappelant la chope de bière de Luther, devant
Marat une tasse de café, devant Robespierre des papiers.

Auprès des papiers on voyait un de ces lourds
encriers de plomb, ronds et striés, que se rappellent
ceux qui étaient écoliers au commencement de ce
siècle. Une plume était jetée à côté de l'écritoire. Sur
les papiers était posé un gros cachet de cuivre sur
lequel on lisait *Palloy fecit*, et qui figurait un petit
modèle exact de la Bastille.

Une carte de France était étalée au milieu de la table.

A la porte et dehors se tenait le chien de garde de
Marat, ce Laurent Basse, commissionnaire du numéro
18 de la rue des Cordeliers, qui, le 13 juillet, environ
quinze jours après ce 28 juin, devait asséner un coup
de chaise sur la tête d'une femme nommée Charlotte
Corday, laquelle en ce moment-là était à Caen, songeant
vaguement. Laurent Basse était le porteur d'épreuves
de *l'Ami du peuple*. Ce soir-là, amené par son maître
au café de la rue du Paon, il avait la consigne de tenir
fermée la salle où étaient Marat, Danton et Robespierre,
et de n'y laisser pénétrer personne, à moins que ce ne
fût quelqu'un du Comité de salut public, de la Commune ou de l'Évêché.

Robespierre ne voulait pas fermer la porte à Saint-
Just, Danton ne voulait pas la fermer à Pache, Marat
ne voulait pas la fermer à Gusman [1].

La conférence durait depuis longtemps déjà. Elle
avait pour sujet les papiers étalés sur la table et dont

---

1. Pache, maire de Paris ; Gusman, Espagnol qui joua un rôle
important dans les comités insurrectionnels.

Robespierre avait donné lecture. Les voix commençaient à s'élever. Quelque chose comme de la colère
grondait entre ces trois hommes. Du dehors on entendait par moment des éclats de parole. A cette
époque l'habitude des tribunes publiques semblait
avoir créé le droit d'écouter. C'était le temps où
l'expéditionnaire Fabricius Pâris regardait par le trou
de la serrure ce que faisait le Comité de salut public.
Ce qui, soit dit en passant, ne fut pas inutile, car ce
fut Pâris qui avertit Danton la nuit du 30 au 31 mars
1794 [1]. Laurent Basse avait appliqué son oreille contre
la porte de l'arrière-salle où étaient Danton, Marat
et Robespierre. Laurent Basse servait Marat, mais il
était de l'Évêché.

## II

### MAGNA TESTANTUR VOCE PER UMBRAS [2]

Danton venait de se lever ; il avait vivement reculé
sa chaise.

— Écoutez, cria-t-il. Il n'y a qu'une urgence, la
République en danger. Je ne connais qu'une chose,
délivrer la France de l'ennemi. Pour cela tous les

---

1. C'est le 31 mars que Saint-Just, dans un rapport au comité de
salut public, proposa l'arrestation des Dantonistes, qui fut exécutée
la nuit suivante.

2. Transposition (le verbe étant mis au pluriel) du vers de Virgile
(*Enéide*, VI, 619) :
        Admonet, et *magna testatur voce per umbras*.
Il s'agit d'un des coupables suppliciés aux Enfers, Phlégyas, qui
« avertit » ceux qui l'entourent, et les «prend à témoin, de sa grande
voix qui retentit à travers les ombres ». On a vu plus haut que Hugo
avait donné à ses trois personnages les noms antiques des trois juges
des Enfers (titre du chapitre I).

moyens sont bons. Tous! tous! tous! Quand j'ai
affaire à tous les périls, j'ai recours à toutes les ressources, et quand je crains tout, je brave tout. Ma
pensée est une lionne [1]. Pas de demi-mesures. Pas de
pruderie en révolution. Némésis n'est pas une bégueule.
Soyons épouvantables et utiles. Est-ce que l'éléphant
regarde où il met sa patte? Écrasons l'ennemi.

Robespierre répondit avec douceur :

— Je veux bien.

Et il ajouta :

— La question est de savoir où est l'ennemi.

— Il est dehors, et je l'ai chassé, dit Danton.

— Il est dedans, et je le surveille, dit Robespierre.

— Et je le chasserai encore, reprit Danton.

— On ne chasse pas l'ennemi du dedans.

— Qu'est-ce donc qu'on fait?

— On l'extermine.

— J'y consens, dit à son tour Danton.

Et il reprit :

— Je vous dis qu'il est dehors, Robespierre.

— Danton, je vous dis qu'il est dedans.

— Robespierre, il est à la frontière.

— Danton, il est en Vendée.

— Calmez-vous, dit une troisième voix, il est partout; et vous êtes perdus.

C'était Marat qui parlait.

Robespierre regarda Marat et repartit tranquillement :

— Trêve aux généralités. Je précise. Voici des faits.

---

1. Le langage des Conventionnels était volontiers pittoresque
et imagé. Mais il ne sera pas difficile de constater, tout au long de ce
dialogue, que les trois personnages doivent beaucoup aussi à l'imagination verbale de leur interprète.

Le *Reliquat* de *Quatrevingt-treize* présente plusieurs pages, que
Victor Hugo n'a pas intégrées à son livre, et qui sont consacrées à
l'analyse détaillée des caractères des trois grands Conventionnels.

— Pédant ! grommela Marat.

Robespierre posa la main sur les papiers étalés devant lui et continua

— Je viens de vous lire les dépêches de Prieur de la Marne. Je viens de vous communiquer les renseignements donnés par ce Gélambre. Danton, écoutez, la guerre étrangère n'est rien, la guerre civile est tout. La guerre étrangère, c'est une écorchure qu'on a au coude ; la guerre civile, c'est l'ulcère qui vous mange le foie. De tout ce que je viens de vous lire, il résulte ceci : la Vendée, jusqu'à ce jour éparse entre plusieurs chefs, est au moment de se concentrer. Elle va désormais avoir un capitaine unique...

— Un brigand central, murmura Danton.

— C'est, poursuivit Robespierre, l'homme débarqué près de Pontorson le 2 juin. Vous avez vu ce qu'il est. Remarquez que ce débarquement coïncide avec l'arrestation des représentants en mission, Prieur de la Côte-d'Or et Romme, à Bayeux, par ce district traître du Calvados, le 2 juin, le même jour.

— Et leur translation au château de Caen, dit Danton.

Robespierre reprit :

— Je continue de résumer les dépêches. La guerre de forêt s'organise sur une vaste échelle. En même temps une descente anglaise se prépare ; Vendéens et Anglais, c'est Bretagne avec Bretagne. Les hurons [1] du Finistère parlent la même langue que les topinambous du Cornouailles[a]. J'ai mis sous vos yeux une lettre

---

1. Les *topinambous,* et non : *topinambours (sic)* comme l'impriment certaines éditions, étaient des Indiens du Brésil, dont le nom, au xviiie siècle, signifiait ignorance et lourdeur d'esprit Le rapprochement était déjà dans une épigramme célèbre de Boileau contre Perrault (1687) dont le souvenir a dû revenir à Hugo au cours de la lecture de ses épreuves (cf. le choix des variantes) :

*Est-ce chez les Hurons, chez les Topinamboux ?*

interceptée de Puisaye où il est dit que « vingt mille habits rouges distribués aux insurgés en feront lever cent mille ». Quand l'insurrection paysanne sera complète, la descente anglaise se fera. Voici le plan, suivez-le sur la carte.

Robespierre posa le doigt sur la carte, et poursuivit :

— Les Anglais ont le choix du point de descente, de Cancale à Paimpol. Craig préférerait la baie de Saint-Brieuc, Cornwallis la baie de Saint-Cast. C'est un détail. La rive gauche de la Loire est gardée par l'armée vendéenne rebelle, et quant aux vingt-huit lieues à découvert entre Ancenis et Pontorson, quarante paroisses normandes ont promis leur concours. La descente se fera sur trois points, Plérin, Iffiniac et Pléneuf ; de Plérin on ira à Saint-Brieuc, et de Pléneuf à Lamballe ; le deuxième jour on gagnera Dinan où il y a neuf cents prisonniers anglais, et l'on occupera en même temps Saint-Jouan et Saint-Méen ; on y laissera de la cavalerie ; le troisième jour, deux colonnes se dirigeront l'une de Jouan sur Bédée, l'autre de Dinan sur Becherel qui est une forteresse naturelle, et où l'on établira deux batteries ; le quatrième jour, on est à Rennes. Rennes, c'est la clef de la Bretagne. Qui a Rennes a tout. Rennes prise, Châteauneuf et Saint-Malo tombent. Il y a à Rennes un million de cartouches et cinquante pièces d'artillerie de campagne...

— Qu'ils rafleraient, murmura Danton.

Robespierre continua :

— Je termine. De Rennes trois colonnes se jetteront l'une sur Fougères, l'autre sur Vitré, l'autre sur Redon. Comme les ponts sont coupés, les ennemis se muniront, vous avez vu ce fait précisé, de pontons et de madriers, et ils auront des guides pour les points guéables à la cavalerie. De Fougères on rayonnera sur Avranches, de Redon sur Ancenis, de Vitré sur Laval. Nantes se

rendra, Brest se rendra. Redon donne tout le cours de
la Vilaine, Fougères donne la route de Normandie,
Vitré donne la route de Paris. Dans quinze jours on
aura une armée de brigands de trois cent mille
hommes, et toute la Bretagne sera au roi de France.

— C'est-à-dire au roi d'Angleterre, dit Danton.

— Non, au roi de France.

Et Robespierre ajouta :

— Le roi de France est pire. Il faut quinze jours
pour chasser l'étranger, et dix-huit cents ans pour
éliminer la monarchie.

Danton, qui s'était rassis, mit ses coudes sur la
table et laª tête dans ses mains, rêveur.

— Vous voyez le péril, dit Robespierre. Vitré donne
la route de Paris aux Anglais.

Danton redressa le front et rabattit ses deux grosses
mains crispées sur la carte, comme sur une enclume.

— Robespierre, est-ce que Verdun ne donnait pas
la route de Paris aux Prussiens ?

— Eh bien ?

— Eh bien, on chassera les Anglais comme on a
chassé les Prussiens.

Et Danton se leva de nouveau.

Robespierre posa sa main froide sur le poing fiévreux
de Danton.

— Danton, la Champagne n'était pas pour les Prussiens et la Bretagne est pour les Anglais. Reprendre
Verdun, c'est de la guerre étrangère ; reprendre Vitré,
c'est de la guerre civile.

Et Robespierre murmura avec un accent froid et
profond :

— Sérieuse différence.

Il reprit :

— Rasseyez-vous, Danton, et regardez la carte au
lieu de lui donner des coups de poing.

Mais Danton était tout à sa pensée.

— Voilà qui est fort ! s'écria-t-il, voir la catastrophe à l'ouest quand elle est à l'est. Robespierre, je vous accorde que l'Angleterre se dresse sur l'Océan ; mais l'Espagne se dresse aux Pyrénées, mais l'Italie se dresse aux Alpes, mais l'Allemagne se dresse sur le Rhin. Et le grand ours russe est au fond. Robespierre, le danger est un cercle et nous sommes dedans. A l'extérieur la coalition, à l'intérieur la trahison. Au midi Servant entre-bâille la porte de la France au roi d'Espagne. Au nord Dumouriez passe à l'ennemi. Au reste il avait toujours moins menacé la Hollande que Paris. Nerwinde efface Jemmapes et Valmy. Le philosophe Rabaut Saint-Étienne, traître comme un protestant qu'il est, correspond avec le courtisan Montesquiou. L'armée est décimée. Pas un bataillon qui ait maintenant plus de quatre cents hommes ; le vaillant régiment de Deux-Ponts est réduit à cent cinquante hommes ; le camp de Pamars est livré ; il ne reste plus à Givet que cinq cents sacs de farine ; nous rétrogradons sur Landau ; Wurmser presse Kléber ; Mayence succombe vaillamment, Condé lâchement. Valenciennes aussi. Ce qui n'empêche pas Chancel qui défend Valenciennes et le vieux Féraud qui défend Condé d'être deux héros, aussi bien que Meunier qui défendait Mayence. Mais tous les autres trahissent. Dharville trahit à Aix-la-Chapelle, Mouton trahit à Bruxelles, Valence trahit à Bréda, Neuilly trahit à Limbourg, Miranda trahit à Maëstricht ; Stengel, traître, Lanoue, traître, Ligonnier, traître, Menou, traître, Dillon, traître ; monnaie hideuse de Dumouriez. Il faut des exemples. Les contre-marches de Custine me sont suspectes ; je soupçonne Custine de préférer la prise lucrative de Francfort à la prise utile de Coblentz. Francfort peut payer quatre millions de contributions de guerre, soit. Qu'est-ce que cela à côté du nid des émigrés écrasé? Trahison, dis-je. Meunier est mort le 13 juin. Voilà Kléber seul. En attendant, Brunswick grossit et avance. Il arbore le drapeau allemand sur toutes les places françaises qu'il prend. Le margrave de Brandebourg est aujourd'hui l'arbitre de l'Europe; il empoche nos provinces; il s'adjugera la Belgique, vous verrez; on dirait que c'est pour Berlin que nous travaillons; si cela continue, et si nous n'y mettons ordre, la révolution française se sera faite au profit de Potsdam; elle aura eu pour unique résultat d'agrandir le petit État de Frédéric II, et nous aurons tué le roi de France pour le roi de Prusse [1].

Et Danton, terrible, éclata de rire.

Le rire de Danton fit sourire Marat.

— Vous avez chacun votre dada; vous, Danton, la Prusse; vous, Robespierre, la Vendée. Je vais préciser, moi aussi. Vous ne voyez pas le vrai péril; le voici : les cafés et les tripots. Le café de Choiseul est jacobin, le café Patin est royaliste, le café du Rendez-Vous attaque la garde nationale, le café de la Porte-Saint-Martin la défend, le café de la Régence est contre Brissot, le café Corazza est pour, le café Procope jure par Diderot, le café du Théâtre-Français jure par Voltaire, à la Rotonde on déchire les assignats, les cafés Saint-Marceau sont en fureur, le café Manouri agite la question des farines, au café de Foy tapages et gourmades, au Perron bourdonnement des frêlons de finance. Voilà ce qui est sérieux.

Danton ne riait plus. Marat souriait toujours. Sourire de nain, pire qu'un rire de colosse.

---

1. Type parfait de la « leçon d'histoire », selon la manière de Hugo. On songe à *Ruy Blas* décrivant aux ministres la décadence de l'Espagne, et à maints poèmes de *la Légende des siècles*.

— Vous moquez-vous, Marat? gronda Danton.

Marat eut ce mouvement de hanche convulsif, qui était célèbre. Son sourire s'était effacé.

— Ah! je vous retrouve, citoyen Danton. C'est bien vous qui en pleine Convention m'avez appelé « l'individu Marat ». Écoutez. Je vous pardonne. Nous traversons un moment imbécile. Ah! je me moque? En effet, quel homme suis-je? J'ai dénoncé Chazot, j'ai dénoncé Pétion, j'ai dénoncé Kersaint, j'ai dénoncé Moreton, j'ai dénoncé Dufriche-Valazé, j'ai dénoncé Ligonnier, j'ai dénoncé Menou, j'ai dénoncé Banneville, j'ai dénoncé Gensonné, j'ai dénoncé Biron, j'ai dénoncé Lidon et Chambon ; ai-je eu tort? je flaire la trahison dans le traître, et je trouve utile de dénoncer le criminel avant le crime. J'ai l'habitude de dire la veille ce que vous autres vous dites le lendemain. Je suis l'homme qui a proposé à l'Assemblée un plan complet de législation criminelle. Qu'ai-je fait jusqu'à présent? J'ai demandé qu'on instruise les sections afin de les discipliner à la révolution, j'ai fait lever les scellés des trente-deux cartons, j'ai réclamé les diamants déposés dans les mains de Roland, j'ai prouvé que les Brissotins avaient donné au Comité de sûreté générale des mandats d'arrêt en blanc, j'ai signalé les omissions du rapport de Lindet sur les crimes de Capet, j'ai voté le supplice du tyran dans les vingt-quatre heures, j'ai défendu les bataillons le Mauconseil et le Républicain, j'ai empêché la lecture de la lettre de Narbonne et de Malouet, j'ai fait une motion pour les soldats blessés, j'ai fait supprimer la commission des six, j'ai pressenti dans l'affaire de Mons la trahison de Dumouriez, j'ai demandé qu'on prît cent mille parents d'émigrés comme otages pour les commissaires livrés à l'ennemi, j'ai proposé de déclarer traître tout représentant qui passerait les barrières, j'ai démasqué la faction rolan-

dine dans les troubles de Marseille, j'ai insisté pour
qu'on mît à prix la tête d'Égalité fils[a], j'ai défendu
Bouchotte, j'ai voulu l'appel nominal pour chasser
Isnard du fauteuil, j'ai fait déclarer que les Parisiens
ont bien mérité de la patrie; c'est pourquoi je suis
traité de pantin par Louvet, le Finistère demande qu'on
m'expulse, la ville de Loudun souhaite qu'on m'exile,
la ville d'Amiens désire qu'on me mette une muselière,
Cobourg veut qu'on m'arrête, et Lecointe-Puiraveau
propose à la Convention de me décréter fou. Ah çà!
citoyen Danton, pourquoi m'avez-vous fait venir à
votre conciliabule, si ce n'est pour avoir mon avis?
Est-ce que je vous demandais d'en être? loin de là. Je
n'ai aucun goût pour les tête-à-tête avec des contre-
révolutionnaires tels que Robespierre et vous. Du reste,
je devais m'y attendre, vous ne m'avez pas compris;
pas plus vous que Robespierre, pas plus Robespierre
que vous. Il n'y a donc pas d'homme d'État ici? Il
faut donc vous faire épeler la politique, il faut donc
vous mettre les points sur les *i*. Ce que je vous ai dit
voulait dire ceci : vous vous trompez tous les deux.
Le danger n'est ni à Londres, comme le croit Robespierre, ni à Berlin, comme le croit Danton; il est à
Paris. Il est dans l'absence d'unité, dans le droit qu'a
chacun de tirer de son côté, à commencer par vous
deux, dans la mise en poussière des esprits, dans
l'anarchie des volontés...

— L'anarchie! interrompit Danton, qui la fait, si
ce n'est vous?

Marat ne s'arrêta pas.

— Robespierre, Danton, le danger est dans ce tas
de cafés, dans ce tas de brelans, dans ce tas de clubs,
club des Noirs, club des Fédérés, club des Dames, club
des Impartiaux, qui date de Clermont-Tonnerre, et
qui a été le club monarchique de 1790, cercle social

imaginé par le prêtre Claude Fauchet, club des Bonnets
de laine, fondé par le gazetier Prudhomme, *et cætera;*
sans compter votre club des Jacobins, Robespierre,
et votre club des Cordeliers, Danton. Le danger est
dans la famine, qui fait que le porte-sacs Blin a accroché
à la lanterne de l'Hôtel de ville le boulanger du marché
Palu, François Denis, et dans la justice, qui a pendu
le porte-sacs Blin pour avoir pendu le boulanger Denis.
Le danger est dans le papier-monnaie qu'on déprécie.
Rue du Temple, un assignat de cent francs est tombé
à terre, et un passant, un homme du peuple, a dit :
*Il ne vaut pas la peine d'être ramassé.* Les agioteurs et
les accapareurs, voilà le danger. Arborer le drapeau
noir à l'Hôtel de ville, la belle avance! Vous arrêtez
le baron de Trenck, cela ne suffit pas. Tordez-moi le
cou à ce vieil intrigant de prison. Vous croyez-vous
tirés d'affaire parce que le président de la Convention
pose une couronne civique sur la tête de Labertèche,
qui a reçu quarante et un coups de sabre à Jemmapes,
et dont Chénier se fait le cornac? Comédies et bate-
lages. Ah! vous ne regardez pas Paris! Ah! vous
cherchez le danger loin, quand il est près. A quoi vous
sert votre police, Robespierre? Car vous avez vos
espions, Payan, à la Commune, Coffinhal, au Tribunal
révolutionnaire, David, au Comité de sûreté générale,
Couthon, au Comité de salut public. Vous voyez que
je suis informé. Eh bien, sachez ceci : le danger est
sur vos têtes, le danger est sous vos pieds ; on conspire,
on conspire, on conspire ; les passants dans les rues
s'entre-lisent les journaux et se font des signes de
tête ; six mille hommes, sans cartes de civisme, émigrés
rentrés, muscadins et mathevons[1a], sont cachés dans

---

1. Ce nom de contre-révolutionnaires apparaît dans l'*Histoire de
la Société française pendant le Directoire* (1855) des Goncourt, déjà

les caves et dans les greniers, et dans les galeries de
bois du Palais-Royal ; on fait queue chez les boulangers ;
les bonnes femmes, sur le pas des portes, joignent les
mains et disent : Quand aura-t-on la paix ? Vous avez
beau aller vous enfermer, pour être entre vous, dans
la salle du Conseil exécutif, on sait tout ce que vous y
dites ; et la preuve, Robespierre, c'est que voici les
paroles que vous avez dites hier soir à Saint-Just :
« Barbaroux commence à prendre du ventre, cela va
le gêner dans sa fuite. » Oui, le danger est partout,
et surtout au centre. A Paris[a], les ci-devant complotent,
les patriotes vont pieds nus, les aristocrates arrêtés le
9 mars sont déjà relâchés, les chevaux de luxe qui
devraient être attelés aux canons sur la frontière nous
éclaboussent dans les rues, le pain de quatre livres
vaut trois francs douze sous, les théâtres jouent des
pièces impures, et Robespierre fera guillotiner Danton.

— Ouiche ! dit Danton.

Robespierre regardait attentivement la carte.

— Ce qu'il faut, cria brusquement Marat, c'est un
dictateur. Robespierre, vous savez que je veux un
dictateur.

Robespierre releva la tête.

— Je sais, Marat, vous ou moi.

— Moi ou vous, dit Marat.

Danton grommela entre ses dents :

— La dictature, touchez-y !

Marat vit le froncement de sourcil de Danton.

— Tenez, reprit-il. Un dernier effort. Mettons-nous
d'accord. La situation en vaut la peine. Ne nous
sommes-nous déjà pas mis d'accord pour la journée

---

citée, à côté des *chiffonnistes* (voir p. 125, n. 2.) : « la massue du
*chiffonniste* vengeant le sang ; le couteau du *mathevon* vengeant le
sang... » (ch. xiv).

du 31 mai? La question d'ensemble est plus grave
encore que le girondinisme qui est une question de
détail. Il y a du vrai dans ce que vous dites ; mais le
vrai, tout le vrai, le vrai vrai, c'est ce que je dis. Au
midi, le fédéralisme ; à l'ouest, le royalisme ; à Paris,
le duel de la Convention et de la Commune ; aux frontières, la reculade de Custine et la trahison de Dumouriez. Qu'est-ce que tout cela? Le démembrement.
Que nous faut-il? L'unité. Là est le salut ; mais hâtons-
nous. Il faut que Paris prenne le gouvernement de la
Révolution. Si nous perdons une heure, demain les
Vendéens peuvent être à Orléans, et les Prussiens à
Paris. Je vous accorde ceci, Danton, je vous concède
cela, Robespierre. Soit. Eh bien, la conclusion, c'est
la dictature. Prenons la dictature, à nous trois nous
représentons la Révolution. Nous sommes les trois
têtes de Cerbère. De ces trois têtes, l'une parle, c'est
vous, Robespierre ; l'autre rugit, c'est vous, Danton...

— L'autre mord, dit Danton, c'est vous, Marat.

— Toutes trois mordent, dit Robespierre.

Il y eut un silence. Puis le dialogue, plein de secousses sombres, recommença.

— Écoutez, Marat, avant de s'épouser, il faut se
connaître. Comment avez-vous su le mot que j'ai dit
hier à Saint-Just?

— Ceci me regarde, Robespierre.

— Marat!

— C'est mon devoir de m'éclairer, et c'est mon
affaire de me renseigner.

— Marat!

— J'aime à savoir.

— Marat!

— Robespierre, je sais ce que vous dites à Saint-
Just, comme je sais ce que Danton dit à Lacroix ;
comme je sais ce qui se passe quai des Théatins, à

l'hôtel de Labriffe, repaire où se rendent les nymphes de l'émigration ; comme je sais ce qui se passe dans la maison des Thilles, près Gonesse, qui est à Valmerange, l'ancien administrateur des postes, où allaient jadis Maury et Cazalès, où sont allés depuis Sieyès et Vergniaud, et où, maintenant, on va une fois par semaine.

En prononçant cet *on*, Marat regarda Danton.

Danton s'écria :

— Si j'avais deux liards de pouvoir, ce serait terrible.

Marat poursuivit :

— Je sais ce que vous dites, Robespierre, comme je sais ce qui se passait à la tour du Temple quand on y engraissait Louis XVI, si bien que, seulement dans le mois de septembre, le loup, la louve et les louveteaux ont mangé quatre vingt-six paniers de pêches. Pendant ce temps-là le peuple est affamé [1]. Je sais cela, comme je sais que Roland a été caché dans un logis donnant sur une arrière-cour, rue de la Harpe ; comme je sais que six cents des piques du 14 juillet avaient été fabriquées par Faure, serrurier du duc d'Orléans ; comme je sais ce qu'on fait chez la Saint-Hilaire, maîtresse de Sillery ; les jours de bal, c'est le vieux Sillery qui frotte lui-même, avec de la craie, les parquets du salon jaune de la rue Neuve-des-Mathurins ; Buzot

---

1. Transposition symbolique du personnage, où l'on saisit le thème du grand développement inséré dans le poème de *Toute la lyre* auquel nous avons fait allusion :

> Entendez-vous Marat qui hurle dans sa cave?
> Sa morsure aux tyrans s'en va baiser l'esclave...
> Il saisit l'ancien monde, il met à nu sa plaie...
> Il dénonce, il délivre ; il console, il maudit ;
> De la liberté sainte il est l'âpre bandit...
> Un pauvre en deuil l'émeut, un roi saignant le charme ;
> Sa fureur aime ; il verse une effroyable larme, etc.

et Kersaint y dînaient. Saladin y a dîné le 27, et avec qui, Robespierre? Avec votre ami Lasource.

— Verbiage, murmura Robespierre. Lasource n'est pas mon ami.

Et il ajouta, pensif :

— En attendant il y a à Londres dix-huit fabriques de faux assignats.

Marat continua d'une voix tranquille, mais avec un léger tremblement, qui était effrayant :

— Vous êtes la faction des importants. Oui, je sais tout, malgré ce que Saint-Just appelle *le silence d'État*...

Marat souligna ce mot par l'accent, regarda Robespierre, et poursuivit :

— Je sais ce qu'on dit à votre table les jours où Lebas invite David à venir manger la cuisine faite par sa promise, Élisabeth Duplay, votre future belle-sœur, Robespierre. Je suis l'œil énorme du peuple, et du fond de ma cave, je regarde. Oui, je vois, oui, j'entends, oui, je sais. Les petites choses vous suffisent. Vous vous admirez. Robespierre se fait contempler par sa madame de Chalabre, la fille de ce marquis de Chalabre qui fit le whist avec Louis XV le soir de l'exécution de Damiens. Oui, on porte haut la tête. Saint-Just habite une cravate. Legendre est correct; lévite neuve et gilet blanc, et un jabot pour faire oublier son tablier. Robespierre s'imagine que l'histoire voudra savoir qu'il avait une redingote olive à la Constituante et un habit bleu-ciel à la Convention. Il a son portrait sur tous les murs de sa chambre...

Robespierre interrompit d'une voix plus calme encore que celle de Marat.

— Et vous, Marat, vous avez le vôtre dans tous les égouts.

Ils continuèrent sur un ton de causerie dont la lenteur

accentuait la violence des répliques et des ripostes, et ajoutait on ne sait quelle ironie à la menace.

— Robespierre, vous avez qualifié ceux qui veulent le renversement des trônes, *les Don Quichottes du genre humain*.

— Et vous, Marat, après le 4 août, dans votre numéro 559 de *l'Ami du Peuple*, ah ! j'ai retenu le chiffre, c'est utile, vous avez demandé qu'on rendît aux nobles leurs titres. Vous avez dit : *Un duc est toujours un duc*.

— Robespierre, dans la séance du 7 décembre, vous avez défendu la femme Roland contre Viard.

— De même que mon frère vous a défendu, Marat, quand on vous a attaqué aux Jacobins. Qu'est-ce que cela prouve ? rien.

— Robespierre, on connaît le cabinet des Tuileries où vous avez dit à Garat : *Je suis las de la Révolution*.

— Marat, c'est ici, dans ce cabaret, que, le 29 octobre, vous avez embrassé Barbaroux.

— Robespierre, vous avez dit à Buzot : *La République, qu'est-ce que cela ?*

— Marat, c'est dans ce cabaret que vous avez invité à déjeuner trois Marseillais par compagnie.

— Robespierre, vous vous faites escorter d'un fort de la halle armé d'un bâton.

— Et vous, Marat, la veille du 10 août, vous avez demandé à Buzot de vous aider à fuir à Marseille déguisé en jockey.

— Pendant les justices de septembre, vous vous êtes caché, Robespierre.

— Et vous, Marat, vous vous êtes montré.

— Robespierre, vous avez jeté à terre le bonnet rouge.

— Oui, quand un traître l'arborait. Ce qui pare Dumouriez souille Robespierre.

— Robespierre, vous avez refusé, pendant le passage des soldats de Chateauvieux, de couvrir d'un voile la tête de Louis XVI.

— J'ai fait mieux que lui voiler la tête, je la lui ai coupée.

Danton intervint, mais comme l'huile intervient dans le feu.

— Robespierre, Marat, dit-il, calmez-vous.

Marat n'aimait pas à être nommé le second. Il se retourna.

— De quoi se mêle Danton? dit-il.

Danton bondit.

— De quoi je me mêle? de ceci. Qu'il ne faut pas de fratricide; qu'il ne faut pas de lutte entre deux hommes qui servent le peuple; que c'est assez de la guerre étrangère, que c'est assez de la guerre civile, et que ce serait trop de la guerre domestique; que c'est moi qui ai fait la Révolution, et que je ne veux pas qu'on la défasse. Voilà de quoi je me mêle.

Marat répondit sans élever la voix.

— Mêlez-vous de rendre vos comptes.

— Mes comptes! cria Danton. Allez les demander aux défilés de l'Argonne, à la Champagne délivrée, à la Belgique conquise, aux armées où j'ai été quatre fois déjà offrir ma poitrine à la mitraille! allez les demander à la place de la Révolution, à l'échafaud du 21 janvier, au trône jeté à terre, à la guillotine, cette veuve...

Marat interrompit Danton.

— La guillotine est une vierge; on se couche sur elle, on ne la féconde pas.

— Qu'en savez-vous? répliqua Danton, je la féconderais, moi!

— Nous verrons, dit Marat.

Et il sourit.

Danton vit ce sourire.

— Marat, cria-t-il, vous êtes l'homme caché, moi je suis l'homme du grand air et du grand jour. Je hais la vie reptile. Être cloporte ne me va pas. Vous habitez une cave ; moi j'habite la rue. Vous ne communiquez avec personne ; moi, quiconque passe peut me voir et me parler.

— Joli garçon, voulez-vous monter chez moi ? grommela Marat.

Et, cessant de sourire, il reprit d'un accent péremptoire :

— Danton, rendez compte des trente-trois mille écus, argent sonnant, que Montmorin vous a payés au nom du roi, sous prétexte de vous indemniser de votre charge de procureur au Châtelet.

— J'étais du 14 juillet, dit Danton avec hauteur.

— Et le garde-meuble ? et les diamants de la couronne ?

— J'étais du 6 octobre.

— Et les vols de votre *alter ego*, Lacroix, en Belgique ?

— J'étais du 20 juin.

— Et les prêts faits à la Montansier ?

— Je poussais le peuple au retour de Varennes.

— Et la salle de l'Opéra qu'on bâtit avec de l'argent fourni par vous ?

— J'ai armé les sections de Paris.

— Et les cent mille livres de fonds secrets du ministère de la justice ?

— J'ai fait le 10 août.

— Et les deux millions de dépenses secrètes de l'Assemblée dont vous avez pris le quart ?

— J'ai arrêté l'ennemi en marche et j'ai[a] barré le passage aux rois coalisés.

— Prostitué ! dit Marat.

Danton se dressa, effrayant.

— Oui, cria-t-il! je suis une fille publique, j'ai vendu mon ventre, mais j'ai sauvé le monde.

Robespierre s'était remis à se ronger les ongles. Il ne pouvait, lui, ni rire, ni sourire. Le rire, éclair de Danton, et le sourire, piqûre de Marat, lui manquaient.

Danton reprit :

— Je suis comme l'océan; j'ai mon flux et mon reflux; à mer basse on voit mes bas-fonds, à mer haute on voit mes flots.

— Votre écume, dit Marat.

— Ma tempête, dit Danton.

En même temps que Danton, Marat s'était levé. Lui aussi éclata. La couleuvre devint subitement dragon.

— Ah! cria-t-il, ah! Robespierre! ah! Danton! vous ne voulez pas m'écouter! Eh bien, je vous le dis, vous êtes perdus. Votre politique aboutit à des impossibilités d'aller plus loin; vous n'avez plus d'issue; et vous faites des choses qui ferment devant vous toutes les portes, excepté celle du tombeau.

— C'est notre grandeur, dit Danton.

Et il haussa les épaules.

Marat continua :

— Danton, prends garde. Vergniaud aussi a la bouche large et les lèvres épaisses et les sourcils en colère; Vergniaud aussi est grêlé comme Mirabeau et comme toi; cela n'a pas empêché le 31 mai. Ah! tu hausses les épaules. Quelquefois hausser les épaules fait tomber la tête. Danton, je te le dis, ta grosse voix, ta cravate lâche[a], tes bottes molles, tes petits soupers, tes grandes poches, cela regarde Louisette.

Louisette était le nom d'amitié que Marat donnait à la guillotine.

Il poursuivit :

— Et quant à toi, Robespierre, tu es un modéré, mais cela ne te servira de rien. Va, poudre-toi, coiffe-toi, brosse-toi, fais le faraud, aie du linge, sois pincé, frisé, calamistré, tu n'en iras pas moins place de Grève ; lis la déclaration de Brunswick ; tu n'en seras pas moins traité comme le régicide Damiens, et tu es tiré à quatre épingles en attendant que tu sois tiré à quatre chevaux.

— Écho de Coblentz ! dit Robespierre entre ses dents.

— Robespierre, je ne suis l'écho de rien, je suis le cri de tout. Ah ! vous êtes jeunes, vous. Quel âge as-tu, Danton ? trente-quatre ans. Quel âge as-tu, Robespierre ? trente-trois ans. Eh bien, moi, j'ai toujours vécu, je suis la vieille souffrance humaine, j'ai six mille ans.

— C'est vrai, répliqua Danton, depuis six mille ans, Caïn s'est conservé dans la haine comme le crapaud dans la pierre, le bloc se casse, Caïn saute parmi les hommes, et c'est Marat[1].

— Danton ! cria Marat. Et une lueur livide apparut dans ses yeux.

— Eh bien quoi ? dit Danton.

Ainsi parlaient ces trois hommes formidables. Querelle de tonnerres.

## III

### TRESSAILLEMENT DES FIBRES PROFONDES

Le dialogue eut un répit ; ces titans rentrèrent un moment chacun dans sa pensée.

Les lions s'inquiètent des hydres. Robespierre était devenu très pâle et Danton très rouge. Tous deux

---

1. La phrase rappelle un des développements du poème des *Contemplations : Ce que dit la bouche d'ombre.*

avaient un frémissement. La prunelle fauve de Marat s'était éteinte ; le calme, un calme impérieux, s'était refait sur la face de cet homme, redouté des redoutables.

Danton se sentait vaincu, mais ne voulait pas se rendre. Il reprit :

— Marat parle très haut de dictature et d'unité, mais il n'a qu'une puissance, dissoudre.

Robespierre, desserrant ses lèvres étroites, ajouta :

— Moi, je suis de l'avis d'Anacharsis Cloots ; je dis : Ni Roland, ni Marat.

— Et moi, répondit Marat, je dis : Ni Danton, ni Robespierre.

Il les regarda tous deux fixement et ajouta :

— Laissez-moi vous donner un conseil, Danton. Vous êtes amoureux, vous songez à vous remarier [1], ne vous mêlez plus de politique, soyez sage.

Et reculant d'un pas vers la porte pour sortir, il leur fit ce salut sinistre :

— Adieu, messieurs.

Danton et Robespierre eurent un frisson.

En ce moment une voix s'éleva au fond de la salle, et dit :

— Tu as tort, Marat.

Tous se retournèrent. Pendant l'explosion de Marat, et sans qu'ils s'en fussent aperçus, quelqu'un était entré par la porte du fond.

— C'est toi, citoyen Cimourdain ? dit Marat. Bonjour.

C'était Cimourdain en effet.

— Je dis que tu as tort, Marat, reprit-il.

Marat verdit, ce qui était sa façon de pâlir.

Cimourdain ajouta :

— Tu es utile, mais Robespierre et Danton sont

---

1. Hugo a peut-être songé aux pages singulières de Michelet sur le remariage de Danton (*Histoire de la Révolution*, livre XI, ch. III).

nécessaires. Pourquoi les menacer? Union! union,
citoyens ! le peuple veut qu'on soit uni.

Cette entrée fit un effet d'eau froide, et, comme l'arrivée d'un étranger dans une querelle de ménage, apaisa,
sinon le fond, du moins la surface.

Cimourdain s'avança vers la table.

Danton et Robespierre le connaissaient. Ils avaient
souvent remarqué dans les tribunes publiques de la
Convention ce puissant homme obscur que le peuple
saluait. Robespierre pourtant, formaliste, demanda :

— Citoyen, comment êtes-vous entré?

— Il est de l'Évêché, répondit Marat d'une voix
où l'on sentait on ne sait quelle soumission.

Marat bravait la Convention, menait la Commune
et craignait l'Évêché.

Ceci est une loi.

Mirabeau sent remuer à une profondeur inconnue
Robespierre, Robespierre sent remuer Marat, Marat
sent remuer Hébert, Hébert sent remuer Babeuf.
Tant que les couches souterraines sont tranquilles,
l'homme politique peut marcher; mais sous le plus
révolutionnaire il y a un sous-sol, et les plus hardis
s'arrêtent inquiets quand ils sentent sous leurs pieds
le mouvement qu'ils ont créé sur leur tête [1].

Savoir distinguer le mouvement qui vient des con-
voitises du mouvement qui vient des principes, combattre l'un et seconder l'autre, c'est là le génie et la
vertu des grands révolutionnaires.

Danton vit plier Marat.

— Oh ! le citoyen Cimourdain n'est pas de trop,
dit-il.

Et il tendit la main à Cimourdain.

---

1. Réflexion suggérée sans doute par les récents événements de
la Commune de 1871.

Puis :

— Parbleu, dit-il, expliquons la situation au citoyen Cimourdain. Il vient à propos. Je représente la Montagne, Robespierre représente le Comité de salut public, Marat représente la Commune, Cimourdain représente l'Évêché. Il va nous départager.

— Soit, dit Cimourdain, grave et simple. De quoi s'agit-il ?

— De la Vendée, répondit Robespierre.

— La Vendée ! dit Cimourdain.

Et il reprit :

— C'est la grande menace. Si la Révolution meurt, elle mourra par la Vendée. Une Vendée est plus redoutable que dix Allemagnes. Pour que la France vive, il faut tuer la Vendée.

Ces quelques mots lui gagnèrent Robespierre.

Robespierre pourtant fit cette question :

— N'êtes-vous pas un ancien prêtre ?

L'air prêtre n'échappait pas à Robespierre. Il reconnaissait hors de lui ce qu'il avait au dedans de lui.

Cimourdain répondit :

— Oui, citoyen.

— Qu'est-ce que cela fait ? s'écria Danton. Quand les prêtres sont bons, ils valent mieux que les autres. En temps de révolution, les prêtres se fondent en citoyens comme les cloches en sous et en canons. Danjou est prêtre, Daunou est prêtre. Thomas Lindet est évêque d'Évreux. Robespierre, vous vous asseyez à la Convention coude à coude avec Massieu, évêque de Beauvais. Le grand-vicaire Vaugeois était du comité d'insurrection du 10 août. Chabot est capucin. C'est dom Gerle qui a fait le serment du Jeu de paume ; c'est l'abbé Audran qui a fait déclarer l'Assemblée nationale supérieure au roi ; c'est l'abbé Goutte qui a demandé à la Législative qu'on ôtât le dais du fauteuil de

Louis XVI; c'est l'abbé Grégoire qui a provoqué
l'abolition de la royauté.

— Appuyé, ricana Marat, par l'histrion Collot-
d'Herbois. A eux deux, il ont fait la besogne; le
prêtre a renversé le trône, le comédien a jeté bas le
roi.

— Revenons à la Vendée, dit Robespierre.

— Eh bien, demanda Cimourdain, qu'y a-t-il?
qu'est-ce qu'elle fait, cette Vendée?

Robespierre répondit :

— Ceci : elle a un chef. Elle va devenir épouvantable.

— Qui est ce chef, citoyen Robespierre?

— C'est un ci-devant marquis de Lantenac, qui
s'intitule prince breton.

Cimourdain fit un mouvement.

— Je le connais, dit-il. J'ai été prêtre chez lui.

Il songea un moment, et reprit :

— C'était un homme à femmes [1] avant d'être un
homme de guerre.

— Comme Biron qui a été Lauzun, dit Danton.

Et Cimourdain, pensif, ajouta :

— Oui, c'est un ancien homme de plaisir. Il doit
être terrible.

— Affreux, dit Robespierre. Il brûle les villages,
achève les blessés, massacre les prisonniers, fusille
les femmes.

— Les femmes?

— Oui. Il a fait fusiller entre autres une mère de
trois enfants. On ne sait ce que les enfants sont devenus.
En outre, c'est un capitaine. Il sait la guerre.

— En effet, répondit Cimourdain. Il a fait la guerre
de Hanovre [2], et les soldats disaient : Richelieu en

_____

1. Encore une allusion qui rappelle le personnage du duc de Réthel
auquel Hugo avait pensé.
2. En 1757-1758, au début de la guerre de Sept ans.

dessus, Lantenac en dessous ; c'est Lantenac qui a été
le vrai général. Parlez-en à Dussaulx, votre collègue.

Robespierre resta un moment pensif, puis le dialogue
reprit entre lui et Cimourdain.

— Eh bien, citoyen Cimourdain, cet homme-là
est en Vendée.

— Depuis quand?

— Depuis trois semaines.

— Il faut le mettre hors la loi.

— C'est fait.

— Il faut mettre sa tête à prix.

— C'est fait.

— Il faut offrir, à qui le prendra, beaucoup d'argent.

— C'est fait.

— Pas en assignats.

— C'est fait.

— En or.

— C'est fait.

— Et il faut le guillotiner.

— Ce sera fait.

— Par qui?

— Par vous.

— Par moi?

— Oui, vous serez délégué du Comité de salut public,
avec pleins pouvoirs.

— J'accepte, dit Cimourdain.

Robespierre était rapide dans ses choix ; qualité
d'homme d'État. Il prit dans le dossier qui était devant
lui une feuille de papier blanc sur laquelle on lisait
cet en-tête imprimé : RÉPUBLIQUE FRANÇAISE, UNE ET
INDIVISIBLE. COMITÉ DE SALUT PUBLIC.

Cimourdain continua :

— Oui, j'accepte. Terrible contre terrible. Lantenac
est féroce, je le serai. Guerre à mort avec cet homme.
J'en délivrerai la République, s'il plaît à Dieu.

Il s'arrêta, puis reprit :

— Je suis prêtre ; c'est égal, je crois en Dieu.

— Dieu a vieilli, dit Danton.

— Je crois en Dieu, dit Cimourdain impassible.

D'un signe de tête, Robespierre, sinistre, approuva.

Cimourdain reprit :

— Près de qui serai-je délégué?

Robespierre répondit :

— Près du commandant de la colonne expéditionnaire envoyée contre Lantenac. Seulement, je vous en
préviens, c'est un noble.

Danton s'écria :

— Voilà encore de quoi je me moque. Un noble?
Eh bien, après? Il en est du noble comme du prêtre.
Quand il est bon, il est excellent. La noblesse est un
préjugé ; mais il ne faut pas plus l'avoir dans un sens
que dans l'autre, pas plus contre que pour. Robespierre,
est-ce que Saint-Just n'est pas un noble? Florelle de
Saint-Just, parbleu! Anacharsis Cloots est baron.
Notre ami Charles Hesse, qui ne manque pas une
séance des Cordeliers, est prince et frère du landgrave
régnant de Hesse-Rothenbourg. Montaut, l'intime
de Marat, est marquis de Montaut. Il y a dans le tribunal révolutionnaire un juré qui est prêtre, Vilate, et
un juré qui est noble, Leroy, marquis de Montflabert.
Tous deux sont sûrs.

— Et vous oubliez, ajouta Robespierre, le chef du
jury révolutionnaire...

— Antonelle ?

— Qui est le marquis Antonelle, dit Robespierre.

Danton reprit :

— C'est un noble, Dampierre, qui vient de se faire
tuer devant Condé pour la République, et c'est un noble,
Beaurepaire, qui s'est brûlé la cervelle plutôt que d'ouvrir les portes de Verdun aux Prussiens.

— Ce qui n'empêche pas, grommela Marat, que, le jour où Condorcet a dit : *Les Gracques étaient des nobles*, Danton n'ait crié à Condorcet : *Tous les nobles sont des traîtres, à commencer par Mirabeau et à finir par toi*.

La voix grave de Cimourdain s'éleva.

— Citoyen Danton, citoyen Robespierre, vous avez raison peut-être de vous confier, mais le peuple se défie, et il n'a pas tort de se défier. Quand c'est un prêtre qui est chargé de surveiller un noble, la responsabilité est double, et il faut que le prêtre soit inflexible.

— Certes, dit Robespierre.

Cimourdain ajouta :

— Et inexorable.

Robespierre reprit :

— C'est bien dit, citoyen Cimourdain. Vous aurez affaire à un jeune homme. Vous aurez de l'ascendant sur lui, ayant le double de son âge. Il faut le diriger, mais le ménager. Il paraît qu'il a des talents militaires, tous les rapports sont unanimes là-dessus. Il fait partie d'un corps qu'on a détaché de l'armée du Rhin pour aller en Vendée. Il arrive de la frontière où il a été admirable d'intelligence et de bravoure. Il mène supérieurement la colonne expéditionnaire. Depuis quinze jours, il tient en échec ce vieux marquis de Lantenac. Il le réprime et le chasse devant lui. Il finira par l'acculer à la mer et par l'y culbuter. Lantenac a la ruse d'un vieux général et lui a l'audace d'un jeune capitaine. Ce jeune homme a déjà des ennemis et des envieux. L'adjudant général Léchelle est jaloux de lui...

— Ce Léchelle, interrompit Danton, il veut être général en chef ! il n'a pour lui qu'un calembour : *Il faut Léchelle pour monter sur Charette*. En attendant Charette le bat.

— Et il ne veut pas, poursuivit Robespierre, qu'un autre que lui batte Lantenac. Le malheur de la guerre de Vendée est dans ces rivalités-là. Des héros mal commandés, voilà nos soldats. Un simple capitaine de hussards, Chérin[a], entre dans Saumur avec un trompette en sonnant *Ça ira ;* il prend Saumur ; il pourrait continuer et prendre Cholet, mais il n'a pas d'ordres, et il s'arrête. Il faut remanier tous les commandements de la Vendée. On éparpille les corps de garde, on disperse les forces ; une armée éparse est une armée paralysée ; c'est un bloc dont on fait de la poussière. Au camp de Paramé il n'y a plus que des tentes. Il y a entre Tréguier et Dinan cent petits postes inutiles avec lesquels on pourrait faire une division et couvrir tout le littoral. Léchelle, appuyé par Parrein, dégarnit la côte nord sous prétexte de protéger la côte sud, et ouvre ainsi la France aux Anglais. Un demi-million de paysans soulevés, et une descente de l'Angleterre en France, tel est le plan de Lantenac. Le jeune commandant de la colonne expéditionnaire met l'épée aux reins à ce Lantenac et le presse et le bat, sans la permission de Léchelle ; or Léchelle est son chef ; aussi Léchelle le dénonce. Les avis sont partagés sur ce jeune homme. Léchelle veut le faire fusiller. Prieur de la Marne veut le faire adjudant général.

— Ce jeune homme, dit Cimourdain, me semble avoir de grandes qualités.

— Mais il a un défaut !

L'interruption était de Marat.

— Lequel ? demanda Cimourdain.

— La clémence, dit Marat.

Et Marat poursuivit :

— C'est ferme au combat, et mou après. Ça donne dans l'indulgence, ça pardonne, ça fait grâce, ça protège les religieuses et les nonnes, ça sauve les femmes et les filles des aristocrates, ça relâche les prisonniers, ça met en liberté les prêtres.

— Grave faute, murmura Cimourdain.

— Crime, dit Marat.

— Quelquefois, dit Danton.

— Souvent, dit Robespierre.

— Presque toujours, reprit Marat.

— Quand on a affaire aux ennemis de la patrie, toujours, dit Cimourdain.

Marat se tourna vers Cimourdain.

— Et que ferais-tu donc d'un chef républicain qui mettrait en liberté un chef royaliste?

— Je serais de l'avis de Léchelle, je le ferais fusiller.

— Ou guillotiner, dit Marat.

— Au choix, dit Cimourdain.

Danton se mit à rire.

— J'aime autant l'un que l'autre.

— Tu es sûr d'avoir l'un ou l'autre, grommela Marat.

Et son regard, quittant Danton, revint sur Cimourdain.

— Ainsi, citoyen Cimourdain, si un chef républicain bronchait, tu lui ferais couper la tête?

— Dans les vingt-quatre heures.

— Eh bien, repartit Marat, je suis de l'avis de Robespierre, il faut envoyer le citoyen Cimourdain comme commissaire délégué du Comité de salut public, près du commandant de la colonne expéditionnaire de l'armée des côtes. Comment s'appelle-t-il déjà, ce commandant?

Robespierre répondit :

— C'est un ci-devant, un noble.

Et il se mit à feuilleter le dossier.

— Donnons au prêtre le noble à garder, dit Danton. Je me défie d'un prêtre qui est seul ; je me défie d'un noble qui est seul ; quand ils sont ensemble, je ne les crains pas ; l'un surveille l'autre, et ils vont.

L'indignation propre au sourcil de Cimourdain s'accentua, mais trouvant sans doute l'observation juste au fond, il ne se tourna point vers Danton, et il éleva sa voix sévère.

— Si le commandant républicain qui m'est confié fait un faux pas, peine de mort.

Robespierre, les yeux sur le dossier, dit :

— Voici le nom. Citoyen Cimourdain, le commandant sur qui vous aurez pleins pouvoirs est un ci-devant vicomte, il s'appelle Gauvain.

Cimourdain pâlit.

— Gauvain ! s'écria-t-il.

Marat vit la pâleur de Cimourdain.

— Le vicomte Gauvain ! répéta Cimourdain.

— Oui, dit Robespierre.

— Eh bien ? dit Marat, l'œil fixé sur Cimourdain.

Il y eut un temps d'arrêt. Marat reprit :

— Citoyen Cimourdain, aux conditions indiquées par vous-même, acceptez-vous la mission de commissaire délégué près le commandant Gauvain ? Est-ce dit ?

— C'est dit, répondit Cimourdain.

Il était de plus en plus pâle.

Robespierre prit la plume qui était près de lui, écrivit de son écriture lente et correcte quatre lignes sur la feuille de papier portant en tête : COMITÉ DE SALUT PUBLIC, signa, et passa la feuille et la plume à Danton ; Danton signa, et Marat, qui ne quittait pas des yeux la face livide de Cimourdain, signa après Danton.

Robespierre, reprenant la feuille, la data et la remit à Cimourdain qui lut :

## AN II DE LA RÉPUBLIQUE

« Pleins pouvoirs sont donnés au citoyen Cimourdain, commissaire délégué du Comité de salut public

près le citoyen Gauvain, commandant la colonne expéditionnaire de l'armée des côtes.

« ROBESPIERRE. — DANTON. — MARAT. »

Et au-dessous des signatures :

« 28 juin 1793. »

Le calendrier révolutionnaire, dit calendrier civil,
n'existait pas encore légalement à cette époque, et ne
devait être adopté par la Convention, sur la proposition de Romme, que le 5 octobre 1793.

Pendant que Cimourdain lisait, Marat le regardait.

Marat dit à demi-voix, comme se parlant à lui-
même :

— Il faudra faire préciser tout cela par un décret
de la Convention ou par un arrêté spécial du Comité
de salut public. Il reste quelque chose à faire.

— Citoyen Cimourdain, demanda Robespierre, où
demeurez-vous?

— Cour du Commerce.

— Tiens, moi aussi, dit Danton, vous êtes mon voisin.

Robespierre reprit :

— Il n'y a pas un moment à perdre. Demain vous
recevrez votre commission en règle, signée de tous
les membres du Comité de salut public. Ceci est une
confirmation de la commission, qui vous accréditera
spécialement près des représentants en mission,
Philippeaux, Prieur de la Marne, Lecointre, Alquier
et les autres. Nous savons qui vous êtes. Vos pouvoirs
sont illimités. Vous pouvez faire Gauvain général ou
l'envoyer à l'échafaud. Vous aurez votre commission
demain à trois heures. Quand partirez-vous?

— A quatre heures, dit Cimourdain.

Et ils se séparèrent.

En rentrant chez lui, Marat prévint Simonne Évrard
qu'il irait le lendemain à la Convention.

# LIVRE TROISIÈME

# LA CONVENTION

## I

### LA CONVENTION

### I

Nous approchons de la grande cime[a].

Voici la Convention[1].

Le regard devient fixe en présence de ce sommet.

Jamais rien de plus haut n'est apparu sur l'horizon des hommes.

Il y a l'Himalaya et il y a la Convention.

La Convention est peut-être le point culminant de l'histoire.

Du vivant de la Convention, car cela vit, une assemblée, on ne se rendait pas compte de ce qu'elle était. Ce qui échappait aux contemporains, c'était précisément sa grandeur; on était trop effrayé pour être ébloui. Tout ce qui est grand a une horreur sacrée.

---

1. Il y a dans l'*Histoire de la Révolution* de Michelet (1847-1853) bien des morceaux sur la Convention que l'on serait tenté de rapprocher (pour l'idée et pour le style) de cette évocation épique. Nous avons déjà signalé d'autre part que V. Hugo était ici sa propre source. Dès 1841, la tirade sur la Convention dans son *Discours de réception à l'Académie* semble le canevas de ces pages.

Admirer les médiocres et les collines, c'est aisé ; mais
ce qui est trop haut, un génie aussi bien qu'une montagne, une assemblée aussi bien qu'un chef-d'œuvre,
vus de trop près, épouvantent [1]. Toute cime semble
une exagération. Gravir fatigue. On s'essouffle aux
escarpements, on glisse sur les pentes, on se blesse
à des aspérités qui sont des beautés ; les torrents, en
écumant, dénoncent les précipices, les nuages cachent
les sommets ; l'ascension terrifie autant que la chute.
De là plus d'effroi que d'admiration. On éprouve ce
sentiment bizarre, l'aversion du grand. On voit les
abîmes, on ne voit pas les sublimités ; on voit
le monstre, on ne voit pas le prodige. Ainsi fut d'abord
jugée la Convention. La Convention fut toisée par
les myopes, elle, faite pour être contemplée par les
aigles.

Aujourd'hui elle est en perspective, et elle dessine
sur le ciel profond, dans un lointain serein et tragique,
l'immense profil de la révolution française.

## II

Le 14 juillet avait délivré.

Le 10 août avait foudroyé.

Le 21 septembre fonda.

Le 21 septembre, l'équinoxe, l'équilibre. *Libra*. La
balance. Ce fut, suivant la remarque de Romme, sous
ce signe de l'Égalité et de la Justice que la république
fut proclamée. Une constellation fit l'annonce.

La Convention est le premier avatar du peuple. C'est

---

1. C'est la théorie du génie que Hugo avait exposée notamment
dans *William Shakespeare* (1864) et sur laquelle il est revenu souvent
avec une trop explicable complaisance.

par la Convention que s'ouvrit la grande page nouvelle et que l'avenir d'aujourd'hui commença.

A toute idée il faut une enveloppe visible, à tout principe il faut une habitation ; une église, c'est Dieu entre quatre murs ; à tout dogme, il faut un temple. Quand la Convention fut, il y eut un premier problème à résoudre, loger la Convention.

On prit d'abord le Manège, puis les Tuileries. On y dressa un châssis, un décor, une grande grisaille peinte par David, des bancs symétriques, une tribune carrée, des pilastres parallèles, des socles pareils à des billots, de longues étraves rectilignes, des alvéoles rectangulaires où se pressait la multitude et qu'on appelait les tribunes publiques, un velarium romain, des draperies grecques, et dans ces angles droits et dans ces lignes droites on installa la Convention ; dans cette géométrie on mit la tempête. Sur la tribune le bonnet rouge était peint en gris. Les royalistes commencèrent par rire de ce bonnet rouge gris, de cette salle postiche, de ce monument de carton, de ce sanctuaire de papier mâché, de ce panthéon de boue et de crachat. Comme cela devait disparaître vite ! Les colonnes étaient en douves de tonneau, les voûtes étaient en volige, les bas-reliefs étaient en mastic, les entablements étaient en sapin, les statues étaient en plâtre, les marbres étaient en peinture, les murailles étaient en toile, et dans ce provisoire la France a fait de l'éternel.

Les murailles de la salle du Manège, quand la Convention vint y tenir séance, étaient toutes couvertes des affiches qui avaient pullulé dans Paris à l'époque du retour de Varennes. On lisait sur l'une : — *Le roi rentre. Bâtonner qui l'applaudira, pendre qui l'insultera.* — Sur une autre : — *Paix là. Chapeaux sur la tête. Il va passer devant ses juges.* — Sur une autre : — *Le roi a couché la nation en*

*joue. Il a fait long feu, à la nation de tirer maintenant.*
— Sur une autre : — *La Loi! la Loi!* Ce fut entre ces
murs-là que la Convention jugea Louis XVI.

Aux Tuileries, où la Convention vint siéger le 10 mai
1793, et qui s'appelèrent le Palais-National, la salle
des séances occupait tout l'intervalle entre le pavillon
de l'Horloge appelé pavillon-Unité et le pavillon
Marsan appelé pavillon-Liberté. Le pavillon de Flore
s'appelait pavillon-Égalité. C'est par le grand escalier
de Jean Bullant qu'on montait à la salle des séances.
Sous le premier étage occupé par l'assemblée, tout le
rez-de-chaussée du palais était une sorte de longue salle
des gardes encombrée des faisceaux et des lits de camp
des troupes de toutes armes qui veillaient autour de
la Convention. L'assemblée avait une garde d'honneur
qu'on appelait « les grenadiers de la Convention ».

Un ruban tricolore séparait le château où était
l'assemblée du jardin où le peuple allait et venait.

### III

Ce qu'était la salle des séances, achevons de le dire.
Tout intéresse de ce lieu terrible.

Ce qui, en entrant, frappait d'abord le regard, ç'était
entre deux larges fenêtres une haute statue de la
Liberté.

Quarante-deux mètres de longueur, dix mètres de
largeur, onze mètres de hauteur, telles étaient les dimensions de ce qui avait été le théâtre du roi et de ce qui devint le théâtre de la révolution. L'élégante et magnifique
salle bâtie par Vigarani [1] pour les courtisans disparut

---

1. Gaspare Vigarani (1586-1663), architecte de théâtres, construisit
en 1659, avec ses deux fils, la salle de la rue de Vaugirard et travailla
aussi au théâtre des Tuileries.

sous la sauvage charpente qui en 93 dut subir le poids du peuple. Cette charpente, sur laquelle s'échafaudaient les tribunes publiques, avait, détail qui vaut la peine d'être noté, pour point d'appui unique un poteau. Ce poteau était d'un seul morceau, et avait dix mètres de portée. Peu de cariatides ont travaillé comme ce poteau ; il a soutenu pendant des années la rude poussée de la révolution. Il a porté l'acclamation, l'enthousiasme, l'injure, le bruit, le tumulte, l'immense chaos des colères, l'émeute. Il n'a pas fléchi. Après la Convention, il a vu le conseil des Anciens. Le 18 brumaire l'a relayé.

Percier alors remplaça le pilier de bois par des colonnes de marbre, qui ont moins duré.

L'idéal des architectes est parfois singulier ; l'architecte de la rue de Rivoli a eu pour idéal la trajectoire d'un boulet de canon [1], l'architecte de Carlsruhe a eu pour idéal un éventail ; un gigantesque tiroir de commode, tel semble avoir été l'idéal de l'architecte qui construisit la salle où la Convention vint siéger le 10 mai 1793 ; c'était long, haut et plat. A l'un des grands côtés du parallélogramme était adossé un vaste demi-cirque, c'était l'amphithéâtre des bancs des représentants, sans tables ni pupitres ; Garan-

---

1. Hugo lance au passage un coup de pointe contre les architectes modernes, dont il s'était amplement moqué dans le chapitre : *Paris à vol d'oiseau* de *Notre-Dame* (livre III, ch. 2). La rue de Rivoli a particulièrement excité sa verve : « Joignons-y force belles rues, amusantes et variées, comme la rue de Rivoli », disait-il sur le mode ironique dans *Notre-Dame*. Il y reviendra dans un amusant poème des *Années funestes* (recueil posthume), où il ironise sur le Paris d'Haussmann et la technique des rues rectilignes :

> Phidias n'est qu'un sot auprès du fil à plomb.
> Que c'est beau ! de Pantin on voit jusqu'à Grenelle !
> Ce vieux Paris n'est plus qu'une rue éternelle
> Qui s'étire, élégante et belle comme l'I,
> En disant : Rivoli ! Rivoli ! Rivoli !

Coulon, qui écrivait beaucoup, écrivait sur son genou ; en face des bancs, la tribune ; devant la tribune, le buste de Lepelletier - Saint-Fargeau ; derrière la tribune, le fauteuil du président.

La tête du buste dépassait un peu le rebord de la tribune ; ce qui fit que, plus tard, on l'ôta de là.

L'amphithéâtre se composait de dix-neuf bancs demi-circulaires, étagés les uns derrière les autres ; des tronçons de bancs prolongeaient cet amphithéâtre dans les deux encoignures.

En bas, dans le fer à cheval au pied de la tribune, se tenaient les huissiers.

D'un autre côté de la tribune, dans un cadre de bois noir, était appliquée au mur une pancarte de neuf pieds de haut, portant sur deux pages séparées par une sorte de sceptre la Déclaration[a] des droits de l'homme ; de l'autre côté il y avait une place vide qui plus tard fut occupée par un cadre pareil contenant la Constitution de l'an II, dont les deux pages étaient séparées par un glaive. Au-dessus de la tribune, au-dessus de la tête de l'orateur, frissonnaient, sortant d'une profonde loge à deux compartiments pleine de peuple, trois immenses drapeaux tricolores, presque horizontaux, appuyés à un autel sur lequel on lisait ce mot : LA LOI. Derrière cet autel se dressait, comme la sentinelle de la parole libre, un énorme faisceau romain, haut comme une colonne. Des statues colossales, droites contre le mur, faisaient face aux représentants. Le président avait à sa droite Lycurgue et à sa gauche Solon ; au-dessus de la Montagne il y avait Platon.

Ces statues avaient pour piédestaux de simples dés, posés sur une longue corniche saillante qui faisait le tour de la salle et séparait le peuple de l'assemblée. Les spectateurs s'accoudaient à cette corniche.

Le cadre de bois noir du placard des *Droits de*

*l'Homme* montait jusqu'à la corniche et entamait le dessin de l'entablement, effraction de la ligne droite qui faisait murmurer Chabot. — *C'est laid,* disait-il à Vadier.

Sur les têtes des statues, alternaient des couronnes de chêne et de laurier.

Une draperie verte, où étaient peintes en vert plus foncé les mêmes couronnes, descendait à gros plis droits de la corniche de pourtour et tapissait tout le rez-de-chaussée de la salle occupée par l'assemblée. Au-dessus de cette draperie la muraille était blanche et froide. Dans cette muraille se creusaient, coupés comme à l'emporte-pièce, sans moulure ni rinceau, deux étages de tribunes publiques, les carrées en bas, les rondes en haut; selon la règle, car Vitruve [1] n'était pas détrôné, les archivoltes étaient superposées aux architraves. Il y avait dix tribunes sur chacun des grands côtés de la salle, et à chacune des deux extrémités deux loges démesurées; en tout vingt-quatre. Là s'entassaient les foules [2].

Les spectateurs des tribunes inférieures débordaient sur tous les plats-bords et se groupaient sur tous les reliefs de l'architecture. Une longue barre de fer, solidement scellée à hauteur d'appui, servait de garde-fou aux tribunes hautes, et garantissait les spectateurs contre la pression des cohues montant les escaliers. Une fois pourtant un homme fut précipité dans l'Assemblée, il tomba un peu sur Massieu, évêque de

---

1. L'architecte du temps d'Auguste est cité comme le théoricien d'une régularité classique. — Toute cette description reproduit avec beaucoup d'exactitude la salle des séances de la Convention telle que nous la voyons sur les gravures du temps.

2. Le *Reliquat* de *Quatrevingt-treize* contient plusieurs pages sur les *tribunes publiques,* qui n'ont pas trouvé place dans le roman publié. Il n'en est resté qu'un court morceau (§ VIII).

Beauvais, ne se tua pas, et dit : *Tiens! c'est donc bon à quelque chose, un évêque!*

La salle de la Convention pouvait contenir deux mille personnes, et, les jours d'insurrection, trois mille.

La Convention avait deux séances, une du jour, une du soir.

Le dossier du président était rond, à clous dorés. Sa table était contrebutée par quatre monstres ailés à un seul pied, qu'on eût dit sortis de l'Apocalypse pour assister à la révolution. Ils semblaient avoir été dételés du char d'Ézéchiel pour venir traîner le tombereau de Sanson [1].

Sur la table du président il y avait une grosse sonnette, presque une cloche, un large encrier de cuivre, et un in-folio relié en parchemin qui était le livre des procès-verbaux.

Des têtes coupées, portées au bout d'une pique, se sont égouttées sur cette table.

On montait à la tribune par un degré de neuf marches. Ces marches étaient hautes, roides et assez difficiles ; elles firent un jour trébucher Gensonné qui les gravissait. *C'est un escalier d'échafaud!* dit-il. — *Fais ton apprentissage*, lui cria Carrier.

Là où le mur avait paru trop nu, dans les angles de la salle, l'architecte avait appliqué pour ornements des faisceaux, la hache en dehors.

A droite et à gauche de la tribune, des socles portaient deux candélabres de douze pieds de haut, ayant à leur sommet quatre paires de quinquets. Il y avait dans chaque loge publique un candélabre pareil. Sur les socles de ces candélabres étaient sculptés des ronds que le peuple appelait « colliers de guillotine ».

---

1. La charrette portant les condamnés qui allaient être livrés au bourreau de la Terreur, Sanson.

Les bancs de l'Assemblée montaient presque jusqu'à la corniche des tribunes ; les représentants et le peuple pouvaient dialoguer.

Les vomitoires des tribunes se dégorgeaient dans un labyrinthe de corridors plein[a] parfois d'un bruit farouche.

La Convention encombrait le palais et refluait jusque dans les hôtels voisins, l'hôtel de Longueville, l'hôtel de Coigny. C'est à l'hôtel de Coigny qu'après le 10 août, si l'on en croit une lettre de lord Bradford, on transporta le mobilier royal. Il fallut deux mois pour vider les Tuileries.

Les comités étaient logés aux environs de la salle ; au pavillon-Égalité, la législation, l'agriculture et le commerce ; au pavillon-Liberté, la marine, les colonies, les finances, les assignats, le salut public ; au pavillon-Unité, la guerre.

Le Comité de sûreté générale communiquait directement avec le Comité de salut public par un couloir obscur, éclairé nuit et jour d'un réverbère, où allaient et venaient les espions de tous les partis. On n'y parlait pas.

La barre de la Convention a été plusieurs fois déplacée. Habituellement elle était à droite du président.

Aux deux extrémités de la salle, les deux cloisons verticales qui fermaient du côté droit et du côté gauche les demi-cercles concentriques de l'amphithéâtre laissaient entre elles et le mur deux couloirs étroits et profonds sur lesquels s'ouvraient deux sombres portes carrées. On entrait et on sortait par là.

Les représentants entraient directement dans la salle par une porte donnant sur la terrasse des Feuillants.

Cette salle, peu éclairée le jour par de pâles fenêtres,

mal éclairée, quand venait le crépuscule, par des flam-
beaux livides, avait on ne sait quoi de nocturne.
Ce demi-éclairage s'ajoutait aux ténèbres du soir ;
les séances aux lampes étaient lugubres. On ne se
voyait pas ; d'un bout de la salle à l'autre, de la droite
à la gauche, des groupes de faces vagues s'insultaient.
On se rencontrait sans se reconnaître. Un jour
Laignelot, courant à la tribune, se heurte, dans le
couloir de descente, à quelqu'un. — Pardon, Robespierre, dit-il. — Pour qui me prends-tu ? répond une
voix rauque. — Pardon, Marat, dit Laignelot.

En bas, à droite et à gauche du président, deux tribunes étaient réservées ; car, chose étrange, il y avait
à la Convention des spectateurs privilégiés. Ces tribunes
étaient les seules qui eussent une draperie. Au milieu
de l'architrave, deux glands d'or relevaient cette
draperie. Les tribunes du peuple étaient nues.

Tout cet ensemble était violent, sauvage, régulier.
Le correct dans le farouche ; c'est un peu toute la révolution. La salle de la Convention offrait le plus complet
spécimen de ce que les artistes ont appelé depuis « l'architecture messidor » ; c'était massif et grêle. Les
bâtisseurs de ce temps-là prenaient le symétrique pour
le beau. Le dernier mot de la Renaissance avait été
dit sous Louis XV, et une réaction s'était faite. On
avait poussé le noble jusqu'au fade, et la pureté jusqu'à
l'ennui. La pruderie existe en architecture. Après les
éblouissantes orgies de forme et de couleur du dix-huitième siècle, l'art s'était mis à la diète, et ne se permettait plus que la ligne droite. Ce genre de progrès aboutit
à la laideur. L'art réduit au squelette, tel est le phénomène. C'est l'inconvénient de ces sortes de sagesses et
d'abstinences ; le style est si sobre qu'il devient maigre [1].

---

1. Nouvelle digression où l'amateur d'architecture exprime encore
quelques-unes de ses conceptions favorites. Rien n'exaspérait Hugo

En dehors de toute émotion politique, et à ne voir
que l'architecture, un certain frisson se dégageait
de cette salle. On se rappelait confusément l'ancien
théâtre, les loges enguirlandées, le plafond d'azur
et de pourpre, le lustre à facettes, les girandoles à
reflets de diamants, les tentures gorge de pigeon,
la profusion d'amours et de nymphes sur le rideau
et sur les draperies, toute l'idylle royale et galante,
peinte, sculptée et dorée, qui avait empli de son sourire
ce lieu sévère, et l'on regardait partout autour de soi
ces durs angles rectilignes, froids et tranchants comme
l'acier ; c'était quelque chose comme Boucher guillotiné
par David.

## IV

Qui voyait l'Assemblée ne songeait plus à la salle.
Qui voyait le drame ne pensait plus au théâtre. Rien
de plus difforme et de plus sublime [2]. Un tas de héros,
un troupeau de lâches. Des fauves sur une montagne,
des reptiles dans un marais. Là fourmillaient, se cou-
doyaient, se provoquaient, se menaçaient, luttaient
et vivaient tous ces combattants qui sont aujourd'hui
des fantômes.

Dénombrement titanique [3].

---

plus que l'éloge de la « sobriété » en art. On remarquera en revanche
son goût affirmé pour le baroque et pour les formes qui s'en rap-
prochent.

2. Antithèse déjà marquée dans le discours à l'Académie de 1841
(voir Introduction).

3. L'immense dénombrement qui commence ici est à la manière
épique d'Homère (chant II de l'*Iliade*) ou du Hugo de *la Légende*.
Les sources, dans les pages qui suivent, sont amplement exploitées

A droite, la Gironde, légion de penseurs ; à gauche, la Montagne, groupe d'athlètes. D'un côté, Brissot, qui avait reçu les clefs de la Bastille ; Barbaroux, auquel obéissaient les Marseillais ; Kervélégan, qui avait sous la main le bataillon de Brest caserné au faubourg Saint-Marceau ; Gensonné, qui avait établi la suprématie des représentants sur les généraux ; le fatal Guadet, auquel une nuit, aux Tuileries, la reine avait montré le dauphin endormi ; Guadet baisa le front de l'enfant et fit tomber la tête du père ; Salles, le dénonciateur chimérique des intimités de la Montagne avec l'Autriche ; Sillery, le boiteux de la droite, comme Couthon était le cul-de-jatte de la gauche ; Lause-Duperret, qui, traité de *scélérat* par un journaliste, l'invita à dîner en lui disant : « *Je sais que* « scélérat » *veut simplement dire* « *l'homme qui ne pense pas comme nous* » ; Rabaut-Saint-Étienne, qui avait commencé son Almanach de 1790 par ce mot : *La Révolution est finie;* Quinette, un de ceux qui précipitèrent Louis XVI ; le janséniste Camus, qui rédigeait la constitution civile du clergé, croyait aux miracles du diacre Pâris, et se prosternait toutes les nuits devant un Christ de sept pieds de haut cloué au mur de sa chambre ; Fauchet, un prêtre qui, avec Camille Desmoulins, avait fait le 14 juillet ; Isnard, qui commit le crime de dire : *Paris sera détruit*, au moment même où Brunswick disait : *Paris sera brûlé ;* Jacob Dupont, le premier qui cria : *Je suis athée*, et à qui Robespierre répondit : *L'athéisme est aristocratique;* Lanjuinais, dure, sagace et vaillante tête bretonne ; Ducos, l'Euryale de Boyer-Fonfrède ; Rebecqui, le Pylade de Barbaroux ; Rebecqui donnait

---

(Louis Blanc, Ernest Hamel, Gustave Bonnin, etc.). Encore le romancier a-t-il sacrifié beaucoup de détails que nous a conservés le *Reliquat.*

sa démission parce qu'on n'avait pas encore guillotiné Robespierre ; Richaud, qui combattait la perma-
nence des sections ; Lasource, qui avait émis cet
apophthegme meurtrier : *Malheur aux nations recon-
naissantes!* et qui, au pied de l'échafaud, devait se
contredire par cette fière parole jetée aux montagnards : 
*Nous mourons parce que le peuple dort, et vous mourrez
parce que le peuple se réveillera;* Biroteau, qui fit décréter
l'abolition de l'inviolabilité, fut ainsi, sans le savoir,
le forgeron du couperet, et dressa l'échafaud pour
lui-même ; Charles Villatte[a], qui abrita sa conscience
sous cette protestation : *Je ne veux pas voter sous les
couteaux ;* Louvet, l'auteur de *Faublas*, qui devait finir
libraire au Palais-Royal avec Lodoïska au comptoir ;
Mercier, l'auteur du *Tableau de Paris*, qui s'écriait : 
*Tous les rois ont senti sur leurs nuques le 21 janvier ;* Marec,
qui avait pour souci « la faction des anciennes limites » ;
le journaliste Carra qui, au pied de l'échafaud, dit au
bourreau : *Ça m'ennuie de mourir. J'aurais voulu voir la
suite ;* Vigée, qui s'intitulait grenadier dans le deuxième
bataillon de Mayenne-et-Loire, et qui, menacé par les
tribunes publiques, s'écriait : *Je demande qu'au premier
murmure des tribunes, nous nous retirions tous, et marchions
à Versailles, le sabre à la main!* Buzot, réservé à la mort
de faim ; Valazé, promis à son propre poignard ; 
Condorcet, qui devait périr[b] à Bourg-la-Reine devenu
Bourg-Égalité, dénoncé par l'Horace qu'il avait dans
sa poche ; Pétion, dont la destinée était d'être adoré
par la foule en 1792 et dévoré par les loups en 1793 ; 
vingt autres encore, Pontécoulant, Marboz, Lidon,
Saint-Martin, Dussaulx, traducteur de Juvénal, qui
avait fait la campagne de Hanovre, Boilleau, Bertrand,
Lesterp-Beauvais, Lesage, Gomaire, Gardien, Main-
vielle, Duplantier, Lacaze, Antiboul, et en tête un
Barnave qu'on appelait Vergniaud.

De l'autre côté, Antoine-Louis-Léon Florelle de
Saint-Just, pâle, front bas, profil correct, œil mystérieux, tristesse profonde, vingt-trois ans ; Merlin de
Thionville, que les Allemands appelaient Feuer-
Teufel, « le diable de feu » ; Merlin de Douai, le coupable auteur de la loi des suspects ; Soubrany, que le
peuple de Paris, au premier prairial, demanda pour
général ; l'ancien curé Lebon, tenant un sabre de la
main qui avait jeté de l'eau bénite ; Billaud-Varennes,
qui entrevoyait la magistrature de l'avenir ; pas de
juges, des arbitres ; Fabre d'Églantine, qui eut une
trouvaille charmante, le calendrier républicain, comme
Rouget de Lisle eut une inspiration sublime, la Marseillaise, mais l'un et l'autre sans récidive ; Manuel,
le procureur de la Commune, qui avait dit : *Un roi
mort n'est pas un homme de moins ;* Goujon, qui était
entré dans Tripstadt, dans Newstadt et dans Spire,
et avait vu fuir l'armée prussienne ; Lacroix, avocat
changé en général, fait chevalier de Saint-Louis six
jours avant le 10 août ; Fréron-Thersite, fils de Fréron-
Zoïle ; Rulha[a], l'inexorable fouilleur de l'armoire de
fer, prédestiné au grand suicide républicain, devant
se tuer le jour où mourrait la république ; Fouché,
âme de démon, face de cadavre ; Camboulas, l'ami du
père Duchesne, lequel disait à Guillotin : *Tu es du
club des Feuillants, mais ta fille est du club des Jacobins ;*
Jagot, qui à ceux qui plaignaient la nudité des prisonniers répondait ce mot farouche[b] : *Une prison est
un habit de pierre ;* Javogues, l'effrayant déterreur des
tombeaux de Saint-Denis ; Osselin, proscripteur qui
cachait chez lui une proscrite, madame Charry ; Ben-
tabolle, qui, lorsqu'il présidait, faisait signe aux tribunes d'applaudir ou de huer ; le journaliste Robert,
mari de mademoiselle Kéralio, laquelle écrivait :
*Ni Robespierre, ni Marat ne viennent chez moi;* Robespierre

*y viendra quand il voudra, Marat jamais ;* Garan-Coulon, qui avait fièrement demandé, quand l'Espagne était intervenue dans le procès de Louis XVI, que l'Assemblée ne daignât pas lire la lettre d'un roi pour un roi ; Grégoire, évêque, digne d'abord de la primitive Église, mais qui plus tard sous l'empire effaça le républicain Grégoire par le comte Grégoire ; Amar qui disait : *Toute la terre condamne Louis XVI. A qui donc appeler du jugement ? aux planètes ;* Rouyer, qui s'était opposé, le 21 janvier, à ce qu'on tirât le canon du Pont-Neuf, disant : *Une tête de roi ne doit pas faire en tombant plus de bruit que la tête d'un autre homme ;* Chénier, frère d'André ; Vadier, un de ceux qui posaient un pistolet sur la tribune ; Panis, qui disait à Momoro : — *Je veux que Marat et Robespierre s'embrassent à ma table chez moi.* — *Où demeures-tu ?* — *A Charenton.* — *Ailleurs m'eût étonné,* disait Momoro ; Legendre, qui fut le boucher de la révolution de France comme Pride avait été le boucher de la révolution d'Angleterre ; —*Viens, que je t'assomme,* criait-il à Lanjuinais. Et Lanjuinais répondait : *Fais d'abord décréter que je suis un bœuf ;* Collot d'Herbois, ce lugubre comédien, ayant sur la face l'antique masque aux deux bouches qui disent Oui et Non, approuvant par l'une ce qu'il blâmait par l'autre, flétrissant Carrier à Nantes et déifiant Châlier à Lyon, envoyant Robespierre à l'échafaud et Marat au Panthéon ; Génissieux, qui demandait la peine de mort contre quiconque aurait sur lui la médaille *Louis XVI martyrisé* ; Léonard Bourdon, le maître d'école qui avait offert sa maison au vieillard du Mont-Jura ; Topsent, marin, Goupilleau, avocat, Laurent Lecointre, marchand, Duhem, médecin, Sergent, statuaire, David, peintre, Joseph Égalité, prince. D'autres encore : Lecointe Puiraveau, qui demandait que Marat fût déclaré par décret « en état de démence » ; Robert Lindet, l'inquiétant créateur de cette pieuvre dont la tête était le Comité de sûreté générale et qui couvrait la France de ses vingt et un mille bras, qu'on appelait les comités révolutionnaires ; Lebœuf, sur qui Girey-Dupré, dans son *Noël des faux patriotes*, avait fait ce vers :

*Lebœuf vit Legendre et beugla.*

Thomas Payne, Américain, et clément ; Anacharsis Cloots, Allemand, baron, millionnaire, athée, hébertiste, candide ; l'intègre Lebas, l'ami des Duplay ; Rovère, un des rares hommes qui sont méchants pour la méchanceté, car l'art pour l'art existe plus qu'on ne croit ; Charlier, qui voulait qu'on dît *vous* aux aristocrates ; Tallien, élégiaque et féroce, qui fera le 9 thermidor par amour ; Cambacérès, procureur qui sera prince, Carrier, procureur qui sera tigre ; Laplanche, qui s'écria un jour : *Je demande la priorité pour le canon d'alarme ;* Thuriot qui voulait le vote à haute voix des jurés du tribunal révolutionnaire ; Bourdon de l'Oise, qui provoquait en duel Chambon, dénonçait Payne, et était dénoncé par Hébert ; Fayau, qui proposait « l'envoi d'une armée incendiaire » dans la Vendée ; Tavaux, qui le 13 avril fut presque un médiateur entre la Gironde et la Montagne ; Vernier, qui demandait que les chefs girondins et les chefs montagnards allassent servir comme simples soldats ; Rewbell qui s'enferma dans Mayence ; Bourbotte qui eut son cheval tué sous lui à la prise de Saumur ; Guimberteau qui dirigea l'armée des Côtes de Cherbourg ; Jard-Panvilliers qui dirigea l'armée des Côtes de la Rochelle, Lecarpentier qui dirigea l'escadre de Cancale ; Roberjot qu'attendait le guet-apens de Rastadt ; Prieur de la Marne qui portait dans les camps sa vieille contre-épaulette de chef d'escadron ; Levasseur de la Sarthe qui, d'un mot, décidait Serrent, commandant du bataillon de Saint-Amand, à se faire tuer ; Reverchon, Maure, Bernard de Saintes, Charles Richard, Lequinio, et au sommet de ce groupe un Mirabeau qu'on appelait Danton.

En dehors de ces deux camps, et les tenant tous deux en respect, se dressait un homme, Robespierre.

## V

Au-dessous se courbaient l'épouvante, qui peut être noble, et la peur, qui est basse. Sous les passions, sous les héroïsmes, sous les dévouements, sous les rages, la morne cohue des anonymes. Les bas-fonds de l'Assemblée s'appelaient la Plaine. Il y avait là tout ce qui flotte ; les hommes qui doutent, qui hésitent, qui reculent, qui ajournent, qui épient, chacun craignant quelqu'un. La Montagne, c'était une élite ; la Gironde, c'était une élite ; la Plaine, c'était la foule. La Plaine se résumait et se condensait en Sieyès.

Sieyès, homme profond qui était devenu creux. Il s'était arrêté au tiers-état, et n'avait pu monter jusqu'au peuple. De certains esprits sont faits pour rester à mi-côte. Sieyès appelait tigre Robespierre qui l'appelait taupe. Ce métaphysicien avait abouti, non à la sagesse, mais à la prudence. Il était courtisan et non serviteur de la révolution. Il prenait une pelle et allait, avec le peuple, travailler au Champ de Mars, attelé à la même charrette qu'Alexandre de Beauharnais. Il conseillait l'énergie dont il n'usait point. Il disait aux Girondins : *Mettez le canon de votre parti.* Il y a les penseurs qui sont les lutteurs ; ceux-là étaient, comme Condorcet, avec Vergniaud, ou, comme Camille

Desmoulins, avec Danton. Il y a les penseurs qui veulent vivre [1], ceux-ci étaient avec Sieyès.

Les cuves les plus généreuses ont leur lie. Au-dessous même de la Plaine, il y avait le Marais. Stagnation hideuse laissant voir les transparences de l'égoïsme. Là grelottait l'attente muette des trembleurs. Rien de plus misérable. Tous les opprobres, et aucune honte ; la colère latente ; la révolte sous la servitude. Ils étaient cyniquement effrayés ; ils avaient tous les courages de la lâcheté ; ils préféraient la Gironde et choisissaient la Montagne ; le dénoûment dépendait d'eux ; ils versaient du côté qui réussissait ; ils livraient Louis XVI à Vergniaud, Vergniaud à Danton, Danton à Robespierre, Robespierre à Tallien. Ils piloriaient Marat vivant et divinisaient Marat mort. Ils soutenaient tout jusqu'au jour où ils renversaient tout. Ils avaient l'instinct de la poussée décisive à donner à tout ce qui chancelle. A leurs yeux, comme ils s'étaient mis en service à la condition qu'on fût solide, chanceler, c'était les trahir. Ils étaient le nombre, ils étaient la force, ils étaient la peur. De là l'audace des turpitudes [2].

De là le 31 mai, le 11 germinal, le 9 thermidor [3] ; tragédies nouées par les géants et dénouées par les nains.

---

1. Paraphrase du poème des *Châtiments* (IV, 9) :
    Ceux qui vivent, ce sont ceux qui luttent...
    Ceux-là vivent, Seigneur ! les autres, je les plains.
    Car de son vague ennui le néant les enivre.
    Car le plus lourd fardeau, c'est d'exister sans vivre.

2. Ce déchaînement de Hugo contre les hésitants, les modérés, les tièdes, se ressent vraisemblablement de ses colères d'exilé. Il est en tout cas conforme à sa pensée profonde, surtout depuis 1848 et 1851.

3. Chute des Girondins, chute des Dantonistes, chute de Robespierre

## VI

A ces hommes pleins de passions étaient mêlés les hommes pleins de songes. L'utopie était là sous toutes ses formes, sous sa forme belliqueuse qui admettait l'échafaud, et sous sa forme innocente qui abolissait la peine de mort [1] ; spectre du côté des trônes, ange du côté des peuples. En regard des esprits qui combattaient, il y avait les esprits qui couvaient. Les uns avaient dans la tête la guerre, les autres la paix ; un cerveau, Carnot, enfantait quatorze armées ; un autre cerveau, Jean Debry, méditait une fédération démocratique universelle. Parmi ces éloquences furieuses, parmi ces voix hurlantes et grondantes, il y avait des silences féconds. Lakanal se taisait, et combinait dans sa pensée l'éducation publique nationale ; Lanthenas se taisait, et créait les écoles primaires ; Revellière-Lépeaux se taisait, et rêvait l'élévation de la philosophie à la dignité de religion. D'autres s'occupaient de questions de détail, plus petites et plus pratiques. Guyton-Morveaux étudiait l'assainissement des hôpitaux, Maire l'abolition des servitudes réelles, Jean-Bon-Saint-André la suppression de la prison pour dettes et de la contrainte par corps, Romme la proposition de Chappe, Duboë la mise en ordre des archives, Coren-Fustier la création du cabinet d'anatomie et du muséum d'histoire naturelle, Guyomard la navigation fluviale et le barrage de l'Escaut. L'art avait ses fanatiques et même ses monomanes ; le 21 janvier, pendant que la tête de la monarchie tombait

---

1. Une des revendications obstinées de l'auteur du *Dernier jour d'un condamné*.

sur la place de la Révolution, Bézard, représentant
de l'Oise, allait voir un tableau de Rubens trouvé
dans un galetas de la rue Saint-Lazare. Artistes, orateurs, prophètes, hommes-colosses comme Danton,
hommes-enfants comme Cloots, gladiateurs et philosophes, tous allaient au même but, le progrès. Rien
ne les déconcertait. La grandeur de la Convention
fut de chercher la quantité de réel qui est dans ce que
les hommes appellent l'impossible. A l'une de ses
extrémités, Robespierre avait l'œil fixé sur le droit ;
à l'autre extrémité, Condorcet avait l'œil fixé sur le
devoir.

Condorcet était un homme de rêverie et de clarté ;
Robespierre était un homme d'exécution ; et quelquefois, dans les crises finales des sociétés vieillies, exécution signifie extermination. Les révolutions ont deux
versants, montée et descente, et portent étagées sur
ces versants toutes les saisons, depuis la glace jusqu'aux
fleurs. Chaque zone de ces versants produit les hommes
qui conviennent à son climat, depuis ceux qui vivent
dans le soleil jusqu'à ceux qui vivent dans la foudre.

## VII

On se montrait le repli du couloir de gauche où
Robespierre avait dit bas à l'oreille de Garat, l'ami de
Clavière, ce mot redoutable : *Clavière a conspiré partout où il a respiré.* Dans ce même recoin, commode aux
apartés et aux colères à demi-voix, Fabre d'Églantine
avait querellé Romme, et lui avait reproché de défi-
gurer son calendrier par le changement de *Fervidor*
en *Thermidor*. On se montrait l'angle où siégeaient,
se touchant le[a] coude, les sept représentants de la
Haute-Garonne qui, appelés les premiers à prononcer

leur verdict sur Louis XVI, avaient ainsi répondu l'un après l'autre : Mailhe : la mort. — Delmas : la mort. — Projean : la mort. — Calès : la mort. — Ayral : la mort. — Julien : la mort. — Desaby : la mort. Éternelle répercussion qui emplit toute l'histoire, et qui, depuis que la justice humaine existe, a toujours mis l'écho du sépulcre sur le mur du tribunal. On désignait du doigt, dans la tumultueuse mêlée des visages, tous ces hommes d'où était sorti le brouhaha des votes tragiques ; Paganel, qui avait dit : *La mort. Un roi n'est utile que par sa mort;* Millaud, qui avait dit : *Aujourd'hui, si la mort n'existait pas, il faudrait l'inventer;* le vieux Raffron du Trouillet, qui avait dit : *La mort vite!* Goupilleau, qui avait crié : *L'échafaud tout de suite. La lenteur aggrave la mort;* Sieyès, qui avait eu cette concision funèbre : *La mort;* Thuriot, qui avait rejeté l'appel au peuple proposé par Buzot : *Quoi! les assemblées primaires! quoi! quarante-quatre mille tribunaux! Procès sans terme. La tête de Louis XVI aurait le temps de blanchir avant de tomber;* Augustin-Bon Robespierre, qui, après son frère, s'était écrié : *Je ne connais point l'humanité qui égorge les peuples, et qui pardonne aux despotes. La mort!* demander un sursis c'est substituer à l'appel au peuple un appel aux tyrans; Foussedoire, le remplaçant de Bernardin de Saint-Pierre, qui avait dit : *J'ai en horreur l'effusion du sang humain, mais le sang d'un roi n'est pas le sang d'un homme. La mort;* Jean-Bon-Saint-André, qui avait dit : *Pas de peuple libre sans le tyran mort;* Lavicomterie, qui avait proclamé cette formule : *Tant que le tyran respire, la liberté étouffe. La mort.* Chateauneuf-Randon, qui avait jeté ce cri : *La mort de Louis le Dernier!* Guyardin, qui avait émis ce vœu : *Qu'on l'exécute Barrière-Renversée!* la Barrière-Renversée c'était la barrière du Trône; Tellier, qui avait dit : *Qu'on forge, pour tirer*

*contre l'ennemi, un canon du calibre de la tête de Louis XVI.*
Et les indulgents : Gentil, qui avait dit : *Je vote la
réclusion. Faire un Charles Iᵉʳ, c'est faire un Cromwell;*
Bancal, qui avait dit : *L'exil. Je veux voir le premier
roi de l'univers condamné à faire un métier pour gagner sa
vie;* Albouys, qui avait dit : *Le bannissement. Que ce
spectre vivant aille errer autour des trônes;* Zangiacomi,
qui avait dit : *La détention. Gardons Capet vivant comme
épouvantail;* Chaillon, qui avait dit : *Qu'il vive. Je ne
veux pas faire un mort dont Rome fera un saint.* Pendant
que ces sentences tombaient de ces lèvres sévères
et, l'une après l'autre, se dispersaient dans l'histoire,
dans les tribunes des femmes décolletées et parées
comptaient les voix, une liste à la main, et piquaient
des épingles sous chaque vote.

Où est entrée la tragédie, l'horreur et la pitié restent.

Voir la Convention, à quelque époque de son règne
que ce fût, c'était revoir le jugement du dernier Capet ;
la légende du 21 janvier semblait mêlée à tous ses
actes ; la redoutable assemblée était pleine de ces
haleines fatales qui avaient passé sur le vieux flambeau
monarchique allumé depuis dix-huit siècles, et l'avaient
éteint ; le décisif procès de tous les rois dans un roi
était comme le point de départ de la grande guerre
qu'elle faisait au passé [1] ; quelle que fût la séance de
la Convention à laquelle on assistât, on voyait s'y
projeter l'ombre portée de l'échafaud de Louis XVI ;
les spectateurs se racontaient les uns aux autres la
démission de Kersaint, la démission de Roland,
Duchâtel [a] le député des Deux-Sèvres, qui se fit apporter malade sur son lit, et, mourant, vota la vie,
ce qui fit rire Marat ; et l'on cherchait des yeux le

---

1. C'était, on l'a vu, le thème du grand poème épique : *La Révolution*, écrit en 1857, publié en 1881 dans *les Quatre Vents de l'Esprit.*

représentant, oublié par l'histoire aujourd'hui, qui, après cette séance de trente-sept heures, tombé de lassitude et de sommeil sur son banc, et réveillé par l'huissier quand ce fut son tour de voter, entr'ouvrit les yeux, dit : *La mort!* et se rendormit.

Au moment où ils condamnèrent à mort Louis XVI, Robespierre avait encore dix-huit mois à vivre, Danton quinze mois, Vergniaud neuf mois, Marat cinq mois et trois semaines, Lepelletier-Saint-Fargeau un jour. Court et terrible souffle des bouches humaines !

## VIII

Le peuple avait sur la Convention une fenêtre ouverte, les tribunes publiques, et, quand la fenêtre ne suffisait pas, il ouvrait la porte, et la rue entrait dans l'assemblée. Ces invasions de la foule dans ce sénat sont une des plus surprenantes visions de l'histoire. Habituellement, ces irruptions étaient cordiales. Le carrefour fraternisait avec la chaise curule. Mais c'est une cordialité redoutable que celle d'un peuple qui, un jour, en trois heures, avait pris les canons des Invalides et quarante mille fusils. A chaque instant, un défilé interrompait la séance ; c'étaient des députations admises à la barre, des pétitions, des hommages, des offrandes. La pique d'honneur du faubourg Saint-Antoine entrait, portée par des femmes. Des Anglais offraient vingt mille souliers aux pieds nus de nos soldats. « Le citoyen Arnoux, disait le *Moniteur*, curé d'Aubignan, commandant du bataillon de la Drôme, demande à marcher aux frontières, et que sa cure lui soit conservée. » Les délégués des sections arrivaient apportant sur des brancards des plats, des patènes, des calices, des ostensoirs, des monceaux d'or, d'argent

et de vermeil, offerts à la patrie par cette multitude
en haillons, et demandaient pour récompense la permission de danser la carmagnole devant la Convention.
Chenard, Narbonne et Vallière venaient chanter des
couplets en l'honneur de la Montagne. La section du
Mont-Blanc apportait le buste de Lepelletier, et une
femme posait un bonnet rouge sur la tête du président
qui l'embrassait ; « les citoyennes de la section du
Mail » jetaient des fleurs « aux législateurs » ; les
« élèves de la patrie » venaient, musique en tête, remercier la Convention d'avoir « préparé la prospérité
du siècle » ; les femmes de la section des Gardes-
Françaises offraient des roses ; les femmes de la section
des Champs-Élysées offraient une couronne de chêne ;
les femmes de la section du Temple venaient à la barre
jurer *de ne s'unir qu'à de vrais républicains* ; la section de
Molière présentait une médaille de Franklin qu'on
suspendait, par décret, à la couronne de la statue de
la Liberté ; les Enfants-Trouvés, déclarés Enfants
de la République, défilaient, revêtus de l'uniforme
national ; les jeunes filles de la section de Quatrevingt-
douze arrivaient en longues robes blanches, et le lendemain le *Moniteur* contenait cette ligne : « Le président
reçoit un bouquet des mains innocentes d'une jeune
beauté. » Les orateurs saluaient les foules ; parfois ils
les flattaient ; ils disaient à la multitude : — *Tu es
infaillible, tu es irréprochable, tu es sublime ;* — le peuple
a un côté enfant ; il aime ces sucreries. Quelquefois
l'émeute traversait l'assemblée, y entrait furieuse et
sortait apaisée, comme le Rhône qui traverse le lac
Léman, et qui est de fange en y entrant, et d'azur en
en sortant.

Parfois c'était moins pacifique[a], et Henriot faisait
apporter devant la porte des Tuileries des grils à
rougir les boulets.

## IX

En même temps qu'elle dégageait de la révolution, cette assemblée produisait de la civilisation[1]. Fournaise, mais forge. Dans cette cuve où bouillonnait la terreur, le progrès fermentait. De ce chaos d'ombre et de cette tumultueuse fuite de nuages, sortaient d'immenses rayons de lumière parallèles aux lois éternelles. Rayons restés sur l'horizon, visibles à jamais dans le ciel des peuples, et qui sont, l'un la justice, l'autre la tolérance, l'autre la bonté, l'autre la raison, l'autre la vérité, l'autre l'amour. La Convention promulguait ce grand axiome : *La liberté du citoyen finit où la liberté d'un autre citoyen commence ;* ce qui résume en deux lignes toute la sociabilité humaine. Elle déclarait l'indigence sacrée ; elle déclarait l'infirmité sacrée dans l'aveugle et dans le sourd-muet devenus pupilles de l'État, la maternité sacrée dans la fille-mère qu'elle consolait et relevait [2], l'enfance sacrée dans l'orphelin qu'elle faisait adopter par la patrie, l'innocence sacrée dans l'accusé acquitté qu'elle indemnisait. Elle flétrissait la traite des noirs ; elle abolissait l'esclavage. Elle proclamait la solidarité civique. Elle décrétait l'instruction gratuite. Elle organisait l'éducation nationale par l'école normale à Paris, l'école centrale au chef-lieu, et l'école primaire dans la commune. Elle créait les conservatoires et les musées. Elle décrétait l'unité de code, l'unité

---

1. Point capital, aux yeux de Hugo, et qui justifie la Convention (voir notre Introduction).

2. Ce sont, pour une large part, les thèmes traités dans *les Misérables*, et, d'une manière générale, les préoccupations essentielles de Hugo écrivain « social ».

de poids et de mesures, et l'unité de calcul par le système décimal. Elle fondait les finances de la France, et à la longue banqueroute monarchique elle faisait succéder le crédit public. Elle donnait à la circulation le télégraphe, à la vieillesse les hospices dotés, à la maladie les hôpitaux purifiés, à l'enseignement l'école polytechnique, à la science le bureau des longitudes, à l'esprit humain l'institut. En même temps que nationale, elle était cosmopolite. Des onze mille deux cent dix décrets qui sont sortis de la Convention, un tiers a un but politique, les deux tiers ont un but humain. Elle déclarait la morale universelle base de la société et la conscience universelle base de la loi. Et tout cela, servitude abolie, fraternité proclamée, humanité protégée, conscience humaine rectifiée, loi du travail transformée en droit et d'onéreuse devenue secourable, richesse nationale consolidée, enfance éclairée et assistée, lettres et sciences propagées, lumière allumée sur tous les sommets, aide à toutes les misères, promulgation de tous les principes, la Convention le faisait, ayant dans les entrailles cette hydre, la Vendée, et sur les épaules ce tas de tigres, les rois [1].

# X

Lieu immense. Tous les types humains, inhumains et surhumains étaient là. Amas épique d'antagonismes. Guillotin évitant David, Bazire insultant Chabot, Guadet raillant Saint-Just, Vergniaud dédaignant Danton, Louvet attaquant Robespierre, Buzot dénonçant Égalité, Chambon flétrissant Pache, tous exécrant Marat. Et que de noms encore il faudrait

---

1. Dans de tels passages, Hugo est très proche de Michelet.

enregistrer! Armonville, dit Bonnet-Rouge, parce qu'il ne siégeait qu'en bonnet phrygien, ami de Robespierre, et voulant, « après Louis XVI, guillotiner Robespierre » par goût de l'équilibre ; Massieu, collègue et ménechme de ce bon Lamourette, évêque fait pour laisser son nom à un baiser ; Lehardy du Morbihan stigmatisant les prêtres de Bretagne ; Barère, l'homme des majorités, qui présidait quand Louis XVI parut à la barre, et qui était à Paméla ce que Louvet était à Lodoïska ; l'oratorien Daunou qui disait : *Gagnons du temps;* Dubois-Crancé à l'oreille de qui se penchait Marat ; le marquis de Chateauneuf, Laclos, Hérault de Séchelles qui reculait devant Henriot criant : *Canonniers, à vos pièces!* Julien, qui comparait la Montagne aux Thermopyles ; Gamon, qui voulait une tribune publique réservée uniquement aux femmes ; Laloy, qui décerna les honneurs de la séance à l'évêque Gobel venant à la Convention déposer la mitre et coiffer le bonnet rouge ; Lecomte, qui s'écriait : *C'est donc à qui se déprêtrisera!* Féraud, dont Boissy-d'Anglas saluera la tête, laissant à l'histoire cette question : — Boissy-d'Anglas a-t-il salué la tête, c'est-à-dire la victime, ou la pique, c'est-à-dire les assassins ? — Les deux frères Duprat, l'un montagnard, l'autre girondin, qui se haïssaient comme les deux frères Chénier [1].

Il s'est dit à cette tribune de ces vertigineuses paroles qui ont, quelquefois, à l'insu même de celui qui les prononce, l'accent fatidique des révolutions, et à la suite desquelles les faits matériels paraissent avoir brusquement on ne sait quoi de mécontent et de passionné, comme s'ils avaient mal pris les choses qu'on vient d'entendre ; ce qui se passe semble courroucé

---

1. Cette « haine » entre les deux Chénier avait été contestée par Vigny, qui, dans *Stello*, montrait Marie-Joseph s'efforçant de sauver André.

de ce qui se dit ; les catastrophes surviennent furieuses et comme exaspérées par les paroles des hommes. Ainsi une voix dans la montagne suffit pour détacher l'avalanche. Un mot de trop peut être suivi d'un écroulement. Si l'on n'avait pas parlé, cela ne serait pas arrivé [1]. On dirait parfois que les événements sont irascibles.

C'est de cette façon, c'est par le hasard d'un mot d'orateur mal compris qu'est tombée la tête de madame Élisabeth.

A la Convention l'intempérance de langage était de droit.

Les menaces volaient et se croisaient dans la discussion comme les flammèches dans l'incendie. — PÉTION : Robespierre, venez au fait. — ROBES-PIERRE : Le fait, c'est vous, Pétion. J'y viendrai, et vous le verrez. — UNE VOIX : Mort à Marat ! — MARAT : Le jour où Marat mourra, il n'y aura plus de Paris, et le jour où Paris périra, il n'y aura plus de République. — Billaud-Varennes se lève et dit : Nous voulons... — Barrère l'interrompt : Tu parles comme un roi. — Un autre jour, PHILIPPEAUX : Un membre a tiré l'épée contre moi. — AUDOUIN : Président, rappelez à l'ordre l'assassin. — LE PRÉSIDENT : Attendez. — PANIS : Président, je vous rappelle à l'ordre, moi. — On riait aussi, rudement : LECOINTRE : Le curé du Chant-de-Bout se plaint de Fauchet, son évêque, qui lui défend de se marier. — UNE VOIX : Je ne vois pas pourquoi Fauchet, qui a des maîtresses, veut empêcher les autres d'avoir des épouses. — UNE AUTRE VOIX :

---

1. La puissance du *mot* avait été chantée dans un poème célèbre des *Contemplations* (1, 8) :

Attache un mot vengeur au flanc de tout un monde,
Et le monde, entraînant pavois, glaive, échafaud,
Ses lois, ses mœurs, ses Dieux, s'écroule sous le mot.

Prêtre, prends femme ! — Les tribunes se mêlaient à la conversation. Elles tutoyaient l'Assemblée. Un jour le représentant Ruamps monte à la tribune. Il avait une « hanche » beaucoup plus grosse que l'autre. Un des spectateurs lui cria : — Tourne ça du côté de la droite, puisque tu as une « joue » à la David ! — Telles étaient les libertés que le peuple prenait avec la Convention. Une fois pourtant, dans le tumulte du 11 avril 1793, le président fit arrêter un interrupteur des tribunes.

Un jour, cette séance a eu pour témoin le vieux Buonarotti [1], Robespierre prend la parole et parle deux heures, regardant Danton, tantôt fixement, ce qui était grave, tantôt obliquement, ce qui était pire. Il foudroie à bout portant. Il termine par une explosion indignée, pleine de mots funèbres : — On connaît les intrigants, on connaît les corrupteurs et les corrompus, on connaît les traîtres ; ils sont dans cette assemblée. Ils nous entendent ; nous les voyons et nous ne les quittons pas des yeux. Qu'ils regardent au-dessus de leur tête, et ils y verront le glaive de la loi ; qu'ils regardent dans leur conscience, et ils y verront leur infamie. Qu'ils prennent garde à eux. — Et quand Robespierre a fini, Danton, la face au plafond, les yeux à demi fermés, un bras pendant par-dessus le dossier de son banc, se renverse en arrière, et on l'entend fredonner :

> Cadet Roussel fait des discours
> Qui ne sont pas longs quand ils sont courts.

Les imprécations se donnaient la réplique. — Conspirateur ! — Assassin ! — Scélérat ! — Factieux ! — Modéré ! — On se dénonçait au buste de Brutus qui

---

1. Le révolutionnaire italien (1761-1837), descendant de Michel-Ange.

était là. Apostrophes, injures, défis. Regards furieux
d'un côté à l'autre, poings montrés, pistolets entrevus,
poignards à demi tirés. Énorme flamboiement de la
tribune. Quelques-uns parlaient comme s'ils étaient
adossés à la guillotine. Les têtes ondulaient, épou-
vantées et terribles. Montagnards, Girondins, Feuillants, Modérantistes, Terroristes, Jacobins, Cordeliers[a] ;
dix-huit prêtres régicides.

Tous ces hommes ! tas de fumées poussées dans
tous les sens.

## XI

Esprits en proie au vent.

Mais ce vent était un vent de prodige.

Être un membre de la Convention, c'était être une
vague de l'Océan. Et ceci était vrai des plus grands.
La force d'impulsion venait d'en haut. Il y avait dans
la Convention une volonté qui était celle de tous et
n'était celle de personne. Cette volonté était une idée,
idée indomptable et démesurée qui soufflait dans
l'ombre du haut du ciel. Nous appelons cela la Révolution. Quand cette idée passait, elle abattait l'un et
soulevait l'autre ; elle emportait celui-ci en écume et
brisait celui-là aux écueils. Cette idée savait où elle
allait, et poussait le gouffre devant elle. Imputer la
révolution aux hommes, c'est imputer la marée aux
flots [1].

La révolution est une action de l'Inconnu. Appelez-
la bonne action ou mauvaise action, selon que vous
aspirez à l'avenir ou au passé, mais laissez-la à celui
qui l'a faite. Elle semble l'œuvre en commun des grands

---

1. Transposition en prose du poème dont nous avons parlé (p. XII).

événements et des grands individus mêlés, mais elle
est en réalité la résultante des événements. Les événements dépensent, les hommes payent. Les événements dictent, les hommes signent. Le 14 juillet est
signé Camille Desmoulins, le 10 août est signé Danton,
le 2 septembre est signé Marat, le 21 septembre est
signé Grégoire, le 21 janvier est signé Robespierre ;
mais Desmoulins, Danton, Marat, Grégoire et Robespierre ne sont que des greffiers. Le rédacteur énorme
et sinistre de ces grandes pages a un nom, Dieu, et
un masque, Destin. Robespierre croyait en Dieu.
Certes !

La Révolution[a] est une forme du phénomène im-
manent qui nous presse de toutes parts et que nous
appelons la Nécessité.

Devant cette mystérieuse complication de bienfaits
et de souffrances se dresse le Pourquoi? de l'histoire.

*Parce que*. Cette réponse de celui qui ne sait rien est
aussi la réponse de celui qui sait tout.

En présence de ces catastrophes climatériques qui
dévastent et vivifient la civilisation, on hésite à juger
le détail. Blâmer ou louer les hommes à cause du résultat, c'est presque comme si on louait ou blâmait
les chiffres à cause du total. Ce qui doit passer passe,
ce qui doit souffler souffle. La sérénité éternelle ne
souffre pas de ces aquilons. Au-dessus des révolutions
la vérité et la justice demeurent comme le ciel étoilé
au-dessus des tempêtes.

## XII

Telle était cette Convention démesurée ; camp
retranché du genre humain attaqué par toutes les
ténèbres à la fois, feux nocturnes d'une armée d'idées

assiégées, immense bivouac d'esprits sur un versant d'abîme. Rien dans l'histoire n'est comparable à ce groupe, à la fois sénat et populace, conclave et carrefour, aréopage et place publique, tribunal et accusé.

La Convention a toujours ployé au vent ; mais ce vent sortait de la bouche du peuple et était le souffle de Dieu.

Et aujourd'hui, après quatre-vingts ans écoulés, chaque fois que devant la pensée d'un homme, quel qu'il soit, historien ou philosophe, la Convention apparaît, cet homme s'arrête et médite. Impossible de ne pas être attentif à ce grand passage d'ombres[a].

## II

### MARAT DANS LA COULISSE

Comme il l'avait annoncé à Simonne Évrard, Marat, le lendemain de la rencontre de la rue du Paon, alla à la Convention.

Il y avait à la Convention un marquis maratiste, Louis de Montaut, celui qui plus tard offrit à la Convention une pendule décimale surmontée du buste de Marat.

Au moment où Marat entrait, Chabot venait de s'approcher de Montaut.

— Ci-devant... dit-il.

Montaut leva les yeux.

— Pourquoi m'appelles-tu ci-devant?

— Parce que tu l'es.

— Moi?

— Puisque tu étais marquis.

— Jamais.

— Bah !

— Mon père était soldat, mon grand-père était tisserand.

— Qu'est-ce que tu nous chantes là, Montaut ?

— Je ne m'appelle pas Montaut.

— Comment donc t'appelles-tu ?

— Je m'appelle Maribon.

— Au fait, dit Chabot, cela m'est égal.

Et il ajouta entre ses dents :

— C'est à qui ne sera pas marquis.

Marat s'était arrêté dans le couloir de gauche et regardait Montaut et Chabot.

Toutes les fois que Marat entrait, il y avait une rumeur ; mais loin de lui. Autour de lui on se taisait. Marat n'y prenait pas garde. Il dédaignait le « coassement du marais ».

Dans la pénombre des bancs obscurs d'en bas, Conpé[a] de l'Oise, Prunelle, Villars, évêque, qui plus tard fut membre de l'Académie française, Boutroue, Petit, Plaichard, Bonet, Thibaudeau, Valdruche, se le montraient du doigt.

— Tiens, Marat !

— Il n'est donc pas malade ?

— Si, puisqu'il est en robe de chambre.

— En robe de chambre ?

— Pardieu oui !

— Il se permet tout !

— Il ose venir ainsi à la Convention !

— Puisqu'un jour il y est venu coiffé de lauriers, il peut bien y venir en robe de chambre !

— Face de cuivre et dents de vert-de-gris.

— Sa robe de chambre paraît neuve.

— En quoi est-elle ?

— En reps.

— Rayé.

— Regardez donc les revers.

— Ils sont en peau.

— De tigre.

— Non, d'hermine.

— Fausse.

— Et il a des bas !

— C'est étrange.

— Et des souliers à boucles.

— D'argent !

— Voilà ce que les sabots de Camboulas ne lui pardonneront pas.

Sur d'autres bancs on affectait de ne pas voir Marat. On causait d'autre chose. Santhonax abordait Dussaulx.

— Vous savez, Dussaulx ?

— Quoi ?

— Le ci-devant comte de Brienne ?

— Qui était à la Force avec le ci-devant duc de Villeroy ?

— Oui.

— Je les ai connus tous les deux. Eh bien ?

— Ils avaient si grand'peur qu'ils saluaient tous les bonnets rouges de tous les guichetiers, et qu'un jour ils ont refusé de jouer une partie de piquet parce qu'on leur présentait un jeu de cartes à rois et à reines.

— Eh bien ?

— On les a guillotinés hier.

— Tous les deux ?

— Tous les deux.

— En somme, comment avaient-ils été dans la prison ?

— Lâches.

— Et comment ont-ils été sur l'échafaud ?

— Intrépides.

Et Dussaulx jetait cette exclamation :

— Mourir est plus facile que vivre.

Barère était en train de lire un rapport : il s'agissait de la Vendée. Neuf cents hommes du Morbihan étaient partis avec du canon pour secourir Nantes. Redon était menacé par les paysans. Paimbœuf était attaqué. Une station navale croisait à Maindrin pour empêcher les descentes. Depuis Ingrande jusqu'à Maure, toute la rive gauche de la Loire était hérissée de batteries royalistes. Trois mille paysans étaient maîtres de Pornic. Ils criaient *Vivent les Anglais !* Une lettre de Santerre à la Convention, que Barère lisait, se terminait ainsi : « Sept mille paysans ont attaqué Vannes. Nous les avons repoussés, et ils ont laissé dans nos mains quatre canons... »

— Et combien de prisonniers ? interrompit une voix.

Barère continua... — Post-scriptum de la lettre : « Nous n'avons pas de prisonniers, parce que nous n'en faisons plus [1]. »

Marat toujours immobile n'écoutait pas, il était comme absorbé par une préoccupation sévère.

Il tenait dans sa main et froissait entre ses doigts un papier sur lequel quelqu'un qui l'eût déplié eût pu lire ces lignes, qui étaient de l'écriture de Momoro et qui étaient probablement une réponse à une question posée par Marat :

« — Il n'y a rien à faire contre l'omnipotence des commissaires délégués, surtout contre les délégués du Comité de salut public. Génissieux a eu beau dire dans la séance du 6 mai : « *Chaque commissaire est plus qu'un roi* », cela n'y fait rien. Ils ont pouvoir de vie et de mort. Massade à Angers, Trullard à Saint-Amand, Nyon près du général Marcé, Parrein

---

1. *Moniteur*, t. XIX, p. 84. (Note de Victor Hugo).

à l'armée des Sables, Millier à l'armée de Niort, sont tout-puissants. Le club des Jacobins a été jusqu'à nommer Parrein général de brigade. Les circonstances absolvent tout. Un délégué du Comité de salut public tient en échec un général en chef. »

Marat acheva de froisser le papier, le mit dans sa poche et s'avança lentement vers Montaut et Chabot qui continuaient à causer et ne l'avaient pas vu entrer.

Chabot disait :

— Maribon ou Montaut, écoute ceci : je sors du Comité de salut public.

— Et qu'y fait-on?

— On y donne un noble à garder à un prêtre.

— Ah!

— Un noble comme toi...

— Je ne suis pas noble, dit Montaut.

— A un prêtre...

— Comme toi.

— Je ne suis pas prêtre, dit Chabot.

Tous deux se mirent à rire.

— Précise l'anecdote, repartit Montaut.

— Voici ce que c'est. Un prêtre appelé Cimourdain est délégué avec pleins pouvoirs près d'un vicomte nommé Gauvain; ce vicomte commande la colonne expéditionnaire de l'armée des Côtes. Il s'agit d'empêcher le noble de tricher et le prêtre de trahir.

— C'est bien simple, répondit Montaut. Il n'y a qu'à mettre la mort dans l'aventure.

— Je viens pour cela, dit Marat.

Ils levèrent la tête.

— Bonjour, Marat, dit Chabot, tu assistes rarement à nos séances.

— Mon médecin me commande les bains, répondit Marat.

— Il faut se défier des bains, reprit Chabot; Sénèque est mort dans un bain [1].

Marat sourit :

— Chabot, il n'y a pas ici de Néron.

— Il y a toi, dit une voix rude.

C'était Danton qui passait et qui montait à son banc.

Marat ne se retourna pas.

Il pencha sa tête entre les deux visages de Montaut et de Chabot.

— Écoutez, je viens pour une chose sérieuse, il faut qu'un de nous trois propose aujourd'hui un projet de décret à la Convention.

— Pas moi, dit Montaut, on ne m'écoute pas, je suis marquis.

— Moi, dit Chabot, on ne m'écoute pas, je suis capucin.

— Et moi, dit Marat, on ne m'écoute pas, je suis Marat.

Il y eut entre eux un silence.

Marat préoccupé n'était pas aisé à interroger. Montaut pourtant hasarda une question.

— Marat, quel est le décret que tu désires?

— Un décret qui punisse de mort tout chef militaire qui fait évader un rebelle prisonnier.

Chabot intervint.

— Ce décret existe, on a voté cela fin avril.

— Alors c'est comme s'il n'existait pas, dit Marat. Partout dans toute la Vendée, c'est à qui fera évader les prisonniers, et l'asile est impuni.

---

1. Anticipation prophétique et théâtrale de la « baignoire de Marat » et du coup de poignard de Charlotte Corday le 13 juillet suivant.

— Marat, c'est que le décret est en désuétude.

— Chabot, il faut le remettre en vigueur.

— Sans doute.

— Et pour cela parler à la Convention.

— Marat, la Convention n'est pas nécessaire; le Comité de salut public suffit.

— Le but est atteint, ajouta Montaut, si le Comité de salut public fait placarder le décret dans toutes les communes de la Vendée, et fait deux ou trois bons exemples.

— Sur les grandes têtes, reprit Chabot. Sur les généraux.

Marat grommela : — En effet, cela suffira.

— Marat, repartit Chabot, va toi-même dire cela au Comité de salut public.

Marat le regarda entre les deux yeux, ce qui n'était pas agréable, même pour Chabot.

— Chabot, dit-il, le Comité de salut public, c'est chez Robespierre; je ne vais pas chez Robespierre.

— J'irai, moi, dit Montaut.

— Bien, dit Marat.

Le lendemain était expédié dans toutes les directions un ordre du Comité de salut public enjoignant d'afficher dans les villes et villages de Vendée et de faire exécuter strictement le décret portant peine de mort contre toute connivence dans les évasions de brigands et d'insurgés prisonniers.

Ce décret n'était qu'un premier pas; la Convention devait aller plus loin encore. Quelques mois après, le 11 brumaire an II (novembre 1793), à propos de Laval qui avait ouvert ses portes aux Vendéens fugitifs, elle décréta que toute ville qui donnerait asile aux rebelles serait démolie et détruite.

De leur côté, les princes de l'Europe, dans le manifeste du duc de Brunswick, inspiré par les émigrés et rédigé par le marquis de Linnon, intendant du duc d'Orléans, avaient déclaré que tout Français pris les armes à la main serait fusillé, et que, si un cheveu tombait de la tête du roi, Paris serait rasé.

Sauvagerie contre barbarie.

# EN VENDÉE

TROISIÈME PARTIE

EN VENDÉE

# LIVRE PREMIER

# LA VENDÉE

## I

### LES FORÊTS

Il y avait alors en Bretagne sept forêts horribles. La Vendée, c'est la révolte-prêtre. Cette révolte a eu pour auxiliaire la forêt. Les ténèbres s'entr'aident [1].

Les sept Forêts-Noires de Bretagne étaient la forêt de Fougères qui barre le passage entre Dol et Avranches ; la forêt de Princé qui a huit lieues de tour ; la forêt de Paimpont, pleine de ravines et de ruisseaux, presque inaccessible du côté de Baignon, avec une retraite facile sur Concornet qui était un bourg royaliste ; la forêt de Rennes d'où l'on entendait le tocsin des paroisses républicaines, toujours nombreuses près des villes ; c'est là que Puysaye[a] perdit Focard ; la forêt de Machecoul qui avait Charette pour bête fauve ; la forêt de la Garnache qui était aux La Trémoille, aux Gauvain et aux Rohan ; la forêt de Brocéliande qui était aux fées [2].

---

1. Phrase épigrammatique, et révélatrice de la position de Hugo (voir l'Introduction).
2. C'est la forêt légendaire des romans de la Table ronde et de l'en-

Un gentilhomme en Bretagne avait le titre de *seigneur des Sept-Forêts*. C'était le vicomte de Fontenay, prince breton.

Car le prince breton existait, distinct du prince français. Les Rohan étaient princes bretons. Garnier de Saintes, dans son rapport à la Convention, 15 nivôse an II, qualifie ainsi le prince de Talmont : « Ce Capet des brigands, souverain du Maine et de la Normandie. »

L'histoire des forêts bretonnes, de 1792 à 1800, pourrait être faite à part, et elle se mêlerait à la vaste aventure de la Vendée comme une légende [1].

L'histoire a sa vérité, la légende a la sienne. La vérité légendaire est d'une autre nature que la vérité historique. La vérité légendaire, c'est l'invention ayant pour résultat la réalité. Du reste l'histoire et la légende ont le même but, peindre sous l'homme momentané l'homme éternel.

La Vendée ne peut être complètement expliquée que si la légende complète l'histoire ; il faut l'histoire pour l'ensemble et la légende pour le détail.

Disons que la Vendée en vaut la peine. La Vendée est un prodige.

Cette Guerre des Ignorants, si stupide et si splendide, abominable et magnifique, a désolé et enorgueilli la France. La Vendée est une plaie qui est une gloire.

A de certaines heures la société humaine a ses énigmes, énigmes qui pour les sages se résolvent en lumière et pour les ignorants en obscurité, en violence et en barbarie. Le philosophe hésite à accuser. Il tient

---

chanteur Merlin ; elle est identifiée parfois avec la forêt de Paimpont. On lit d'ailleurs dans le *Reliquat* de *Quatrevingt-treize* cette note de V. Hugo : « La forêt de Brocéliande, aujourd'hui Paimpont. »

1. La source essentielle, dans les pages qui suivent, ce sont les *Lettres sur l'origine de la chouannerie* de Duchemin-Descepeaux.

compte du trouble que produisent les problèmes. Les problèmes ne passent point sans jeter au-dessous d'eux une ombre comme les nuages.

Si l'on veut comprendre la Vendée, qu'on se figure cet antagonisme : d'un côté la révolution française, de l'autre le paysan breton [1]. En face de ces événements incomparables, menace immense de tous les bienfaits à la fois, accès de colère de la civilisation, excès du progrès furieux, amélioration démesurée et inintelligible, qu'on place ce sauvage grave et singulier, cet homme à l'œil clair et aux longs cheveux, vivant de lait et de châtaignes, borné à son toit de chaume, à sa haie et à son fossé, distinguant chaque hameau du voisinage au son de la cloche, ne se servant de l'eau que pour boire, ayant sur le dos une veste de cuir avec des arabesques de soie, inculte et brodé, tatouant ses habits comme ses ancêtres les Celtes avaient tatoué leurs visages, respectant son maître dans son bourreau, parlant une langue morte, ce qui est faire habiter une tombe à sa pensée, piquant ses bœufs, aiguisant sa faulx, sarclant son blé noir, pétrissant sa galette de sarrasin, vénérant sa charrue d'abord, sa grand'mère ensuite, croyant à la sainte Vierge et à la Dame blanche, dévot à l'autel et aussi à la haute pierre mystérieuse debout au milieu de la lande, laboureur dans la plaine, pêcheur sur la côte, braconnier dans le hallier, aimant ses rois, ses seigneurs, ses prêtres, ses poux ; pensif, immobile souvent des heures entières sur la grande grève déserte, sombre écouteur de la mer.

Et qu'on se demande si cet aveugle pouvait accepter cette clarté.

---

1. Les lettres écrites par Hugo pendant son voyage de 1836 exprimaient son enthousiasme devant les paysages, mais manquaient d'aménité à l'égard du paysan breton et de la vie bretonne. On retrouve un peu le même esprit dans cette page.

## II

### LES HOMMES

Le paysan a deux points d'appui : le champ qui le nourrit, le bois qui le cache.

Ce qu'étaient les forêts bretonnes, on se le figurerait difficilement ; c'étaient des villes [1]. Rien de plus sourd, de plus muet et de plus sauvage que ces inextricables enchevêtrements d'épines et de branchages ; ces vastes broussailles étaient des gîtes d'immobilité et de silence ; pas de solitude d'apparence plus morte et plus sépulcrale ; si l'on eût pu, subitement et d'un seul coup pareil à l'éclair, couper les arbres, on eût brusquement vu dans cette ombre un fourmillement d'hommes.

Des puits ronds et étroits, masqués au dehors par des couvercles de pierre et de branches, verticaux, puis horizontaux, s'élargissant sous terre en entonnoir, et aboutissant à des chambres ténébreuses, voilà ce que Cambyse trouva en Égypte et ce que Westermann trouva en Bretagne ; là c'était dans le désert, ici c'était dans la forêt ; dans les caves d'Égypte il y avait des

---

1. Les premières pages des *Chouans* de Balzac présentaient déjà une digression sur la Bretagne et ses forêts, dont le style et parfois l'esprit même annoncent curieusement ces chapitres de *Quatrevingt-treize* : « Les haies si fleuries de ces belles vallées cachaient alors d'invisibles agresseurs. Chaque champ était alors une forteresse, chaque arbre méditait un piège, chaque vieux tronc de saule creux gardait un stratagème... La religion ou plutôt le fétichisme de ces créatures ignorantes désarmait le meurtre de ses remords. Aussi une fois cette lutte engagée, tout dans le pays devenait-il dangereux : le bruit comme le silence, la grâce comme la terreur, le foyer domestique comme le grand chemin. Il y avait de la conviction dans ces trahisons. C'étaient des sauvages qui servaient Dieu et le roi... », etc.

morts, dans les caves de Bretagne il y avait des vivants. Une des plus sauvages clairières du bois de Misdon, toute perforée de galeries et de cellules où allait et venait un peuple mystérieux, s'appelait « la Grande ville ». Une autre clairière, non moins déserte en dessus et non moins habitée en dessous, s'appelait « la Place royale ».

Cette vie souterraine était immémoriale en Bretagne. De tout temps l'homme y avait été en fuite devant l'homme. De là les tanières de reptiles creusées sous les arbres[a]. Cela datait des druides, et quelques-unes de ces cryptes étaient aussi anciennes que les dolmens. Les larves de la légende et les monstres de l'histoire, tout avait passé sur ce noir pays, Teutatès [1], César, Hoël, Néomène, Geoffroy d'Angleterre, Alain-gant-de-fer, Pierre Mauclerc, la maison française de Blois, la maison anglaise de Montfort, les rois et les ducs, les neuf barons de Bretagne, les juges des Grands-Jours, les comtes de Nantes querellant les comtes de Rennes, les routiers, les malandrins, les grandes com-

---

1. Hugo, avec la même assurance que plus haut pour la Révolution, énumère maintenant les étapes de l'histoire bretonne : Teutatès, le dieu gaulois, évoque la période antérieure à l'invasion romaine ; César triompha en 56 av. J. C. de la résistance bretonne ; Hoël et Néomène (ou Noménoé) furent parmi les chefs de guerre, ou «teyros», qui soumirent le pays après la domination de Rome ; Geoffroy, fils de Henri II Plantagenet, devint duc de Bretagne à la fin du XIIe siècle ; Pierre Mauclerc, comte de Dreux, prince de sang royal, épousa la fille de Geoffroy, à l'instigation de Philippe-Auguste, qui préparait ainsi la mainmise sur la Bretagne ; Charles de Blois et Jean IV de Montfort se disputèrent le pays au XIVe siècle ; René de Rohan fut sire de Pontivy au XVIe ; les Grands-Jours, à l'époque de la monarchie française, constituèrent la juridiction qui tenait ses assises pour connaître en dernier ressort des affaires civiles et criminelles. — Routiers et malandrins, noms donnés au moyen âge à des bandes de malfaiteurs. — Ces quelques explications suffiront à montrer, dans cette partie aussi, le goût prononcé de Hugo pour la précision historique et l'accumulation des noms évocateurs : c'est un des éléments de sa reconstitution épique du passé.

pagnies, René II, vicomte de Rohan, les gouverneurs pour le roi, le « bon duc de Chaulnes » branchant les paysans sous les fenêtres de madame de Sévigné [1], au quinzième siècle les boucheries seigneuriales, au seizième et au dix-septième siècle les guerres de religion, au dix-huitième siècle les trente mille chiens dressés à chasser aux hommes ; sous ce piétinement effroyable le peuple avait pris le parti de disparaître. Tour à tour les troglodytes pour échapper aux Celtes, les Celtes pour échapper aux Romains, les Bretons pour échapper aux Normands, les huguenots pour échapper aux catholiques, les contrebandiers pour échapper aux gabelous, s'étaient réfugiés d'abord dans les forêts, puis sous la terre. Ressource des bêtes. C'est là que la tyrannie réduit les nations. Depuis deux mille ans, le despotisme sous toutes ses espèces, la conquête, la féodalité, le fanatisme, le fisc, traquait cette misérable Bretagne éperdue ; sorte de battue inexorable qui ne cessait sous une forme que pour recommencer sous l'autre. Les hommes se terraient.

L'épouvante, qui est une sorte de colère, était toute prête dans les âmes, et les tanières étaient toutes prêtes dans les bois, quand la république française éclata.

---

1. Allusion aux lettres de la marquise de Sévigné sur la révolte bretonne de 1675, provoquée par les impôts et par la misère des paysans. On sait que Mme de Sévigné a parlé de la répression terrible qui suivit avec une certaine désinvolture. « On a pris soixante bourgeois ; on commence demain à pendre. Cette province est un bel exemple pour les autres, et surtout de respecter les gouverneurs... » Hugo ne lui pardonna jamais ce ton. Il avait écrit déjà dans la pièce des *Contemplations* que nous avons souvent citée, *Écrit en 1846* :

> Pas plus que Sévigné, la marquise lettrée,
> Ne s'étonnait de voir, douce femme rêvant,
> Blêmir au clair de lune et trembler dans le vent,
> Aux arbres du chemin, parmi les feuilles jaunes,
> Les paysans pendus par ce bon duc de Chaulnes...

La Bretagne se révolta, se trouvant opprimée par cette délivrance de force. Méprise habituelle aux esclaves.

## III

### CONNIVENCE DES HOMMES ET DES FORÊTS

Les tragiques forêts bretonnes reprirent leur vieux rôle et furent servantes et complices de cette rébellion, comme elles l'avaient été de toutes les autres.

Le sous-sol de telle forêt était une sorte de madrépore percé et traversé en tous sens par une voirie inconnue de sapes, de cellules et de galeries. Chacune de ces cellules aveugles abritait cinq ou six hommes. La difficulté était d'y respirer. On a de certains chiffres étranges qui font comprendre cette puissante organisation de la vaste émeute paysanne. En Ille-et-Vilaine, dans la forêt du Pertre, asile du prince de Talmont, on n'entendait pas un souffle, on ne trouvait pas une trace humaine, et il y avait six mille hommes avec Focard ; en Morbihan, dans la forêt de Meulac, on ne voyait personne, et il y avait huit mille hommes. Ces deux forêts, le Pertre et Meulac, ne comptent pourtant pas parmi les grandes forêts bretonnes. Si l'on marchait là-dessus, c'était terrible. Ces halliers hypocrites, pleins de combattants tapis dans une sorte de labyrinthe[a] sous-jacent, étaient comme d'énormes éponges obscures d'où, sous la pression de ce pied gigantesque, la révolution, jaillissait la guerre civile.

Des bataillons invisibles guettaient. Ces armées ignorées serpentaient[b] sous les armées républicaines, sortaient de terre tout à coup et y rentraient, bondissaient innombrables et s'évanouissaient, douées d'ubiquité et de dispersion, avalanche, puis poussière, colosses ayant le don du rapetissement, géants pour combattre, nains pour disparaître. Des jaguars ayant des mœurs de taupes.

Il n'y avait pas que les forêts, il y avait les bois. De même qu'au-dessous des cités il y a les villages, au-dessous des forêts il y avait les broussailles. Les forêts se reliaient entre elles par le dédale, partout épars, des bois. Les anciens châteaux qui étaient des forteresses, les hameaux qui étaient des camps, les fermes qui étaient des enclos faits d'embûches et de pièges, les métairies, ravinées de fossés et palissadées d'arbres, étaient les mailles de ce filet où se prirent les armées républicaines.

Cet ensemble était ce qu'on appelait le Bocage.

Il y avait le bois de Misdon, au centre duquel était un étang, et qui était à Jean Chouan ; il y avait le bois de Gennes qui était à Taillefer ; il y avait le bois de la Huisserie, qui était à Gouge-le-Bruant ; le bois de la Charnie qui était à Courtillé-le-Bâtard, dit l'Apôtre saint Paul, chef du camp de la Vache-Noire ; le bois de Burgault qui était à cet énigmatique Monsieur Jacques, réservé à une fin mystérieuse dans le souterrain de Juvardeil ; il y avait le bois de Charreau où Pimousse et Petit-Prince, attaqués par la garnison de Châteauneuf, allaient prendre à bras-le-corps dans les rangs républicains des grenadiers qu'ils rapportaient prisonniers ; le bois de la Heureuserie, témoin de la déroute du poste de la Longue-Faye ; le bois de l'Aulne d'où l'on épiait la route entre Rennes et Laval ; le bois de la Gravelle qu'un prince de La Trémoille avait gagné en jouant à la boule ; le bois de Lorges dans les Côtes-du-Nord, où Charles de Boishardy régna après Bernard de Villeneuve ; le bois de Bagnard, près Fontenay, où Lescure offrit le combat à Chalbos qui, étant un contre cinq, l'accepta ; le bois de la Durondais que se disputèrent jadis Alain le Redru et Hérispoux, fils de Charles le Chauve ; le bois de Croqueloup, sur la lisière de cette lande où Coquereau tondait les prisonniers ; le bois de la Croix-Bataille qui assista aux insultes homériques de Jambe-d'Argent à Morière et de Morière à Jambe-d'Argent ; le bois de la Saudraie que nous avons vu fouiller par un bataillon de Paris. Bien d'autres encore.

Dans plusieurs de ces forêts et de ces bois, il n'y avait pas seulement des villages souterrains groupés autour du terrier du chef ; mais il y avait encore de véritables hameaux de huttes basses cachés sous les arbres, et si nombreux que parfois la forêt en était remplie. Souvent les fumées les trahissaient. Deux de ces hameaux du bois de Misdon sont restés célèbres, Lorrière, près de Létang, et, du côté de Saint-Ouen-les-Toits, le groupe de cabanes appelé la Rue-de-Bau.

Les femmes vivaient dans les huttes et les hommes dans les cryptes. Ils utilisaient pour cette guerre les galeries des fées et les vieilles sapes celtiques. On apportait à manger aux hommes enfouis. Il y en eut qui, oubliés, moururent de faim. C'étaient d'ailleurs des maladroits qui n'avaient pas su rouvrir leurs puits. Habituellement le couvercle, fait de mousse et de branches, était si artistement façonné, qu'impossible à distinguer du dehors dans l'herbe, il était très facile à ouvrir et à fermer du dedans. Ces repaires étaient creusés avec soin. On allait jeter à quelque étang voisin la terre qu'on ôtait du puits. La paroi intérieure et le sol étaient tapissés de fougère et de mousse. Ils appelaient ce réduit « la loge ». On était bien là, à cela près qu'on était sans jour, sans feu, sans pain et sans air.

Remonter sans précaution parmi les vivants et se déterrer hors de propos était grave. On pouvait se trouver entre les jambes d'une armée en marche. Bois redoutables ; pièges à doubles trappes. Les bleus n'osaient entrer, les blancs n'osaient sortir.

# IV

## LEUR VIE SOUS TERRE

Les hommes dans ces caves de bêtes s'ennuyaient. La nuit, quelquefois, à tout risque, ils sortaient et s'en allaient danser sur la lande voisine. Ou bien ils priaient pour tuer le temps. *Tout le jour*, dit Bourdoiseau, *Jean Chouan nous faisait chapeletter*.

Il était presque impossible, la saison venue, d'empêcher ceux du Bas-Maine de sortir pour se rendre à la Fête de la Gerbe. Quelques-uns avaient des idées à eux. Denys, dit Tranche-Montagne, se déguisait en femme pour aller à la comédie à Laval ; puis il rentrait dans son trou.

Brusquement ils allaient se faire tuer, quittant le cachot pour le sépulcre.

Quelquefois ils soulevaient le couvercle de leur fosse, et ils écoutaient si l'on se battait au loin ; ils suivaient de l'oreille le combat. Le feu des républicains était régulier, le feu des royalistes était éparpillé ; ceci les guidait. Si les feux de peloton cessaient subitement, c'était signe que les royalistes avaient le dessous ; si les feux saccadés continuaient et s'enfonçaient à l'horizon, c'était signe qu'ils avaient le dessus. Les blancs poursuivaient toujours ; les bleus jamais, ayant le pays contre eux.

Ces belligérants souterrains étaient admirablement renseignés. Rien de plus rapide que leurs communications, rien de plus mystérieux. Ils avaient rompu tous les ponts, ils avaient démonté toutes les charrettes, et ils trouvaient moyen de tout se dire et de s'avertir de tout. Des relais d'émissaires étaient établis de forêt à forêt, de village à village, de ferme à ferme, de chaumière à chaumière, de buisson à buisson.

Tel paysan qui avait l'air stupide passait portant des dépêches dans son bâton, qui était creux.

Un ancien constituant, Boétidoux, leur fournissait, pour aller et venir d'un bout à l'autre de la Bretagne, des passeports républicains nouveau modèle, avec les noms en blanc, dont ce traître avait des liasses. Il était impossible de les surprendre. *Des secrets livrés*, dit Puysaye [1], *à plus de quatre cent mille individus ont été religieusement gardés*.

Il semblait que ce quadrilatère fermé au sud par la ligne des Sables à Thouars, à l'est par la ligne de Thouars à Saumur et par la rivière de Thoué, au nord par la Loire et à l'ouest par l'Océan, eût un même appareil nerveux, et qu'un point de ce sol ne pût tressaillir sans que tout s'ébranlât. En un clin d'œil on était informé de Noirmoutier à Luçon et le camp de La Loué savait ce que faisait le camp de la Croix-Morineau. On eût dit que les oiseaux s'en mêlaient. Hoche écrivait, 7 messidor an III : *On croirait qu'ils ont des télégraphes.*

C'étaient des clans, comme en Écosse. Chaque paroisse avait son capitaine. Cette guerre, mon père l'a faite, et j'en puis parler [2].

---

1. Tome II, page 35. (Note de Victor Hugo.)
2. Voir l'Introduction, p. II.

## V

### LEUR VIE EN GUERRE

Beaucoup n'avaient que des piques. Les bonnes carabines de chasse abondaient. Pas de plus adroits tireurs que les braconniers du Bocage et les contrebandiers du Loroux. C'étaient des combattants étranges, affreux et intrépides. Le décret de la levée des trois cent mille hommes avait fait sonner le tocsin dans six cents villages. Le pétillement de l'incendie éclata sur tous les points à la fois. Le Poitou et l'Anjou firent explosion le même jour. Disons qu'un premier grondement s'était fait entendre dès 1792, le 8 juillet, un mois avant le 10 août, sur la lande de Kerbader. Alain Redeler, aujourd'hui ignoré, fut le précurseur de La Rochejaquelein et de Jean Chouan. Les royalistes forçaient, sous peine de mort, tous les hommes valides à marcher. Ils réquisitionnaient les attelages, les chariots, les vivres. Tout de suite, Sapinaud eut trois mille soldats, Cathelineau dix mille, Stofflet vingt mille, et Charette fut maître de Noirmoutier. Le vicomte de Scépeaux remua le Haut-Anjou, le chevalier de Dieuzie l'Entre-Vilaine-et-Loire, Tristan-l'Hermite le Bas-Maine, le barbier Gaston la ville de Guéménée, et l'abbé Bernier tout le reste. Pour soulever ces multitudes, peu de chose suffisait. On plaçait dans le tabernacle d'un curé assermenté, d'un *prêtre jureur*, comme ils disaient, un gros chat noir qui sautait brusquement dehors pendant la messe. — *C'est le diable!* criaient les paysans, et tout un canton s'insurgeait. Un souffle de feu sortait des confessionnaux. Pour assaillir les bleus et pour franchir les ravins, ils avaient leur long

bâton de quinze pieds de long, *la ferte*, arme de combat
et de fuite. Au plus fort des mêlées, quand les paysans
attaquaient les carrés républicains, s'ils rencontraient
sur le champ de combat une croix ou une chapelle,
tous tombaient à genoux et disaient leur prière sous
la mitraille ; le rosaire fini, ceux qui restaient se relevaient et se ruaient sur l'ennemi. Quels géants, hélas ! [1]
Ils chargeaient leur fusil en courant ; c'était leur talent.
On leur faisait accroire ce qu'on voulait ; les prêtres
leur montraient d'autres prêtres dont ils avaient rougi
le cou avec une ficelle serrée, et leur disaient : *Ce sont
des guillotinés ressuscités.* Ils avaient leurs accès de cheva-
lerie ; ils honorèrent Fesque, un porte-drapeau républicain qui s'est fait sabrer sans lâcher son drapeau.
Ces paysans raillaient ; ils appelaient les prêtres mariés
républicains : *des sans-calottes devenus sans-culottes.* Ils
commencèrent par avoir peur des canons ; puis ils se
jetèrent dessus avec des bâtons, et ils en prirent [2]. Ils
prirent d'abord un beau canon de bronze qu'ils bapti-
sèrent *le Missionnaire* ; puis un autre qui datait des
guerres catholiques et où étaient gravées les armes de
Richelieu et une figure de la Vierge ; ils l'appelèrent
*Marie-Jeanne.* Quand ils perdirent Fontenay ils perdirent
Marie-Jeanne, autour de laquelle tombèrent sans
broncher six cents paysans ; puis ils reprirent Fontenay
afin de reprendre Marie-Jeanne, et ils la ramenèrent
sous le drapeau fleurdelysé en la couvrant de fleurs
et en la faisant baiser aux femmes qui passaient. Mais
deux canons, c'était peu. Stofflet avait pris Marie-
Jeanne ; Cathelineau, jaloux, partit de Pin-en-Mange,

---

1. C'est déjà le mouvement (et l'idée) de la conclusion du poème
*Jean Chouan* :
     Paysans ! Paysans ! hélas ! vous aviez tort...
 2. L'*Historique* de l'édition de l'Imprimerie Nationale (p. 468)
signale dans Louis Blanc le passage d'où Hugo a tiré tous ces détails
sur la prise des canons par les Vendéens.

donna l'assaut à Jallais, et prit un troisième canon ; Forest attaqua Saint-Florent et en prit un quatrième. Deux autres capitaines, Chouppes et Saint-Pol, firent mieux ; ils figurèrent des canons par des troncs d'arbres coupés, et des canonniers par des mannequins, et avec cette artillerie, dont ils riaient vaillamment, ils firent reculer les bleus à Mareuil. C'était là leur grande époque. Plus tard, quand Chalbos mit en déroute La Marsonnière, les paysans laissèrent derrière eux sur le champ de bataille déshonoré trente-deux canons aux armes d'Angleterre. L'Angleterre alors payait les princes français, et l'on envoyait « des fonds à monseigneur, écrivait Nantiat le 10 mai 1794, parce qu'on a dit à M. Pitt que cela était décent ». Mellinet, dans un rapport du 31 mars, dit : « Le cri des rebelles est *vivent les Anglais !* » Les paysans s'attardaient à piller. Ces dévots étaient des voleurs[a]. Les sauvages ont des vices. C'est par là que les prend plus tard la civilisation. Puysaye dit, tome II, page 187 : « J'ai préservé plusieurs fois le bourg de Plélan du pillage. » Et plus loin, page 434, il se prive d'entrer à Montfort : « Je fis un circuit pour éviter le pillage des maisons des jacobins. » Ils détroussèrent Cholet ; ils mirent à sac Challans. Après avoir manqué Granville, ils pillèrent Ville-Dieu. Ils appelaient *masse jacobine* ceux des campagnards qui s'étaient ralliés aux bleus, et ils les exterminaient plus que les autres. Ils aimaient le carnage comme des soldats, et le massacre comme des brigands. Fusiller les « patauds », c'est-à-dire les bourgeois, leur plaisait ; ils appelaient cela « se décarêmer ». A Fontenay, un de leurs prêtres, le curé Barbotin, abattit un vieillard d'un coup de sabre. A Saint-Germain-sur-Ille [1], un de leurs capitaines, gentilhomme, tua

---

1. Puysaye, t. II, p. 35. (Note de Victor Hugo.)

d'un coup de fusil le procureur de la commune et lui prit sa montre. A Machecoul, ils mirent les républicains en coupe réglée, à trente par jour ; cela dura cinq semaines ; chaque chaîne de trente s'appelait « le chapelet ». On adossait la chaîne à une fosse creusée et l'on fusillait ; les fusillés tombaient dans la fosse parfois vivants ; on les enterrait tout de même. Nous avons revu ces mœurs [1]. Joubert, président du district, eut les poings sciés. Ils mettaient aux prisonniers bleus des menottes coupantes, forgées exprès. Ils les assommaient sur les places publiques en sonnant l'hallali. Charette, qui signait : *Fraternité ; le chevalier Charette*, et qui avait pour coiffure, comme Marat, un mouchoir noué sur les sourcils, brûla la ville de Pornic et les habitants dans les maisons. Pendant ce temps-là, Carrier était épouvantable. La terreur répliquait à la terreur. L'insurgé breton avait presque la figure de l'insurgé grec, veste courte, fusil en bandoulière, jambières, larges braies pareilles à la fustanelle ; le gars ressemblait au klephte. Henri de La Rochejaquelein, à vingt et un ans, partait pour cette guerre avec un bâton et une paire de pistolets. L'armée vendéenne comptait cent cinquante-quatre divisions. Ils faisaient des sièges en règle ; ils tinrent trois jours Bressuire bloquée. Dix mille paysans, un vendredi saint, canonnèrent la ville des Sables à boulets rouges. Il leur arriva de détruire en un seul jour quatorze cantonnements républicains, de Montigné à Courbeveilles. A Thouars, sur la haute muraille, on entendait ce dialogue superbe entre La Rochejaquelein et un gars : — Carle ! — Me voilà. — Tes épaules que je monte dessus. — Faites. — Ton fusil. — Prenez. —

---

1. Allusion probable à la « semaine sanglante », qui marqua la fin des Communards en mai 1871.

Et La Rochejaquelein sauta dans la ville, et l'on prit
sans échelles ces tours qu'avait assiégées Duguesclin.
Ils préféraient une cartouche à un louis d'or. Ils pleu-
raient quand ils perdaient de vue leur clocher. Fuir
leur semblait simple ; alors les chefs criaient : — *Jetez
vos sabots, gardez vos fusils!* Quand les munitions manquaient, ils disaient leur chapelet et allaient prendre
de la poudre dans les caissons de l'artillerie républicaine ; plus tard d'Elbée en demanda aux Anglais.
Quand l'ennemi approchait, s'ils avaient des blessés,
ils les cachaient dans les grands blés ou dans les fougères vierges, et, l'affaire finie, venaient les reprendre.
D'uniformes point. Leurs vêtements se délabraient.
Paysans et gentilshommes s'habillaient des premiers
haillons venus. Roger Mouliniers portait un turban et
un dolman pris au magasin de costumes du théâtre de La
Flèche ; le chevalier de Beauvilliers avait une robe de
procureur et un chapeau de femme par-dessus un bonnet de laine. Tous portaient l'écharpe et la ceinture
blanche ; les grades se distinguaient par les nœuds[a].
Stofflet avait un nœud rouge ; La Rochejaquelein avait
un nœud noir ; Wimpfen, demi-girondin, qui du reste
ne sortit pas de Normandie, portait le brassard des
carabots[1] de Caen. Ils avaient dans leurs rangs des
femmes, madame de Lescure, qui fut plus tard madame
de La Rochejaquelein ; Thérèse de Mollien, maîtresse
de La Rouarie, laquelle brûla la liste des chefs de paroisse ; madame de La Rochefoucauld, belle, jeune, le
sabre à la main, ralliant les paysans au pied de la grosse
tour du château du Puy-Rousseau, et cette Antoinette
Adams, dite le chevalier Adams, si vaillante que, prise,
on la fusilla, mais debout, par respect. Ce temps épique

---

1. Les *carabots,* révolutionnaires normands, se rallièrent à la cause
des Girondins contre la Montagne.

était cruel. On était des furieux. Madame de Lescure faisait exprès marcher son cheval sur les républicains gisant hors de combat ; *morts*, dit-elle ; blessés peut-être. Quelquefois les hommes trahirent, les femmes jamais. Mademoiselle Fleury, du Théâtre-Français, passa de La Rouarie à Marat, mais par amour. Les capitaines étaient souvent aussi ignorants que les soldats ; M. de Sapinaud ne savait pas l'orthographe ; il écrivait : « nous *orions* de notre *cauté* ». Les chefs s'entre-haïssaient ; les capitaines du Marais criaient : *A bas ceux du pays haut !* Leur cavalerie était peu nombreuse et difficile à former. Puysaye écrit : *Tel homme qui me donne gaiement ses deux fils devient froid si je lui demande un de ses chevaux.* Fertes, fourches, faulx, fusils vieux et neufs, couteaux de braconnage, broches, gourdins ferrés et cloutés, c'étaient là leurs armes ; quelques-uns portaient en sautoir une croix faite de deux os de mort. Ils attaquaient à grands cris, surgissaient subitement de partout, des bois, des collines, des cépées, des chemins creux, s'égaillaient, c'est-à-dire faisaient le croissant, tuaient, exterminaient, foudroyaient, et se dissipaient. Quand ils traversaient un bourg républicain, ils coupaient l'Arbre de la Liberté, le brûlaient et dansaient en rond autour du feu. Toutes leurs allures étaient nocturnes. Règle du Vendéen[a] : être toujours inattendu[1]. Ils faisaient quinze lieues en silence, sans courber une herbe sur leur passage. Le soir venu, après avoir fixé, entre chefs et en conseil de guerre, le lieu où le lendemain matin ils surprendraient les postes républicains, ils chargeaient leurs fusils, marmottaient leur prière, ôtaient leurs sabots et filaient en longues colonnes,

---

1. Balzac avait décrit dans son roman la marche silencieuse et les irruptions subites des deux Chouans Pille-Miche et Marche-à-Terre.

à travers les bois, pieds nus sur la bruyère et sur la mousse, sans un bruit, sans un mot, sans un souffle. Marche de chats dans les ténèbres.

# VI

## L'AME DE LA TERRE PASSE DANS L'HOMME

La Vendée insurgée ne peut être évaluée à moins de cinq cent mille hommes, femmes et enfants. Un demi-million de combattants, c'est le chiffre donné par Tuffin de La Rouarie.

Les fédéralistes aidaient ; la Vendée eut pour complice la Gironde. La Lozère envoyait au Bocage trente mille hommes. Huit départements se coalisaient, cinq en Bretagne, trois en Normandie. Évreux, qui fraternisait avec Caen, se faisait représenter dans la rébellion par Chaumont, son maire, et Gardembas, notable. Buzot, Gorsas et Barbaroux à Caen, Brissot à Moulins, Chassan à Lyon, Rabaut-Saint-Étienne à Nismes, Meillan et Duchâtel en Bretagne, toutes ces bouches soufflaient sur la fournaise.

Il y a eu deux Vendées ; la grande qui faisait la guerre des forêts, la petite qui faisait la guerre des buissons ; là est la nuance qui sépare Charette de Jean Chouan. La petite Vendée était naïve, la grande était corrompue ; la petite valait mieux. Charette fut fait marquis, lieutenant-général des armées du roi, et grand-croix de Saint-Louis ; Jean Chouan resta Jean Chouan. Charette confine au bandit, Jean Chouan au paladin.

Quant à ces chefs magnanimes, Bonchamps, Lescure, La Rochejaquelein, ils se trompèrent. La grande armée catholique a été un effort insensé ; le désastre devait suivre ; se figure-t-on une tempête paysanne attaquant Paris, une coalition de villages assiégeant le Panthéon, une meute de noëls et d'oremus aboyant autour de la Marseillaise, la cohue des sabots se ruant sur la légion des esprits ? Le Mans et Savenay châtièrent cette folie. Passer la Loire était impossible à la Vendée. Elle pouvait tout, excepté cette enjambée. La guerre civile ne conquiert point. Passer le Rhin complète César et augmente Napoléon ; passer la Loire tue La Rochejaquelein [1].

La vraie Vendée, c'est la Vendée chez elle ; là elle est plus qu'invulnérable, elle est insaisissable. Le Vendéen chez lui est contrebandier, laboureur, soldat, pâtre, braconnier, franc-tireur, chevrier, sonneur de cloches, paysan, espion, assassin, sacristain, bête des bois.

La Rochejaquelein n'est qu'Achille, Jean Chouan est Protée.

La Vendée a avorté. D'autres révoltes ont réussi, la Suisse par exemple. Il y a cette différence entre l'insurgé de montagne comme le Suisse et l'insurgé de forêt comme le Vendéen, que, presque toujours, fatale influence du milieu, l'un se bat pour un idéal, et l'autre pour des préjugés [2]. L'un plane, l'autre rampe. L'un combat pour l'humanité, l'autre pour la solitude ; l'un veut la liberté, l'autre veut l'isolement ; l'un défend la commune, l'autre la paroisse. Com-

1. Voir la note p. 83.
2. Hugo a toujours eu le goût (fort commun d'ailleurs au XIXᵉ siècle) pour ces explications aussi brillantes que spécieuses. On en trouvait déjà dans l'*Essai sur les Révolutions* de Chateaubriand. Elles abondent dans la conclusion politique du *Rhin* (1842), prodigieux défilé de noms et d'allusions géographiques ou historiques. Hugo y affirmait déjà : « Toutes les républiques qui ont disparu étaient dans la plaine ou sur la mer ; la seule qui soit restée (la Suisse) était dans la montagne. Les montagnes conservent les républiques. »

munes ! communes ! criaient les héros de Morat. L'un a affaire aux précipices, l'autre aux fondrières ; l'un est l'homme des torrents et des écumes, l'autre est l'homme des flaques stagnantes d'où sort la fièvre ; l'un a sur la tête l'azur, l'autre une broussaille ; l'un est sur une cime, l'autre est dans une ombre.

L'éducation n'est point la même, faite par les sommets ou par les bas-fonds.

La montagne est une citadelle, la forêt est une embuscade ; l'une inspire l'audace, l'autre le piège. L'antiquité plaçait les dieux sur les faîtes et les satyres dans les halliers. Le satyre c'est le sauvage ; demi-homme, demi-bête. Les pays libres ont des Apennins, des Alpes, des Pyrénées, un Olympe. Le Parnasse est un mont. Le mont Blanc était le colossal auxiliaire de Guillaume Tell [1] ; au fond et au-dessus des immenses luttes des esprits contre la nuit qui emplissent les poëmes de l'Inde [2], on aperçoit l'Himalaya. La Grèce, l'Espagne, l'Italie, l'Helvétie, ont pour figure la montagne ; la Cimmérie, Germanie ou Bretagne, a le bois. La forêt est barbare.

La configuration du sol conseille à l'homme beaucoup d'actions [3]. Elle est complice, plus qu'on ne

---

1. Lancé sur une telle piste, Hugo multiplie à loisir les rapprochements. Ce thème de la montagne protectrice des libertés fait songer aussi à la préface des *Burgraves* (1843) et surtout au poème de *la Légende des Siècles : Le Régiment du baron Madruce*, dont la Suisse est l'héroïne.

2. Les poèmes de l'Inde, célébrés par Edgar Quinet dans *le Génie des religions* (1841) et par Michelet dans *la Bible de l'Humanité* (1864), avaient nourri l'inspiration de Leconte de Lisle (*Poèmes barbares*, 1862).

3. On saisit ici l'une des sources du fantastique chez Victor Hugo : sa conception panique et animiste de la nature « scélérate » rappelle tels vers de *la Légende*, dans *le Petit Roi de Galice*, par exemple :

Le sentier a l'air traître et l'arbre a l'air méchant.

Elle annonce les visions hallucinées des grands poèmes publiés après la mort de Hugo : *La Fin de Satan* et *Dieu*.

croit. En présence de certains paysages féroces, on est tenté d'exonérer l'homme et d'incriminer la création ; on sent une sourde provocation de la nature ; le désert est parfois malsain à la conscience, surtout à la conscience peu éclairée ; la conscience peut être géante, cela fait Socrate et Jésus ; elle peut être naine, cela fait Atrée et Judas. La conscience petite est vite reptile ; les futaies crépusculaires, les ronces, les épines, les marais sous les branches, sont une fatale fréquentation pour elle ; elle subit là la mystérieuse infiltration des persuasions mauvaises. Les illusions d'optique, les mirages inexpliqués, les effarements d'heure ou de lieu, jettent l'homme dans cette sorte d'effroi, demi-religieux, demi-bestial, qui engendre, en temps ordinaires, la superstition, et dans les époques violentes, la brutalité. Les hallucinations tiennent la torche qui éclaire le chemin du meurtre. Il y a du vertige dans le brigand. La prodigieuse nature a un double sens qui éblouit les grands esprits et aveugle les âmes fauves. Quand l'homme est ignorant, quand le désert est visionnaire, l'obscurité de la solitude s'ajoute à l'obscurité de l'intelligence ; de là dans l'homme des ouvertures d'abîmes. De certains rochers, de certains ravins, de certains taillis, de certaines claires-voies farouches du soir à travers les arbres, poussent l'homme aux actions folles et atroces. On pourrait presque dire qu'il y a des lieux scélérats.

Que de choses tragiques a vues la sombre colline qui est entre Baignon et Plélan !

Les vastes horizons conduisent l'âme aux idées générales ; les horizons circonscrits engendrent les idées partielles ; ce qui condamne quelquefois de grands cœurs à être de petits esprits : témoin Jean Chouan.

Les idées générales haïes par les idées partielles, c'est là la lutte même du progrès.

Pays, Patrie, ces deux mots résument toute la guerre de Vendée ; querelle de l'idée locale contre l'idée universelle ; paysans contre patriotes.

# VII

## LA VENDÉE A FINI LA BRETAGNE

La Bretagne est une vieille rebelle. Toutes les fois qu'elle s'était révoltée pendant deux mille ans, elle avait eu raison ; la dernière fois, elle a eu tort. Et pourtant au fond, contre la révolution comme contre la monarchie, contre les représentants en mission comme contre les gouverneurs ducs et pairs, contre la planche aux assignats comme contre la ferme des gabelles, quels que fussent les personnages combattant, Nicolas Rapin, François de La Noue, le capitaine Pluviaut et la dame de La Garnache [1], ou Stofflet, Coquereau et Lechandelier de Pierreville, sous M. de Rohan contre le roi et sous M. de La Rochejaquelein pour le roi, c'était toujours la même guerre que la Bretagne faisait, la guerre de l'esprit local contre l'esprit central.

Ces antiques provinces étaient un étang ; courir répugnait à cette eau dormante ; le vent qui soufflait ne les vivifiait pas, il les irritait. Finisterre [a], c'était là que finissait la France, que le champ donné à l'homme

---

1. C'est à l'époque des guerres de religion que Hugo se réfère. *Nicolas Rapin* (1540-1608), né à Fontenay-le-Comte, fut un des auteurs de la *Satire Ménippée ; François de la Noue* (1531-1591), blessé à Fontenay-le-Comte, avait été surnommé « le Bayard huguenot » ; *la Garnache* est le nom d'une forteresse vendéenne disputée entre catholiques et protestants et démantelée sous Louis XIII.

se terminait et que la marche des générations s'arrêtait. Halte! criait l'océan à la terre et la barbarie à la civilisation. Toutes les fois que le centre, Paris, donne une impulsion, que cette impulsion vienne de la royauté ou de la république, qu'elle soit dans le sens du despotisme ou dans le sens de la liberté, c'est une nouveauté, et la Bretagne se hérisse. Laissez-nous tranquilles. Qu'est-ce qu'on nous veut? Le Marais prend sa fourche, le Bocage prend sa carabine. Toutes nos tentatives, notre initiative en législation et en éducation, nos encyclopédies, nos philosophies, nos génies, nos gloires, viennent échouer devant le Houroux; le tocsin de Bazouges menace la révolution française, la lande du Faou s'insurge contre nos orageuses places publiques, et la cloche du Haut-des-Prés déclare la guerre à la Tour du Louvre.

Surdité terrible.

L'insurrection vendéenne est un lugubre malentendu.

Échauffourée colossale, chicane de titans, rébellion démesurée, destinée à ne laisser dans l'histoire[a] qu'un mot, la Vendée, mot illustre et noir; se suicidant pour des absents [1], dévouée à l'égoïsme, passant son temps à faire à la lâcheté l'offre d'une immense bravoure; sans calcul, sans stratégie, sans tactique, sans plan, sans but, sans chef, sans responsabilité; montrant à quel point la volonté peut être l'impuissance; chevaleresque et sauvage; l'absurdité en rut, bâtissant contre la lumière un garde-fou de ténèbres; l'ignorance faisant à la vérité, à la justice, au droit, à la raison, à la délivrance, une longue résistance bête et superbe; l'épouvante de huit années, le ravage de quatorze départements, la dévastation des champs, l'écrasement des

---

1. Les émigrés, durement traités dans cette phrase.

moissons, l'incendie des villages, la ruine des villes, le pillage des maisons, le massacre des femmes et des enfants, la torche dans les chaumes, l'épée dans les cœurs, l'effroi de la civilisation, l'espérance de M. Pitt [1] ; telle fut cette guerre, essai inconscient de parricide.

En somme, en démontrant la nécessité de trouer dans tous les sens la vieille ombre bretonne et de percer cette broussaille de toutes les flèches de la lumière à la fois, la Vendée a servi le progrès. Les catastrophes ont une sombre façon d'arranger les choses.

---

1. On lit dans une note du *Reliquat* : « M. Pitt donne à M. Crew, premier secrétaire du conseil de l'ordonnance, l'ordre de faire ouvrir à toute heure l'arsenal et la Tour de Londres au comte de Puysaye pour qu'il puisse y désigner les armes à envoyer d'Angleterre aux royalistes de France. »

# LIVRE DEUXIÈME

# LES TROIS ENFANTS

## I

### PLUS QUAM CIVILIA BELLA [1]

L'ÉTÉ de 1792 avait été très pluvieux; l'été de 1793 fut très chaud [2]. Par suite de la guerre civile, il n'y avait pour ainsi dire plus de chemins en Bretagne. On y voyageait pourtant, grâce à la beauté de l'été. La meilleure route est une terre sèche.

A la fin d'une sereine journée de juillet, une heure environ après le soleil couché, un homme à cheval, qui venait du côté d'Avranches, s'arrêta devant la petite auberge dite la Croix-Branchard, qui était à l'entrée de Pontorson, et dont l'enseigne portait cette

---

1. C'est un fragment du premier vers de la *Guerre Civile* de Lucain, un des poètes latins les plus aimés de Hugo (39-65 ap. J.-C.) :
   *Bella* per Emathios *plus quam civilia* campos
   jusque datum sceleri canimus...
   « Nous chantons *les guerres plus que civiles* qui ont traversé les plaines de l'Émathie, et le droit donné au crime... »
2. Claudel se souviendra de ce détail dans l'*Otage* quand il prêtera à son ex-jacobin Turelure une tirade lyrique sur 1793 : « Il ne s'agissait guère de raison au beau soleil de ce bel été de l'An Un ! Que les reines-claudes ont été bonnes, cette année-là,... et qu'il faisait chaud ! »

inscription qu'on y lisait encore il y a quelques années [1][a] : *Bon cidre à dépoteyer*. Il avait fait chaud tout
le jour, mais le vent commençait à souffler.

Ce voyageur était enveloppé d'un ample manteau
qui couvrait la croupe de son cheval. Il portait un large
chapeau avec cocarde tricolore, ce qui n'était point
sans hardiesse dans ce pays de haies et de coups de
fusil, où une cocarde était une cible. Le manteau noué
au cou s'écartait pour laisser les bras libres et dessous
on pouvait entrevoir une ceinture tricolore et deux
pommeaux de pistolets sortant de la ceinture. Un sabre
qui pendait dépassait le manteau.

Au bruit du cheval qui s'arrêtait, la porte de l'auberge s'ouvrit, et l'aubergiste parut, une lanterne à la
main. C'était l'heure intermédiaire ; il faisait jour sur
la route et nuit dans la maison.

L'hôte regarda la cocarde.

— Citoyen, dit-il, vous arrêtez-vous ici ?

— Non.

— Où donc allez-vous ?

— A Dol.

— En ce cas, retournez à Avranches ou restez à
Pontorson.

— Pourquoi ?

— Parce qu'on se bat à Dol.

— Ah ! dit le cavalier.

Et il reprit :

— Donnez l'avoine à mon cheval.

L'hôte apporta l'auge, y vida un sac d'avoine, et
débrida le cheval qui se mit à souffler et à manger.

Le dialogue continua.

— Citoyen, est-ce un cheval de réquisition ?

— Non.

---

1. Souvenir du voyage de 1836.

— Il est à vous?

— Oui. Je l'ai acheté et payé.

— D'où venez-vous?

— De Paris.

— Pas directement?

— Non.

— Je crois bien, les routes sont interceptées. Mais la poste marche encore.

— Jusqu'à Alençon. J'ai quitté la poste là.

— Ah! il n'y aura bientôt plus de postes en France. Il n'y a plus de chevaux. Un cheval de trois cents francs se paye six cents francs, et les fourrages sont hors de prix. J'ai été maître de poste et me voilà gargotier. Sur treize cent treize maîtres de poste qu'il y avait, deux cents ont donné leur démission. Citoyen, vous avez voyagé d'après le nouveau tarif?

— Du premier mai. Oui.

— Vingt sous par poste dans la voiture, douze sous dans le cabriolet, cinq sous dans le fourgon. C'est à Alençon que vous avez acheté ce cheval?

— Oui.

— Vous avez marché aujourd'hui toute la journée?

— Depuis l'aube.

— Et hier?

— Et avant-hier.

— Je vois cela. Vous êtes venu par Domfront et Mortain.

— Et Avranches.

— Croyez-moi, reposez-vous, citoyen. Vous devez être fatigué? votre cheval l'est.

— Les chevaux ont droit à la fatigue, les hommes non.

Le regard de l'hôte se fixa de nouveau sur le voyageur. C'était une figure grave, calme et sévère, encadrée de cheveux gris.

L'hôtelier jeta un coup d'œil sur la route qui était déserte à perte de vue, et dit :

— Et vous voyagez seul comme cela?

— J'ai une escorte.

— Où ça?

— Mon sabre et mes pistolets.

L'aubergiste alla chercher un seau d'eau et fit boire le cheval, et, pendant que le cheval buvait, l'hôte considérait le voyageur et se disait en lui-même :

— C'est égal, il a l'air d'un prêtre.

Le cavalier reprit :

— Vous dites qu'on se bat à Dol?

— Oui. Ça doit commencer dans ce moment-ci.

— Qui est-ce qui se bat?

— Un ci-devant contre un ci-devant.

— Vous dites?

— Je dis qu'un ci-devant qui est pour la république se bat contre un ci-devant qui est pour le roi.

— Mais il n'y a plus de roi.

— Il y a le petit. Et le curieux, c'est que les deux ci-devant sont deux parents.

Le cavalier écoutait attentivement. L'aubergiste poursuivit :

— L'un est jeune, l'autre est vieux ; c'est le petit-neveu qui se bat contre le grand-oncle. L'oncle est royaliste, le neveu est patriote. L'oncle commande les blancs, le neveu commande les bleus. Ah! ils ne se feront pas quartier, allez. C'est une guerre à mort.

— A mort?

— Oui, citoyen. Tenez, voulez-vous voir les politesses qu'ils se jettent à la tête? Ceci est une affiche que le vieux trouve moyen de faire placarder partout, sur toutes les maisons et sur tous les arbres, et qu'il a fait coller jusque sur ma porte.

L'hôte approcha sa lanterne d'un carré de papier

appliqué sur un des battants de sa porte, et, comme l'affiche était en très gros caractères, le cavalier, du haut de son cheval, put lire :

« — Le marquis de Lantenac a l'honneur d'informer son petit-neveu, monsieur le vicomte Gauvain, que, si monsieur le marquis a la bonne fortune de se saisir de sa personne, il fera bellement arquebuser monsieur le vicomte. »

— Et, poursuivit l'hôtelier, voici la réponse.

Il se retourna, et éclaira de sa lanterne une autre affiche placée en regard de la première sur l'autre battant de la porte. Le voyageur lut :

« — Gauvain prévient Lantenac que s'il le prend il le fera fusiller. »

— Hier, dit l'hôte, le premier placard a été collé sur ma porte, et ce matin le second. La réplique ne s'est pas fait attendre.

Le voyageur, à demi-voix, et comme se parlant à lui-même, prononça ces quelques mots que l'aubergiste entendit sans trop les comprendre :

— Oui, c'est plus que la guerre dans la patrie, c'est la guerre dans la famille. Il le faut, et c'est bien. Les grands rajeunissements des peuples sont à ce prix.

Et le voyageur portant la main à son chapeau, l'œil fixé sur la deuxième affiche, la salua.

L'hôte continua :

— Voyez-vous, citoyen, voici l'affaire. Dans les villes et dans les gros bourgs, nous sommes pour la révolution, dans la campagne ils sont contre ; autant dire dans les villes on est français et dans les villages on est breton. C'est une guerre de bourgeois à paysans. Ils nous appellent patauds, nous les appelons rustauds. Les nobles et les prêtres sont avec eux.

— Pas tous, interrompit le cavalier.

— Sans doute, citoyen, puisque nous avons ici un vicomte contre un marquis.

Et il ajouta à part lui :

— Et que je crois bien que je parle à un prêtre.

Le cavalier continua :

— Et lequel des deux l'emporte?

— Jusqu'à présent, le vicomte. Mais il a de la peine. Le vieux est rude. Ces gens-là, c'est la famille Gauvain, des nobles d'ici. C'est une famille à deux branches ; il y a la grande branche dont le chef s'appelle le marquis de Lantenac, et la petite branche dont le chef s'appelle le vicomte Gauvain. Aujourd'hui les deux branches se battent. Cela ne se voit pas chez les arbres, mais cela se voit chez les hommes. Ce marquis de Lantenac est tout-puissant en Bretagne ; pour les paysans, c'est un prince. Le jour de son débarquement, il a eu tout de suite huit mille hommes ; en une semaine trois cents paroisses ont été soulevées. S'il avait pu prendre un coin de la côte, les Anglais débarquaient. Heureusement ce Gauvain s'est trouvé là, qui est son petit-neveu, drôle d'aventure. Il est commandant républicain, et il a rembarré son grand-oncle. Et puis le bonheur a voulu que ce Lantenac, en arrivant et en massacrant une masse de prisonniers, ait fait fusiller deux femmes, dont une avait trois enfants qui étaient adoptés par un bataillon de Paris. Alors cela a fait un bataillon terrible. Il s'appelle le bataillon du Bonnet-Rouge. Il n'en reste pas beaucoup de ces Parisiens-là, mais ce sont de furieuses bayonnettes. Ils ont été incorporés dans la colonne du commandant Gauvain. Rien ne leur résiste. Ils veulent venger les femmes et ravoir les enfants. On ne sait pas ce que le vieux en a fait, de ces petits. C'est ce qui enrage les grenadiers de Paris. Supposez que ces enfants n'y soient pas mêlés, cette guerre-là ne serait pas ce qu'elle est. Le vicomte

est un bon et brave jeune homme. Mais le vieux est
un effroyable marquis. Les paysans appellent ça la
guerre de saint Michel contre Belzébuth. Vous savez
peut-être que saint Michel est un ange du pays. Il a une
montagne à lui au milieu de la mer dans la baie. Il passe
pour avoir fait tomber le démon et pour l'avoir enterré
sous une autre montagne qui est près d'ici, et qu'on
appelle Tombelaine.

— Oui, murmura le cavalier, Tumba Beleni, la
tombe de Belenus, de Belus, de Bel, de Bélial, de
Belzébuth.

— Je vois que vous êtes informé.

Et l'hôte se dit en aparté :

— Décidément, il sait le latin, c'est un prêtre.

Puis il reprit :

— Eh bien, citoyen, pour les paysans, c'est cette
guerre-là qui recommence. Il va sans dire que pour eux
saint Michel, c'est le général royaliste, et Belzébuth,
c'est le commandant patriote ; mais s'il y a un diable,
c'est bien Lantenac, et s'il y a un ange, c'est Gauvain.
Vous ne prenez rien, citoyen ?

— J'ai ma gourde et un morceau de pain. Mais vous
ne me dites pas ce qui se passe à Dol.

— Voici. Gauvain commande la colonne d'expédition de la côte. Le but de Lantenac était d'insurger
tout, d'appuyer la Basse-Bretagne sur la Basse-Nor-
mandie, d'ouvrir la porte à Pitt, et de donner un coup
d'épaule à la grande armée vendéenne avec vingt mille
Anglais et deux cent mille paysans. Gauvain a coupé
court à ce plan. Il tient la côte, et il repousse Lantenac
dans l'intérieur et les Anglais dans la mer. Lantenac
était ici, et il l'en a délogé ; il lui a repris le Pont-au-
Beau ; il l'a chassé d'Avranches, il l'a chassé de Ville-
dieu, il l'a empêché d'arriver à Granville. Il manœuvre
pour le refouler dans la forêt de Fougères, et l'y cerner.

Tout allait bien hier[a], Gauvain était ici avec sa colonne. Tout à coup, alerte. Le vieux, qui est habile, a fait une pointe ; on apprend qu'il a marché sur Dol. S'il prend Dol, et s'il établit sur le Mont-Dol une batterie, car il a du canon, voilà un point de la côte où les Anglais peuvent aborder, et tout est perdu. C'est pourquoi, comme il n'y avait pas une minute à perdre, Gauvain, qui est un homme de tête, n'a pris conseil que de lui-même, n'a pas demandé d'ordre et n'en a pas attendu, a sonné le boute-selle, attelé son artillerie, ramassé sa troupe, tiré son sabre, et voilà comment, pendant que Lantenac se jette sur Dol, Gauvain se jette sur Lantenac. C'est à Dol que ces deux fronts bretons vont se cogner. Ce sera un fier choc. Ils y sont maintenant.

— Combien de temps faut-il pour aller à Dol?

— A une troupe qui a des charrois, au moins trois heures ; mais ils y sont.

Le voyageur prêta l'oreille et dit :

— En effet, il me semble que j'entends le canon.

L'hôte écouta.

— Oui, citoyen. Et la fusillade. On déchire de la toile. Vous devriez passer la nuit ici. Il n'y a rien de bon à attraper par là.

— Je ne puis m'arrêter. Je dois continuer ma route.

— Vous avez tort. Je ne connais pas vos affaires, mais le risque est grand, et, à moins qu'il ne s'agisse de ce que vous avez de plus cher au monde...

— C'est en effet de cela qu'il s'agit, répondit le cavalier.

— ... De quelque chose comme votre fils...

— A peu près, dit le cavalier.

L'aubergiste leva la tête et se dit à part soi :

— Ce citoyen me fait pourtant l'effet d'être un prêtre.

Puis, après réflexion :

— Après ça, un prêtre, ça a des enfants.

— Rebridez mon cheval, dit le voyageur. Combien vous dois-je?

Et il paya.

L'hôte rangea l'auge et le seau le long de son mur, et revint vers le voyageur.

— Puisque vous êtes décidé à partir, écoutez mon conseil. Il est clair que vous allez à Saint-Malo. Eh bien, n'allez pas par Dol. Il y a deux chemins, le chemin par Dol, et le chemin le long de la mer. L'un n'est guère plus court que l'autre. Le chemin le long de la mer va par Saint-Georges de Brehaigne, Cherrueix, et Hirel-le-Vivier. Vous laissez Dol au sud et Cancale au nord. Citoyen, au bout de la rue, vous allez trouver l'embranchement des deux routes ; celle de Dol est à gauche, celle de Saint-Georges de Brehaigne est à droite. Écoutez-moi bien, si vous allez par Dol, vous tombez dans le massacre. C'est pourquoi ne prenez pas à gauche, prenez à droite.

— Merci, dit le voyageur.

Et il piqua son cheval.

L'obscurité s'était faite, il s'enfonça dans la nuit. L'aubergiste le perdit de vue.

Quand le voyageur fut au bout de la rue à l'embranchement des deux chemins, il entendit la voix de l'aubergiste qui lui criait de loin :

— Prenez à droite !

Il prit à gauche.

## II

### DOL

Dol, ville espagnole de France en Bretagne, ainsi la qualifient les cartulaires, n'est pas une ville, c'est

une rue [1]. Grande vieille rue gothique, toute bordée
à droite et à gauche de maisons à piliers, point alignées,
qui font des caps et des coudes dans la rue, d'ailleurs
très large. Le reste de la ville n'est qu'un réseau de
ruelles se rattachant à cette grande rue diamétrale et
y aboutissant comme des ruisseaux à une rivière.
La ville, sans portes ni murailles, ouverte, dominée
par le Mont-Dol [2], ne pourrait soutenir un siège ;
mais la rue en peut soutenir un. Les promontoires
de maisons qu'on y voyait encore il y a cinquante
ans, et les deux galeries sous piliers qui la bordent en
faisaient un lieu de combat très solide et très résistant.
Autant de maisons, autant de forteresses ; et il fallait
enlever l'une après l'autre. La vieille halle était à peu
près au milieu de la rue.

L'aubergiste de la Croix-Branchard avait dit vrai,
une mêlée forcenée emplissait Dol au moment où il
parlait [3]. Un duel nocturne entre les blancs arrivés
le matin et les bleus survenus le soir avait brusquement
éclaté dans la ville. Les forces étaient inégales, les blancs
étaient six mille, les bleus étaient quinze cents, mais
il y avait égalité d'acharnement. Chose remarquable,
c'étaient les quinze cents qui avaient attaqué les six
mille.

---

1. Hugo avait visité la ville en 1836. Il n'en avait pas goûté la cathédrale, mais l'aspect archaïque des rues lui était resté dans l'esprit ;
sa description est précise et exacte.

2. Le Mont-Dol, éminence rocheuse située à 3 km de la ville, domine une immense étendue, notamment le marais de Dol qui sépare le mont de la ville. Hugo avait évoqué ce paysage dans *le Petit Roi de Galice* de *la Légende des siècles*, où Roland s'écrie :
O Durandal, ayant coupé Dol en Bretagne...

3. Transposition d'un épisode réel de la guerre de Vendée. Thiers,
dans son *Histoire de la Révolution*, a raconté en détail le combat de Dol,
qui mit aux prises les républicains commandés par Westermann,
Kléber, Marceau et les Vendéens avec Stofflet et La Rochejaquelein
(21 novembre 1793). Mais le combat authentique avait tourné à la
défaite des Bleus.

D'un côté une cohue, de l'autre une phalange. D'un côté six mille paysans, avec des cœurs-de-Jésus sur leurs vestes de cuir, des rubans blancs à leurs chapeaux ronds, des devises chrétiennes sur leurs brassards, des chapelets à leurs ceinturons, ayant plus de fourches que de sabres et des carabines sans bayonnettes, traînant des canons attelés de cordes, mal équipés, mal disciplinés, mal armés, mais frénétiques. De l'autre quinze cents soldats avec le tricorne à cocarde tricolore, l'habit à grandes basques et à grands revers, le baudrier croisé, le briquet à poignée de cuivre et le fusil à longue bayonnette, dressés, alignés, dociles et farouches, sachant obéir en gens qui sauraient commander, volontaires eux aussi, mais volontaires de la patrie, en haillons du reste, et sans souliers ; pour la monarchie, des paysans paladins, pour la révolution, des héros va-nu-pieds ; et chacune des deux troupes ayant pour âme son chef ; les royalistes un vieillard, les républicains un jeune homme. D'un côté Lantenac, de l'autre Gauvain.

La révolution, à côté des jeunes figures gigantesques, telles que Danton, Saint-Just, et Robespierre, a les jeunes figures idéales, comme Hoche et Marceau. Gauvain était une de ces figures.

Gauvain avait trente ans, une encolure d'Hercule, l'œil sérieux d'un prophète et le rire d'un enfant [1]. Il ne fumait pas, il ne buvait pas, il ne jurait pas. Il emportait à travers la guerre un nécessaire de toilette ; il avait grand soin de ses ongles, de ses dents, de ses cheveux qui étaient bruns et superbes ; et dans les haltes il secouait lui-même au vent son habit de capi-

---

1. Type de héros tel que Hugo aimait le dépeindre. Gauvain ressemble à Hoche et à Marceau, cités au paragraphe précédent, mais il rappelle surtout le chef des insurgés, Enjolras, des *Misérables*.

taine qui était troué de balles et blanc de poussière.
Toujours rué éperdument dans les mêlées, il n'avait
jamais été blessé. Sa voix très douce avait à propos
les éclats brusques du commandement. Il donnait
l'exemple de coucher à terre, sous la bise, sous la
pluie, dans la neige, roulé dans son manteau, et sa
tête charmante posée sur une pierre. C'était une âme
héroïque et innocente. Le sabre au poing le transfi-
gurait. Il avait cet air efféminé qui dans la bataille est
formidable.

Avec cela penseur et philosophe, un jeune sage ;
Alcibiade pour qui le voyait, Socrate pour qui l'entendait.

Dans cette immense improvisation qui est la révolution française, ce jeune homme avait été tout de suite
un chef de guerre.

Sa colonne, formée par lui, était comme la légion
romaine, une sorte de petite armée complète ; elle se
composait d'infanterie et de cavalerie ; elle avait des
éclaireurs, des pionniers, des sapeurs, des pontonniers ;
et, de même que la légion romaine avait des catapultes,
elle avait des canons. Trois pièces bien attelées faisaient
la colonne forte en la laissant maniable.

Lantenac aussi était un chef de guerre, pire encore.
Il était à la fois plus réfléchi et plus hardi. Les vrais
vieux héros ont plus de froideur que les jeunes parce
qu'ils sont loin de l'aurore, et plus d'audace parce
qu'ils sont près de la mort. Qu'ont-il à perdre ? si peu
de chose. De là les manœuvres téméraires, en même
temps que savantes, de Lantenac. Mais en somme, et
presque toujours, dans cet opiniâtre corps à corps
du vieux et du jeune, Gauvain avait le dessus. C'était
plutôt fortune qu'autre chose. Tous les bonheurs,
même le bonheur terrible, font partie de la jeunesse.
La victoire est un peu fille.

Lantenac était exaspéré contre Gauvain ; d'abord parce que Gauvain le battait, ensuite parce que c'était son parent. Quelle idée a-t-il d'être jacobin ? ce Gauvain ! ce polisson ! son héritier, car le marquis n'avait pas d'enfants, un petit-neveu, presque un petit-fils ! — *Ah !* disait ce quasi grand-père, *si je mets la main dessus, je le tue comme un chien !*

Du reste, la République avait raison de s'inquiéter de ce marquis de Lantenac. A peine débarqué, il faisait trembler. Son nom avait couru dans l'insurrection vendéenne comme une traînée de poudre, et Lantenac était tout de suite devenu centre. Dans une révolte de cette nature où tous se jalousent et où chacun a son buisson ou son ravin, quelqu'un de haut qui survient rallie les chefs épars égaux entre eux. Presque tous les capitaines des bois s'étaient joints à Lantenac, et, de près ou de loin, lui obéissaient. Un seul l'avait quitté, c'était le premier qui s'était joint à lui, Gavard. Pourquoi ? C'est que c'était un homme de confiance. Gavard avait eu tous les secrets et adopté tous les plans de l'ancien système de guerre civile que Lantenac venait supplanter et remplacer. On n'hérite pas d'un homme de confiance ; le soulier de la Rouarie n'avait pu chausser Lantenac. Gavard était allé rejoindre Bonchamp.

Lantenac, comme homme de guerre, était de l'école de Frédéric II ; il entendait combiner la grande guerre avec la petite. Il ne voulait ni d'une « masse confuse », comme la grosse armée catholique et royale, foule destinée à l'écrasement ; ni d'un éparpillement dans les halliers et les taillis, bon pour harceler, impuissant pour terrasser. La guérilla ne conclut pas, ou conclut mal ; on commence par attaquer une république et l'on finit par détrousser une diligence. Lantenac ne comprenait cette guerre bretonne, ni toute en rase campagne comme La Rochejaquelein, ni toute dans la forêt comme Jean Chouan ; ni Vendée, ni Chouannerie ; il voulait la vraie guerre ; se servir du paysan, mais l'appuyer sur le soldat. Il voulait des bandes pour la stratégie et des régiments pour la tactique. Il trouvait excellentes pour l'attaque, l'embuscade et la surprise, ces armées de village, tout de suite assemblées, tout de suite dispersées ; mais il les sentait trop fluides ; elles étaient dans sa main comme de l'eau ; il voulait dans cette guerre flottante et diffuse créer un point solide ; il voulait ajouter à la sauvage armée des forêts une troupe régulière qui fût le pivot de manœuvre des paysans. Pensée profonde et affreuse ; si elle eût réussi, la Vendée eût été inexpugnable.

Mais où trouver une troupe régulière ? où trouver des soldats ? où trouver des régiments ? où trouver une armée toute faite ? en Angleterre. De là l'idée fixe de Lantenac : faire débarquer les Anglais. Ainsi capitule la conscience des partis ; la cocarde blanche lui cachait l'habit rouge [1]. Lantenac n'avait qu'une pensée : s'emparer d'un point du littoral, et le livrer à Pitt. C'est pourquoi, voyant Dol sans défense, il s'était jeté dessus, afin d'avoir par Dol le Mont-Dol, et par le Mont-Dol la côte.

Le lieu était bien choisi. Le canon du Mont-Dol balayerait d'un côté le Fresnois, de l'autre Saint-Brelade, tiendrait à distance la croisière de Cancale et ferait toute la plage libre à une descente, du Raz-sur-Couesnon à Saint-Mêloir-des-Ondes.

Pour faire réussir cette tentative décisive, Lantenac

---

1. L'uniforme des soldats anglais du temps. « Les habits rouges ! » crient les soldats qui entourent Fabrice, dans *la Chartreuse de Parme*, en apercevant les cadavres des ennemis. Et Hugo évoque ainsi dans *l'Expiation* la captivité de Napoléon à Sainte-Hélène :

Un habit rouge au seuil, la mer à l'horizon.

avait amené avec lui un peu plus de six mille hommes,
ce qu'il avait de plus robuste dans les bandes dont il
disposait, et toute son artillerie, dix couleuvrines de
seize, une bâtarde de huit et une pièce de régiment
de quatre livres de balles. Il entendait établir une
forte batterie sur le Mont-Dol, d'après ce principe
que mille coups tirés avec dix canons font plus de
besogne que quinze cents coups tirés avec cinq canons.

Le succès semblait certain. On était six mille hommes.
On n'avait à craindre, vers Avranches, que Gauvain
et ses quinze cents hommes, et vers Dinan que Léchelle.
Léchelle, il est vrai, avait vingt-cinq mille hommes,
mais il était à vingt lieues. Lantenac était donc rassuré,
du côté de Léchelle, par la grande distance contre le
grand nombre, et, du côté de Gauvain, par le petit
nombre contre la petite distance. Ajoutons que Léchelle
était imbécile, et que, plus tard, il fit écraser ses vingt-
cinq mille hommes aux landes de la Croix-Bataille,
échec qu'il paya de son suicide.

Lantenac avait donc une sécurité complète. Son
entrée à Dol fut brusque et dure. Le marquis de Lantenac avait une rude renommée, on le savait sans miséricorde. Aucune résistance ne fut essayée. Les habitants terrifiés se barricadèrent dans leurs maisons.
Les six mille Vendéens s'installèrent dans la ville
avec la confusion campagnarde, presque un champ
de foire[a], sans fourriers, sans logis marqués, bivoua-
quant au hasard, faisant la cuisine en plein vent, s'épar-
pillant dans les églises, quittant les fusils pour les rosaires. Lantenac alla en hâte avec quelques officiers
d'artillerie reconnaître le Mont-Dol, laissant la lieutenance à Gouge-le-Bruant, qu'il avait nommé sergent
de bataille.

Ce Gouge-le-Bruant a laissé une vague trace dans
l'histoire. Il avait deux surnoms, *Brise-bleu*, à cause

de ses carnages de patriotes, et *l'Imânus*, parce qu'il avait en lui on ne sait quoi d'inexprimablement horrible. *Imânus*, dérivé d'*immanis*, est un vieux mot bas-normand qui exprime la laideur surhumaine, et quasi divine dans l'épouvante, le démon, le satyre, l'ogre. Un ancien manuscrit dit : *d'mes daeux iers j'vis l'imânus*. Les vieillards du Bocage ne savent plus aujourd'hui ce que c'est que Gouge-le-Bruant, ni ce que signifie Brise-bleu ; mais ils connaissent confusément l'Imânus. L'Imânus est mêlé aux superstitions locales. On parle encore de l'Imânus à Trémorel et Plumaugat, deux villages où Gouge-le-Bruant a laissé la marque de son pied sinistre. Dans la Vendée, les autres étaient les sauvages, Gouge-le-Bruant était le barbare. C'était une espèce de cacique, tatoué de croix-de-par-Dieu et de fleurs-de-lys ; il avait sur sa face la lueur hideuse, et presque surnaturelle, d'une âme à laquelle ne ressemblait aucun autre âme humaine. Il était infernalement brave dans le combat, ensuite atroce. C'était un cœur plein d'aboutissements tortueux, porté à tous les dévouements, enclin à toutes les fureurs. Raisonnait-il ? Oui, mais comme les serpents rampent ; en spirale. Il partait de l'héroïsme pour arriver à l'assassinat. Il était impossible de deviner d'où lui venaient ses résolutions, parfois grandioses à force d'être monstrueuses. Il était capable de tous les inattendus horribles. Il avait la férocité épique [1].

De là ce surnom difforme, *l'Imânus*.

Le marquis de Lantenac avait confiance en sa cruauté.

Cruauté, c'était juste, l'Imânus y excellait ; mais en stratégie et en tactique, il était moins supérieur, et

---

1. *L'Imânus* va jouer le rôle du « monstre » que tenait dans le roman de Balzac le Chouan Marche-à-Terre (voir l'épisode atroce de l'exécution de Galope-Chopine).

peut-être le marquis avait-il tort d'en faire son sergent de bataille. Quoi qu'il en soit, il laissa derrière lui l'Imânus avec charge de le remplacer et de veiller à tout.

Gouge-le-Bruant, homme plus guerrier que militaire, était plus propre à égorger un clan qu'à garder une ville. Pourtant il posa des grand'gardes.

Le soir venu, comme le marquis de Lantenac, après avoir reconnu l'emplacement de la batterie projetée, s'en retournait vers Dol, tout à coup, il entendit le canon. Il regarda. Une fumée rouge s'élevait de la grande rue. Il y avait surprise, irruption, assaut ; on se battait dans la ville.

Bien que difficile à étonner, il fut stupéfait. Il ne s'attendait à rien de pareil. Qui cela pouvait-il être ? Évidemment ce n'était pas Gauvain. On n'attaque pas à un contre quatre. Était-ce Léchelle ? Mais alors quelle marche forcée ! Léchelle était improbable, Gauvain impossible.

Lantenac poussa son cheval ; chemin faisant il rencontra des habitants qui s'enfuyaient ; il les questionna, ils étaient fous de peur [1] ; ils criaient : Les bleus ! les bleus ! et quand il arriva, la situation était mauvaise.

Voici ce qui s'était passé.

## III

### PETITES ARMÉES ET GRANDES BATAILLES

En arrivant à Dol, les paysans, on vient de le voir, s'étaient dispersés dans la ville, chacun faisant à sa

---

1. Thiers décrit une panique comparable dans son récit de la bataille de Dol.

guise, comme cela arrive quand « *on obéit d'amitié* », c'était le mot des Vendéens. Genre d'obéissance qui fait des héros, mais non des troupiers. Ils avaient garé leur artillerie avec les bagages sous les voûtes de la vieille halle, et, las, buvant, mangeant, « chapelettant », ils s'étaient couchés pêle-mêle en travers de la grande rue, plutôt encombrée que gardée. Comme la nuit tombait, la plupart s'endormirent, la tête sur leurs sacs, quelques-uns ayant leur femme à côté d'eux ; car souvent les paysannes suivaient les paysans ; en Vendée, les femmes grosses servaient d'espions. C'était une douce nuit de juillet ; les constellations resplendissaient dans le profond bleu noir du ciel. Tout ce bivouac, qui était plutôt une halte de caravane qu'un campement d'armée, se mit à sommeiller paisiblement. Tout à coup, à la lueur du crépuscule, ceux qui n'avaient pas encore fermé les yeux virent trois pièces de canon braquées à l'entrée de la grande rue.

C'était Gauvain. Il avait surpris les grand'gardes, il était dans la ville, et il tenait avec sa colonne la tête de la rue.

Un paysan se dressa, cria qui vive ? et lâcha son coup de fusil, un coup de canon répliqua. Puis une mousqueterie furieuse éclata. Toute la cohue assoupie se leva en sursaut. Rude secousse. S'endormir sous les étoiles et se réveiller sous la mitraille.

Le premier moment fut terrible. Rien de tragique comme le fourmillement d'une foule foudroyée. Ils se jetèrent sur leurs armes. On criait, on courait, beaucoup tombaient. Les gars, assaillis, ne savaient plus ce qu'ils faisaient et s'arquebusaient les uns les autres. Il y avait des gens ahuris qui sortaient des maisons, qui y rentraient, qui sortaient encore, et qui erraient dans la bagarre, éperdus. Des familles s'appelaient.

Combat lugubre, mêlé de femmes et d'enfants. Les balles sifflantes rayaient l'obscurité. La fusillade partait de tous les coins noirs. Tout était fumée et tumulte. L'enchevêtrement des fourgons et des charrois s'y ajoutait. Les chevaux ruaient. On marchait sur des blessés. On entendait à terre des hurlements. Horreur de ceux-ci, stupeur de ceux-là. Les soldats et les officiers se cherchaient. Au milieu de tout cela, de sombres indifférences. Une femme allaitait son nouveau-né, assise contre un pan de mur auquel était adossé son mari qui avait la jambe cassée et qui, pendant que son sang coulait, chargeait tranquillement sa carabine et tirait au hasard, tuant devant lui dans l'ombre. Des hommes à plat ventre tiraient à travers les roues des charrettes. Par moments il s'élevait un hourvari de clameurs. La grosse voix du canon couvrait tout. C'était épouvantable.

Ce fut comme un abatis[a] d'arbres ; tous tombaient les uns sur les autres. Gauvain, embusqué, mitraillait à coup sûr, et perdait peu de monde.

Pourtant l'intrépide désordre des paysans finit par se mettre sur la défensive ; ils se replièrent sous la halle, vaste redoute obscure, forêt de piliers de pierre. Là ils reprirent pied ; tout ce qui ressemblait à un bois leur donnait confiance. L'Imânus suppléait de son mieux à l'absence de Lantenac. Ils avaient du canon, mais, au grand étonnement de Gauvain, ils ne s'en servaient point ; cela tenait à ce que, les officiers d'artillerie étant allés avec le marquis reconnaître le Mont-Dol, les gars ne savaient que faire des couleuvrines et des bâtardes ; mais ils criblaient de balles les bleus qui les canonnaient. Les paysans ripostaient par la mousqueterie à la mitraille. C'étaient eux maintenant qui étaient abrités. Ils avaient entassé les haquets, les tombereaux, les bagages, toutes les futailles de la vieille halle, et improvisé une haute barricade avec des claires-voies par où passaient leurs carabines. Par ces trous leur fusillade était meurtrière. Tout cela se fit vite. En un quart d'heure la halle eut un front imprenable.

Ceci devenait grave pour Gauvain. Cette halle brusquement transformée en citadelle, c'était l'inattendu. Les paysans étaient là, massés et solides. Gauvain avait réussi la surprise et manqué la déroute. Il avait mis pied à terre. Attentif, ayant son épée au poing sous ses bras croisés, debout dans la lueur d'une torche qui éclairait sa batterie, il regardait toute cette ombre.

Sa haute taille dans cette clarté le faisait visible aux hommes de la barricade. Il était point de mire, mais il n'y songeait pas.

Les volées de balles qu'envoyait la barricade s'abattaient autour de Gauvain, pensif.

Mais contre toutes ces carabines il avait du canon. Le boulet finit toujours par avoir raison. Qui a l'artillerie a la victoire. Sa batterie, bien servie, lui assurait la supériorité.

Subitement, un éclair jaillit de la halle pleine de ténèbres, on entendit comme un coup de foudre, et un boulet vint trouer une maison au-dessus de la tête de Gauvain.

La barricade répondait au canon par le canon.

Que se passait-il? Il y avait du nouveau. L'artillerie maintenant n'était plus d'un seul côté.

Un second boulet suivit le premier et vint s'enfoncer dans le mur tout près de Gauvain. Un troisième boulet jeta à terre son chapeau.

Ces boulets étaient de gros calibre. C'était une pièce de seize qui tirait.

— On vous vise, commandant, crièrent les artilleurs.

Et ils éteignirent la torche. Gauvain, rêveur, ramassa son chapeau.

Quelqu'un en effet visait Gauvain, c'était Lantenac.

Le marquis venait d'arriver dans la barricade par le côté opposé.

L'Imânus avait couru à lui.

— Monseigneur, nous sommes surpris.

— Par qui?

— Je ne sais.

— La route de Dinan est-elle libre?

— Je le crois.

— Il faut commencer la retraite.

— Elle commence. Beaucoup se sont déjà sauvés.

— Il ne faut pas se sauver; il faut se retirer. Pourquoi ne vous servez-vous pas de l'artillerie?

— On a perdu la tête, et puis les officiers n'étaient pas là.

— J'y vais.

— Monseigneur, j'ai dirigé sur Fougères le plus que j'ai pu des bagages, les femmes, tout l'inutile. Que faut-il faire des trois petits prisonniers?

— Ah! ces enfants?

— Oui.

— Ils sont nos otages. Fais-les conduire à la Tourgue.

Cela dit, le marquis alla à la barricade. Le chef venu, tout changea de face. La barricade était mal faite pour l'artillerie, il n'y avait place que pour deux canons; le marquis mit en batterie deux pièces de seize auxquelles on fit des embrasures. Comme il était penché sur un de ces canons, observant la batterie ennemie par l'embrasure, il aperçut Gauvain.

— C'est lui! cria-t-il.

Alors il prit lui-même l'écouvillon et le fouloir, chargea la pièce, fixa le fronton de mire et pointa.

Trois fois il ajusta Gauvain, et le manqua. Le troisième coup ne réussit qu'à le décoiffer.

— Maladroit! murmura Lantenac. Un peu plus bas, j'avais la tête.

Brusquement la torche s'éteignit, et il n'eut plus devant lui que les ténèbres.

— Soit, dit-il.

Et se tournant vers les canonniers paysans, il cria :

— A mitraille!

Gauvain de son côté n'était pas moins sérieux. La situation s'aggravait. Une phase nouvelle du combat se dessinait. La barricade en était à le canonner. Qui sait si elle n'allait point passer de la défensive à l'offensive? Il avait devant lui, en défalquant les morts et les fuyards, au moins cinq mille combattants, et il ne lui restait à lui que douze cents hommes maniables. Que deviendraient les républicains si l'ennemi s'apercevait de leur petit nombre? Les rôles seraient intervertis. On était assaillant, on serait assailli. Que la barricade fît une sortie, tout pouvait être perdu.

Que faire? il ne fallait point songer à attaquer la barricade de front ; un coup de vive force était chimérique ; douze cents hommes ne débusquent pas cinq mille hommes. Brusquer était impossible, attendre était funeste. Il fallait en finir. Mais comment?

Gauvain était du pays, il connaissait la ville ; il savait que la vieille halle, où les Vendéens s'étaient crénelés, était adossée à un dédale de ruelles étroites et tortueuses.

Il se tourna vers son lieutenant qui était ce vaillant capitaine Guéchamp, fameux plus tard pour avoir nettoyé la forêt de Concise où était né Jean Chouan, et pour avoir, en barrant aux rebelles la chaussée de l'étang de la Chaîne, empêché la prise de Bourgneuf.

— Guéchamp, dit-il, je vous remets le commandement. Faites tout le feu que vous pourrez. Trouez la barricade à coups de canon. Occupez-moi tous ces gens-là [a].

— C'est compris, dit Guéchamp.

— Massez toute la colonne, armes chargées, et tenez-la prête à l'attaque.

Il ajouta quelques mots à l'oreille de Guéchamp.

— C'est entendu, dit Guéchamp.

Gauvain reprit :

— Tous nos tambours sont-ils sur pied?

— Oui.

— Nous en avons neuf. Gardez-en deux, donnez-m'en sept.

Les sept tambours vinrent en silence se ranger devant Gauvain.

Alors Gauvain cria :

— A moi le bataillon du Bonnet-Rouge!

Douze hommes, dont un sergent, sortirent du gros de la troupe.

— Je demande tout le bataillon, dit Gauvain.

— Le voilà, répondit le sergent.

— Vous êtes douze!

— Nous restons douze.

— C'est bien, dit Gauvain.

Ce sergent était le bon et rude troupier Radoub qui avait adopté au nom du bataillon les trois enfants rencontrés dans le bois de la Saudraie.

Un demi-bataillon seulement, on s'en souvient, avait été exterminé à Herbe-en-Pail, et Radoub avait eu ce bon hasard de n'en point faire partie.

Un fourgon de fourrage était proche; Gauvain le montra du doigt au sergent.

— Sergent, faites faire à vos hommes des liens de paille, et qu'on torde cette paille autour des fusils

pour qu'on n'entende pas de bruit s'ils s'entre-
choquent.

Une minute s'écoula, l'ordre fut exécuté, en silence
et dans l'obscurité.

— C'est fait, dit le sergent.

— Soldats, ôtez vos souliers, reprit Gauvain.

— Nous n'en avons pas, dit le sergent.

Cela faisait, avec les sept tambours, dix-neuf
hommes ; Gauvain était le vingtième.

Il cria :

— Sur une seule file. Suivez-moi. Les tambours
derrière moi. Le bataillon ensuite. Sergent, vous
commanderez le bataillon.

Il prit la tête de la colonne, et, pendant que la canonnade continuait des deux côtés, ces vingt hommes,
glissant comme des ombres, s'enfoncèrent dans les
ruelles désertes [1].

Ils marchèrent quelque temps de la sorte serpentant le long des maisons. Tout semblait mort dans
la ville ; les bourgeois s'étaient blottis dans les caves.
Pas une porte qui ne fût barrée, pas un volet qui ne
fût fermé. De lumière nulle part.

La grande rue faisait dans ce silence un fracas furieux ;
le combat au canon continuait ; la batterie républicaine
et la barricade royaliste se crachaient toute leur mitraille
avec rage.

Après vingt minutes de marche tortueuse, Gauvain,
qui dans cette obscurité cheminait avec certitude,
arriva à l'extrémité d'une ruelle d'où l'on rentrait
dans la grande rue ; seulement on était de l'autre côté
de la halle.

---

1. Nouvelle transposition (voir p. 252, n. 3). Hugo a trouvé dans
Duchemin-Descepeaux le récit d'une telle ruse de guerre, mais exéc tée
et réussie par une troupe de Vendéens.

La position était tournée. De ce côté-ci il n'y avait pas de retranchement, ceci est l'éternelle imprudence des constructeurs de barricades, la halle était ouverte, et l'on pouvait entrer sous les piliers où étaient attelés quelques chariots de bagages prêts à partir. Gauvain et ses dix-neuf hommes avaient devant eux les cinq mille Vendéens, mais de dos et non de front.

Gauvain parla à voix basse au sergent; on défit la paille nouée autour des fusils; les douze grenadiers se postèrent en bataille derrière l'angle de la ruelle, et les sept tambours, la baguette haute, attendirent.

Les décharges d'artillerie étaient intermittentes. Tout à coup, dans un intervalle entre deux détonations, Gauvain leva son épée, et d'une voix qui, dans ce silence, sembla un éclat de clairon, il cria :

— Deux cents hommes par la droite, deux cents hommes par la gauche, tout le reste sur le centre!

Les douze coups de fusil partirent et les sept tambours sonnèrent la charge.

Et Gauvain jeta le cri redoutable des bleus :

— A la bayonnette! Fonçons!

L'effet fut inouï.

Toute cette masse paysanne se sentit prise à revers, et s'imagina avoir une nouvelle armée dans le dos. En même temps, entendant le tambour, la colonne qui tenait le haut de la grande rue et que commandait Guéchamp s'ébranla, battant la charge de son côté, et se jeta au pas de course sur la barricade; les paysans se virent entre deux feux; la panique est un grossissement, dans la panique un coup de pistolet fait le bruit d'un coup de canon, toute clameur est fantôme, et l'aboiement d'un chien semble le rugissement d'un lion. Ajoutons que le paysan prend peur comme le chaume prend feu, et, aussi aisément qu'un feu de

chaume devient incendie, une peur de paysan devient
déroute. Ce fut une fuite inexprimable.

En quelques instants la halle fut vide, les gars terrifiés
se désagrégèrent, rien à faire pour les officiers, l'Imânus
tua inutilement deux ou trois fuyards, on n'entendait
que ce cri : *Sauve qui peut!* et cette armée, à travers les
rues de la ville comme à travers les trous d'un crible,
se dispersa dans la campagne, avec une rapidité de nuée
emportée par l'ouragan.

Les uns s'enfuirent vers Châteauneuf, les autres vers
Plerguer, les autres vers Antrain.

Le marquis de Lantenac vit cette déroute. Il encloua
de sa main les canons, puis il se retira, le dernier, lentement et froidement, et il dit : Décidément les paysans
ne tiennent pas. Il nous faut les Anglais.

# IV

## C'EST LA SECONDE FOIS

La victoire était complète.

Gauvain se tourna vers les hommes du bataillon
du Bonnet-Rouge, et leur dit :

— Vous êtes douze, mais vous en valez mille.

Un mot du chef, c'était la croix d'honneur de ce
temps-là.

Guéchamp, lancé par Gauvain hors de la ville, poursuivit les fuyards et en prit beaucoup.

On alluma des torches et l'on fouilla la ville.

Tout ce qui ne put s'évader se rendit. On illumina
la grande rue avec des pots à feu. Elle était jonchée
de morts et de blessés. La fin d'un combat s'arrache
toujours, quelques groupes désespérés résistaient

encore çà et là, on les cerna, et ils mirent bas les armes.

Gauvain avait remarqué dans le pêle-mêle effréné de la déroute un homme intrépide, espèce de faune agile et robuste, qui avait protégé la fuite des autres et ne s'était pas enfui. Ce paysan s'était magistralement servi de sa carabine, fusillant avec le canon, assommant avec la crosse, si bien qu'il l'avait cassée ; maintenant il avait un pistolet dans un poing et un sabre dans l'autre. On n'osait l'approcher. Tout à coup Gauvain le vit qui chancelait et qui s'adossait à un pilier de la grande rue. Cet homme venait d'être blessé. Mais il avait toujours aux poings son sabre et son pistolet. Gauvain mit son épée sous son bras et alla à lui.

— Rends-toi, dit-il.

L'homme le regarda fixement. Son sang coulait sous ses vêtements d'une blessure qu'il avait, et faisait une mare à ses pieds.

— Tu es mon prisonnier, reprit Gauvain.

L'homme resta muet.

— Comment t'appelles-tu ?

L'homme dit :

— Je m'appelle Danse-à-l'Ombre.

— Tu es un vaillant, dit Gauvain.

Et il lui tendit la main.

L'homme répondit :

— Vive le roi !

Et ramassant ce qui lui restait de force, levant les deux bras à la fois, il tira au cœur de Gauvain un coup de pistolet et lui asséna sur la tête un coup de sabre.

Il fit cela avec une promptitude de tigre ; mais quelqu'un fut plus prompt encore. Ce fut un homme à cheval qui venait d'arriver et qui était là depuis quelques instants, sans qu'on eût fait attention à lui. Cet homme, voyant le Vendéen lever le sabre et le pistolet, se jeta entre lui et Gauvain. Sans cet homme, Gauvain était mort. Le cheval reçut le coup de pistolet, l'homme reçut le coup de sabre, et tous deux tombèrent. Tout cela se fit le temps de jeter un cri.

Le Vendéen de son côté s'était affaissé sur le pavé.

Le coup de sabre avait frappé l'homme en plein visage ; il était à terre, évanoui. Le cheval était tué.

Gauvain s'approcha.

— Qui est cet homme ? dit-il.

Il le considéra. Le sang de la balafre inondait le blessé, et lui faisait un masque rouge. Il était impossible de distinguer sa figure. On lui voyait des cheveux gris.

— Cet homme m'a sauvé la vie, poursuivit Gauvain. Quelqu'un d'ici le connaît-il ?

— Mon commandant, dit un soldat, cet homme est entré dans la ville tout à l'heure. Je l'ai vu arriver. Il venait par la route de Pontorson.

Le chirurgien-major de la colonne était accouru avec sa trousse. Le blessé était toujours sans connaissance. Le chirurgien l'examina et dit :

— Une simple balafre. Ce n'est rien. Cela se recoud. Dans huit jours il sera sur pied. C'est un beau coup de sabre.

Le blessé avait un manteau, une ceinture tricolore, des pistolets, un sabre. On le coucha sur une civière. On le déshabilla. On apporta un seau d'eau fraîche, le chirurgien lava la plaie, le visage commença à apparaître, Gauvain le regardait avec une attention profonde.

— A-t-il des papiers sur lui ? demanda Gauvain.

Le chirurgien tâta la poche de côté et en tira un portefeuille qu'il tendit à Gauvain.

Cependant le blessé, ranimé par l'eau froide, revenait à lui. Ses paupières remuaient vaguement.

Gauvain fouillait le portefeuille ; il y trouva une

feuille de papier pliée en quatre, il la déplia, il lut :

« Comité de salut public. Le citoyen Cimourdain... »

Il jeta un cri :

— Cimourdain !

Ce cri fit ouvrir les yeux au blessé.

Gauvain était éperdu.

— Cimourdain ! c'est vous ! c'est la seconde fois que vous me sauvez la vie.

Cimourdain regardait Gauvain. Un ineffable éclair de joie illuminait sa face sanglante.

Gauvain tomba à genoux devant le blessé en criant :

— Mon maître !

— Ton père, dit Cimourdain.

# V

## LA GOUTTE D'EAU FROIDE

Ils ne s'étaient pas vus depuis beaucoup d'années, mais leurs cœurs ne s'étaient jamais quittés ; ils se reconnurent comme s'ils s'étaient séparés la veille.

On avait improvisé une ambulance à l'hôtel de ville de Dol. On porta Cimourdain sur un lit dans une petite chambre contiguë à la grande salle commune aux blessés. Le chirurgien, qui avait recousu la balafre, mit fin aux épanchements entre ces deux hommes, et jugea qu'il fallait laisser dormir Cimourdain. Gauvain d'ailleurs était réclamé par ces mille soins que sont les devoirs et les soucis de la victoire. Cimourdain resta seul ; mais il ne dormit pas ; il avait deux fièvres, la fièvre de sa blessure et la fièvre de sa joie.

Il ne dormit pas, et pourtant il ne lui semblait pas être éveillé. Était-ce possible ? son rêve était réalisé.

Cimourdain était de ceux qui ne croient pas au quine [1], et il l'avait. Il retrouvait Gauvain. Il l'avait quitté enfant, il le retrouvait homme ; il le retrouvait grand, redoutable, intrépide. Il le retrouvait triomphant, et triomphant pour le peuple. Gauvain était en Vendée le point d'appui de la révolution, et c'était lui, Cimourdain, qui avait fait cette colonne à la république. Ce victorieux était son élève. Ce qu'il voyait rayonner à travers cette jeune figure réservée peut-être au panthéon républicain, c'était sa pensée, à lui Cimourdain ; son disciple, l'enfant de son esprit, était dès à présent un héros et serait avant peu une gloire ; il semblait à Cimourdain qu'il revoyait sa propre âme faite Génie. Il venait de voir de ses yeux comment Gauvain faisait la guerre ; il était comme Chiron ayant vu combattre Achille. Rapport mystérieux entre le prêtre et le centaure, car le prêtre n'est homme qu'à mi-corps.

Tous les hasards de cette aventure, mêlés à l'insomnie de sa blessure, emplissaient Cimourdain d'une sorte d'enivrement mystérieux. Une jeune destinée se levait, magnifique, et, ce qui ajoutait à sa joie profonde, il avait plein pouvoir sur cette destinée ; encore un succès comme celui qu'il venait de voir, et Cimourdain n'aurait qu'un mot à dire pour que la république confiât à Gauvain une armée. Rien n'éblouit comme l'étonnement de voir tout réussir. C'était le temps où chacun avait son rêve militaire ; chacun voulait faire un général ; Danton voulait faire Westermann, Marat voulait faire Rossignol, Hébert voulait faire Ronsin ; Robespierre voulait les défaire tous. Pourquoi pas Gauvain? se disait Cimourdain ; et il songeait. L'illimité était devant lui ; il passait d'une hypothèse à

---

1. Voir p. 56, n. 1.

l'autre ; tous les obstacles s'évanouissaient ; une fois qu'on a mis le pied sur cette échelle-là, on ne s'arrête plus, c'est la montée infinie, on part de l'homme et l'on arrive à l'étoile. Un grand général n'est qu'un chef d'armées ; un grand capitaine est en même temps un chef d'idées ; Cimourdain rêvait Gauvain grand capitaine. Il lui semblait, car la rêverie va vite, voir Gauvain sur l'Océan, chassant les Anglais ; sur le Rhin, châtiant les rois du Nord ; aux Pyrénées, repoussant l'Espagne ; aux Alpes, faisant signe à Rome de se lever. Il y avait en Cimourdain deux hommes, un homme tendre, et un homme sombre ; tous deux étaient contents ; car, l'inexorable étant son idéal, en même temps qu'il voyait Gauvain superbe, il le voyait terrible. Cimourdain pensait à tout ce qu'il fallait détruire avant de construire, et, certes, se disait-il, ce n'est pas l'heure des attendrissements [a]. Gauvain sera « à la hauteur », mot du temps. Cimourdain se figurait Gauvain écrasant du pied les ténèbres, cuirassé de lumière, avec une lueur de météore au front, ouvrant les grandes ailes idéales de la justice, de la raison et du progrès, et une épée à la main ; ange, mais exterminateur.

Au plus fort de cette rêverie qui était presque une extase, il entendit, par la porte entr'ouverte, qu'on parlait dans la grande salle de l'ambulance, voisine de sa chambre ; il reconnut la voix de Gauvain ; cette voix, malgré les années d'absence, avait toujours été dans son oreille, et la voix de l'enfant se retrouve dans la voix de l'homme. Il écouta. Il y avait un bruit de pas. Des soldats disaient :

— Mon commandant, cet homme-ci est celui qui a tiré sur vous. Pendant qu'on ne le voyait pas, il s'était traîné dans une cave. Nous l'avons trouvé. Le voilà.

Alors Cimourdain entendit ce dialogue entre Gauvain et l'homme :

— Tu es blessé?

— Je me porte assez bien pour être fusillé.

— Mettez cet homme dans un lit. Pansez-le, soignez-le, guérissez-le.

— Je veux mourir.

— Tu vivras. Tu as voulu me tuer au nom du roi ; je te fais grâce au nom de la république.

Une ombre passa sur le front de Cimourdain. Il eut comme un réveil en sursaut[a], et il murmura avec une sorte d'accablement sinistre :

— En effet, c'est un clément.

# VI

## SEIN GUÉRI, CŒUR SAIGNANT

Une balafre se guérit vite ; mais il y avait quelque part quelqu'un de plus gravement blessé que Cimourdain. C'était la femme fusillée que le mendiant Tellmarch avait ramassée dans la grande mare de sang de la ferme d'Herbe-en-Pail.

Michelle Fléchard était plus en danger encore que Tellmarch ne l'avait cru ; au trou qu'elle avait au-dessus du sein correspondait un trou dans l'omoplate ; en même temps qu'une balle lui cassait la clavicule, une autre balle lui traversait l'épaule ; mais, comme le poumon n'avait pas été touché, elle put guérir. Tellmarch était « un philosophe[b] », mot de paysans qui signifie un peu médecin, un peu chirurgien et un peu sorcier. Il soigna la blessée dans sa tanière de bête sur son grabat de varech, avec ces choses mysté-

rieuses qu'on appelle « des simples », et, grâce à lui,
elle vécut.

La clavicule se ressouda, les trous de la poitrine
et de l'épaule se fermèrent ; après quelques semaines,
la blessée fut convalescente.

Un matin, elle put sortir du carnichot appuyée
sur Tellmarch, et alla s'asseoir sous les arbres au
soleil. Tellmarch savait d'elle peu de chose, les plaies
de poitrine exigent le silence, et, pendant la quasi-
agonie qui avait précédé sa guérison, elle avait à peine
dit quelques paroles. Quand elle voulait parler, Tellmarch la faisait taire ; mais elle avait une rêverie opiniâtre, et Tellmarch observait dans ses yeux une
sombre allée et venue de pensées poignantes. Ce matin-
là, elle était forte, elle pouvait presque marcher seule ;
une cure, c'est une paternité, et Tellmarch la regardait,
heureux. Ce bon vieux homme se mit à sourire. Il
lui parla.

— Eh bien, nous sommes debout, nous n'avons
plus de plaie.

— Qu'au cœur, dit-elle.

Et elle reprit :

— Alors vous ne savez pas du tout où ils sont ?

— Qui ça ? demanda Tellmarch.

— Mes enfants.

Cet « alors » exprimait tout un monde de pensées ;
cela signifiait : « puisque vous ne m'en parlez pas,
puisque depuis tant de jours vous êtes près de moi
sans m'en ouvrir la bouche, puisque vous me faites
taire chaque fois que je veux rompre le silence, puisque
vous semblez craindre que je n'en parle, c'est que
vous n'avez rien à m'en dire. » Souvent, dans la fièvre,
dans l'égarement, dans le délire, elle avait appelé
ses enfants, et elle avait bien vu, car le délire fait ses
remarques, que le vieux homme ne lui répondait pas.

C'est qu'en effet Tellmarch ne savait que lui dire.
Ce n'est pas aisé de parler à une mère de ses enfants
perdus. Et puis, que savait-il? rien. Il savait qu'une
mère avait été fusillée, que cette mère avait été trouvée
à terre par lui, que, lorsqu'il l'avait ramassée, c'était
à peu près un cadavre, que ce cadavre avait trois
enfants, et que le marquis de Lantenac, après avoir
fait fusiller la mère, avait emmené les enfants. Toutes
ses informations s'arrêtaient là. Qu'est-ce que ces
enfants étaient devenus? Étaient-ils même encore
vivants? Il savait, pour s'en être informé, qu'il y
avait deux garçons et une petite fille, à peine sevrée.
Rien de plus. Il se faisait sur ce groupe infortuné
une foule de questions, mais il n'y pouvait répondre.
Les gens du pays qu'il avait interrogés s'étaient bornés
à hocher la tête. M. de Lantenac était un homme
dont on ne causait pas volontiers.

On ne parlait pas volontiers de Lantenac et on ne
parlait pas volontiers à Tellmarch. Les paysans ont
un genre de soupçon à eux. Ils n'aimaient pas
Tellmarch. Tellmarch le Caimand était un homme
inquiétant. Qu'avait-il à regarder toujours le ciel?
que faisait-il, et à quoi pensait-il dans ses longues
heures d'immobilité? certes, il était étrange. Dans
ce pays en pleine guerre, en pleine conflagration, en
pleine combustion, où tous les hommes n'avaient
qu'une affaire, la dévastation, et qu'un travail, le carnage, où c'était à qui brûlerait une maison, égorgerait
une famille, massacrerait un poste, saccagerait un
village, où l'on ne songeait qu'à se tendre des embuscades, qu'à s'attirer dans des pièges, et qu'à s'entretuer les uns les autres, ce solitaire, absorbé dans la
nature, comme submergé dans la paix immense des
choses, cueillant des herbes et des plantes, uniquement occupé des fleurs, des oiseaux et des étoiles,

était évidemment dangereux [1]. Visiblement, il n'avait pas sa raison ; il ne s'embusquait derrière aucun buisson, il ne tirait de coup[a] de fusil à personne. De là une certaine crainte autour de lui.

— Cet homme est fou, disaient les passants.

Tellmarch était plus qu'un homme isolé, c'était un homme évité.

On ne lui faisait point de questions, et on ne lui faisait guère de réponses. Il n'avait donc pu se renseigner autant qu'il l'aurait voulu. La guerre s'était répandue ailleurs, on était allé se battre plus loin, le marquis de Lantenac avait disparu de l'horizon, et dans l'état d'esprit où était Tellmarch, pour qu'il s'aperçût de la guerre, il fallait qu'elle mît le pied sur lui.

Après ce mot, — *mes enfants,* — Tellmarch avait cessé de sourire, et la mère s'était mise à penser. Que se passait-il dans cette âme ? Elle était comme au fond d'un gouffre. Brusquement elle regarda Tellmarch, et cria de nouveau et presque avec un accent de colère :

— Mes enfants !

Tellmarch baissa la tête comme un coupable.

Il songeait à ce marquis de Lantenac qui certes ne pensait pas à lui, et qui, probablement, ne savait même plus qu'il existât. Il s'en rendait compte, il se disait : — Un seigneur, quand c'est dans le danger, ça vous connaît ; quand c'est dehors, ça ne vous connaît plus.

Et il se demandait : — Mais alors pourquoi ai-je sauvé ce seigneur ?

Et il se répondait : — Parce que c'est un homme.

Il fut là-dessus quelque temps pensif, et il reprit en lui-même : — En suis-je bien sûr ?

---

1. Telles sont aussi les préventions des gens de Saint-Sampson contre le bon Gilliatt, dans *les Travailleurs de la mer.*

Et il se répéta son mot amer : — Si j'avais su!

Toute cette aventure l'accablait ; car dans ce qu'il avait fait, il voyait une sorte d'énigme. Il méditait douloureusement. Une bonne action peut donc être une mauvaise action. Qui sauve le loup tue les brebis. Qui raccommode l'aile du vautour est responsable de sa griffe.

Il se sentait en effet coupable. La colère inconsciente de cette mère avait raison.

Pourtant, avoir sauvé cette mère le consolait d'avoir sauvé ce marquis.

Mais les enfants?

La mère aussi songeait. Ces deux pensées se côtoyaient et, sans se le dire, se rencontraient peut-être, dans les ténèbres de la rêverie.

Cependant son regard, au fond duquel était la nuit, se fixa de nouveau sur Tellmarch.

— Ça ne peut pourtant pas se passer comme ça, dit-elle.

— Chut! fit Tellmarch, et il mit le doigt sur sa bouche.

Elle poursuivit :

— Vous avez eu tort de me sauver, et je vous en veux. J'aimerais mieux être morte, parce que je suis sûre que je les verrais. Je saurais où ils sont. Ils ne me verraient pas, mais je serais près d'eux. Une morte, ça doit pouvoir protéger.

Il lui prit le bras et lui tâta le pouls.

— Calmez-vous, vous vous redonnez la fièvre.

Elle lui demanda presque durement :

— Quand pourrai-je m'en aller?

— Vous en aller?

— Oui. Marcher.

— Jamais, si vous n'êtes pas raisonnable. Demain, si vous êtes sage.

— Qu'appelez-vous être sage?

— Avoir confiance en Dieu.

— Dieu! où m'a-t-il mis mes enfants?

Elle était comme égarée. Sa voix devint très douce.

— Vous comprenez, lui dit-elle, je ne peux pas rester comme cela. Vous n'avez pas eu d'enfants, moi j'en ai eu. Cela fait une différence. On ne peut pas juger d'une chose quand on ne sait pas ce que c'est. Vous n'avez pas eu d'enfants, n'est-ce pas?

— Non, répondit Tellmarch.

— Moi, je n'ai eu que ça. Sans mes enfants, est-ce que je suis? Je voudrais qu'on m'expliquât pourquoi je n'ai pas mes enfants. Je sens bien qu'il se passe quelque chose, puisque je ne comprends pas. On a tué mon mari, on m'a fusillée, mais c'est égal, je ne comprends pas.

— Allons, dit Tellmarch, voilà que la fièvre vous reprend. Ne parlez plus.

Elle le regarda, et se tut.

A partir de ce jour, elle ne parla plus.

Tellmarch fut obéi plus qu'il ne voulait. Elle passait de longues heures accroupie au pied du vieux arbre, stupéfaite. Elle songeait et se taisait. Le silence offre on ne sait quel abri aux âmes simples qui ont subi l'approfondissement sinistre de la douleur. Elle semblait renoncer à comprendre. A un certain degré le désespoir est inintelligible au désespéré.

Tellmarch l'examinait, ému. En présence de cette souffrance, ce vieux homme avait des pensées de femme.

— Oh oui, se disait-il, ses lèvres ne parlent pas, mais ses yeux parlent, je vois bien ce qu'elle a, une idée fixe. Avoir été mère, et ne plus l'être! avoir été nourrice, et ne plus l'être! Elle ne peut pas se résigner. Elle pense à la toute petite qu'elle allaitait il n'y a pas longtemps. Elle y pense, elle y pense, elle y pense.

Au fait, ce doit être si charmant de·sentir une petite bouche rose qui vous tire votre âme de dedans le corps et qui avec votre vie à vous se fait une vie à elle!

Il se taisait de son côté, comprenant, devant un tel accablement, l'impuissance de la parole. Le silence d'une idée fixe est terrible. Et comment faire entendre raison à l'idée fixe d'une mère? La maternité est sans issue; on ne discute pas avec elle. Ce qui fait qu'une mère est sublime, c'est que c'est une espèce de bête. L'instinct maternel est divinement animal. La mère n'est plus femme, elle est femelle [1].

Les enfants sont des petits.

De là dans la mère quelque chose d'inférieur et de supérieur au raisonnement. Une mère a un flair. L'immense volonté ténébreuse de la création[a] est en elle, et la mène. Aveuglement plein de clairvoyance.

Tellmarch maintenant voulait faire parler cette malheureuse; il n'y réussissait pas. Une fois, il lui dit:

— Par malheur, je suis vieux, et je ne marche plus. J'ai plus vite trouvé le bout de ma force que le bout de mon chemin. Après un quart d'heure, mes jambes refusent, et il faut que je m'arrête; sans quoi je pourrais vous accompagner. Au fait, c'est peut-être un bien que je ne puisse pas. Je serais pour vous plus dangereux qu'utile; on me tolère ici; mais je suis suspect aux bleus comme paysan et aux paysans comme sorcier.

Il attendit ce qu'elle répondrait. Elle ne leva même pas les yeux.

Une idée fixe aboutit à la folie ou à l'héroïsme. Mais de quel héroïsme peut être capable une pauvre paysanne? d'aucun. Elle peut être mère, et voilà tout. Chaque jour elle s'enfonçait davantage dans sa rêverie. Tellmarch l'observait.

---

1. Pour tout ce passage, voir l'Introduction, p. xxx.

Il chercha à l'occuper; il lui apporta du fil, des ai-
guilles, un dé; et en effet, ce qui fit plaisir au pauvre
caimand, elle se mit à coudre; elle songeait, mais elle
travaillait, signe de santé; les forces lui revenaient
peu à peu; elle raccommoda son linge, ses vêtements,
ses souliers; mais sa prunelle restait vitreuse. Tout
en cousant elle chantait à demi voix des chansons
obscures. Elle murmurait des noms, probablement
des noms d'enfants, pas assez distinctement pour
que Tellmarch les entendît. Elle s'interrompait et
écoutait les oiseaux, comme s'ils avaient des nouvelles
à lui donner. Elle regardait le temps qu'il faisait. Ses
lèvres remuaient. Elle se parlait bas. Elle fit un sac
et elle le remplit de châtaignes. Un matin Tellmarch
la vit qui se mettait en marche, l'œil fixé au hasard
sur les profondeurs de la forêt.

— Où allez-vous? lui demanda-t-il.

Elle répondit :

— Je vais les chercher.

Il n'essaya pas de la retenir.

# VII

## LES DEUX PÔLES DU VRAI

Au bout de quelques semaines pleines de tous les
va-et-vient de la guerre civile, il n'était bruit dans le
pays de Fougères que de deux hommes dont l'un
était l'opposé de l'autre, et qui cependant faisaient
la même œuvre, c'est-à-dire combattaient côte à côte
le grand combat révolutionnaire.

Le sauvage duel vendéen continuait, mais la Vendée perdait du terrain. Dans l'Ille-et-Vilaine en particulier, grâce au jeune commandant qui, à Dol, avait si à propos riposté à l'audace des six mille royalistes par l'audace des quinze cents patriotes, l'insurrection était, sinon éteinte, du moins très amoindrie et très circonscrite. Plusieurs coups heureux avaient suivi celui-là, et de ces succès multipliés était née une situation nouvelle.

Les choses avaient changé de face, mais une singulière complication était survenue.

Dans toute cette partie de la Vendée, la république avait le dessus, ceci était hors de doute ; mais quelle république ? Dans le triomphe qui s'ébauchait, deux formes de la république étaient en présence, la république de la terreur et la république de la clémence, l'une voulant vaincre par la rigueur et l'autre par la douceur. Laquelle prévaudrait ? Ces deux formes, la forme conciliante et la forme implacable, étaient représentées par deux hommes ayant chacun son influence et son autorité, l'un commandant militaire, l'autre délégué civil ; lequel de ces deux hommes l'emporterait ? De ces deux hommes, l'un, le délégué, avait de redoutables points d'appui ; il était arrivé apportant la menaçante consigne de la commune de Paris aux bataillons de Santerre : « *Pas de grâce, pas de quartier !* » Il avait, pour tout soumettre à son autorité, le décret de la Convention portant « peine de mort contre quiconque mettrait en liberté et ferait évader un chef rebelle prisonnier », de pleins pouvoirs émanés du Comité de salut public, et une injonction de lui obéir, à lui délégué, signée ROBESPIERRE, DANTON, MARAT. L'autre, le soldat, n'avait pour lui que cette force, la pitié.

Il n'avait pour lui que son bras, qui battait les ennemis, et son cœur, qui leur faisait grâce. Vainqueur, il se croyait le droit d'épargner les vaincus.

De là un conflit latent, mais profond, entre ces deux hommes. Ils étaient tous les deux dans des nuages différents, tous les deux combattant la rébellion, et chacun ayant sa foudre à lui, l'un la victoire, l'autre la terreur.

Dans tout le Bocage, on ne parlait que d'eux ; et, ce qui ajoutait à l'anxiété des regards fixés sur eux de toutes parts, c'est que ces deux hommes, si absolument opposés, étaient en même temps étroitement unis. Ces deux antagonistes étaient deux amis. Jamais sympathie plus haute et plus profonde n'avait rapproché deux cœurs ; le farouche avait sauvé la vie au débonnaire, et il en avait la balafre au visage. Ces deux hommes incarnaient, l'un la mort, l'autre la vie ; l'un était le principe terrible, l'autre le principe pacifique, et ils s'aimaient. Problème étrange. Qu'on se figure Oreste miséricordieux et Pylade inclément. Qu'on se figure Arimane frère d'Ormus.

Ajoutons que celui des deux qu'on appelait « le féroce » était en même temps le plus fraternel des hommes ; il pansait les blessés, soignait les malades, passait ses jours et ses nuits dans les ambulances et les hôpitaux, s'attendrissait sur des enfants pieds nus, n'avait rien à lui, donnait tout aux pauvres. Quand on se battait, il y allait ; il marchait à la tête des colonnes et au plus fort du combat, armé, car il avait à sa ceinture un sabre et deux pistolets, et désarmé, car jamais on ne l'avait vu tirer son sabre et toucher à ses pistolets. Il affrontait les coups, et n'en rendait pas. On disait qu'il avait été prêtre.

L'un de ces hommes était Gauvain, l'autre était Cimourdain.

L'amitié était entre les deux hommes, mais la haine

était entre les deux principes ; c'était comme une âme
coupée en deux, et partagée ; Gauvain, en effet, avait
reçu une moitié de l'âme de Cimourdain, mais la
moitié douce. Il semblait que Gauvain avait eu le
rayon blanc, et que Cimourdain avait gardé pour lui
ce qu'on pourrait appeler le rayon noir. De là un désaccord intime. Cette sourde guerre ne pouvait pas ne
point éclater. Un matin la bataille commença.

Cimourdain dit à Gauvain :

— Où en sommes-nous?

Gauvain répondit :

— Vous le savez aussi bien que moi. J'ai dispersé
les bandes de Lantenac. Il n'a plus avec lui que quelques
hommes. Le voilà acculé à la forêt de Fougères.
Dans huit jours, il sera cerné.

— Et dans quinze jours?

— Il sera pris.

— Et puis[a]?

— Vous avez vu mon affiche?

— Oui. Eh bien?

— Il sera fusillé.

— Encore de la clémence. Il faut qu'il soit guillotiné.

— Moi, dit Gauvain, je suis pour la mort militaire.

— Et moi, répliqua Cimourdain, pour la mort
révolutionnaire.

Il regarda Gauvain en face et lui dit :

— Pourquoi as-tu fait mettre en liberté ces religieuses
du couvent de Saint-Marc-le-Blanc?

— Je ne fais pas la guerre aux femmes, répondit
Gauvain.

— Ces femmes-là haïssent le peuple. Et pour la
haine une femme vaut dix hommes. Pourquoi as-tu
refusé d'envoyer au tribunal révolutionnaire tout
ce troupeau de vieux prêtres fanatiques pris à Louvigné?

— Je ne fais pas la guerre aux vieillards.

— Un vieux prêtre est pire qu'un jeune. La rébellion est plus dangereuse, prêchée par les cheveux blancs. On a foi dans les rides. Pas de fausse pitié, Gauvain. Les régicides sont les libérateurs. Aie l'œil fixé sur la tour du Temple.

— La tour du Temple! J'en ferais sortir le dauphin. Je ne fais pas la guerre aux enfants.

L'œil de Cimourdain devint sévère.

— Gauvain, sache qu'il faut faire la guerre à la femme quand elle se nomme Marie-Antoinette, au vieillard quand il se nomme Pie VI, pape, et à l'enfant quand il se nomme Louis Capet.

— Mon maître, je ne suis pas un homme politique.

— Tâche de ne pas être un homme dangereux. Pourquoi, à l'attaque du poste de Cossé, quand le rebelle Jean Treton, acculé et perdu, s'est rué seul, le sabre au poing, contre toute ta colonne, as-tu crié : *Ouvrez les rangs. Laissez passer?*

— Parce qu'on ne se met pas à quinze cents pour tuer un homme.

— Pourquoi, à la Cailleterie d'Astillé, quand tu as vu que tes soldats allaient tuer le Vendéen Joseph Bézier, qui était blessé et qui se traînait, as-tu crié : *Allez en avant! J'en fais mon affaire !* et as-tu tiré ton coup de pistolet en l'air?

— Parce qu'on ne tue pas un homme à terre.

— Et tu as eu tort. Tous deux sont aujourd'hui chefs de bande ; Joseph Bézier, c'est Moustache, et Jean Treton, c'est Jambe-d'Argent [1]. En sauvant ces deux hommes, tu as donné deux ennemis à la république.

---

1. L'historique de *Quatrevingt-treize*, dans l'édition de l'Imprimerie Nationale, signale de nombreuses notes prises par Hugo sur ce personnage.

— Certes, je voudrais lui faire des amis, et non lui donner des ennemis.

— Pourquoi, après la victoire de Landéan, n'as-tu pas fait fusiller tes trois cents paysans prisonniers?

— Parce que, Bonchamp ayant fait grâce aux prisonniers républicains, j'ai voulu qu'il fût dit que la république faisait grâce aux prisonniers royalistes.

— Mais alors, si tu prends Lantenac, tu lui feras grâce?

— Non.

— Pourquoi? Puisque tu as fait grâce aux trois cents paysans?

— Les paysans sont des ignorants; Lantenac sait ce qu'il fait.

— Mais Lantenac est ton parent?

— La France est la grande parente.

— Lantenac est un vieillard.

— Lantenac est un étranger. Lantenac n'a pas d'âge. Lantenac appelle les Anglais. Lantenac c'est l'invasion. Lantenac est l'ennemi de la patrie. Le duel entre lui et moi ne peut finir que par sa mort, ou par la mienne.

— Gauvain, souviens-toi de cette parole.

— Elle est dite.

Il y eut un silence, et tous deux se regardèrent. Et Gauvain reprit :

— Ce sera une date sanglante que cette année 93 où nous sommes.

— Prends garde, s'écria Cimourdain. Les devoirs terribles existent. N'accuse pas qui n'est point accusable. Depuis quand la maladie est-elle la faute du médecin? Oui, ce qui caractérise cette année énorme, c'est d'être sans pitié. Pourquoi? parce qu'elle est la grande année révolutionnaire. Cette année où nous sommes incarne la révolution. La révolution a un ennemi, le vieux monde, et elle est sans pitié pour lui, de même que le chirurgien a un ennemi, la gangrène, et est sans pitié pour elle. La révolution extirpe la royauté dans le roi, l'aristocratie dans le noble, le despotisme dans le soldat, la superstition dans le prêtre, la barbarie dans le juge, en un mot, tout ce qui est la tyrannie dans tout ce qui est le tyran. L'opération est effrayante, la révolution la fait d'une main sûre. Quant à la quantité de chair saine qu'elle sacrifie, demande à Boerhave [1] ce qu'il en pense. Quelle tumeur à couper n'entraîne une perte de sang? Quel incendie à éteindre n'exige la part du feu? Ces nécessités redoutables sont la condition même du succès. Un chirurgien ressemble à un boucher; un guérisseur peut faire l'effet d'un bourreau. La révolution se dévoue à son œuvre fatale. Elle mutile, mais elle sauve. Quoi! vous lui demandez grâce pour le virus! vous voulez qu'elle soit clémente pour ce qui est vénéneux! Elle n'écoute pas. Elle tient le passé, elle l'achèvera. Elle fait à la civilisation une incision profonde, d'où sortira la santé du genre humain. Vous souffrez? sans doute. Combien de temps cela durera-t-il? le temps de l'opération. Ensuite vous vivrez. La révolution ampute le monde. De là cette hémorragie, 93.

— Le chirurgien est calme, dit Gauvain, et les hommes que je vois sont violents.

— La révolution, répliqua Cimourdain, veut pour l'aider des ouvriers farouches. Elle repousse toute main qui tremble. Elle n'a foi qu'aux inexorables. Danton, c'est le terrible, Robespierre, c'est l'inflexible, Saint-Just, c'est l'irréductible, Marat, c'est l'implacable. Prends-y garde, Gauvain. Ces noms-là sont nécessaires. Ils valent pour nous des armées. Ils terrifieront l'Europe.

---

1. Boerhaave (1668-1738), le grand médecin hollandais, professeur à Leyde, et auteur de deux « sommes » médicales.

— Et peut-être aussi l'avenir, dit Gauvain [1].

Il s'arrêta, et repartit :

— Du reste, mon maître, vous faites erreur, je n'accuse personne. Selon moi, le vrai point de vue de la révolution, c'est l'irresponsabilité. Personne n'est innocent, personne n'est coupable. Louis XVI, c'est un mouton jeté parmi des lions. Il veut fuir, il veut se sauver, il cherche à se défendre ; il mordrait, s'il pouvait. Mais n'est pas lion qui veut. Sa velléité passe pour crime. Ce mouton en colère montre les dents. Le traître ! disent les lions. Et ils le mangent. Cela fait, ils se battent entre eux.

— Le mouton est une bête.

— Et les lions, que sont-ils ?

Cette réplique fit songer Cimourdain. Il releva la tête et dit : Ces lions-là sont des consciences. Ces lions-là sont des idées. Ces lions-là sont des principes.

— Ils font la Terreur.

— Un jour, la révolution sera la justification de la Terreur.

— Craignez que la Terreur ne soit la calomnie de la révolution [2].

---

1. Dans cette discussion, Hugo fait passer toutes ses réflexions sur l'idée révolutionnaire (Voir l'Introduction, pp. II-XVIII.). — On lit aussi cette note laissée dans le *Reliquat* de *Quatrevingt-treize* : « Gauvain était-il amoureux ? Oui. De miséricorde. Faire grâce était son idéal. Pas de femme. Il semblait qu'il n'eût qu'une pensée dans ces temps terribles : attendrir la guerre civile. »

2. Note laissée dans le *Reliquat* de *Quatrevingt-treize* : « La Terreur a été fatale dans tous les sens du mot, c'est-à-dire nécessaire et funeste. Nécessaire, car elle est une addition ; funeste, car sans la Terreur les États-Unis d'Europe seraient aujourd'hui fondés, et c'est la Terreur qui a refoulé et fait rentrer dans les poitrines l'aspiration des peuples vers la grande république humaine... Sans la Terreur, aucun prétexte aux polémiques ; la Terreur a été l'argument intarissable, et c'est sur elle que s'est appuyée l'immense calomnie royaliste... Maintenant, la Terreur pouvait-elle être évitée ? Question profonde. Dans quelle proportion la Terreur se rattache-t-elle aux lois dynamiques ? »

Et Gauvain reprit :

— Liberté, Égalité, Fraternité, ce sont des dogmes de paix et d'harmonie. Pourquoi leur donner un aspect effrayant? Que voulons-nous? conquérir les peuples à la république universelle. Eh bien, ne leur faisons pas peur. A quoi bon l'intimidation? Pas plus que les oiseaux, les peuples ne sont attirés par l'épouvantail. Il ne faut pas faire le mal pour faire le bien. On ne renverse pas le trône pour laisser l'échafaud debout. Mort aux rois, et vie aux nations. Abattons les couronnes, épargnons les têtes. La révolution, c'est la concorde, et non l'effroi. Les idées douces sont mal servies par les hommes incléments. Amnistie est pour moi le plus beau mot de la langue humaine. Je ne veux verser de sang qu'en risquant le mien. Du reste je ne sais que combattre, et je ne suis qu'un soldat. Mais si l'on ne peut pardonner, cela ne vaut pas la peine de vaincre. Soyons pendant la bataille les ennemis de nos ennemis, et après la victoire leurs frères.

— Prends garde, répéta Cimourdain pour la troisième fois. Gauvain, tu es pour moi plus que mon fils, prends garde!

Et il ajouta, pensif :

— Dans des temps comme les nôtres, la pitié peut être une des formes de la trahison.

En entendant parler ces deux hommes, on eût cru entendre le dialogue de l'épée et de la hache.

# VIII

## DOLOROSA

Cependant la mère cherchait ses petits.

Elle allait devant elle. Comment vivait-elle? Impos-

sible de le dire. Elle ne le savait pas elle-même. Elle
marcha des jours et des nuits ; elle mendia, elle mangea
de l'herbe, elle coucha à terre, elle dormit en plein
air, dans les broussailles, sous les étoiles, quelquefois
sous la pluie et la bise.

Elle rôdait de village en village, de métairie en métairie, s'informant. Elle s'arrêtait aux seuils. Sa robe
était en haillons. Quelquefois on l'accueillait, quelquefois on la chassait. Quand elle ne pouvait entrer dans
les maisons, elle allait dans les bois.

Elle ne connaissait pas le pays, elle ignorait tout,
excepté Siscoignard et la paroisse d'Azé, elle n'avait
point d'itinéraire, elle revenait sur ses pas, recommençait une route déjà parcourue, faisait du chemin inutile. Elle suivait tantôt le pavé, tantôt l'ornière d'une
charrette, tantôt les sentiers dans les taillis. A cette
vie au hasard, elle avait usé ses misérables vêtements.
Elle avait marché d'abord avec ses souliers, puis avec
ses pieds nus, puis avec ses pieds sanglants.

Elle allait à travers la guerre, à travers les coups
de fusil, sans rien entendre, sans rien voir, sans rien
éviter, cherchant ses enfants. Tout étant en révolte,
il n'y avait plus de gendarmes, plus de maires, plus
d'autorité. Elle n'avait affaire qu'aux passants.

Elle leur parlait. Elle demandait :

— Avez-vous vu quelque part trois petits enfants ?

Les passants levaient la tête.

— Deux garçons et une fille, disait-elle.

Elle continuait :

— René-Jean, Gros-Alain, Georgette ? Vous n'avez
pas vu ça ?

Elle poursuivait :

— L'aîné a quatre ans et demi, la petite a vingt mois.

Elle ajoutait :

— Savez-vous où ils sont ? on me les a pris.

On la regardait et c'était tout.

Voyant qu'on ne la comprenait pas, elle disait :

— C'est qu'ils sont à moi. Voilà pourquoi.

Les gens passaient leur chemin. Alors elle s'arrêtait et ne disait plus rien, et se déchirait le sein avec les ongles.

Un jour pourtant un paysan l'écouta. Le bonhomme se mit à réfléchir.

— Attendez donc, dit-il. Trois enfants ?

— Oui.

— Deux garçons ?

— Et une fille.

— C'est ça que vous cherchez ?

— Oui.

— J'ai ouï parler d'un seigneur qui avait pris trois petits enfants et qui les avait avec lui.

— Où est cet homme ? cria-t-elle. Où sont-ils ?

Le paysan répondit :

— Allez à la Tourgue.

— Est-ce que c'est là que je trouverai mes enfants ?

— Peut-être bien que oui.

— Vous dites ?...

— La Tourgue.

— Qu'est-ce que c'est que la Tourgue ?

— C'est un endroit.

— Est-ce un village ? un château ? une métairie ?

— Je n'y suis jamais allé.

— Est-ce loin ?

— Ce n'est pas près.

— De quel côté ?

— Du côté de Fougères.

— Par où y va-t-on ?

— Vous êtes à Ventortes, dit le paysan, vous laisserez Ernée à gauche et Coxelles à droite, vous passerez par Lorchamps et vous traverserez le Leroux.

Et le paysan leva sa main vers l'occident.

— Toujours devant vous en allant du côté où le soleil se couche.

Avant que le paysan eût baissé son bras, elle était en marche.

Le paysan lui cria :

— Mais prenez garde. On se bat par là.

Elle ne se retourna point pour lui répondre, et continua d'aller en avant.

## IX

### UNE BASTILLE DE PROVINCE

#### I. LA TOURGUE

Le voyageur qui, il y a quarante ans, entré dans la forêt de Fougères du côté de Laignelet en ressortait du côté de Parigné, faisait, sur la lisière de cette profonde futaie, une rencontre sinistre. En débouchant du hallier, il avait brusquement devant lui la Tourgue.

Non la Tourgue vivante, mais la Tourgue morte. La Tourgue lézardée, sabordée [1], balafrée, démantelée. La ruine est à l'édifice ce que le fantôme est à l'homme. Pas de plus lugubre vision que la Tourgue. Ce qu'on avait sous les yeux, c'était une haute tour ronde, toute seule au coin du bois comme un malfaiteur. Cette tour, droite sur un bloc de roche à pic, avait presque l'aspect romain tant elle était correcte et solide, et tant

---

1. Le mot, qui désigne en général l'opération consistant à percer la coque d'un navire que l'on veut envoyer par le fond, est hardiment employé ici pour dépeindre la muraille crevée de la forteresse. Hugo dira d'ailleurs plus loin (livre IV, ch. 7) : « Une tour en rase campagne ressemble à un navire en pleine mer. »

dans cette masse robuste l'idée de la puissance était mêlée à l'idée de la chute. Romaine, elle l'était même un peu, car elle était romane ; commencée au neuvième siècle, elle avait été achevée au douzième, après la troisième croisade. Les impostes à oreillons de ses baies [1] disaient son âge. On approchait, on gravissait l'escarpement, on apercevait une brèche, on se risquait à entrer, on était dedans, c'était vide. C'était quelque chose comme l'intérieur d'un clairon de pierre posé debout sur le sol. Du haut en bas, aucun diaphragme ; pas de toit, pas de plafonds, pas de planchers, des arrachements de voûtes et de cheminées, des embrasures à fauconneaux [2], à des hauteurs diverses, des cordons de corbeaux [3] de granit et quelques poutres transversales marquant les étages, sur les poutres les fientes des oiseaux de nuit, la muraille colossale, quinze pieds d'épaisseur à la base et douze au sommet, çà et là des crevasses, et des trous qui avaient été des portes, par où l'on entrevoyait des escaliers dans l'intérieur ténébreux du mur. Le passant qui pénétrait

---

1. L'*imposte* est la pierre saillante qui supporte le début du cintre d'une arcade. *Oreillon*, avec cette signification particulière (terme de fortification) est d'un emploi signalé par Littré comme appartenant à la langue du xvie siècle (exemple tiré d'Agrippa d'Aubigné). — Victor Hugo va mettre en œuvre, pour décrire la Tourgue, la précision à la fois technique et imagée dont il avait fait si souvent usage pour dépeindre les forteresses rhénanes dans son récit de voyage *Le Rhin*(1842). La description de la Tourgue s'est d'ailleurs considérablement enrichie au cours de la rédaction du manuscrit.

2. Les *fauconneaux* étaient des sortes de canons. L'emploi de ce terme avait suggéré à Hugo une note « érudite » pour la scène VI de la deuxième partie des *Burgraves* (1843). A l'endroit où Magnus s'écrie : « Armez les mangonneaux ! », l'auteur prévoyait — charitablement — l'ignorance du public en ces matières : « L'acteur fera sagement de dire : *Armez les fauconneaux !* On ne connaissait pas les fauconneaux au xiiie siècle ; mais qu'importe ? Il y a encore dans le public... beaucoup de braves gens qui n'admettraient pas les mangonneaux ».

3. Pierres formant saillie.

là le soir entendait crier les hulottes, les tète-chèvres, les bihoreaux [1] et les crapauds-volants, et voyait sous ses pieds des ronces, des pierres, des reptiles, et sur sa tête, à travers une rondeur noire qui était le haut de la tour et qui semblait la bouche d'un puits énorme, les étoiles[a].

C'était la tradition du pays qu'aux étages supérieurs de cette tour il y avait des portes secrètes faites, comme les portes des tombeaux des rois de Juda, d'une grosse pierre tournant sur pivot, s'ouvrant, puis se refermant, et s'effaçant dans la muraille ; mode architecturale rapportée des croisades avec l'ogive. Quand ces portes étaient closes, il était impossible de les retrouver, tant elles étaient bien mêlées aux autres pierres du mur. On voit encore aujourd'hui de ces portes-là dans les mystérieuses cités de l'Anti-Liban, échappées au tremblement des douze villes sous Tibère [2].

## II. LA BRÈCHE

La brèche par où l'on entrait dans la ruine était une trouée de mine. Pour un connaisseur, familier avec Errard, Sardi et Pagan [3], cette mine avait été savamment faite. La chambre à feu en bonnet de prêtre était proportionnée à la puissance du donjon qu'elle avait à éventrer. Elle avait dû contenir au moins deux quintaux de poudre. On y arrivait par un canal ser-

1. Sortes d'échassiers.
2. Épisode raconté par Tacite au livre II des *Annales* (ch. XL-LIII).
3. Jean Errard (1554-1610) fut un des grands promoteurs de la fortification au temps de Henri IV et l'auteur d'un traité (1600) dont le succès fut considérable. — L'Italien Sardi composa au XVIIe siècle des ouvrages d'art militaire. — Pagan (1604-1665) fit la transition entre Errard et Vauban. Son *Traité des fortifications* est de 1646.

pentant qui vaut mieux que le canal droit ; l'écroulement produit par la mine montrait à nu dans le déchir-
ement de la pierre le saucisson [1], qui avait le diamètre
voulu d'un œuf de poule. L'explosion avait fait à la
muraille une blessure profonde par où les assiégeants
avaient dû pouvoir entrer. Cette tour avait évidemment soutenu, à diverses époques, de vrais sièges en
règle ; elle était criblée de mitrailles ; et ces mitrailles
n'étaient pas toutes du même temps ; chaque projectile a sa façon de marquer un rempart ; et tous avaient
laissé à ce donjon leur balafre, depuis les boulets de
pierre du quatorzième siècle jusqu'aux boulets de
fer du dix-huitième.

La brèche donnait entrée dans ce qui avait dû être
le rez-de-chaussée. Vis-à-vis de la brèche, dans le mur
de la tour, s'ouvrait le guichet d'une crypte taillée
dans le roc et se prolongeant dans les fondations de
la tour jusque sous la salle du rez-de-chaussée.

Cette crypte, aux trois quarts comblée, a été déblayée
en 1855 par les soins de M. Auguste Le Prévost [2],
l'antiquaire de Bernay.

---

1. Charge de poudre disposée en rouleau dans une toile.
2. L'archéologue Le Prévost (1787-1859), député de Bernay, membre libre de l'Académie des Inscriptions, dont les recherches eurent
surtout pour cadre le département de l'Eure. Il semble bien que,
selon sa manière, Hugo ait fait de la forteresse des Gauvain, qu'il situe
pour l'action de son roman près de Fougères, la synthèse des châteaux en ruine visités (et souvent dessinés) au cours de ses voyages.
En 1835, Hugo avait vu Provins et son donjon (« il me servira beaucoup » écrivait-il à Adèle Hugo) ; Coucy et Pierrefonds ; « deux
belles tours » à Corbie, « un grand donjon crevassé » à Boves près
d'Amiens. En 1836, nous l'avons dit, il avait visité d'autres ruines
dans la région même de Fougères. Sur un dessin de sa main conservé
au Musée Victor Hugo, on lit : *La Tourgue en 1835*. De ses deux
voyages aux pays rhénans (1839 et 1840) on sait quelles visions de
forteresses écroulées il avait rapportées ; il suffit de renvoyer aux descriptions du *Rhin* (1842). Des souvenirs plus récents ont pu se super-
poser à ces impressions lointaines : souvenirs des voyages effectués au

### III. L'OUBLIETTE

Cette crypte était l'oubliette. Tout donjon avait la sienne. Cette crypte, comme beaucoup de caves pénales des mêmes époques, avait deux étages. Le premier étage, où l'on pénétrait par le guichet, était une chambre voûtée assez vaste, de plain-pied avec la salle du rez-de-chaussée. On voyait sur la paroi de cette chambre deux sillons parallèles et verticaux qui allaient d'un mur à l'autre en passant par la voûte où ils étaient profondément empreints, et qui donnaient l'idée de deux ornières. C'étaient deux ornières en effet. Ces deux sillons avaient été creusés par deux roues. Jadis, aux temps féodaux, c'était dans cette chambre que se faisait l'écartèlement, par un procédé moins tapageur que les quatre chevaux. Il y avait là deux roues, si fortes et si grandes qu'elles touchaient les murs et la voûte. On attachait à chacune de ces roues un bras et une jambe du patient, puis on faisait tourner les deux roues en sens inverse, ce qui arrachait l'homme. Il fallait de l'effort ; de là les ornières creusées dans la pierre que les roues effleuraient. On peut voir encore aujourd'hui une chambre de ce genre à Vianden[1].

Au-dessous de cette chambre il y en avait une autre. C'était l'oubliette véritable. On n'y entrait point

Luxembourg et aux pays rhénans pendant la période d'exil, notamment en 1863, 1864, 1865, et surtout souvenirs de 1871 (voir la note suivante).

1. En juin 1871, Hugo, expulsé de Belgique pour avoir offert un asile aux Communards pourchassés, vint s'établir à Vianden, dans le grand-duché de Luxembourg. Les châteaux de la région, déjà visités au cours des voyages de 1863-1864-1865, sont évoqués dans les vers de *l'Année terrible* (1872) ; entre autres Falkenfels, dans le poème qui porte ce titre :

> Falkenfels, qu'on distingue au loin dans la bruine,
> Est le burg démoli d'un vieux comte en ruine...

par une porte, on y pénétrait par un trou ; le patient,
nu, était descendu, au moyen d'une corde sous les
aisselles, dans la chambre d'en bas par un soupirail
pratiqué au milieu du dallage de la chambre d'en haut.
S'il s'obstinait à vivre, on lui jetait sa nourriture par
ce trou. On voit encore aujourd'hui un trou de ce
genre à Bouillon [1].

Par ce trou il venait du vent. La chambre d'en bas,
creusée sous la salle du rez-de-chaussée, était plutôt
un puits qu'une chambre. Elle aboutissait à de l'eau
et un souffle glacial l'emplissait. Ce vent qui faisait

---

J'arrivai. Je parvins au burg fauve et sublime.
Même en plein jour, une ombre effrayante est dessus.
Sur la brèche qui sert de porte, j'aperçus
Au pied des larges tours qu'un haut blason surmonte,
Un grand vieux paysan pensif, c'était le comte.

Au cours de son étude, que nous citons dans la Bibliographie,
M. Raymond Escholier ne doute pas qu'un château du Luxembourg
ait inspiré l'architecture de la Tourgue. Une identification tout à fait
précise a même été proposée par P. Jarry, dans l'*Ame des Vieux
logis* (Mercure de France, 1945) que R. Escholier cite et dont il adopte
la conclusion. Il s'agirait du château de Beaufort. Si nous nous repor-
tons aux notes de voyage de Victor Hugo, recueillies dans l'édition
de l'Imprimerie Nationale (*En voyage*, II), nous trouvons en effet
(pp. 540-541), à la date du 12 juin 1871, le récit d'une visite à Beaufort :
« il apparaît à un tournant de rue, dans une forêt, au fond d'un ravin,
c'est une vision... Il se compose de deux châteaux, un du dix-septième
siècle, habitable et habité, et un du onzième au seizième siècle, roman
et gothique, en ruine. Ruine magnifique. Une énorme tour donjon
que j'ai dessinée. » Le rapprochement est assurément frappant. C'est
surtout ce double aspect de Beaufort, disparate et pittoresque par sa
variété même, qui peut suggérer l'identification, si l'on songe à
l'élégant « pont-châtelet » de la Tourgue, voisin de la tour massive.
Néanmoins, les descriptions de ruines et d'architectures du passé
sont si nombreuses dans les récits de voyage de Victor Hugo que l'on
peut se demander s'il n'y eut pas plutôt, comme nous le suggérions
dans la note précédente, une sorte de « contamination » de souvenirs
et d'impressions visuelles, d'où serait sortie finalement la Tourgue.

1. Dans le Luxembourg belge, que Victor Hugo, ainsi qu'il vient
d'être rappelé, avait visité pendant l'exil, lorsqu'il lui arrivait de quitter
Guernesey pour la Belgique et les bords du Rhin.

mourir le prisonnier d'en bas faisait vivre le prisonnier d'en haut. Il rendait la prison respirable. Le
prisonnier d'en haut, à tâtons sous sa voûte, ne rece-
vait d'air que par ce trou. Du reste, qui y entrait,
ou qui y tombait, n'en sortait plus. C'était au prisonnier
à s'en garer dans l'obscurité. Un faux pas pouvait du
patient d'en haut faire le patient d'en bas. Cela le regardait. S'il tenait à la vie, ce trou était son danger ;
s'il s'ennuyait, ce trou était sa ressource. L'étage
supérieur était le cachot, l'étage inférieur était le tombeau. Superposition ressemblante à la société d'alors[1].

C'est là ce que nos aïeux appelaient « un cul-de-basse-
fosse ». La chose ayant disparu, le nom pour nous n'a
plus de sens. Grâce à la révolution, nous entendons
prononcer ces mots-là avec indifférence.

Du dehors de la tour, au-dessus de la brèche qui en
était, il y a quarante ans, l'entrée unique, on apercevait
une embrasure plus large que les autres meurtrières,
à laquelle pendait un grillage de fer descellé et défoncé[2].

## IV. LE PONT-CHATELET

A cette tour, et du côté opposé à la brèche, se ratta-
chait un pont de pierre de trois arches peu endomma-
gées. Le pont avait porté un corps de logis dont il
restait quelques tronçons. Ce corps de logis, où étaient
visibles les marques d'un incendie, n'avait plus que
sa charpente noircie, sorte d'ossature à travers laquelle
passait le jour, et qui se dressait auprès de la tour,
comme un squelette à côté d'un fantôme.

---

1. Symbolisme, dans l'esprit de Michelet.
2. Comme la fenêtre du « caveau perdu » des *Burgraves* (troisième
acte).

Cette ruine est aujourd'hui tout à fait démolie, et il n'en reste aucune trace. Ce qu'ont fait beaucoup de siècles et beaucoup de rois, il suffit d'un jour et d'un paysan pour le défaire.

*La Tourgue*, abréviation paysanne, signifie la Tour-Gauvain, de même que *la Jupelle* signifie la Jupellière, et que ce nom d'un bossu chef de bande, *Pinson-le-Tort*, signifie Pinson-le-Tortu.

La Tourgue, qui il y a quarante ans était une ruine et qui aujourd'hui est une ombre, était en 1793 une forteresse. C'était la vieille bastille des Gauvain, gardant à l'occident l'entrée de la forêt de Fougères, forêt qui, elle-même, est à peine un bois maintenant.

On avait construit cette citadelle sur un de ces gros blocs de schiste qui abondent entre Mayenne et Dinan, et qui sont partout épars parmi les halliers et les bruyères, comme si les titans s'étaient jeté des pavés à la tête.

La tour était toute la forteresse ; sous la tour le rocher, au pied du rocher un de ces cours d'eau que le mois de janvier change en torrents et que le mois de juin met à sec.

Simplifiée à ce point, cette forteresse était, au moyen âge, à peu près imprenable. Le pont l'affaiblissait. Les Gauvain gothiques l'avaient bâtie sans pont. On y abordait par une de ces passerelles branlantes qu'un coup de hache suffisait à rompre. Tant que les Gauvain furent vicomtes, elle leur plut ainsi, et ils s'en contentèrent ; mais quand ils furent marquis, et quand ils quittèrent la caverne pour la cour, ils jetèrent trois arches sur le torrent, et ils se firent accessibles du côté de la plaine de même qu'ils s'étaient faits accessibles du côté du roi. Les marquis au dix-septième siècle, et les marquises au dix-huitième, ne tenaient plus à

être imprenables. Copier Versailles remplaça ceci :
continuer les aïeux.

En face de la tour, du côté occidental, il y avait un
plateau assez élevé allant aboutir aux plaines ; ce plateau
venait presque toucher la tour, et n'en était séparé
que par un ravin très creux où coulait le cours d'eau
qui est un affluent du Couesnon. Le pont, trait d'union
entre la forteresse et le plateau, fut fait haut sur piles ;
et sur ces piles on construisit, comme à Chenonceaux,
un édifice en style Mansard, plus logeable que la tour.
Mais les mœurs étaient encore très rudes ; les seigneurs
gardèrent la coutume d'habiter les chambres du donjon pareilles à des cachots. Quant au bâtiment sur le
pont, qui était une sorte de petit châtelet, on y pratiqua
un long couloir qui servait d'entrée et qu'on appela
la salle des gardes ; au-dessus de cette salle des gardes,
qui était une sorte d'entresol, on mit une bibliothèque,
au-dessus de la bibliothèque un grenier. De longues
fenêtres à petites vitres en verre de Bohême, des
pilastres entre les fenêtres, des médaillons sculptés
dans le mur ; trois étages ; en bas, des pertuisanes et
des mousquets ; au milieu, des livres ; en haut, des sacs
d'avoine ; tout cela était un peu sauvage et fort
noble.

La tour à côté était farouche.

Elle dominait cette bâtisse coquette de toute sa hauteur lugubre. De la plate-forme on pouvait foudroyer
le pont.

Les deux édifices, l'un abrupt, l'autre poli, se cho-
quaient plus qu'ils ne s'accostaient. Les deux styles
n'étaient point d'accord ; bien que deux demi-cercles
semblent devoir être identiques, rien ne ressemble
moins à un plein-cintre roman qu'une archivolte classique. Cette tour digne des forêts était une étrange
voisine pour ce pont digne de Versailles. Qu'on se

figure Alain Barbe-Torte [1] donnant le bras à Louis XIV.
L'ensemble terrifiait. Des deux majestés mêlées sortait
on ne sait quoi de féroce.

Au point de vue militaire, le pont, insistons-y, livrait
presque la tour. Il l'embellissait et la désarmait ; en
gagnant de l'ornement elle avait perdu de la force.
Le pont la mettait de plain-pied avec le plateau. Toujours inexpugnable du côté de la forêt, elle était maintenant vulnérable du côté de la plaine. Autrefois elle
commandait le plateau, à présent le plateau la commandait. Un ennemi installé là serait vite maître du pont.
La bibliothèque et le grenier étaient pour l'assiégeant,
et contre la forteresse. Une bibliothèque et un grenier
se ressemblent en ceci que les livres et la paille sont
du combustible. Pour un assiégeant qui utilise l'incendie, brûler Homère ou brûler une botte de foin,
pourvu que cela brûle, c'est la même chose. Les
Français l'ont prouvé aux Allemands en brûlant
la bibliothèque de Heidelberg [2], et les Allemands l'ont
prouvé aux Français en brûlant la bibliothèque de
Strasbourg [3]. Ce pont, ajouté à la Tourgue, était
donc stratégiquement une faute ; mais au dix-septième
siècle, sous Colbert et Louvois, les princes Gauvain,
pas plus que les princes de Rohan ou les princes de
la Trémoille, ne se croyaient désormais assiégeables.
Pourtant les constructeurs du pont avaient pris quel-

1. Duc de Bretagne au dixième siècle.
2. Souvenir du voyage au Rhin de 1840. Hugo, dans la lettre
XXVIII du *Rhin*, adressée à Louis Boulanger, décrivait les ruines con-
templées à Heidelberg, et il évoquait longuement le bombardement
français de 1693. La destruction du Palatinat, ordonnée par Louvois,
un siècle date pour date avant la chute de la monarchie, lui avait
inspiré l'un de ces rapprochements prophétiques où se complaisait
son imagination : « O représailles de la destinée ! 1693, 1793 !... Châtiment, châtiment ! »
3. Pendant le siège de la ville par Werder (9 août-28 septembre 1870).

ques précautions. Premièrement, ils avaient prévu
l'incendie ; au-dessous des trois fenêtres du côté aval,
ils avaient accroché transversalement, à des crampons
qu'on voyait encore il y a un demi-siècle, une forte
échelle de sauvetage ayant pour longueur la hauteur
des deux premiers étages du pont, hauteur qui dépassait celle de trois étages ordinaires ; deuxièmement,
ils avaient prévu l'assaut ; ils avaient isolé le pont de
la tour au moyen d'une lourde et basse porte de fer ;
cette porte était cintrée ; on la fermait avec une grosse
clef qui était dans une cachette connue du maître seul,
et, une fois fermée, cette porte pouvait défier le bélier,
et presque braver le boulet.

Il fallait passer par le pont pour arriver à cette porte,
et passer par cette porte pour pénétrer dans la tour.
Pas d'autre entrée.

## V. LA PORTE DE FER

Le deuxième étage du châtelet du pont, surélevé
à cause des piles, correspondait avec le deuxième
étage de la tour ; c'est à cette hauteur que, pour plus
de sûreté, avait été placée la porte de fer.

La porte de fer s'ouvrait du côté du pont sur la bibliothèque et du côté de la tour sur une grande salle voûtée
avec pilier au centre. Cette salle, on vient de le dire,
était le second étage du donjon. Elle était ronde comme
la tour ; de longues meurtrières, donnant sur la campagne, l'éclairaient. La muraille, toute sauvage, était
nue, et rien n'en cachait les pierres, d'ailleurs très
symétriquement ajustées. On arrivait à cette salle par
un escalier en colimaçon pratiqué dans la muraille,
chose toute simple quand les murs ont quinze pieds
d'épaisseur. Au moyen âge on prenait une ville rue

par rue, une rue maison par maison, une maison chambre par chambre. On assiégeait une forteresse étage par étage. La Tourgue était sous ce rapport fort savamment disposée et très revêche et très difficile. On montait d'un étage à l'autre par un escalier en spirale d'un abord malaisé ; les portes étaient de biais et n'avaient pas hauteur d'homme, et il fallait baisser la tête pour y passer ; or, tête baissée c'est tête assommée ; et, à chaque porte, l'assiégé attendait l'assiégeant.

Il y avait au-dessous de la salle ronde à pilier deux chambres pareilles, qui étaient le premier étage et le rez-de-chaussée, et au-dessus trois ; sur ces six chambres superposées la tour se fermait par un couvercle de pierre qui était la plate-forme, et où l'on arrivait par une étroite guérite.

Les quinze pieds d'épaisseur de muraille qu'on avait dû percer pour y placer la porte de fer, et au milieu desquels elle était scellée, l'emboîtaient dans une longue voussure ; de sorte que la porte, quand elle était fermée, était, tant du côté de la tour que du côté du pont, sous un porche de six ou sept pieds de profondeur ; quand elle était ouverte, ces deux porches se confondaient et faisaient la voûte d'entrée.

Sous le porche du côté du pont s'ouvrait dans l'épaisseur du mur le guichet bas d'une vis-de-Saint-Gilles [1] qui menait au couloir du premier étage sous la bibliothèque ; c'était encore là une difficulté pour l'assiégeant. Le châtelet sur le pont n'offrait à son extrémité du côté du plateau qu'un mur à pic, et le pont était coupé là. Un pont-levis, appliqué contre une porte basse, le mettait en communication avec le plateau,

---

1. Escalier construit sur le modèle de celui que l'on peut visiter, dans la tour de Saint-Gilles, aux environs de Nîmes.

et ce pont-levis, qui, à cause de la hauteur du plateau, ne s'abaissait jamais qu'en plan incliné, donnait dans le long couloir dit salle des gardes. Une fois maître de ce couloir, l'assiégeant, pour arriver à la porte de fer, était forcé d'enlever de vive force l'escalier en vis-de-Saint-Gilles qui montait au deuxième étage.

## VI.  LA BIBLIOTHÈQUE

Quant à la bibliothèque, c'était une salle oblongue ayant la largeur et la longueur du pont, et une porte unique, la porte de fer. Une fausse porte battante, capitonnée de drap vert, et qu'il suffisait de pousser, masquait à l'intérieur la voussure d'entrée de la tour. Le mur de la bibliothèque était du haut en bas, et du plancher au plafond, revêtu d'armoires vitrées dans le beau goût de menuiserie du dix-septième siècle. Six grandes fenêtres, trois de chaque côté, une au-dessus de chaque arche, éclairaient cette bibliothèque. Par ces fenêtres, du dehors et du haut du plateau, on en voyait l'intérieur. Dans les entre-deux de ces fenêtres se dressaient sur des gaînes de chêne sculpté six bustes de marbre, Hermolaüs de Byzance, Athénée, grammairien naucratique, Suidas, Casaubon, Clovis, roi de France, et son chancelier Anachalus, lequel du reste n'était pas plus chancelier que Clovis n'était roi [1].

---

1. Hermolaos avait composé un abrégé du dictionnaire géographique d'Étienne de Byzance. — Athénée (IIIᵉ siècle ap. J.-C.), né dans la ville grecque d'Égypte, Naucratis, auteur de l'énorme compilation le *Banquet des sophistes*. — Suidas (Xᵉ siècle), auteur d'un *lexique* riche de renseignements sur l'histoire de la littérature grecque. — Casaubon(1559-1614), théologien protestant, bibliothécaire de Henri IV,

Il y avait dans cette bibliothèque des livres quelconques. Un est resté célèbre. C'était un vieil inquarto avec estampes, portant pour titre en grosses lettres *Saint-Barthélemy,* et pour sous-titre *Évangile selon saint Barthélemy, précédé d'une dissertation de Pantænus, philosophe chrétien, sur la question de savoir si cet évangile doit être réputé apocryphe et si saint Barthélemy est le même que Nathanaël* [1]. Ce livre, considéré comme exemplaire unique, était sur un pupitre au milieu de la bibliothèque. Au dernier siècle on le venait voir par curiosité.

## VII.  LE GRENIER

Quant au grenier, qui avait, comme la bibliothèque, la forme oblongue du pont, c'était simplement le dessous de la charpente du toit. Cela faisait une grande halle encombrée de paille et de foin, et éclairée par six mansardes. Pas d'autre ornement qu'une figure

---

auteur de nombreux commentaires et éditions savantes. — Clovis est plutôt considéré comme chef de tribus guerrières (Francs saliens) que comme « roi ». — Dans tous les passages de ce genre, l' «érudition» de Hugo s'amuse. — Cette espèce de pédantisme à la cavalière (dont Anatole France tirera plus tard des effets plus dosés) fut une des formes préférées de son imagination historique.

1. Même remarque qu'à la note précédente. Hugo tire ici parti d'une « fiche » de documentation que l'on trouve p. 361 du manuscrit des notes prises pour *Quatrevingt-treize : Saint-Barthélemy-Apôtre. L'an 39 après Jésus-Christ. Écorché vif l'an 71. Appelé aussi Nathanaël. A laissé un évangile qui fait partie des Apocryphes. Avait converti la Lycaonie. Biographe (2ᵉ siècle), Pantænus. Annotateur et commentateur, Baronius.* — Pantène, fondateur d'école à Alexandrie, fut un de ces stoïciens convertis au Christianisme qui tentèrent la conciliation entre la philosophie grecque et le judaïsme.

de saint Barnabé[1] sculptée sur la porte et au-dessous
ce vers :

*Barnabus sanctus falcem jubet ire per herbam*[2].

Ainsi une haute et large tour, à six étages, percée
çà et là de quelques meurtrières, ayant pour entrée
et pour issue unique une porte de fer donnant sur un
pont-châtelet fermé par un pont-levis ; derrière la
tour, la forêt ; devant la tour, un plateau de bruyères,
plus haut que le pont, plus bas que la tour ; sous le
pont, entre la tour et le plateau, un ravin profond,
étroit, plein de broussailles, torrent en hiver, ruisseau
au printemps, fossé pierreux l'été, voilà ce que c'était
que la Tour-Gauvain, dite la Tourgue.

# X

## LES OTAGES

Juillet s'écoula, août vint, un souffle héroïque et
féroce passait sur la France, deux spectres venaient
de traverser l'horizon, Marat un couteau au flanc,
Charlotte Corday sans tête, tout devenait formidable.
Quant à la Vendée, battue dans la grande stratégie,
elle se réfugiait dans la petite, plus redoutable, nous
l'avons dit ; cette guerre était maintenant une immense
bataille, déchiquetée dans les bois ; les désastres de la
grosse armée, dite catholique et royale, commençaient ;
un décret envoyait en Vendée l'armée de Mayence ;

---

1. Saint Barnabé, originaire de Chypre, auteur présumé d'une exhor-
tation morale, sacrifia une terre qu'il possédait à Jérusalem pour
nourrir la communauté chrétienne.

2. « Saint Barnabé fait avancer la faux à travers l'herbe. »

huit mille Vendéens étaient morts à Ancenis ; les
Vendéens étaient repoussés de Nantes, débusqués de
Montaigu, expulsés de Thouars, chassés de Noirmoutier, culbutés hors de Cholet, de Mortagne et de
Saumur ; ils évacuaient Parthenay ; ils abandonnaient
Clisson ; ils lâchaient pied à Châtillon ; ils perdaient
un drapeau à Saint-Hilaire, ils étaient battus à Pornic,
aux Sables, à Fontenay, à Doué, au Château-d'Eau,
aux Ponts-de-Cé ; ils étaient en échec à Luçon, en
retraite à la Châtaigneraye, en déroute à la Roche-
sur-Yon ; mais, d'une part, ils menaçaient la Rochelle,
et d'autre part, dans les eaux de Guernesey, une flotte
anglaise, aux ordres du général Craig, portant, mêlés
aux meilleurs officiers de la marine française, plusieurs
régiments anglais, n'attendait qu'un signal du marquis
de Lantenac pour débarquer. Ce débarquement pouvait redonner la victoire à la révolte royaliste. Pitt
était d'ailleurs un malfaiteur d'État ; dans la politique
il y a la trahison de même que dans la panoplie il y a le
poignard ; Pitt poignardait notre pays et trahissait
le sien ; c'est trahir son pays que de le déshonorer ;
l'Angleterre, sous lui et par lui, faisait la guerre pu-
nique [1]. Elle espionnait, fraudait, mentait. Braconnière
et faussaire, rien ne lui répugnait ; elle descendait jusqu'aux minutes de la haine. Elle faisait accaparer le
suif, qui coûtait cinq francs la livre ; on saisissait à
Lille, sur un Anglais, une lettre de Prigent, agent de
Pitt en Vendée, où on lisait ces lignes : « Je vous prie
de ne pas épargner l'argent. Nous espérons que les
assassinats se feront avec prudence, les prêtres déguisés
et les femmes sont les personnes les plus propres

---

1. Hugo n'avait ménagé l'Angleterre ni dans la conclusion politique du *Rhin* (1842) ni dans *l'Homme qui rit* (1869). Ici encore, il
rencontre Michelet.

à cette opération. Envoyez soixante mille livres à
Rouen et cinquante mille livres à Caen. » Cette lettre
fut lue par Barère à la Convention le 1er août. A ces
perfidies ripostaient les sauvageries de Parrein et plus
tard les atrocités de Carrier. Les républicains de Metz
et les républicains du Midi demandaient à marcher
contre les rebelles. Un décret ordonnait la formation
de vingt-quatre compagnies de pionniers pour incen-
dier les haies et les clôtures du Bocage. Crise inouïe.
La guerre ne cessait sur un point que pour recommencer sur l'autre. Pas de grâce! pas de prisonniers!
était le cri des deux partis. L'histoire était pleine d'une
ombre terrible.

Dans ce mois d'août la Tourgue était assiégée.

Un soir, pendant le lever des étoiles, dans le calme
d'un crépuscule caniculaire, pas une feuille ne remuant
dans la forêt, pas une herbe ne frissonnant dans la
plaine, à travers le silence de la nuit tombante, un
son de trompe se fit entendre. Ce son de trompe venait
du haut de la tour.

A ce son de trompe répondit un coupª de clairon qui
venait d'en bas.

Au haut de la tour il y avait un homme armé; en
bas, dans l'ombre, il y avait un camp.

On distinguait confusément dans l'obscurité autour
de la Tour-Gauvain un fourmillement de formes
noires. Ce fourmillement était un bivouac. Quelques
feux commençaient à s'y allumer sous les arbres de
la forêt et parmi les bruyères du plateau, et piquaient
çà et là de points lumineux les ténèbres, comme si la
terre voulait s'étoiler en même temps que le ciel.
Sombres étoiles que celles de la guerre! Le bivouac
du côté du plateau se prolongeait jusqu'aux plaines
et du côté de la forêt s'enfonçait dans le hallier. La
Tourgue était bloquée.

L'étendue du bivouac des assiégeants indiquait une troupe nombreuse.

Le camp serrait la forteresse étroitement, et venait du côté de la tour jusqu'au rocher et du côté du pont jusqu'au ravin.

Il y eut un deuxième bruit de trompe que suivit un deuxième coup de clairon.

Cette trompe interrogeait et ce clairon répondait.

Cette trompe, c'était la tour qui demandait au camp : peut-on vous parler? et ce clairon, c'était le camp qui répondait oui.

A cette époque, les Vendéens n'étant pas considérés par la Convention comme belligérants, et défense étant faite par décret d'échanger avec « les brigands » des parlementaires, on suppléait comme on pouvait aux communications que le droit des gens autorise dans la guerre ordinaire et interdit dans la guerre civile. De là, dans l'occasion, une certaine entente entre la trompe paysanne et le clairon militaire. Le premier appel n'était qu'une entrée en matière, le second appel posait la question : Voulez-vous écouter? Si, à ce second appel, le clairon se taisait, refus; si le clairon répondait, consentement. Cela signifiait : trêve de quelques instants.

Le clairon ayant répondu au deuxième appel, l'homme qui était au haut de la tour parla, et l'on entendit ceci :

— Hommes qui m'écoutez, je suis Gouge-le-Bruant, surnommé Brise-bleu, parce que j'ai exterminé beaucoup des vôtres, et surnommé aussi l'Imânus, parce que j'en tuerai encore plus que je n'en ai tué ; j'ai eu le doigt coupé d'un coup de sabre sur le canon de mon fusil à l'attaque de Granville, et vous avez fait guillotiner à Laval mon père et ma mère et ma sœur Jacqueline, âgée de dix-huit ans. Voilà ce que je suis.

Je vous parle au nom de monseigneur le marquis
Gauvain de Lantenac, vicomte de Fontenay, prince
breton, seigneur des sept forêts, mon maître.

Sachez d'abord que monseigneur le marquis, avant
de s'enfermer dans cette tour où vous le tenez bloqué,
a distribué la guerre entre six chefs, ses lieutenants ;
il a donné à Delière le pays entre la route de Brest
et la route d'Ernée ; à Treton le pays entre la Roë et
Laval ; à Jacquet, dit Taillefer, la lisière du Haut-
Maine ; à Gaulier, dit Grand-Pierre, Château-Gontier ;
à Lecomte, Craon ; Fougères, à monsieur Dubois-
Guy, et toute la Mayenne à monsieur de Rocham-
beau ; de sorte que rien n'est fini pour vous par la
prise de cette forteresse, et que, lors même que monseigneur le marquis mourrait, la Vendée de Dieu et du
Roi ne mourra pas.

Ce que j'en dis, sachez cela, est pour vous avertir.
Monseigneur est là, à mes côtés. Je suis la bouche par
où passent ses paroles. Hommes qui nous assiégez,
faites silence.

Voici ce qu'il importe que vous entendiez :

N'oubliez pas que la guerre que vous nous faites
n'est point juste. Nous sommes des gens qui habitons
notre pays, et nous combattons honnêtement, et nous
sommes simples et purs sous la volonté de Dieu comme
l'herbe sous la rosée. C'est la république qui nous
a attaqués ; elle est venue nous troubler dans nos campagnes, et elle a brûlé nos maisons et nos récoltes
et mitraillé nos métairies, et nos femmes et nos enfants
ont été obligés de s'enfuir pieds nus dans les bois
pendant que la fauvette d'hiver chantait encore.

Vous qui êtes ici et qui m'entendez, vous nous avez
traqués dans la forêt, et vous nous cernez dans cette
tour ; vous avez tué ou dispersé ceux qui s'étaient
joints à nous ; vous avez du canon ; vous avez réuni

à votre colonne les garnisons et postes de Mortain, de Barenton, de Teilleul, de Landivy, d'Évran, de Tinteniac et de Vitré, ce qui fait que vous êtes quatre mille cinq cents soldats qui nous attaquez ; et nous, nous sommes dix-neuf hommes qui nous défendons.

Nous avons des vivres et des munitions.

Vous avez réussi à pratiquer une mine et à faire sauter un morceau de notre rocher et un morceau de notre mur.

Cela a fait un trou au pied de la tour, et ce trou est une brèche par laquelle vous pouvez entrer, bien qu'elle ne soit pas à ciel ouvert et que la tour, toujours forte et debout, fasse voûte au-dessus d'elle.

Maintenant vous préparez l'assaut.

Et nous, d'abord monseigneur le marquis, qui est prince de Bretagne et prieur séculier de l'abbaye de Sainte-Marie de Lantenac, où une messe de tous les jours a été fondée par la reine Jeanne, ensuite les autres défenseurs de la tour, dont est monsieur l'abbé Tur-meau, en guerre Grand-Francœur, mon camarade Guinoiseau, qui est capitaine du Camp-Vert, mon camarade Chante-en-Hiver, qui est capitaine du camp de l'Avoine, mon camarade la Musette, qui est capitaine du camp des Fourmis, et moi, paysan, qui suis né au bourg de Daon, où coule le ruisseau Moriandre, nous tous, nous avons une chose à vous dire.

Hommes qui êtes au bas de cette tour, écoutez.

Nous avons en nos mains trois prisonniers, qui sont trois enfants. Ces enfants ont été adoptés par un de vos bataillons, et ils sont à vous. Nous vous offrons de vous rendre ces trois enfants.

A une condition.

C'est que nous aurons la sortie libre.

Si vous refusez, écoutez bien, vous ne pouvez

attaquer que de deux façons : par la brèche, du côté
de la forêt ; ou par le pont, du côté du plateau. Le bâtiment sur le pont a trois étages ; dans l'étage d'en bas,
moi l'Imânus, moi qui vous parle, j'ai fait mettre six
tonnes de goudron et cent fascines de bruyères sèches ;
dans l'étage d'en haut, il y a de la paille ; dans l'étage
du milieu, il y a des livres et des papiers ; la porte de
fer qui communique du pont avec la tour est fermée,
et monseigneur en a la clef sur lui ; moi, j'ai fait sous
la porte un trou, et par ce trou passe une mèche
soufrée dont un bout est dans une des tonnes de goudron et l'autre bout à la portée de ma main, dans l'intérieur de la tour ; j'y mettrai le feu quand bon me sem-
blera. Si vous refusez de nous laisser sortir, les trois
enfants seront placés dans le deuxième étage du pont,
entre l'étage où aboutit la mèche soufrée et où est le
goudron, et l'étage où est la paille, et la porte de fer
sera refermée sur eux. Si vous attaquez par le pont,
ce sera vous qui incendierez le bâtiment ; si vous attaquez par la brèche, ce sera nous ; si vous attaquez à la
fois par la brèche et par le pont, le feu sera mis à la
fois par vous et par nous ; et, dans tous les cas, les trois
enfants périront.

A présent, acceptez ou refusez.

Si vous acceptez, nous sortons.

Si vous refusez, les enfants meurent.

J'ai dit. —

L'homme qui parlait du haut de la tour se tut.

Une voix d'en bas cria :

— Nous refusons.

Cette voix était brève et sévère. Une autre voix
moins dure, ferme pourtant, ajouta :

— Nous vous donnons vingt-quatre heures pour
vous rendre à discrétion.

Il y eut un silence, et la même voix continua :

— Demain, à pareille heure, si vous n'êtes pas rendus, nous donnons l'assaut.

Et la première voix reprit :

— Et alors pas de quartier.

A cette voix farouche[a], une autre voix répondit du haut de la tour. On vit entre deux créneaux se pencher une haute silhouette[1] dans laquelle on put, à la lueur des étoiles, reconnaître la redoutable figure du marquis de Lantenac, et cette figure d'où un regard tombait dans l'ombre et semblait chercher quelqu'un, cria :

— Tiens, c'est toi, prêtre !

— Oui, c'est moi, traître ! répondit la rude voix d'en bas.

## XI

### AFFREUX COMME L'ANTIQUE

La voix implacable en effet était la voix de Cimourdain ; la voix plus jeune et moins absolue était celle de Gauvain.

Le marquis de Lantenac, en reconnaissant l'abbé Cimourdain, ne s'était pas trompé.

En peu de semaines, dans ce pays que la guerre civile faisait sanglant, Cimourdain, on le sait, était devenu fameux ; pas de notoriété plus lugubre que la sienne ; on disait : Marat à Paris, Châlier[2] à Lyon, Cimourdain en Vendée. On flétrissait l'abbé Cimour-

---

1. Ainsi apparaîtra aux assiégeants *Welf, castellan d'Osbor*, dans le poème de *la Légende des Siècles* de 1877 qui porte ce titre.

2. Châlier organisa la terreur dans le Rhône, et fut exécuté en 1795, lors d'un soulèvement royaliste.

dain de tout le respect qu'on avait eu pour lui autrefois ; c'est là l'effet de l'habit de prêtre retourné.
Cimourdain faisait horreur. Les sévères sont des
infortunés ; qui voit leurs actes les condamne, qui
verrait leur conscience les absoudrait peut-être. Un
Lycurgue qui n'est pas expliqué semble un Tibère [1].
Quoi qu'il en fût, deux hommes, le marquis de
Lantenac et l'abbé Cimourdain, étaient égaux dans la
balance de haine ; la malédiction des royalistes sur
Cimourdain faisait contre-poids à l'exécration des républicains pour Lantenac. Chacun de ces deux hommes
était, pour le camp opposé, le monstre ; à tel point
qu'il se produisit ce fait singulier que, tandis que
Prieur de la Marne à Granville mettait à prix la tête
de Lantenac, Charette à Noirmoutier mettait à prix
la tête de Cimourdain.

Disons-le, ces deux hommes, le marquis et le
prêtre, étaient jusqu'à un certain point le même homme.
Le masque de bronze de la guerre civile a deux profils, l'un tourné vers le passé, l'autre tourné vers
l'avenir, mais aussi tragiques l'un que l'autre. Lantenac
était le premier de ces profils, Cimourdain était le
second ; seulement l'amer rictus de Lantenac était
couvert d'ombre et de nuit, et sur le front fatal de
Cimourdain il y avait une lueur d'aurore [2].

Cependant la Tourgue assiégée avait un répit.

Grâce à l'intervention de Gauvain, on vient de le

---

1. Le législateur de Sparte et l'empereur de Rome sont constamment
cités par Hugo (dans *les Châtiments*, dans *la Légende des Siècles*), le premier comme le type du citoyen bienfaisant, malgré la rigueur de ses
réformes, le second comme le symbole du despotisme.
2. Distinction essentielle pour la signification de *Quatrevingt-
treize* : l'ombre et la nuit symbolisent le passé monarchique. La
« lueur d'aurore » qui baigne le front de Cimourdain, c'est l'espérance
des temps nouveaux, de l'avenir, de la république universelle rêvée
par Victor Hugo.

voir, une sorte de trêve de vingt-quatre heures avait
été convenue.

L'Imânus, du reste, était bien renseigné, et, par
suite des réquisitions de Cimourdain, Gauvain avait
maintenant sous ses ordres quatre mille cinq cents
hommes, tant garde nationale que troupe de ligne,
avec lesquels il cernait Lantenac dans la Tourgue,
et il avait pu braquer contre la forteresse douze pièces
de canon, six du côté de la tour, sur la lisière de la
forêt, en batterie enterrée, et six du côté du pont,
sur le plateau, en batterie haute. Il avait pu faire jouer
la mine, et la brèche était ouverte au pied de la
tour.

Ainsi, sitôt les vingt-quatre heures de trêve expirées,
la lutte allait s'engager dans les conditions que voici :

Sur le plateau et dans la forêt, on était quatre mille
cinq cents.

Dans la tour, dix-neuf.

Les noms de ces dix-neuf assiégés peuvent être
retrouvés par l'histoire dans les affiches de mise hors
la loi. Nous les rencontrerons peut-être.

Pour commander à ces quatre mille cinq cents
hommes qui étaient presque une armée, Cimourdain
aurait voulu que Gauvain se laissât faire adjudant
général. Gauvain avait refusé, et avait dit : « Quand
Lantenac sera pris, nous verrons. Je n'ai encore rien
mérité. »

Ces grands commandements avec d'humbles grades
étaient d'ailleurs dans les mœurs républicaines. Bonaparte, plus tard, fut en même temps chef d'escadron
d'artillerie et général en chef de l'armée d'Italie.

La Tour-Gauvain avait une destinée étrange :
un Gauvain l'attaquait, un Gauvain la défendait. De
là, une certaine réserve dans l'attaque, mais non dans
la défense, car M. de Lantenac était de ceux qui ne

ménagent rien, et d'ailleurs il avait surtout habité Versailles[1] et n'avait aucune superstition pour la Tourgue, qu'il connaissait à peine. Il était venu s'y réfugier, n'ayant plus d'autre asile, voilà tout ; mais il l'eût démolie sans scrupule. Gauvain était plus respectueux.

Le point faible de la forteresse était le pont ; mais dans la bibliothèque, qui était sur le pont, il y avait les archives de la famille ; si l'assaut était donné là, l'incendie du pont était inévitable ; il semblait à Gauvain que brûler les archives, c'était attaquer ses pères. La Tourgue était le manoir de famille des Gauvain ; c'est de cette tour que mouvaient tous leurs fiefs de Bretagne, de même que tous les fiefs de France mouvaient de la tour du Louvre ; les souvenirs domestiques des Gauvain étaient là ; lui-même, il y était né ; les fatalités tortueuses de la vie l'amenaient à attaquer, homme, cette muraille vénérable qui l'avait protégé enfant. Serait-il impie envers cette demeure jusqu'à la mettre en cendres ? Peut-être son propre berceau, à lui Gauvain, était-il dans quelque coin du grenier de la bibliothèque. Certaines réflexions sont des émotions. Gauvain, en présence de l'antique maison de famille, se sentait ému. C'est pourquoi il avait épargné le pont. Il s'était borné à rendre toute sortie ou toute évasion impossible par cette issue et à tenir le pont en respect par une batterie, et il avait choisi pour l'attaque le côté opposé. De là, la mine et la sape au pied de la tour.

Cimourdain l'avait laissé faire ; il se le reprochait ; car son âpreté fronçait le sourcil devant toutes ces vieilleries gothiques, et il ne voulait pas plus l'indul-

---

1. Voir p. 142, n. 1.

gence pour les édifices que pour les hommes. Ménager un château, c'était un commencement de clémence. Or la clémence était le côté faible de Gauvain. Cimourdain, on le sait, le surveillait et l'arrêtait sur cette pente, à ses yeux funeste. Pourtant lui-même, et en ne se l'avouant qu'avec une sorte de colère, il n'avait pas revu la Tourgue sans un secret tressaillement ; il se sentait attendri devant cette salle studieuse où étaient les premiers livres qu'il eût fait lire à Gauvain ; il avait été curé du village voisin, Parigné ; il avait, lui Cimourdain, habité les combles du châtelet du pont ; c'est dans la bibliothèque qu'il tenait entre ses genoux le petit Gauvain épelant l'alphabet ; c'est entre ces vieux quatre murs-là qu'il avait vu son élève bien-aimé, le fils de son âme, grandir comme homme et croître comme esprit. Cette bibliothèque, ce châtelet, ces murs pleins de ses bénédictions sur l'enfant, allait-il les foudroyer et les brûler ? Il leur faisait grâce. Non sans remords.

Il avait laissé Gauvain entamer le siège sur le point opposé. La Tourgue avait son côté sauvage, la tour, et son côté civilisé, la bibliothèque. Cimourdain avait permis à Gauvain de ne battre en brèche que le côté sauvage.

Du reste, attaquée par un Gauvain, défendue par un Gauvain, cette vieille demeure revenait, en pleine révolution française, à ses habitudes féodales. Les guerres entre parents sont toute l'histoire du moyen âge ; les Étéocles et les Polynices sont gothiques aussi bien que grecs, et Hamlet fait dans Elseneur ce qu'Oreste a fait dans Argos.

## XII

### LE SAUVETAGE S'ÉBAUCHE

Toute la nuit se passa de part et d'autre en préparatifs.

Sitôt le sombre pourparler qu'on vient d'entendre terminé, le premier soin de Gauvain fut d'appeler son lieutenant.

Guéchamp, qu'il faut un peu connaître, était un homme de second plan, honnête, intrépide, médiocre, meilleur soldat que chef, rigoureusement intelligent jusqu'au point où c'est le devoir de ne plus comprendre, jamais attendri, inaccessible à la corruption, quelle qu'elle fût, aussi bien à la vénalité qui corrompt la conscience qu'à la pitié qui corrompt la justice. Il avait sur l'âme et sur le cœur ces deux abat-jour, la discipline et la consigne [1], comme un cheval a ses garde-vue sur les deux yeux, et il marchait devant lui dans l'espace que cela lui laissait libre. Son pas était droit, mais sa route était étroite.

Du reste, homme sûr ; rigide dans le commandement, exact dans l'obéissance.

Gauvain adressa vivement la parole à Guéchamp.

— Guéchamp, une échelle.

— Mon commandant, nous n'en avons pas.

— Il faut en avoir une.

— Pour escalade?

— Non. Pour sauvetage.

Guéchamp réfléchit et répondit :

---

1. Comme le policier Javert des *Misérables*.

— Je comprends. Mais pour ce que vous voulez, il la faut très haute.

— D'au moins trois étages.

— Oui, mon commandant, c'est à peu près la hauteur.

— Et il faut dépasser cette hauteur, car il faut être sûr de réussir.

— Sans doute.

— Comment se fait-il que vous n'ayez pas d'échelle?

— Mon commandant, vous n'avez pas jugé à propos d'assiéger la Tourgue par le plateau; vous vous êtes contenté de la bloquer de ce côté-là; vous avez voulu attaquer, non par le pont, mais par la tour. On ne s'est plus occupé que de la mine, et l'on a renoncé à l'escalade. C'est pourquoi nous n'avons pas d'échelles.

— Faites-en faire une sur-le-champ.

— Une échelle de trois étages ne s'improvise pas.

— Faites ajouter bout à bout plusieurs échelles courtes.

— Il faut en avoir.

— Trouvez-en.

— On n'en trouvera pas. Partout les paysans détruisent les échelles, de même qu'ils démontent les charrettes et qu'ils coupent les ponts.

— Ils veulent paralyser la république, c'est vrai.

— Ils veulent que nous ne puissions ni traîner un charroi, ni passer une rivière, ni escalader un mur.

— Il me faut une échelle, pourtant.

— J'y songe, mon commandant, il y a à Javené, près de Fougères, une grande charpenterie. On peut en avoir une là.

— Il n'y a pas une minute à perdre.

— Quand voulez-vous avoir l'échelle?

— Demain, à pareille heure, au plus tard.

— Je vais envoyer à Javené un exprès à franc-étrier.

Il portera l'ordre de réquisition. Il y a à Javené un poste de cavalerie qui fournira l'escorte. L'échelle pourra être ici demain avant le coucher du soleil.

— C'est bien, cela suffira, dit Gauvain, faites vite. Allez.

Dix minutes après, Guéchamp revint et dit à Gauvain :

— Mon commandant, l'exprès est parti pour Javené.

Gauvain monta sur le plateau et demeura longtemps l'œil fixé sur le pont-châtelet qui était en travers du ravin. Le pignon du châtelet, sans autre baie que la basse entrée fermée par le pont-levis dressé, faisait face à l'escarpement du ravin. Pour arriver du plateau au pied des piles du pont, il fallait descendre le long de cet escarpement, ce qui n'était pas impossible, de broussaille en broussaille. Mais une fois dans le fossé, l'assaillant serait exposé à tous les projectiles pouvant pleuvoir des trois étages. Gauvain acheva de se convaincre qu'au point où le siège en était, la véritable attaque était par la brèche de la tour.

Il prit toutes ses mesures pour qu'aucune fuite ne fût possible ; il compléta l'étroit blocus de la Tourgue ; il resserra les mailles de ses bataillons de façon que rien ne pût passer au travers. Gauvain et Cimourdain se partagèrent l'investissement de la forteresse ; Gauvain se réserva le côté de la forêt et donna à Cimourdain le côté du plateau. Il fut convenu que, tandis que Gauvain, secondé par Guéchamp, conduirait l'assaut par la sape, Cimourdain, toutes les mèches de la batterie haute allumées, observerait le pont et le ravin.

# XIII

## CE QUE FAIT LE MARQUIS

Pendant qu'au dehors tout s'apprêtait pour l'attaque, au dedans tout s'apprêtait pour la résistance.

Ce n'est pas sans une réelle analogie qu'une tour se nomme une douve [1], et l'on frappe quelquefois une tour d'un coup de mine comme une douve d'un coup de poinçon. La muraille se perce comme une bonde. C'est ce qui était arrivé à la Tourgue.

Le puissant coup de poinçon donné par deux ou trois quintaux de poudre avait troué de part en part le mur énorme. Ce trou partait du pied de la tour, traversait la muraille dans sa plus grande épaisseur et venait aboutir en arcade informe dans le rez-de-chaussée de la forteresse. Du dehors, les assiégeants, afin de rendre ce trou praticable à l'assaut, l'avaient élargi et façonné à coups de canon.

Le rez-de-chaussée où pénétrait cette brèche était une grande salle ronde toute nue, avec pilier central portant la clef de voûte. Cette salle qui était la plus vaste de tout le donjon n'avait pas moins de quarante pieds de diamètre. Chacun des étages de la tour se composait d'une chambre pareille, mais moins large, avec des logettes dans les embrasures des meurtrières. La salle du rez-de-chaussée n'avait pas de meurtrières, pas de soupiraux, pas de lucarnes ; juste autant de jour et d'air qu'une tombe.

---

[1]. Sens attesté par Littré, à côté des autres sens du mot : *douve* (fossé, tonneau). Le connaisseur en vocabulaire se révèle encore dans ce détail.

La porte des oubliettes, faite de plus de fer que de bois, était dans la salle du rez-de-chaussée. Une autre porte de cette salle ouvrait sur un escalier qui conduisait aux chambres supérieures. Tous les escaliers étaient pratiqués dans l'épaisseur du mur.

C'est dans cette salle basse que les assiégeants[a] avaient chance d'arriver par la brèche qu'ils avaient faite. Cette salle prise, il leur restait la tour à prendre.

On n'avait jamais respiré dans cette salle basse. Nul n'y passait vingt-quatre heures sans être asphyxié. Maintenant, grâce à la brèche, on y pouvait vivre.

C'est pourquoi les assiégés ne fermèrent pas la brèche.

D'ailleurs à quoi bon? Le canon l'eût rouverte.

Ils piquèrent dans le mur une torchère de fer, y plantèrent une torche, et cela éclaira le rez-de-chaussée.

Maintenant comment s'y défendre?

Murer le trou était facile, mais inutile. Une retirade valait mieux. Une retirade, c'est un retranchement à angle rentrant, sorte de barricade chevronnée qui permet de faire converger les feux sur les assaillants, et qui, en laissant à l'extérieur la brèche ouverte, la bouche à l'intérieur. Les matériaux ne leur manquaient pas, ils construisirent une retirade, avec fissures pour le passage des canons de fusil. L'angle de la retirade s'appuyait au pilier central; les deux ailes touchaient le mur des deux côtés. Cela fait, on disposa dans les bons endroits des fougasses.

Le marquis dirigeait tout. Inspirateur, ordonnateur, guide et maître, âme terrible.

Lantenac était de cette race d'hommes de guerre du dix-huitième siècle qui, à quatre-vingts ans, sauvaient des villes. Il ressemblait à ce comte d'Alberg [1] qui, presque centenaire, chassa de Riga le roi de Pologne.

1. Placé sous les ordres de Gustave-Adolphe, roi de Suède. L'épisode est de 1621.

— Courage, amis, disait le marquis, au commencement de ce siècle, en 1713, à Bender, Charles XII,
enfermé dans une maison, a tenu tête, avec trois cents
Suédois, à vingt mille Turcs [1].

On barricada les deux étages d'en bas, on fortifia
les chambres, on crénela les alcôves, on contrebuta les
portes avec des solives enfoncées à coups de maillet
qui faisaient comme des arcs-boutants ; seulement
on dut laisser libre l'escalier en spirale qui communiquait à tous les étages, car il fallait pouvoir y circuler ;
et l'entraver pour l'assiégeant, c'eût été l'entraver
pour l'assiégé. La défense des places a toujours ainsi
un côté faible.

Le marquis, infatigable, robuste comme un jeune
homme, soulevant des poutres, portant des pierres,
donnait l'exemple, mettait la main à la besogne, commandait, aidait, fraternisait, riait avec ce clan féroce,
toujours le seigneur pourtant, haut, familier, élégant,
farouche.

Il ne fallait pas lui répliquer. Il disait : *Si une moitié
de vous se révoltait, je la ferais fusiller par l'autre, et je
défendrais la place avec le reste.* Ces choses-là font qu'on
adore un chef.


# XIV

## CE QUE FAIT L'IMANUS

Pendant que le marquis s'occupait de la brèche et
de la tour, l'Imânus s'occupait du pont. Dès le commencement du siège, l'échelle de sauvetage suspendue

---

1. Souvenir du récit de Voltaire (*Charles XII*, livre VI).

transversalement en dehors et au-dessous des fenêtres
du deuxième étage, avait été retirée par ordre du
marquis, et placée par l'Imânus dans la salle de la
bibliothèque. C'est peut-être à cette échelle-là que
Gauvain voulait suppléer. Les fenêtres du premier
étage entresola, dit salle des gardes, étaient défendues
par une triple armature de barreaux de fer scellés dans
la pierre, et l'on ne pouvait ni entrer ni sortir par
là.

Il n'y avait point de barreaux aux fenêtres de la
bibliothèque, mais elles étaient très hautes.

L'Imânus se fit accompagner de trois hommes,
comme lui capables de tout et résolus à tout. Ces
hommes étaient Hoisnard, dit Branche-d'Or, et les
deux frères Pique-en-Bois. L'Imânus prit une lanterne
sourde, ouvrit la porte de fer, et visita minutieusement
les trois étages du châtelet du pont. Hoisnard Branche-
d'Or était aussi implacable que l'Imânus, ayant eu
un frère tué par les républicains.

L'Imânus examina l'étage d'en haut, regorgeant
de foin et de paille, et l'étage d'en bas, dans lequel il
fit apporter quelques pots à feu, qu'il ajouta aux tonnes
de goudron ; il fit mettre le tas de fascines de bruyères
en contact avec les tonnes de goudron, et il s'assura
du bon état de la mèche soufrée dont une extrémité
était dans le pont et l'autre dans la tour. Il répandit
sur le plancher, sous les tonnes et sous les fascines,
une mare de goudron où il immergea le bout de la
mèche soufrée ; puis il fit placer, dans la salle de la
bibliothèque, entre le rez-de-chaussée où était le goudron et le grenier où était la paille, les trois berceaux
où étaient René-Jean, Gros-Alain et Georgette, plon-
gés dans un profond sommeil. On apporta les berceaux
très doucement pour ne point réveiller les petits.

C'étaient de simples petites crèches de campagne,

sorte de corbeilles d'osier très basses qu'on pose à
terre, ce qui permet à l'enfant de sortir du berceau seul
et sans aide. Près de chaque berceau, l'Imânus fit placer
une écuelle de soupe avec une cuiller de bois. L'échelle
de sauvetage décrochée de ses crampons avait été
déposée sur le plancher, contre le mur ; l'Imânus fit
ranger les trois berceaux bout à bout le long de l'autre
mur en regard de l'échelle. Puis, pensant que des
courants d'air pouvaient être utiles, il ouvrit toutes
grandes les six fenêtres de la bibliothèque. C'était une
nuit d'été, bleue et tiède.

Il envoya les frères Pique-en-Bois ouvrir les fenêtres
de l'étage inférieur et de l'étage supérieur ; il avait
remarqué, sur la façade orientale de l'édifice, un grand
vieux lierre desséché, couleur d'amadou, qui couvrait
tout un côté du pont du haut en bas et encadrait les
fenêtres des trois étages. Il pensa que ce lierre ne
nuirait pas. L'Imânus jeta partout un dernier coup
d'œil ; après quoi, ces quatre hommes sortirent du
châtelet et rentrèrent dans le donjon. L'Imânus referma
la lourde porte de fer à double tour, considéra attentivement la serrure énorme et terrible, et examina,
avec un signe de tête satisfait, la mèche soufrée qui
passait par le trou pratiqué par lui, et était désormais
la seule communication entre la tour et le pont. Cette
mèche partait de la chambre ronde, passait sous la
porte de fer, entrait sous la voussure, descendait
l'escalier du rez-de-chaussée du pont, serpentait sur
les degrés en spirale, rampait sur le plancher du
couloir entresol, et allait aboutir à la mare de goudron sous[a] le tas de fascines sèches. L'Imânus avait
calculé qu'il fallait environ un quart d'heure pour que
cette mèche, allumée dans l'intérieur de la tour, mît
le feu à la mare de goudron sous la bibliothèque.
Tous ces arrangements pris, et toutes ces inspections

faites, il rapporta la clef de la porte de fer au marquis de Lantenac qui la mit dans sa poche.

Il importait de surveiller tous les mouvements des assiégeants. L'Imânus alla se poster en vedette, sa trompe de bouvier à la ceinture, dans la guérite de la plate-forme, au haut de la tour. Tout en observant, un œil sur la forêt, un œil sur le plateau, il avait près de lui, dans l'embrasure de la lucarne de la guérite, une poire à poudre, un sac de toile plein de balles de calibre, et de vieux journaux qu'il déchirait, et il faisait des cartouches.

Quand le soleil parut, il éclaira dans la forêt huit bataillons, le sabre au côté, la giberne au dos, la bayonnette au fusil, prêts à l'assaut ; sur le plateau, une batterie de canons, avec caissons, gargousses et boîtes à mitraille ; dans la forteresse dix-neuf hommes chargeant des tromblons, des mousquets, des pistolets et des espingoles, et dans les trois berceaux trois enfants endormis.

# LIVRE TROISIÈME

# LE MASSACRE
# DE SAINT-BARTHÉLEMY

## I

Les enfants se réveillèrent [1].

Ce fut d'abord la petite.

Un réveil d'enfants, c'est une ouverture de fleurs ;
il semble qu'un parfum sorte de ces fraîches âmes.

Georgette, celle de vingt mois, la dernière née des
trois, qui tétait encore en mai, souleva sa petite tête,

---

1. On connaît assez le rôle que tenaient les scènes d'enfants dans
les œuvres de jeunesse de Hugo : *Notre-Dame de Paris* (VI, 3 : *Histoire d'une galette au levain de maïs*); *Feuilles d'Automne* (XV, XIX);
*Voix Intérieures* (XXII : *A des oiseaux envolés*), etc. Mais elles abondent
surtout dans *les Misérables* (Cosette et les petites Thénardier, les
mômes Gavroche et ses frères), plus tard dans *le Théâtre en liberté*
(*La grand'mère*) et dans *l'Art d'être grand-père* (1877). Hugo combine
en général trois éléments dans ces scènes très développées : un attendrissement qui s'épanche en gentillesses assez maniérées ; des médi-
tations poétiques sur l'enfance, un peu prétentieusement liées aux
contemplations de Dieu et de la nature ; enfin des observations très
justes, très fines, qui permettent à Hugo de décrire et de faire dialoguer les enfants avec une exactitude et une fraîcheur souvent déli-
cieuses. On retrouvera ces trois aspects au cours de ces pages, dont
le romancier a voulu faire évidemment un moment essentiel du récit.

se dressa sur son séant, regarda ses pieds, et se mit à
jaser.

Un rayon du matin était sur son berceau ; il eût été
difficile de dire quel était le plus rose, du pied de
Georgette ou de l'aurore.

Les deux autres dormaient encore ; c'est plus lourd,
les hommes ; Georgette, gaie et calme, jasait.

René-Jean était brun, Gros-Alain était châtain,
Georgette était blonde. Ces nuances des cheveux,
d'accord dans l'enfance avec l'âge, peuvent changer
plus tard. René-Jean avait l'air d'un petit Hercule ;
il dormait sur le ventre, avec ses deux poings dans
ses yeux. Gros-Alain avait les deux jambes hors de
son petit lit.

Tous trois étaient en haillons ; les vêtements que
leur avait donnés le bataillon du Bonnet-Rouge s'en
étaient allés en loques ; ce qu'ils avaient sur eux n'était
même pas une chemise ; les deux garçons étaient presque nus, Georgette était affublée d'une guenille qui
avait été une jupe et qui n'était plus guère qu'une
brassière. Qui avait soin de ces enfants ? on n'eût
pu le dire. Pas de mère. Ces sauvages paysans combattants, qui les traînaient avec eux de forêt en forêt,
leur donnaient leur part de soupe. Voilà tout. Les
petits s'en tiraient comme ils pouvaient. Ils avaient
tout le monde pour maître et personne pour père.
Mais les haillons des enfants, c'est plein de lumière.
Ils étaient charmants.

Georgette jasait.

Ce qu'un oiseau chante, un enfant le jase. C'est le
même hymne. Hymne indistinct, balbutié, profond [1].
L'enfant a de plus que l'oiseau la sombre destinée
humaine devant lui. De là la tristesse des hommes qui

---

1. Voir, dans *l'Art d'être grand-père*, X : *Enfants, oiseaux et fleurs.*

écoutent mêlée à la joie du petit qui chante [1]. Le cantique le plus sublime qu'on puisse entendre sur la terre, c'est le bégaiement de l'âme humaine sur les lèvres de l'enfance. Ce chuchotement confus d'une pensée qui n'est encore qu'un instinct contient on ne sait quel appel inconscient à la justice éternelle ; peut-être est-ce une protestation sur le seuil avant d'entrer ; protestation humble et poignante ; cette ignorance souriant à l'infini compromet toute la création dans le sort qui sera fait à l'être faible et désarmé. Le malheur, s'il arrive, sera un abus de confiance.

Le murmure de l'enfant, c'est plus et moins que la parole ; ce ne sont pas des notes, et c'est un chant ; ce ne sont pas des syllabes, et c'est un langage ; ce murmure a eu son commencement dans le ciel et n'aura pas sa fin sur la terre ; il est d'avant la naissance, et il continue, c'est une suite. Ce bégaiement se compose de ce que l'enfant disait quand il était ange et de ce qu'il dira quand il sera homme ; le berceau a un Hier de même que la tombe a un Demain ; ce demain et cet hier amalgament dans ce gazouillement obscur leur double inconnu ; et rien ne prouve Dieu, l'éternité, la responsabilité, la dualité du destin, comme cette ombre formidable dans cette âme rose [2].

Ce que balbutiait Georgette ne l'attristait pas, car tout son beau[a] visage était un sourire. Sa bouche souriait, ses yeux souriaient, les fossettes de ses joues souriaient. Il se dégageait de ce sourire une mysté-

---

1. C'est le sentiment qu'exprime Hugo dans les derniers vers de son poème pour le *Tombeau de Théophile Gautier*, écrit à Guernesey en novembre 1872 :

... La nuit emplit mon œil troublé
Qui, devinant, hélas ! l'avenir des colombes,
Pleure sur des berceaux et sourit à des tombes.

2. Il faudrait citer toute une partie de *l'Art d'être grand'père* pour commenter ce paragraphe poétique.

rieuse acceptation du matin. L'âme a foi dans le rayon. Le ciel était bleu, il faisait chaud, il faisait beau. La frêle créature, sans rien savoir, sans rien connaître, sans rien comprendre, mollement noyée dans la rêverie qui ne pense pas, se sentait en sûreté dans cette nature, dans ces arbres honnêtes, dans cette verdure sincère, dans cette campagne pure et paisible, dans ces bruits de nids, de sources, de mouches, de feuilles, au-dessus desquels resplendissait l'immense innocence du soleil [1].

Après Georgette, René-Jean, l'aîné, le grand, qui avait quatre ans passés, se réveilla. Il se leva debout, enjamba virilement son berceau, aperçut son écuelle, trouva cela tout simple, s'assit par terre et commença à manger sa soupe.

La jaserie de Georgette n'avait pas éveillé Gros-Alain, mais au bruit de la cuiller dans l'écuelle, il se retourna en sursaut, et ouvrit les yeux. Gros-Alain était celui de trois ans. Il vit son écuelle, il n'avait que le bras à étendre, il la prit, et, sans sortir de son lit, son écuelle sur ses genoux, sa cuiller au poing, il fit comme René-Jean, il se mit à manger.

Georgette ne les entendait pas, et les ondulations de sa voix semblaient moduler le bercement d'un rêve. Ses yeux grands ouverts regardaient en haut, et étaient divins ; quel que soit le plafond ou la voûte qu'un enfant a au-dessus de sa tête, ce qui se reflète dans ses yeux, c'est le ciel.

---

1. Cette complicité d'une nature innocente inspirait déjà le poème : *A des oiseaux envolés*.

> Le ciel bleu, le printemps, la sereine nature,
> Ce livre des oiseaux et des bohémiens,
> Ce poëme de Dieu qui vaut mieux que les miens,
> Où l'enfant peut cueillir la fleur, strophe vivante,
> Sans qu'une grosse voix tout à coup l'épouvante !

Voir, dans *l'Art d'être grand-père*, des poèmes comme : *Lætitia rerum, Printemps, La sieste*, etc.

Quand René-Jean eut fini, il gratta avec la cuiller le fond de l'écuelle, soupira, et dit avec dignité :

— J'ai mangé ma soupe.

Ceci tira Georgette de sa rêverie.

— Poupoupe, dit-elle.

Et voyant que René-Jean avait mangé et que Gros-Alain mangeait, elle prit l'écuelle de soupe qui était à côté d'elle, et mangea, non sans porter sa cuiller beaucoup plus souvent à son oreille qu'à sa bouche.

De temps en temps elle renonçait à la civilisation et mangeait avec ses doigts.

Gros-Alain, après avoir, comme son frère, gratté le fond de l'écuelle, était allé le rejoindre et courait derrière lui.

## II

Tout à coup on entendit au dehors, en bas, du côté de la forêt, un bruit de clairon, sorte de fanfare hautaine et sévère. A ce bruit de clairon répondit du haut de la tour un son de trompe.

Cette fois, c'était le clairon qui appelait et la trompe qui donnait la réplique.

Il y eut un deuxième coup de clairon que suivit un deuxième son de trompe.

Puis, de la lisière de la forêt, s'éleva une voix lointaine, mais précise, qui cria distinctement ceci :

— Brigands ! sommation. Si vous n'êtes pas rendus à discrétion au coucher du soleil, nous attaquons.

Une voix, qui ressemblait à un grondement, répondit de la plate-forme de la tour :

— Attaquez.

La voix d'en bas reprit :

— Un coup de canon sera tiré, comme dernier avertissement, une demi-heure avant l'assaut.

Et la voix d'en haut répéta :

— Attaquez.

Ces voix n'arrivaient pas jusqu'aux enfants, mais le clairon et la trompe portaient plus haut et plus loin, et Georgette, au premier coup de clairon, dressa le cou, et cessa de manger ; au son de trompe, elle posa sa cuiller dans son écuelle ; au deuxième coup de clairon, elle leva le petit index de sa main droite, et l'abaissant et le relevant tour à tour, marqua les cadences de la fanfare, que vint prolonger le deuxième son de trompe ; quand la trompe et le clairon se turent, elle demeura pensive le doigt en l'air, et murmura à demi-voix : — Misique.

Nous pensons qu'elle voulait dire « musique ».

Les deux aînés, René-Jean et Gros-Alain, n'avaient pas fait attention à la trompe et au clairon ; ils étaient absorbés par autre chose ; un cloporte était en train de traverser la bibliothèque [1].

Gros-Alain l'aperçut et cria :

— Une bête.

René-Jean accourut.

Gros-Alain reprit :

— Ça pique.

— Ne lui fais pas de mal, dit René-Jean.

Et tous deux se mirent à regarder ce passant.

Cependant Georgette avait fini sa soupe ; elle chercha des yeux ses frères. René-Jean et Gros-Alain

---

1. Comparer la scène exquise des *Misérables* (Première partie, IV, 1) où Fantine confie la petite Cosette à la Thénardier. « Cependant les trois petites filles étaient groupées dans une posture d'anxiété profonde et de béatitude, un événement avait lieu : un gros ver venait de sortir de terre ; et elles avaient peur ; et elles étaient en extase...

étaient dans l'embrasure d'une fenêtre, accroupis et graves au-dessus du cloporte ; ils se touchaient du front et mêlaient leurs cheveux ; ils retenaient leur respiration, émerveillés, et considéraient la bête, qui s'était arrêtée et ne bougeait plus, peu contente de tant d'admiration.

Georgette, voyant ses frères en contemplation, voulut savoir ce que c'était. Il n'était pas aisé d'arriver jusqu'à eux, elle l'entreprit pourtant ; le trajet était hérissé de difficultés ; il y avait des choses par terre, des tabourets renversés, des tas de paperasses, des caisses d'emballage déclouées et vides, des bahuts, des monceaux quelconques autour desquels il fallait cheminer, tout un archipel d'écueils ; Georgette s'y hasarda. Elle commença par sortir de son berceau, premier travail ; puis elle s'engagea dans les récifs, serpenta dans les détroits, poussa un tabouret, rampa entre deux coffres, passa par-dessus une liasse de papiers, grimpant d'un côté, roulant de l'autre, montrant avec douceur sa pauvre petite nudité, et parvint ainsi à ce qu'un marin appellerait la mer libre, c'est-à-dire à un assez large espace de plancher qui n'était plus obstrué et où il n'y avait plus de périls ; alors elle s'élança, traversa cet espace qui était tout le diamètre de la salle, à quatre pattes, avec une vitesse de chat, et arriva près de la fenêtre ; là il y avait un obstacle redoutable, la grande échelle gisante le long du mur venait aboutir à cette fenêtre, et l'extrémité de l'échelle dépassait un peu le coin de l'embrasure ; cela faisait entre Georgette et ses frères une sorte de cap à franchir ; elle s'arrêta et médita ; son monologue intérieur terminé, elle prit son parti ; elle empoigna résolument de ses doigts roses[a] un des échelons, lesquels étaient verticaux et non horizontaux, l'échelle étant couchée sur un de ses montants ; elle essaya de se lever sur ses

pieds et retomba ; elle recommença deux fois, elle
échoua ; à la troisième fois, elle réussit ; alors, droite
et debout, s'appuyant successivement à chacun des
échelons, elle se mit à marcher le long de l'échelle ;
arrivée à l'extrémité, le point d'appui lui manquait,
elle trébucha, mais saisissant de ses petites mains le
bout du montant qui était énorme, elle se redressa,
doubla le promontoire, regarda René-Jean et Gros-
Alain, et rit.

### III

En ce moment-là, René-Jean, satisfait du résultat
de ses observations sur le cloporte, relevait la tête et
disait :

— C'est une femelle.

Le rire de Georgette fit rire René-Jean, et le rire de
René-Jean fit rire Gros-Alain.

Georgette opéra sa jonction avec ses frères, et cela
fit un petit cénacle assis par terre.

Mais le cloporte avait disparu.

Il avait profité du rire de Georgette pour se fourrer
dans un trou du plancher.

D'autres événements suivirent le cloporte.

D'abord, des hirondelles passèrent.

Leurs nids étaient probablement sous le rebord du
toit. Elles vinrent voler tout près de la fenêtre, un
peu inquiètes des enfants, décrivant de grands cercles
dans l'air, et poussant leur doux cri du printemps.
Cela fit lever les yeux aux trois enfants et le cloporte
fut oublié.

Georgette braqua son doigt sur les hirondelles et
cria : — Coco !

René-Jean la réprimanda.

— Mamoiselle, on ne dit pas des cocos, on dit des oseaux.

— Zozo, dit Georgette.

Et tous les trois regardèrent les hirondelles.

Puis une abeille entra.

Rien ne ressemble à une âme comme une abeille. Elle va de fleur en fleur comme une âme d'étoile en étoile, et elle rapporte le miel comme l'âme rapporte la lumière [1].

Celle-ci fit grand bruit en entrant, elle bourdonnait à voix haute, et elle avait l'air de dire : J'arrive, je viens de voir les roses, maintenant je viens voir les enfants. Qu'est-ce qui se passe ici?

Une abeille, c'est une ménagère, et cela gronde en chantant.

Tant que l'abeille fut là, les trois petits ne la quittèrent pas des yeux.

L'abeille explora toute la bibliothèque, fureta les recoins, voleta ayant l'air d'être chez elle et dans une ruche, et rôda, ailée et mélodieuse, d'armoire en armoire, regardant à travers les vitres les titres des livres, comme si elle eût été un esprit.

Sa visite faite, elle partit.

— Elle va dans sa maison, dit René-Jean.

— C'est une bête, dit Gros-Alain.

— Non, repartit René-Jean, c'est une mouche.

— Muche, dit Georgette.

Là-dessus, Gros-Alain, qui venait de trouver à terre une ficelle à l'extrémité de laquelle il y avait un nœud, prit entre son pouce et son index le bout opposé au nœud, fit de la ficelle une sorte de moulinet, et la regarda tourner avec une attention profonde.

---

1. On songe au célèbre poème des *Châtiments*, *Le Manteau impérial* : Filles de la lumière, abeilles…

De son côté, Georgette, redevenue quadrupède et ayant repris son va-et-vient capricieux sur le plancher, avait découvert un vénérable fauteuil de tapisserie mangé des vers dont le crin sortait par plusieurs trous. Elle s'était arrêtée à ce fauteuil. Elle élargissait les trous et tirait le crin avec recueillement.

Brusquement, elle leva un doigt, ce qui voulait dire : — Écoutez.

Les deux frères tournèrent la tête.

Un fracas vague et lointain s'entendait au dehors ; c'était probablement le camp d'attaque qui exécutait quelque mouvement stratégique dans la forêt ; des chevaux hennissaient, des tambours battaient, des caissons roulaient, des chaînes s'entre-heurtaient, des sonneries militaires s'appelaient et se répondaient, confusion de bruits farouches qui en se mêlant devenaient une sorte d'harmonie ; les enfants écoutaient, charmés.

— C'est le mondieu qui fait ça, dit René-Jean.

## IV

Le bruit cessa.

René-Jean était demeuré rêveur.

Comment les idées se décomposent-elles et se recomposent-elles dans ces petits cerveaux-là ? Quel est le remuement mystérieux de ces mémoires si troubles et si courtes encore ? Il se fit dans cette douce tête pensive un mélange du mondieu, de la prière, des mains jointes, d'on ne sait quel tendre sourire qu'on avait sur soi autrefois, et qu'on n'avait plus, et René-Jean chuchota à demi-voix : — Maman.

— Maman, dit Gros-Alain.

— Mman, dit Georgette.

Et puis René-Jean se mit à sauter.

Ce que voyant, Gros-Alain sauta.

Gros-Alain reproduisait tous les mouvements et tous les gestes de René-Jean ; Georgette moins. Trois ans, cela copie quatre ans ; mais vingt mois, cela garde son indépendance.

Georgette resta assise, disant de temps en temps un mot. Georgette ne faisait pas de phrases.

C'était une penseuse ; elle parlait par apophtegmes. Elle était monosyllabique.

Au bout de quelque temps néanmoins, l'exemple la gagna, et elle finit par tâcher de faire comme ses frères, et ces trois petites paires de pieds nus se mirent à danser, à courir et à chanceler, dans la poussière du vieux parquet de chêne poli, sous le grave regard des bustes de marbre auxquels Georgette jetait de temps en temps de côté un œil inquiet, en murmurant : — Les Momommes !

Dans le langage de Georgette, un « momomme », c'était tout ce qui ressemblait à un homme et pourtant n'en était pas un. Les êtres n'apparaissent à l'enfant que mêlés aux fantômes.

Georgette, marchant moins qu'elle n'oscillait, suivait ses frères, mais plus volontiers à quatre pattes.

Subitement, René-Jean, s'étant approché d'une croisée, leva la tête, puis la baissa, et alla se réfugier derrière le coin du mur de l'embrasure de la fenêtre. Il venait d'apercevoir quelqu'un qui le regardait. C'était un soldat bleu du campement du plateau qui, profitant de la trêve et l'enfreignant peut-être un peu, s'était hasardé jusqu'à venir au bord de l'escarpement du ravin d'où l'on découvrait l'intérieur de la bibliothèque. Voyant René-Jean se réfugier, Gros-Alain se réfugia ; il se blottit à côté de René-Jean, et Georgette vint se cacher derrière eux. Ils demeurèrent là en silence, immobiles, et Georgette mit son doigt sur ses lèvres. Au bout de quelques instants, René-Jean se risqua à avancer la tête ; le soldat y était encore. René-Jean rentra sa tête vivement ; et les trois petits n'osèrent plus souffler. Cela dura assez longtemps. Enfin cette peur ennuya Georgette, elle eut de l'audace, elle regarda. Le soldat s'en était allé. Ils se remirent à courir et à jouer.

Gros-Alain, bien qu'imitateur et admirateur de René-Jean, avait une spécialité, les trouvailles. Son frère et sa sœur le virent tout à coup caracoler éperdument en tirant après lui un petit chariot à quatre roues qu'il avait déterré je ne sais où.

Cette voiture à poupée était là depuis des années dans la poussière, oubliée, faisant bon voisinage avec les livres des génies et les bustes des sages. C'était peut-être un des hochets avec lesquels avait joué Gauvain enfant.

Gros-Alain avait fait de sa ficelle un fouet qu'il faisait claquer ; il était très fier. Tels sont les inventeurs. Quand on ne découvre pas l'Amérique, on découvre une petite charrette. C'est toujours cela.

Mais il fallut partager. René-Jean voulut s'atteler à la voiture et Georgette voulut monter dedans.

Elle essaya de s'y asseoir. René-Jean fut le cheval. Gros-Alain fut le cocher. Mais le cocher ne savait pas son métier, le cheval le lui apprit.

René-Jean cria à Gros-Alain :

— Dis : Hu !

— Hu ! répéta Gros-Alain.

La voiture versa. Georgette roula. Cela crie, les anges. Georgette cria.

Puis elle eut une vague envie[a] de pleurer.

— Mamoiselle, dit René-Jean, vous êtes trop grande.

— J'ai grande, fit Georgette [1].

Et sa grandeur la consola de sa chute.

La corniche d'entablement au-dessous des fenêtres était fort large ; la poussière des champs envolée du plateau de bruyère avait fini par s'y amasser ; les pluies avaient refait de la terre avec cette poussière ; le vent y avait apporté des graines, si bien qu'une ronce avait profité de ce peu de terre pour pousser là. Cette ronce était de l'espèce vivace dite *mûrier de renard*. On était en août, la ronce était couverte de mûres, et une branche de la ronce entrait par une fenêtre. Cette branche pendait presque jusqu'à terre.

Gros-Alain, après avoir découvert la ficelle, après avoir découvert la charrette, découvrit cette ronce. Il s'en approcha.

Il cueillit une mûre et la mangea.

— J'ai faim, dit René-Jean.

Et Georgette, galopant sur ses genoux et sur ses mains, arriva.

A eux trois, ils pillèrent la branche et mangèrent toutes les mûres. Ils s'en grisèrent et s'en barbouillèrent, et, tout vermeils de cette pourpre de la ronce, ces trois petits séraphins finirent par être trois petits faunes, ce qui eût choqué Dante et charmé Virgile. Ils riaient aux éclats.

De temps en temps la ronce leur piquait les doigts. Rien pour rien.

Georgette tendit à René-Jean son doigt où perlait une petite goutte de sang et dit en montrant la ronce :

— Pique.

Gros-Alain, piqué aussi, regarda la ronce avec défiance et dit :

---

1. Comparer le dialogue des enfants dans *La grand'mère* du *Théâtre en liberté*.

— C'est une bête.

— Non, répondit René-Jean, c'est un bâton.

— Un bâton, c'est méchant, reprit Gros-Alain.

Georgette, cette fois encore, eut envie de pleurer, mais elle se mit à rire.

## V

Cependant René-Jean, jaloux peut-être des découvertes de son frère cadet Gros-Alain, avait conçu un grand projet. Depuis quelque temps, tout en cueillant des mûres et en se piquant les doigts, ses yeux se tournaient fréquemment du côté du lutrin-pupitre monté sur pivot et isolé comme un monument au milieu de la bibliothèque. C'est sur ce lutrin que s'étalait le célèbre volume *Saint-Barthélemy*.

C'était vraiment un in-quarto magnifique et mémorable. Ce *Saint-Barthélemy* avait été publié à Cologne par le fameux éditeur de la Bible de 1682, Blœuw, en latin Cœsius. Il avait été fabriqué par des presses à boîtes et à nerfs de bœuf; il était imprimé, non sur papier de Hollande, mais sur ce beau papier arabe, si admiré par Édrisi [1], qui est en soie et coton et toujours blanc; la reliure était de cuir doré et les fermoirs étaient d'argent; les gardes étaient de ce parchemin que les parcheminiers de Paris faisaient serment d'acheter à la salle Saint-Mathurin « et point ailleurs ». Ce volume était plein de gravures sur bois et sur cuivre et de figures géographiques de beaucoup de pays; il était précédé d'une protestation des imprimeurs, papetiers et libraires contre l'édit de 1635 qui frappait d'un impôt « les cuirs, les bières, le pied fourché, le

---

1. Le géographe arabe du XIᵉ siècle.

poisson de mer et le papier » ; et au verso du frontis-
pice on lisait une dédicace adressée aux Gryphes [1],
qui sont à Lyon ce que les Elzévirs sont à Amsterdam.
De tout cela, il résultait un exemplaire illustre, presque
aussi rare que l'*Apostol* de Moscou [2].

Ce livre était beau ; c'est pourquoi René-Jean le
regardait, trop peut-être. Le volume était précisément
ouvert à une grande estampe représentant saint
Barthélemy portant sa peau sur son bras [3]. Cette estampe se voyait d'en bas. Quand toutes les mûres
furent mangées, René-Jean la considéra avec un regard
d'amour terrible, et Georgette, dont l'œil suivait
la direction des yeux de son frère, aperçut l'estampe
et dit : — Gimage.

Ce mot sembla déterminer René-Jean. Alors, à la
grande stupeur de Gros-Alain, il fit une chose extraordinaire.

Une grosse chaise de chêne était dans un angle de la
bibliothèque ; René-Jean marcha à cette chaise, la
saisit et la traîna à lui tout seul jusqu'au pupitre.
Puis, quand la chaise toucha le pupitre, il monta dessus
et posa ses deux poings sur le livre.

Parvenu à ce sommet, il sentit le besoin d'être magnifique ; il prit la « gimage » par le coin d'en haut et
la déchira soigneusement ; cette déchirure de saint
Barthélemy se fit de travers, mais ce ne fut pas la faute

1. Sébastien Gryphe (1491-1556), d'origine allemande, s'établit à
Lyon et fut l'éditeur de Rabelais, de Marot, d'Étienne Dolet, etc.
2. Michel Apostolus fut pendant un temps le protégé du cardinal
Bessarion ; il écrivit dans la seconde moitié du XVe siècle un traité
contre la doctrine de l'Église latine.
Pour toutes ces allusions, voir p. 304, n. 1.
3. La tradition voulait qu'il eût été écorché vif. Le supplice de saint
Barthélemy est le sujet d'un tableau de Ribera, admiré par Th. Gautier au musée du Prado de Madrid.

de René-Jean ; il laissa dans le livre tout le côté gauche avec un œil et un peu de l'auréole du vieil évangéliste apocryphe, et offrit à Georgette l'autre moitié du saint et toute sa peau. Georgette reçut le saint et dit :

— Momomme.

— Et moi ! cria Gros-Alain.

Il en est de la première page arrachée comme du premier sang versé. Cela décide le carnage.

René-Jean tourna le feuillet ; derrière le saint il y avait le commentateur, Pantœnus ; René-Jean décerna Pantœnus à Gros-Alain.

Cependant Georgette déchira son grand morceau en deux petits, puis les deux petits en quatre, si bien que l'histoire pourrait dire que saint Barthélemy, après avoir été écorché en Arménie, fut écartelé en Bretagne.

## VI

L'écartèlement terminé, Georgette tendit la main à René-Jean et dit : — Encore !

Après le saint et le commentateur venaient, portraits rébarbatifs, les glossateurs. Le premier en date était Gavantus ; René-Jean l'arracha et mit dans la main de Georgette Gavantus.

Tous les glossateurs de saint Barthélemy y passèrent.

Donner est une supériorité. René-Jean ne se réserva rien. Gros-Alain et Georgette le contemplaient ; cela lui suffisait ; il se contenta de l'admiration de son public.

René-Jean, inépuisable et magnanime, offrit à Gros-Alain Fabricio Pignatelli et à Georgette le père Stilting ; il offrit à Gros-Alain Alphonse Tostat et à

Georgette *Cornelius a Lapide* [1] ; Gros-Alain eut Henri Hammond, et Georgette eut le père Roberti, augmenté d'une vue de la ville de Douai, où il naquit en 1619. Gros-Alain reçut la protestation des papetiers et Georgette obtint la dédicace aux Gryphes. Il y avait aussi des cartes. René-Jean les distribua. Il donna l'Éthiopie à Gros-Alain et la Lycaonie à Georgette. Cela fait, il jeta le livre à terre.

Ce fut un moment effrayant. Gros-Alain et Georgette virent, avec une extase mêlée d'épouvante, René-Jean froncer ses sourcils, roidir ses jarrets, crisper ses poings et pousser hors du lutrin l'in-quarto massif. Un bouquin majestueux qui perd contenance, c'est tragique [2]. Le lourd volume désarçonné pendit un moment, hésita, se balança, puis s'écroula, et,

---

1. Nom latinisé, selon la coutume des érudits, du Belge Cornelius van den Steen (Corneille de la Pierre), professeur d'hébreu à Louvain (1566-1637), et commentateur de la Bible ainsi que tous les personnages dont Hugo s'amuse ici à accumuler les noms. Les plaisanteries à l'adresse des « glossateurs » sont un des thèmes inépuisables du poème *L'Ane*, publié en 1881, écrit dès 1857 par Hugo en dérision de la science humaine.

2. La catastrophe de l'in-quarto rappelle la démolition du lutrin dans le poème de Boileau (chant IV) :

> Ils sapent le pivot, qui se défend en vain ;
> Chacun sur lui d'un coup veut honorer sa main ;
> Enfin sous tant d'efforts la machine succombe,
> Et son corps entr'ouvert chancelle, éclate et tombe.

L'allusion est sans doute volontaire ; en tout cas, elle n'est pas absolument fortuite. Hugo, sévère pour Boileau critique, admirait en revanche Boileau artiste de la langue et du vers. Dans ses souvenirs de Guernesey, Stapfer nous le montre récitant « avec la volupté d'un gourmet littéraire » un autre passage du *Lutrin* (chant V), la bataille à coups de livres, que l'on peut comparer aussi à la chute de Saint-Barthélemy :

> A ces mots il saisit un vieil *Infortiat*
> Grossi des visions d'Accurse et d'Alciat,
> Inutile ramas de gothique écriture
> Dont quatre ais mal unis formaient la couverture,

rompu, froissé, lacéré, déboîté dans sa reliure, disloqué dans ses fermoirs, s'aplatit lamentablement sur le plancher. Heureusement il ne tomba point sur eux.

Ils furent éblouis, point écrasés. Toutes les aventures des conquérants ne finissent pas aussi bien.

Comme toutes les gloires, cela fit un grand bruit et un nuage de poussière.

Ayant terrassé le livre, René-Jean descendit de la chaise.

Il y eut un instant de silence et de terreur, la victoire a ses effrois. Les trois enfants se prirent les mains et se tinrent à distance, considérant le vaste volume démantelé.

Mais après un peu de rêverie, Gros-Alain s'approcha énergiquement et lui donna un coup de pied.

Ce fut fini. L'appétit de la destruction existe. René-Jean donna son coup de pied, Georgette donna son coup de pied, ce qui la fit tomber par terre, mais assise ; elle en profita pour se jeter sur Saint-Barthélemy ; tout prestige disparut ; René-Jean se précipita, Gros-Alain se rua, et joyeux, éperdus, triomphants, impitoyables, déchirant les estampes, balafrant les feuillets, arrachant les signets, égratignant la reliure, décollant le cuir doré, déclouant les clous des coins d'argent, cassant le parchemin, déchiquetant le texte auguste, travaillant des pieds, des mains, des ongles, des dents, roses, riants[a], féroces, les trois anges de proie s'abattirent sur l'évangéliste sans défense.

---

  Entourés à demi d'un vieux parchemin noir
  Où pendait par trois clous un reste de fermoir...

  Érudition plaisante, raillerie à l'adresse des gros « bouquins » savants, précision et richesse du vocabulaire, style héroï-comique, tout rapproche ici Hugo de Boileau. On comprend le goût de Flaubert pour cet épisode, inséré d'une manière inattendue et avec une fantaisie pittoresque au milieu du roman des temps révolutionnaires.

Ils anéantirent l'Arménie, la Judée, le Bénévent
où sont les reliques du saint, Nathanaël, qui est peut-
être le même que Barthélemy, le pape Gélase, qui
déclara apocryphe l'évangile Barthélemy-Nathanaël,
toutes les figures, toutes les cartes, et l'exécution
inexorable du vieux livre les absorba tellement qu'une
souris passa sans qu'ils y prissent garde.

Ce fut une extermination[a].

Tailler en pièces l'histoire, la légende, la science, les
miracles vrais ou faux, le latin d'église, les superstitions, les fanatismes, les mystères, déchirer toute une
religion du haut en bas, c'est un travail pour trois
géants, et même pour trois enfants ; les heures s'écou-
lèrent dans ce labeur, mais ils en vinrent à bout ; rien
ne resta de Saint-Barthélemy.

Quand ce fut fini, quand la dernière page fut détachée, quand la dernière estampe fut par terre, quand
il ne resta plus du livre que des tronçons de texte et
d'images dans un squelette de reliure, René-Jean se
dressa debout, regarda le plancher jonché de toutes
ces feuilles éparses, et battit des mains.

Gros-Alain battit des mains.

Georgette prit à terre une de ces feuilles, se leva,
s'appuya contre la fenêtre qui lui venait au menton
et se mit à déchiqueter par la croisée la grande page
en petits morceaux.

Ce que voyant, René-Jean et Gros-Alain en firent
autant. Ils ramassèrent et déchirèrent, ramassèrent
encore et déchirèrent encore, par la croisée comme
Georgette ; et, page à page, émietté par ces petits doigts
acharnés, presque tout l'antique livre s'envola dans le
vent. Georgette, pensive, regarda ces essaims de petits
papiers blancs se disperser à tous les souffles de l'air,
et dit :

— Papillons.

Et le massacre se termina par un évanouissement dans l'azur.

## VII

Telle fut la deuxième mise à mort de saint Barthélemy qui avait déjà été une première fois martyr l'an 49 de Jésus-Christ.

Cependant le soir venait, la chaleur augmentait, la sieste était dans l'air, les yeux de Georgette devenaient vagues, René-Jean alla à son berceau, en tira le sac de paille qui lui tenait lieu de matelas, le traîna jusqu'à la fenêtre[a], s'allongea dessus et dit : — Couchons-nous. Gros-Alain mit sa tête sur René-Jean, Georgette mit sa tête sur Gros-Alain, et les trois malfaiteurs s'endormirent.

Les souffles tièdes entraient par les fenêtres ouvertes [1] ; des parfums de fleurs sauvages, envolés des ravins et des collines, erraient mêlés aux haleines du soir ; l'espace était calme et miséricordieux[b] ; tout rayonnait, tout s'apaisait, tout aimait tout ; le soleil donnait à la création cette caresse, la lumière ; on percevait par tous les pores[c] l'harmonie qui se dégage de la douceur colossale des choses ; il y avait de la maternité dans l'infini ; la création est un prodige en plein épanouissement, elle complète son énormité par sa

---

1. Cet admirable chant du crépuscule développe une des représentations (parmi tant d'autres) que Victor Hugo s'est faites de la nature : c'est la conception optimiste de la bonté dans la puissance ; de l'amour protégeant l'innocence. Comparer *Spectacle rassurant* dans *les Rayons et les Ombres*, et de nombreuses pièces des *Contemplations* (*Aux arbres*, *Mugitusque boum*), de *l'Art d'être grand-père*, de *Toute la lyre*.

bonté ; il semblait que l'on sentît quelqu'un d'invisible prendre ces mystérieuses précautions qui dans le redoutable conflit des êtres protègent les chétifs contre les forts ; en même temps, c'était beau ; la splendeur égalait la mansuétude. Le paysage, ineffablement assoupi, avait cette moire magnifique que font sur les prairies et sur les rivières les déplacements de l'ombre et de la clarté ; les fumées montaient vers les nuages, comme des rêveries vers des visions ; des vols d'oiseaux tourbillonnaient au-dessus de la Tourgue ; les hirondelles regardaient par les croisées, et avaient l'air de venir voir si les enfants dormaient bien. Ils étaient gracieusement groupés l'un sur l'autre, immobiles, demi-nus, dans des poses d'amours ; ils étaient adorables et purs, à eux trois ils n'avaient pas neuf ans, ils faisaient des songes de paradis qui se reflétaient sur leurs bouches en vagues sourires, Dieu leur parlait peut-être à l'oreille, ils étaient ceux que toutes les langues humaines appellent les faibles et les bénis, ils étaient les innocents vénérables ; tout faisait silence comme si le souffle de leurs douces poitrines était l'affaire de l'univers et était écouté de la création entière, les feuilles ne bruissaient pas, les herbes ne frissonnaient pas ; il semblait que le vaste monde étoilé retînt sa respiration pour ne point troubler ces trois humbles dormeurs angéliques, et rien n'était sublime comme l'immense respect de la nature autour de cette petitesse.

Le soleil allait se coucher et touchait presque à l'horizon. Tout à coup, dans cette paix profonde, éclata un éclair qui sortit de la forêt, puis un bruit farouche. On venait de tirer un coup de canon. Les échos s'emparèrent de ce bruit et en firent un fracas. Le grondement prolongé de colline en colline fut monstrueux. Il réveilla Georgette.

Elle souleva un peu sa tête, dressa son petit doigt, écouta et dit :

— Poum !

Le bruit cessa, tout rentra dans le silence, Georgette remit sa tête sur Gros-Alain, et se rendormit.

# LIVRE QUATRIÈME

# LA MÈRE

## I

### LA MORT PASSE

Ce soir-là, la mère, qu'on a vue cheminant presque au hasard, avait marché toute la journée. C'était, du reste, son histoire de tous les jours ; aller devant elle et ne jamais s'arrêter. Car ses sommeils d'accablement dans le premier coin venu n'étaient pas plus du repos que ce qu'elle mangeait çà et là, comme les oiseaux picorent, n'était de la nourriture. Elle mangeait et dormait juste autant qu'il fallait pour ne pas tomber morte.

C'était dans une grange abandonnée qu'elle avait passé la nuit précédente ; les guerres civiles font de ces masures-là ; elle avait trouvé dans un champ désert quatre murs, une porte ouverte, un peu de paille sous un reste de toit, et elle s'était couchée sur cette paille et sous ce toit, sentant à travers la paille le glissement des rats et voyant à travers le toit le lever des astres. Elle avait dormi quelques heures ; puis s'était réveillée au milieu de la nuit, et remise en route afin de faire le plus de chemin possible avant la grande chaleur du jour. Pour qui voyage à pied l'été, minuit est plus clément que midi.

Elle suivait de son mieux l'itinéraire sommaire que lui avait indiqué le paysan de Vautortes ; elle allait le plus possible au couchant. Qui eût été près d'elle l'eût entendue dire sans cesse à demi-voix : — La Tourgue. — Avec les noms de ses trois enfants, elle ne savait plus guère que ce mot-là.

Tout en marchant, elle songeait. Elle pensait aux aventures qu'elle avait traversées ; elle pensait à tout ce qu'elle avait souffert, à tout ce qu'elle avait accepté ; aux rencontres, aux indignités, aux conditions faites, aux marchés proposés et subis, tantôt pour un asile, tantôt pour un morceau de pain, tantôt simplement pour obtenir qu'on lui montrât sa route. Une femme misérable est plus malheureuse qu'un homme misérable, parce qu'elle est instrument de plaisir [1]. Affreuse marche errante ! Du reste tout lui était bien égal pourvu qu'elle retrouvât ses enfants.

Sa première rencontre, ce jour-là, avait été un village sur la route ; l'aube paraissait à peine ; tout était encore baigné du sombre de la nuit ; pourtant quelques portes étaient déjà entre-bâillées dans la grande rue du village, et des têtes curieuses sortaient des fenêtres. Les habitants avaient l'agitation d'une ruche inquiétée. Cela tenait à un bruit de roues et de ferraille qu'on avait entendu.

Sur la place, devant l'église, un groupe ahuri, les yeux en l'air, regardait quelque chose descendre par la route vers le village du haut d'une colline. C'était un chariot à quatre roues traîné par cinq chevaux attelés de chaînes. Sur le chariot on distinguait un entassement qui ressemblait à un monceau de longues solives

1. Souvenir de la Fantine des *Misérables*.

au milieu desquelles il y avait on ne sait quoi d'informe ; c'était recouvert d'une grande bâche, qui avait l'air d'un linceul. Dix hommes à cheval marchaient en avant du chariot et dix autres en arrière. Ces hommes avaient des chapeaux à trois cornes et l'on voyait se dresser au-dessus de leurs épaules des pointes qui paraissaient être des sabres nus. Tout ce cortège, avançant lentement, se découpait en vive noirceur[a] sur l'horizon. Le chariot semblait noir, l'attelage semblait noir, les cavaliers semblaient noirs. Le matin blêmissait derrière.

Cela entra dans le village et se dirigea vers la place.

Il s'était fait un peu de jour pendant la descente de ce chariot et l'on put voir distinctement le cortège, qui paraissait une marche d'ombres, car il n'en sortait pas une parole.

Les cavaliers étaient des gendarmes. Ils avaient en effet le sabre nu. La bâche était noire.

La misérable mère errante entra de son côté dans le village et s'approcha de l'attroupement des paysans au moment où arrivaient sur la place cette voiture et ces gendarmes. Dans l'attroupement, des voix chuchotaient des questions et des réponses :

— Qu'est-ce que c'est que ça ?

— C'est la guillotine qui passe.

— D'où vient-elle ?

— De Fougères.

— Où va-t-elle ?

— Je ne sais pas. On dit qu'elle va à un château du côté de Parigné.

— A Parigné !

— Qu'elle aille où elle voudra, pourvu qu'elle ne s'arrête pas ici !

Cette grande charrette avec son chargement voilé

d'une sorte de suaire, cet attelage, ces gendarmes, le bruit de ces chaînes, le silence de ces hommes, l'heure crépusculaire, tout cet ensemble était spectral [1].

Ce groupe traversa la place et sortit du village ; le village était dans un fond entre une montée et une descente ; au bout d'un quart d'heure, les paysans, restés là comme pétrifiés, virent reparaître la lugubre procession au sommet de la colline qui était à l'occident. Les ornières cahotaient les grosses roues, les chaînes de l'attelage grelottaient au vent du matin, les sabres brillaient ; le soleil se levait, la route tourna, tout disparut.

C'était le moment même où Georgette, dans la salle de la bibliothèque, se réveillait à côté de ses frères encore endormis, et disait bonjour à ses pieds roses [2].

## II

### LA MORT PARLE

La mère avait regardé cette chose obscure passer, mais n'avait pas compris ni cherché à comprendre, ayant devant les yeux une autre vision, ses enfants perdus dans les ténèbres.

Elle sortit du village, elle aussi, peu après le cortège qui venait de défiler, et suivit la même route, à quelque distance en arrière de la deuxième escouade de gen-

---

1. Comparer un tableau analogue, gravure sinistre se détachant sur un fond de matin blême dans *les Misérables* (Quatrième partie, III) : la chaîne des forçats en route pour le bagne.

2. Par une antithèse comparable, la petite Cosette, dans *les Misérables*, est témoin de la scène terrible du départ des bagnards.

darmes. Subitement le mot « guillotine » lui revint ;
« guillotine », pensa-t-elle ; cette sauvage, Michelle
Fléchard, ne savait pas ce que c'était ; mais l'instinct
avertit ; elle eut, sans pouvoir dire pourquoi, un frémissement, il lui sembla horrible de marcher derrière
cela, et elle prit à gauche, quitta la route, et s'engagea
sous des arbres qui étaient la forêt de Fougères.

Après avoir rôdé quelque temps, elle aperçut un
clocher et des toits, c'était un des villages de la lisière
du bois, elle y alla. Elle avait faim.

Ce village était un de ceux où les républicains avaient
établi des postes militaires.

Elle pénétra jusqu'à la place de la mairie.

Dans ce village-là aussi il y avait émoi et anxiété.
Un rassemblement se pressait devant un perron de
quelques marches qui était l'entrée de la mairie. Sur
ce perron on apercevait un homme escorté de soldats
qui tenait à la main un grand placard déployé. Cet
homme avait à sa droite un tambour et à sa gauche
un afficheur portant un pot à colle et un pinceau.

Sur le balcon au-dessus de la porte le maire était
debout, ayant son écharpe tricolore mêlée à ses habits
de paysan.

L'homme au placard était un crieur public.

Il avait son baudrier de tournée auquel était suspendue une petite sacoche, ce qui indiquait qu'il allait
de village en village et qu'il avait quelque chose à
crier dans tout le pays.

Au moment où Michelle Fléchard approcha, il
venait de déployer le placard, et il en commençait
la lecture. Il dit d'une voix haute :

— « République française. Une et indivisible. »

Le tambour fit un roulement. Il y eut dans le rassemblement une sorte d'ondulation. Quelques-uns ôtèrent
leurs bonnets ; d'autres renfoncèrent leurs chapeaux.

Dans ce temps-là et dans ce pays-là, on pouvait presque reconnaître l'opinion à la coiffure ; les chapeaux étaient royalistes, les bonnets étaient républicains. Les murmures de voix confuses cessèrent, on écouta, le crieur lut :

« ... En vertu des ordres à nous donnés et des pouvoirs à nous délégués par le Comité de salut public...

Il y eut un deuxième roulement de tambour. Le crieur poursuivit :

« ... Et en exécution du décret de la Convention nationale qui met hors la loi les rebelles pris les armes à la main, et qui frappe de la peine capitale quiconque leur donnera asile ou les fera évader... »

Un paysan demanda bas à son voisin :

— Qu'est-ce que c'est que ça, la peine capitale ?

Le voisin répondit :

— Je ne sais pas.

Le crieur agita le placard :

« ... Vu l'article 17 de la loi du 30 avril qui donne tout pouvoir aux délégués et aux subdélégués contre les rebelles,

« Sont mis hors la loi... »

Il fit une pause et reprit :

— « ... Les individus désignés sous les noms et surnoms qui suivent... »

Tout l'attroupement prêta l'oreille.

La voix du crieur devint tonnante. Il dit :

— « ... Lantenac, brigand. »

— C'est monseigneur, murmura un paysan.

Et l'on entendit dans la foule ce chuchotement :

— C'est monseigneur.

Le crieur reprit :

« ... Lantenac, ci-devant marquis, brigand. — L'Imânus, brigand... »

Deux paysans se regardèrent de côté.

— C'est Gouge-le-Bruant.

— Oui, c'est Brise-Bleu.

Le crieur continuait de lire la liste :

— « ... Grand-Francœur, brigand... »

Le rassemblement murmura :

— C'est un prêtre.

— Oui, monsieur l'abbé Turmeau.

— Oui, quelque part, du côté du bois de la Chapelle, il est curé.

— Et brigand, dit un homme à bonnet.

Le crieur lut :

— « ... Boisnouveau, brigand. — Les deux frères Pique-en-bois, brigands. — Houzard, brigand... »

— C'est monsieur de Quélen, dit un paysan.

— « Panier, brigand... »

— C'est monsieur Sepher.

— « ... Place-nette, brigand... »

— C'est monsieur Jamois.

Le crieur poursuivait sa lecture sans s'occuper de ces commentaires.

— « ... Guinoiseau, brigand. — Chatenay, dit Robi, brigand... »

Un paysan chuchota :

— Guinoiseau est le même que le Blond, Chatenay est de Saint-Ouen.

— « ... Hoisnard, brigand », reprit le crieur.

Et l'on entendit dans la foule :

— Il est de Ruillé.

— Oui, c'est Branche-d'Or.

— Il a eu son frère tué à l'attaque de Pontorson.

— Oui, Hoisnard-Malonnière.

— Un beau jeune homme de dix-neuf ans.

— Attention, dit le crieur. Voici la fin de la liste :

— « ... Belle-Vigne, brigand. - La Musette, brigand. - Sabre-tout, brigand. - Brin-d'Amour, brigand... »
Un garçon poussa le coude d'une fille. La fille sourit.
Le crieur continua :
— « ... Chante-en-hiver, brigand. — Le Chat, brigand... »
Un paysan dit :
— C'est Moulard.
— « ... Tabouze, brigand... »
Un paysan dit :
— C'est Gauffre.
— Ils sont deux, les Gauffre, ajouta une femme.
— Tous des bons, grommela un gars.
Le crieur secoua l'affiche et le tambour battit un ban.
Le crieur reprit sa lecture :
— « ... Les susnommés, en quelque lieu qu'ils soient saisis, et après l'identité constatée, seront immédiatement mis à mort. »
Il y eut un mouvement.
Le crieur poursuivit :
— « ... Quiconque leur donnera asile ou aidera à leur évasion sera traduit en cour martiale, et mis à mort. Signé... »
Le silence devint profond.
— « ...Signé : le délégué du Comité de salut public, CIMOURDAIN. »
— Un prêtre, dit un paysan.
— L'ancien curé de Parigné, dit un autre.
Un bourgeois ajouta :
— Turmeau et Cimourdain. Un prêtre blanc et un prêtre bleu.
— Tous deux noirs, dit un autre bourgeois.
Le maire, qui était sur le balcon, souleva son chapeau, et cria :
— Vive la république !

Un roulement de tambour annonça que le crieur n'avait pas fini. En effet il fit un signe de la main.

— Attention, dit-il. Voici les quatre dernières lignes de l'affiche du gouvernement. Elles sont signées du chef de la colonne d'expédition des Côtes-du-Nord, qui est le commandant Gauvain.

— Écoutez! dirent les voix de la foule.

Et le crieur lut :

— « Sous peine de mort... »

Tous se turent.

— « ... Défense est faite, en exécution de l'ordre ci-dessus, de porter aide et secours aux dix-neuf rebelles susnommés qui sont à cette heure investis et cernés dans la Tourgue. »

— Hein? dit une voix.

C'était une voix de femme. C'était la voix de la mère.

## III

### BOURDONNEMENT DE PAYSANS

Michelle Fléchard était mêlée à la foule. Elle n'avait rien écouté, mais ce qu'on n'écoute pas, on l'entend. Elle avait entendu ce mot, la Tourgue. Elle dressait la tête.

— Hein? répéta-t-elle, la Tourgue?

On la regarda. Elle avait l'air égaré. Elle était en haillons. Des voix murmurèrent : — Ça a l'air d'une brigande.

Une paysanne qui portait des galettes de sarrasin dans un panier s'approcha et lui dit tout bas :

— Taisez-vous.

Michelle Fléchard considéra cette femme avec

stupeur. De nouveau, elle ne comprenait plus. Ce nom, la Tourgue, avait passé comme un éclair, et la nuit se refaisait. Est-ce qu'elle n'avait pas le droit de s'informer? Qu'est-ce qu'on avait donc à la regarder ainsi?

Cependant le tambour avait battu un dernier ban, l'afficheur avait collé l'affiche, le maire était rentré dans la mairie, le crieur était parti pour quelque autre village, et l'attroupement se dispersait.

Un groupe était resté devant l'affiche. Michelle Fléchard alla à ce groupe.

On commentait les noms des hommes mis hors la loi.

Il y avait là des paysans et des bourgeois; c'est-à-dire des blancs et des bleus.

Un paysan disait :

— C'est égal, ils ne tiennent pas tout le monde. Dix-neuf, ça n'est que dix-neuf. Ils ne tiennent pas Priou[a], ils ne tiennent pas Benjamin Moulins, ils ne tiennent pas Goupil, de la paroisse d'Andouillé.

— Ni Lorieul, de Monjean, dit un autre.

D'autres ajoutèrent :

— Ni Brice-Denys.

— Ni François Dudouet.

— Oui, celui de Laval.

— Ni Huet, de Launey-Villiers.

— Ni Grégis.

— Ni Pilon.

— Ni Filleul.

— Ni Ménicent.

— Ni Guéharrée.

— Ni les trois frères Logerais.

— Ni M. Lechandelier de Pierreville.

— Imbéciles! dit un vieux sévère à cheveux blancs. Ils ont tout, s'ils ont Lantenac.

— Ils ne l'ont pas encore, murmura un des jeunes.

Le vieillard répliqua :

— Lantenac pris, l'âme est prise. Lantenac mort, la Vendée est tuée.

— Qu'est-ce que c'est donc que ce Lantenac? demanda un bourgeois.

Un bourgeois répondit :

— C'est un ci-devant.

Et un autre reprit :

— C'est un de ceux qui fusillent les femmes.

Michelle Fléchard entendit, et dit :

— C'est vrai.

On se retourna.

Et elle ajouta :

— Puisqu'on m'a fusillée.

Le mot était singulier ; il fit l'effet d'une vivante qui se dit morte. On se mit à l'examiner, un peu de travers.

Elle était inquiétante à voir en effet, tressaillant de tout, effarée, frissonnante, ayant une anxiété fauve, et si effrayée qu'elle était effrayante. Il y a dans le désespoir de la femme on ne sait quoi de faible qui est terrible. On croit voir un être suspendu à l'extrémité du sort. Mais les paysans prennent la chose plus en gros. L'un d'eux grommela : — Ça pourrait bien être une espionne.

— Taisez-vous donc, et allez-vous-en, lui dit tout bas la bonne femme qui lui avait déjà parlé.

Michelle Fléchard répondit :

— Je ne fais pas de mal. Je cherche mes enfants.

La bonne femme regarda ceux qui regardaient Michelle Fléchard, se toucha le front du doigt en clignant de l'œil, et dit :

— C'est une innocente.

Puis elle la prit à part, et lui donna une galette de sarrasin.

Michelle Fléchard, sans remercier, mordit avidement dans la galette.

— Oui, dirent les paysans, elle mange comme une bête, c'est une innocente.

Et le reste du rassemblement se dissipa. Tous s'en allèrent l'un après l'autre.

Quand Michelle Fléchard eut mangé, elle dit à la paysanne :

— C'est bon, j'ai mangé. Maintenant, la Tourgue?

— Voilà que ça la reprend! s'écria la paysanne.

— Il faut que j'aille à la Tourgue. Dites-moi le chemin de la Tourgue.

— Jamais! dit la paysanne. Pour vous faire tuer, n'est-ce pas? D'ailleurs, je ne sais pas. Ah çà, vous êtes donc vraiment folle? Écoutez, pauvre femme, vous avez l'air fatigué. Voulez-vous vous reposer chez moi?

— Je ne me repose pas, dit la mère.

— Elle a les pieds tout écorchés, murmura la paysanne.

Michelle Fléchard reprit :

— Puisque je vous dis qu'on m'a volé mes enfants. Une petite fille et deux petits garçons. Je viens du carnichot qui est dans la forêt. On peut parler de moi à Tellmarch-le-Caimand. Et puis à l'homme que j'ai rencontré dans le champ là-bas. C'est le caimand qui m'a guérie. Il paraît que j'avais quelque chose de cassé. Tout cela, ce sont des choses qui sont arrivées. Il y a encore le sergent Radoub. On peut lui parler. Il dira. Puisque c'est lui qui nous a rencontrés dans un bois. Trois. Je vous dis trois enfants. Même que l'aîné s'appelle René-Jean. Je puis prouver tout cela. L'autre s'appelle Gros-Alain, et l'autre s'appelle Georgette. Mon mari est mort. On l'a tué. Il était métayer à Siscoignard. Vous avez l'air d'une bonne femme.

Enseignez-moi mon chemin. Je ne suis pas une folle, je suis une mère. J'ai perdu mes enfants. Je les cherche. Voilà tout. Je ne sais pas au juste d'où je viens. J'ai dormi cette nuit-ci sur de la paille dans une grange. La Tourgue, voilà où je vais. Je ne suis pas une voleuse. Vous voyez bien que je dis la vérité. On devrait m'aider à retrouver mes enfants. Je ne suis pas du pays. J'ai été fusillée, mais je ne sais pas où.

La paysanne hocha la tête et dit :

— Écoutez, la passante. Dans des temps de révolution, il ne faut pas dire des choses qu'on ne comprend pas. Ça peut vous faire arrêter.

— Mais la Tourgue! cria la mère. Madame, pour l'amour de l'enfant Jésus et de la sainte bonne Vierge du paradis, je vous en prie, madame, je vous en supplie, je vous en conjure, dites-moi par où l'on va pour aller à la Tourgue!

La paysanne se mit en colère.

— Je ne le sais pas! et je le saurais que je ne le dirais pas! Ce sont là de mauvais endroits. On ne va pas là.

— J'y vais pourtant, dit la mère.

Et elle se remit en route.

La paysanne la regarda s'éloigner et grommela :

— Il faut cependant qu'elle mange.

Elle courut après Michelle Fléchard et lui mit une galette de blé noir dans la main.

— Voilà pour votre souper.

Michelle Fléchard prit le pain de sarrasin, ne répondit pas, ne tourna pas la tête, et continua de marcher.

Elle sortit du village. Comme elle atteignait les dernières maisons, elle rencontra trois petits enfants déguenillés et pieds nus, qui passaient. Elle s'approcha d'eux et dit :

— Ceux-ci, c'est deux filles et un garçon.

Et voyant qu'ils regardaient son pain, elle le leur donna.

Les enfants prirent le pain et eurent peur.

Elle s'enfonça dans la forêt.

## IV

### UNE MÉPRISE

Cependant, ce jour-là même, avant que l'aube parût, dans l'obscurité indistincte de la forêt, il s'était passé, sur le tronçon de chemin qui va de Javené à Lécousse, ceci :

Tout est chemin creux dans le Bocage, et, entre toutes, la route de Javené à Parigné par Lécousse est très encaissée. De plus, tortueuse. C'est plutôt un ravin qu'un chemin. Cette route vient de Vitré et a eu l'honneur de cahoter le carrosse de madame de Sévigné [1]. Elle est comme murée à droite et à gauche par les haies. Pas de lieu meilleur pour une embuscade.

Ce matin-là, une heure avant que Michelle Fléchard, sur un autre point de la forêt, arrivât dans ce premier village où elle avait eu la sépulcrale[a] apparition de la charrette escortée de gendarmes, il y avait dans les halliers que la route de Javené traverse au sortir du pont sur le Couesnon, un pêle-mêle d'hommes invisibles. Les branches cachaient tout. Ces hommes étaient des paysans, tous vêtus du grigo, sayon de poil que portaient les rois de Bretagne au sixième siècle et les paysans au dix-huitième. Ces hommes étaient armés, les uns de fusils, les autres de cognées. Ceux qui avaient

---

1. Lorsqu'elle se rendait à son château des Rochers, à 4 km de Vitré.

des cognées venaient de préparer dans une clairière
une sorte de bûcher de fagots secs et de rondins auxquels on n'avait plus qu'à mettre le feu. Ceux qui
avaient des fusils étaient groupés des deux côtés du
chemin dans une posture d'attente. Qui eût pu voir
à travers les feuilles eût aperçu partout des doigts
sur des détentes et des canons de carabine braqués
dans les embrasures que font les entrecroisements
des branchages. Ces gens étaient à l'affût. Tous les
fusils convergeaient sur la route, que le point du jour
blanchissait.

Dans ce crépuscule des voix basses dialoguaient.

— Es-tu sûr de ça?

— Dame, on le dit.

— Elle va passer?

— On dit qu'elle est dans le pays.

— Il ne faut pas qu'elle en sorte.

— Il faut la brûler.

— Nous sommes trois villages venus pour cela.

— Oui, mais l'escorte?

— On tuera l'escorte.

— Mais est-ce que c'est par cette route-ci qu'elle
passe?

— On le dit.

— C'est donc alors qu'elle viendrait de Vitré?

— Pourquoi pas?

— Mais c'est qu'on disait qu'elle venait de Fougères.

— Qu'elle vienne de Fougères ou de Vitré, elle vient
du diable.

— Oui.

— Et il faut qu'elle y retourne.

— Oui.

— C'est donc à Parigné qu'elle irait?

— Il paraît.

— Elle n'ira pas.

— Non.

— Non, non, non!

— Attention.

Il devenait utile de se taire en effet, car il commençait à faire un peu jour.

Tout à coup les hommes embusqués retinrent leur respiration; on entendit[a] un bruit de roues et de chevaux. Ils regardèrent à travers les branches et distinguèrent confusément dans le chemin creux une longue charrette, une escorte à cheval, quelque chose sur la charrette; cela venait à eux.

— La voilà! dit celui qui paraissait le chef.

— Oui, dit un des guetteurs, avec l'escorte.

— Combien d'hommes d'escorte?

— Douze.

— On disait qu'ils étaient vingt.

— Douze ou vingt, tuons tout.

— Attendons qu'ils soient en pleine portée.

Peu après, à un tournant du chemin, la charrette et l'escorte apparurent.

— Vive le roi! cria le chef paysan.

Cent coups de fusil partirent à la fois.

Quand la fumée se dissipa, l'escorte aussi était dissipée. Sept cavaliers étaient tombés, cinq s'étaient enfuis. Les paysans coururent à la charrette.

— Tiens, s'écria le chef, ce n'est pas la guillotine. C'est une échelle.

La charrette avait en effet pour tout chargement une longue échelle.

Les deux chevaux s'étaient abattus, blessés; le charretier avait été tué, mais pas exprès.

— C'est égal, dit le chef, une échelle escortée est suspecte. Cela allait du côté de Parigné. C'était pour l'escalade de la Tourgue, bien sûr.

— Brûlons l'échelle, crièrent les paysans.

Et ils brûlèrent l'échelle.

Quant à la funèbre charrette qu'ils attendaient, elle suivait une autre route, et elle était déjà à deux lieues plus loin, dans ce village où Michelle Fléchard la vit passer au soleil levant.

# V

## VOX IN DESERTO

Michelle Fléchard, en quittant les trois enfants auxquels elle avait donné son pain, s'était mise à marcher au hasard à travers le bois.

Puisqu'on ne voulait pas lui montrer son chemin, il fallait bien qu'elle le trouvât toute seule. Par instants elle s'asseyait, et elle se relevait, et elle s'asseyait encore. Elle avait cette fatigue lugubre qu'on a d'abord dans les muscles, puis qui passe dans les os ; fatigue d'esclave. Elle était esclave en effet. Esclave de ses enfants perdus. Il fallait les retrouver ; chaque minute écoulée pouvait être leur perte ; qui a un tel devoir n'a plus de droit ; reprendre haleine lui était interdit. Mais elle était bien lasse. A ce degré d'épuisement, un pas de plus est une question. Le pourra-t-on faire ? Elle marchait depuis le matin ; elle n'avait plus rencontré de village, ni même de maison. Elle prit d'abord le sentier qu'il fallait, puis celui qu'il ne fallait pas, et elle finit par se perdre au milieu des branches pareilles les unes aux autres. Approchait-elle du but ? touchait-elle au terme de sa passion ? Elle était dans la Voie Douloureuse, et elle sentait l'accablement de la dernière station. Allait-elle tomber sur la route et expirer là ? A un certain moment, avancer encore lui sembla impossible, le soleil déclinait, la forêt était obscure, les sentiers s'étaient effacés sous l'herbe, et elle ne sut plus que devenir. Elle n'avait plus que Dieu. Elle se mit à appeler, personne ne répondit.

Elle regarda autour d'elle, elle vit une claire-voie dans les branches, elle se dirigea de ce côté-là, et brusquement se trouva hors du bois.

Elle avait devant elle un vallon étroit comme une tranchée, au fond duquel coulait dans les pierres un clair filet d'eau. Elle s'aperçut alors qu'elle avait une soif ardente. Elle alla à cette eau, s'agenouilla, et but.

Elle profita de ce qu'elle était à genoux pour faire sa prière.

En se relevant, elle chercha à s'orienter.

Elle enjamba le ruisseau.

Au delà du petit vallon se prolongeait à perte de vue un vaste plateau couvert de broussailles courtes, qui, à partir du ruisseau, montait en plan incliné et emplissait tout l'horizon. La forêt était une solitude, ce plateau était un désert. Dans la forêt, derrière chaque buisson on pouvait rencontrer quelqu'un ; sur le plateau, aussi loin que le regard pouvait s'étendre, on ne voyait rien. Quelques oiseaux qui avaient l'air de fuir volaient dans les bruyères.

Alors, en présence de cet abandon immense, sentant fléchir ses genoux, et comme devenue insensée, la mère éperdue jeta à la solitude ce cri étrange : — Y a-t-il quelqu'un ici ?

Et elle attendit la réponse.

On répondit.

Une voix sourde et profonde éclata, cette voix venait du fond de l'horizon, elle se répercuta d'écho en écho ; cela ressemblait à un coup de tonnerre à moins que ce ne fût un coup de canon ; et il semblait que cette voix répliquait à la question de la mère et qu'elle disait : — Oui.

Puis le silence se fit.

La mère se dressa, ranimée ; il y avait quelqu'un. Il lui paraissait qu'elle avait maintenant à qui parler ; elle venait de boire et de prier ; les forces lui revenaient, elle se mit à gravir le plateau du côté où elle avait entendu l'énorme voix lointaine.

Tout à coup elle vit sortir de l'extrême horizon une haute tour. Cette tour était seule dans ce sauvage paysage ; un rayon du soleil couchant l'empourprait. Elle était à plus d'une lieue de distance. Derrière cette tour se perdait dans la brume une grande verdure diffuse qui était la forêt de Fougères.

Cette tour lui apparaissait sur le même point de l'horizon d'où était venu ce grondement qui lui avait semblé un appel. Était-ce cette tour qui avait fait ce bruit ?

Michelle Fléchard était arrivée sur le sommet du plateau ; elle n'avait plus devant elle que de la plaine.

Elle marcha vers la tour.

# VI

## SITUATION

Le moment était venu.

L'inexorable tenait l'impitoyable.

Cimourdain avait Lantenac dans sa main.

Le vieux royaliste rebelle était pris au gîte ; évidemment il ne pouvait échapper ; et Cimourdain entendait que le marquis fût décapité chez lui, sur place, sur ses terres, et en quelque sorte dans sa maison, afin que la demeure féodale vît tomber la tête de l'homme féodal, et que l'exemple fût mémorable.

C'est pourquoi il avait envoyé chercher à Fougères la guillotine. On vient de la voir en route.

Tuer Lantenac, c'était tuer la Vendée ; tuer la Vendée, c'était sauver la France. Cimourdain n'hésitait pas. Cet homme était à l'aise dans la férocité du devoir.

Le marquis semblait perdu ; de ce côté Cimourdain était tranquille, mais il était inquiet d'un autre côté. La lutte serait certainement affreuse ; Gauvain la dirigerait, et voudrait s'y mêler peut-être ; il y avait du soldat dans ce jeune chef ; il était homme à se jeter dans ce pugilat ; pourvu qu'il n'y fût pas tué ? Gauvain ! son enfant ! l'unique affection qu'il eût sur la terre ! Gauvain avait eu du bonheur jusque-là, mais le bonheur se lasse. Cimourdain tremblait. Sa destinée avait cela d'étrange qu'il était entre deux Gauvain, l'un dont il voulait la mort, l'autre dont il voulait la vie.

Le coup de canon qui avait secoué Georgette dans son berceau et appelé la mère du fond des solitudes n'avait pas fait que cela. Soit hasard, soit intention du pointeur, le boulet, qui n'était pourtant qu'un boulet d'avertissement, avait frappé, crevé et arraché à demi l'armature de barreaux de fer qui masquait et fermait la grande meurtrière du premier étage de la tour. Les assiégés n'avaient pas eu le temps de réparer cette avarie.

Les assiégés s'étaient vantés. Ils avaient très peu de munitions. Leur situation, insistons-y, était plus critique encore que les assiégeants ne le supposaient. S'ils avaient eu assez de poudre, ils auraient fait sauter la Tourgue, eux et l'ennemi dedans ; c'était leur rêve ; mais toutes leurs réserves étaient épuisées. A peine avaient-ils trente coups à tirer par homme. Ils avaient

beaucoup de fusils, d'espingoles et de pistolets, et
peu de cartouches. Ils avaient chargé toutes les armes
afin de pouvoir faire un feu continu ; mais combien de
temps durerait ce feu ? Il fallait à la fois le nourrir
et le ménager. Là était la difficulté. Heureusement
— bonheur sinistre — la lutte serait surtout d'homme
à homme, et à l'arme blanche ; au sabre et au poignard.
On se colleterait plus qu'on ne se fusillerait. On se
hacherait ; c'était là leur espérance.

L'intérieur de la tour semblait inexpugnable [a]. Dans
la salle basse où aboutissait le trou de brèche, était la
retirade, cette barricade savamment construite par
Lantenac, qui obstruait l'entrée. En arrière de la
retirade, une longue table était couverte d'armes
chargées, tromblons, carabines et mousquetons, et
de sabres, de haches et de poignards. N'ayant pu uti-
liser pour faire sauter la tour le cachot-crypte des
oubliettes qui communiquait avec la salle basse, le
marquis avait fait fermer la porte de ce caveau. Au-
dessus de la salle basse était la chambre ronde du premier étage à laquelle on n'arrivait que par une vis-de-
Saint-Gilles très étroite ; cette chambre, meublée,
comme la salle basse, d'une table couverte d'armes
toutes prêtes et sur lesquelles on n'avait qu'à mettre
la main, était éclairée par la grande meurtrière dont
un boulet venait de défoncer le grillage ; au-dessus de
cette chambre, l'escalier en spirale menait à la chambre
ronde du second étage où était la porte de fer donnant
sur le pont-châtelet. Cette chambre du second s'appelait indistinctement *la chambre de la porte de fer* ou *la
chambre des miroirs*, à cause de beaucoup de petits
miroirs, accrochés à cru sur la pierre nue à de vieux
clous rouillés, bizarre recherche mêlée à la sauvagerie.
Les chambres d'en haut ne pouvant être utilement
défendues, cette chambre des miroirs était ce que

Mannesson-Mallet, le législateur des places fortes, appelle « le dernier poste où les assiégés font une capitulation ». Il s'agissait, nous l'avons dit déjà, d'empêcher les assiégeants d'arriver là.

Cette chambre ronde du second étage était éclairée par des meurtrières ; pourtant une torche y brûlait. Cette torche, plantée dans une torchère de fer pareille à celle de la salle basse, avait été allumée par l'Imânus qui avait placé tout à côté l'extrémité de la mèche soufrée. Soins horribles.

Au fond de la salle basse, sur un long tréteau, il y avait à manger, comme dans une caverne homérique ; de grands plats de riz, du fur, qui est une bouillie de blé noir, de la godnivelle, qui est un hachis de veau, des rondeaux de houichepote, pâte de farine et de fruits cuits à l'eau, de la badrée, des pots de cidre. Buvait et mangeait qui voulait.

Le coup de canon les mit tous en arrêt. On n'avait plus qu'une demi-heure devant soi.

L'Imânus, du haut de la tour, surveillait l'approche des assiégeants. Lantenac avait commandé de ne pas tirer et de les laisser arriver. Il avait dit : — Ils sont quatre mille cinq cents. Tuer dehors est inutile. Ne tuez que dedans. Dedans, l'égalité se refait.

Et il avait ajouté en riant : — Égalité, Fraternité.

Il était convenu que lorsque l'ennemi commencerait son mouvement, l'Imânus, avec sa trompe, avertirait.

Tous, en silence, postés derrière la retirade, ou sur les marches des escaliers, attendaient, une main sur leur mousquet, l'autre sur leur rosaire.

La situation se précisait, et était ceci :

Pour les assaillants, une brèche à gravir, une barricade à forcer, trois salles superposées à prendre de haute lutte, l'une après l'autre, deux escaliers tournants à emporter marche par marche, sous une nuée de mitraille ; pour les assiégés, mourir.

## VII

### PRÉLIMINAIRES

Gauvain de son côté mettait en ordre l'attaque. Il donnait ses dernières instructions à Cimourdain, qui, on s'en souvient, devait, sans prendre part à l'action, garder le plateau, et à Guéchamp qui devait rester en observation avec le gros de l'armée dans le camp de la forêt. Il était entendu que ni la batterie basse du bois ni la batterie haute du plateau ne tireraient, à moins qu'il n'y eût sortie ou tentative d'évasion. Gauvain se réservait le commandement de la colonne de brèche. C'est là ce qui troublait Cimourdain.

Le soleil venait de se coucher.

Une tour en rase campagne ressemble à un navire en pleine mer. Elle doit être attaquée de la même façon. C'est plutôt un abordage qu'un assaut. Pas de canon. Rien d'inutile. A quoi bon canonner des murs de quinze pieds d'épaisseur ? Un trou dans le sabord, les uns qui le forcent, les autres qui le barrent, des haches, des couteaux, des pistolets, les poings et les dents. Telle est l'aventure.

Gauvain sentait qu'il n'y avait pas d'autre moyen d'enlever la Tourgue. Une attaque où l'on se voit le blanc des yeux, rien de plus meurtrier. Il connaissait le redoutable intérieur de la tour, y ayant été enfant.

Il songeait profondément.

Cependant, à quelques pas de lui, son lieutenant, Guéchamp, une longue-vue à la main, examinait

l'horizon du côté de Parigné. Tout à coup Guéchamp
s'écria :

— Ah! enfin!

Cette exclamation tira Gauvain de sa rêverie.

— Qu'y a-t-il, Guéchamp?

— Mon commandant, il y a que voici l'échelle.

— L'échelle de sauvetage?

— Oui.

— Comment? nous ne l'avions pas encore?

— Non, commandant. Et j'étais inquiet. L'exprès
que j'avais envoyé à Javené était revenu.

— Je le sais.

— Il avait annoncé qu'il avait trouvé à la charpenterie de Javené l'échelle de la dimension voulue, qu'il
l'avait réquisitionnée, qu'il avait fait mettre l'échelle
sur une charrette, qu'il avait requis une escorte de
douze cavaliers, et qu'il avait vu partir pour Parigné
la charrette, l'escorte et l'échelle. Sur quoi, il était
revenu à franc étrier.

— Et nous avait fait ce rapport. Et il avait ajouté
que la charrette, étant bien attelée et partie vers deux
heures du matin, serait ici avant le coucher du soleil.
Je sais tout cela. Eh bien?

— Eh bien, mon commandant, le soleil vient de
se coucher et la charrette qui apporte l'échelle n'est
pas encore arrivée.

— Est-ce possible? Mais il faut pourtant que nous
attaquions. L'heure est venue. Si nous tardions, les
assiégés croiraient que nous reculons.

— Commandant, on peut attaquer.

— Mais l'échelle de sauvetage est nécessaire.

— Sans doute.

— Mais nous ne l'avons pas.

— Nous l'avons.

— Comment ?

— C'est ce qui m'a fait dire : Ah ! enfin ! La charrette n'arrivait pas ; j'ai pris ma longue-vue, et j'ai examiné la route de Parigné à la Tourgue, et, mon commandant, je suis content. La charrette est là-bas avec l'escorte ; elle descend une côte. Vous pouvez la voir.

Gauvain prit la longue-vue et regarda.

— En effet. La voici. Il ne fait plus assez de jour pour tout distinguer. Mais on voit l'escorte, c'est bien cela. Seulement l'escorte me paraît plus nombreuse que vous ne le disiez, Guéchamp.

— Et à moi aussi.

— Ils sont à environ un quart de lieue.

— Mon commandant, l'échelle de sauvetage sera ici dans un quart d'heure.

— On peut attaquer.

C'était bien une charrette en effet qui arrivait, mais ce n'était pas celle qu'ils croyaient.

Gauvain, en se retournant, vit derrière lui le sergent Radoub, droit, les yeux baissés, dans l'attitude du salut militaire.

— Qu'est-ce, sergent Radoub ?

— Citoyen commandant, nous, les hommes du bataillon du Bonnet-Rouge, nous avons une grâce à vous demander.

— Laquelle ?

— De nous faire tuer.

— Ah ! dit Gauvain.

— Voulez-vous avoir cette bonté ?

— Mais... c'est selon, dit Gauvain.

— Voici, commandant. Depuis l'affaire de Dol, vous nous ménagez. Nous sommes encore douze.

— Eh bien ?

— Ça nous humilie.

— Vous êtes la réserve.

— Nous aimons mieux être l'avant-garde.

— Mais j'ai besoin de vous pour décider le succès à la fin d'une action. Je vous conserve.

— Trop.

— C'est égal. Vous êtes dans la colonne. Vous marchez.

— Derrière. C'est le droit de Paris de marcher devant.

— J'y penserai, sergent Radoub.

— Pensez-y aujourd'hui, mon commandant. Voici une occasion. Il va y avoir un rude croc-en-jambe à donner ou à recevoir. Ce sera dru. La Tourgue brûlera les doigts de ceux qui y toucheront. Nous demandons la faveur d'en être.

Le sergent s'interrompit, se tordit la moustache, et reprit d'une voix altérée :

— Et puis, voyez-vous, mon commandant, dans cette tour, il y a nos mômes. Nous avons là nos enfants, les enfants du bataillon, nos trois enfants. Cette affreuse face de Gribouille-mon-cul-te-baise, le nommé Brise-Bleu, le nommé Imânus, ce Gouge-le-Bruand, ce Bouge-le-Gruand, ce Fouge-le-Truand, ce tonnerre de Dieu d'homme du diable, menace nos enfants. Nos enfants, nos mioches, mon commandant. Quand tous les tremblements s'en mêleraient, nous ne voulons pas qu'il leur arrive malheur. Entendez-vous ça, autorité ? Nous ne le voulons pas. Tantôt, j'ai profité de ce qu'on ne se battait pas, et je suis monté sur le plateau, et je les ai regardés par une fenêtre, oui, ils sont vraiment là, on peut les voir du bord du ravin, et je les ai vus, et je leur ai fait peur, à ces amours. Mon commandant, s'il tombe un seul cheveu de leurs petites caboches de chérubins, je le jure, mille noms de noms de tout ce qu'il y a de sacré, moi le sergent Radoub, je m'en prends à la carcasse du Père Éternel.

Et voici ce que dit le bataillon : nous voulons que les mômes soient sauvés, ou être tous tués. C'est notre droit, ventraboumine! oui, tous tués. Et maintenant, salut et respect.

Gauvain tendit la main à Radoub, et dit :

— Vous êtes des braves. Vous serez de la colonne d'attaque. Je vous partage en deux. Je mets six de vous à l'avant-garde, afin qu'on avance, et j'en mets six à l'arrière-garde, afin qu'on ne recule pas.

— Est-ce toujours moi qui commande les douze?

— Certes.

— Alors, mon commandant, merci. Car je suis de l'avant-garde.

Radoub refit le salut militaire et regagna le rang.

Gauvain tira sa montre, dit quelques mots à l'oreille de Guéchamp, et la colonne d'attaque commença à se former.

# VIII

### LE VERBE ET LE RUGISSEMENT

Cependant Cimourdain, qui n'avait pas encore gagné son poste du plateau, et qui était à côté de Gauvain, s'approcha d'un clairon.

— Sonne à la trompe, lui dit-il.

Le clairon sonna, la trompe répondit.

Un son de clairon et un son de trompe s'échangèrent encore.

— Qu'est-ce que c'est? demanda Gauvain à Guéchamp. Que veut Cimourdain?

Cimourdain s'était avancé vers la tour, un mouchoir blanc à la main.

Il éleva la voix.

— Hommes qui êtes dans la tour, me connaissez-
vous?

Une voix, la voix de l'Imânus, répliqua du haut de
la tour :

— Oui.

Les deux voix alors se parlèrent et se répondirent,
et l'on entendit ceci :

— Je suis l'envoyé de la République.

— Tu es l'ancien curé de Parigné.

— Je suis le délégué du Comité de salut public.

— Tu es un prêtre.

— Je suis le représentant de la loi.

— Tu es un renégat.

— Je suis le commissaire de la Révolution.

— Tu es un apostat.

— Je suis Cimourdain.

— Tu es le démon.

— Vous me connaissez?

— Nous t'exécrons.

— Seriez-vous contents de me tenir en votre
pouvoir?

— Nous sommes ici dix-huit qui donnerions nos
têtes pour avoir la tienne.

— Eh bien, je viens me livrer à vous.

On entendit au haut de la tour un éclat de rire sauvage et ce cri :

— Viens!

Il y avait dans le camp un profond silence d'attente.

Cimourdain reprit :

— A une condition.

— Laquelle?

— Écoutez.

— Parle.

— Vous me haïssez?

— Oui.

— Moi, je vous aime. Je suis votre frère.

La voix du haut de la tour répondit :

— Oui, Caïn.

Cimourdain repartit avec une inflexion singulière, qui était à la fois haute et douce :

— Insultez, mais écoutez. Je viens ici en parlementaire. Oui, vous êtes mes frères. Vous êtes de pauvres hommes égarés. Je suis votre ami. Je suis la lumière et je parle à l'ignorance. La lumière contient toujours de la fraternité. D'ailleurs, est-ce que nous n'avons pas tous la même mère, la patrie? Eh bien, écoutez-moi. Vous saurez plus tard, ou vos enfants sauront, ou les enfants de vos enfants sauront que tout ce qui se fait en ce moment se fait par l'accomplissement des lois d'en haut, et que ce qu'il y a dans la Révolution, c'est Dieu. En attendant le moment où toutes les consciences, même les vôtres, comprendront, et où tous les fanatismes, même les nôtres, s'évanouiront, en attendant que cette grande clarté soit faite, personne n'aura-t-il pitié de vos ténèbres? Je viens à vous, je vous offre ma tête ; je fais plus, je vous tends la main. Je vous demande la grâce de me perdre pour vous sauver. J'ai pleins pouvoirs, et ce que je dis, je le puis. C'est un instant suprême ; je fais un dernier effort. Oui, celui qui vous parle est un citoyen, et dans ce citoyen, oui, il y a un prêtre. Le citoyen vous combat, mais le prêtre vous supplie. Écoutez-moi. Beaucoup d'entre vous ont des femmes et des enfants. Je prends la défense de vos enfants et de vos femmes. Je prends leur défense contre vous. O mes frères...

— Va, prêche! ricana l'Imânus.

Cimourdain continua :

— Mes frères, ne laissez pas sonner l'heure exécrable. On va ici s'entr'égorger. Beaucoup d'entre

nous qui sommes ici devant vous ne verront pas le
soleil de demain ; oui, beaucoup d'entre nous périront,
et vous, vous tous, vous allez mourir. Faites-vous
grâce à vous-mêmes. Pourquoi verser tout ce sang
quand c'est inutile? Pourquoi tuer tant d'hommes
quand deux suffisent?

— Deux? dit l'Imânus.

— Oui. Deux.

— Qui?

— Lantenac et moi.

Et Cimourdain éleva la voix :

— Deux hommes sont de trop, Lantenac pour nous,
moi pour vous. Voici ce que je vous offre, et vous
aurez tous la vie sauve : donnez-nous Lantenac, et
prenez-moi. Lantenac sera guillotiné, et vous ferez
de moi ce que vous voudrez.

— Prêtre, hurla l'Imânus, si nous t'avions, nous
te brûlerions à petit feu.

— J'y consens, dit Cimourdain.

Et il reprit :

— Vous, les condamnés qui êtes dans cette tour,
vous pouvez tous dans une heure être vivants et
libres. Je vous apporte le salut. Acceptez-vous?

L'Imânus éclata.

— Tu n'es pas seulement scélérat, tu es fou. Ah çà,
pourquoi viens-tu nous déranger? Qui est-ce qui te
prie de venir nous parler? Nous, livrer monseigneur!
Qu'est-ce que tu veux?

— Sa tête. Et je vous offre...

— Ta peau. Car nous t'écorcherions comme un
chien, curé Cimourdain. Eh bien, non, ta peau ne vaut
pas sa tête. Va-t'en.

— Cela va être horrible. Une dernière fois, réfléchissez.

La nuit venait pendant ces paroles sombres qu'on

entendait au dedans de la tour comme au dehors. Le marquis de Lantenac se taisait et laissait faire. Les chefs ont de ces sinistres égoïsmes. C'est un des droits de la responsabilité.

L'Imânus jeta sa voix par-dessus Cimourdain, et cria :

— Hommes qui nous attaquez, nous vous avons dit nos propositions, elles sont faites, et nous n'avons rien à y changer. Acceptez-les, sinon, malheur ! Consentez-vous ? Nous vous rendrons les trois enfants qui sont là, et vous nous donnerez la sortie libre et la vie sauve, à tous.

— A tous, oui, répondit Cimourdain, excepté un.

— Lequel ?

— Lantenac.

— Monseigneur ! livrer monseigneur ! Jamais.

— Il nous faut Lantenac.

— Jamais.

— Nous ne pouvons traiter qu'à cette condition.

— Alors commencez.

Le silence se fit.

L'Imânus, après avoir sonné avec sa trompe le coup de signal, redescendit ; le marquis mit l'épée à la main ; les dix-neuf assiégés se groupèrent en silence dans la salle basse, en arrière de la retirade, et se mirent à genoux ; ils entendaient le pas mesuré de la colonne d'attaque qui avançait vers la tour dans l'obscurité ; ce bruit se rapprochait ; tout à coup ils le sentirent tout près d'eux, à la bouche même de la brèche. Alors tous, agenouillés, épaulèrent à travers les fentes de la retirade leurs fusils et leurs espingoles, et l'un d'eux, Grand-Francœur, qui était le prêtre Turmeau, se leva, et, un sabre nu dans la main droite, un crucifix dans la main gauche, dit d'une voix grave :

— Au nom du Père, du Fils et du Saint-Esprit !

Tous firent feu à la fois, et la lutte s'engagea.

# IX

## TITANS CONTRE GÉANTS

Cela fut en effet épouvantable.

Ce corps à corps dépassa tout ce qu'on avait pu rêver.

Pour trouver quelque chose de pareil, il faudrait remonter aux grands duels d'Eschyle ou aux antiques tueries féodales ; à ces « *attaques à armes courtes* » qui ont duré jusqu'au dix-septième siècle, quand on pénétrait dans les places fortes par les fausses brayes, assauts tragiques, où, dit le vieux sergent de la province d'Alentejo [1], « les fourneaux ayant fait leur effet, les assiégeants s'avanceront portant des planches couvertes de lames de fer-blanc, armés de rondaches et de mantelets, et fournis de quantité de grenades, faisant abandonner les retranchements ou retirades à ceux de la place, et s'en rendront maîtres, poussant vigoureusement les assiégés ».

Le lieu d'attaque était horrible ; c'était une de ces brèches qu'on appelle en langue du métier *brèches sous voûte*, c'est-à-dire, on se le rappelle, une crevasse traversant le mur de part en part et non une fracture évasée à ciel ouvert. La poudre avait agi comme une vrille. L'effet de la mine avait été si violent que la tour avait été fendue par l'explosion à plus de quarante pieds au-dessus du fourneau, mais ce n'était qu'une

---

1. Les *fausses brayes* (ou *braies*) étaient une sorte de rempart construit en avant de la fortification pour briser les premières attaques. — *Alentejo*, province du Portugal entre Tage et Guadiana, un des théâtres, au douzième siècle, de la lutte contre les Maures.

lézarde, et la déchirure praticable qui servait de brèche
et donnait entrée dans la salle basse ressemblait plutôt au coup de lance qui perce qu'au coup de hache
qui entaille.

C'était une ponction au flanc de la tour, une longue
fracture pénétrante, quelque chose comme un puits
couché à terre, un couloir serpentant et montant comme
un intestin à travers une muraille de quinze pieds
d'épaisseur, on ne sait quel informe cylindre encombré
d'obstacles, de pièges, d'explosions, où l'on se heur-
tait le front aux granits, les pieds aux gravats, les yeux
aux ténèbres.

Les assaillants avaient devant eux ce porche noir,
bouche de gouffre ayant pour mâchoires, en bas et
en haut, toutes les pierres de la muraille déchiquetée ;
une gueule de requin n'a pas plus de dents que cet
arrachement effroyable. Il fallait entrer dans ce trou
et en sortir.

Dedans éclatait la mitraille, dehors se dressait la
retirade. Dehors, c'est-à-dire dans la salle basse du
rez-de-chaussée.

Les rencontres de sapeurs dans les galeries couvertes
quand la contre-mine vient couper la mine, les boucheries à la hache sous les entreponts des vaisseaux qui
s'abordent dans les batailles navales, ont seules cette
férocité. Se battre au fond d'une fosse, c'est le dernier
degré de l'horreur. Il est affreux de s'entretuer avec
un plafond sur la tête. Au moment où le premier
flot des assiégeants entra, toute la retirade se couvrit
d'éclairs, et ce fut quelque chose comme la foudre
éclatant sous terre. Le tonnerre assaillant répliqua au
tonnerre embusqué. Les détonations se ripostèrent ;
le cri de Gauvain s'éleva : Fonçons ! Puis le cri de
Lantenac : Faites ferme contre l'ennemi ! Puis le cri
de l'Imânus : A moi les Mainiaux ! Puis des cliquetis,

sabres contre sabres, et, coup sur coup, d'effroyables
décharges tuant tout. La torche accrochée au mur
éclairait vaguement toute cette épouvante. Impossible de rien distinguer ; on était dans une noirceur
rougeâtre ; qui entrait là était subitement sourd et
aveugle, sourd du bruit, aveugle de la fumée. Les
hommes mis hors de combat gisaient parmi les dé-
combres. On marchait sur des cadavres, on écrasait
des plaies, on broyait des membres cassés d'où sortaient des hurlements, on avait les pieds mordus par
des mourants ; par instants, il y avait des silences plus
hideux que le bruit. On se colletait, on entendait
l'effrayant souffle des bouches, puis des grincements,
des râles, des imprécations, et le tonnerre recommençait. Un ruisseau de sang sortait de la tour par la brèche,
et se répandait dans l'ombre. Cette flaque sombre
fumait dehors dans l'herbe.

On eût dit que c'était la tour elle-même qui saignait
et que la géante était blessée.

Chose surprenante, cela ne faisait presque pas de
bruit dehors. La nuit était très noire, et dans la plaine
et dans la forêt il y avait autour de la forteresse attaquée une sorte de paix funèbre. Dedans c'était l'enfer,
dehors c'était le sépulcre. Ce choc d'hommes s'exter-
minant dans les ténèbres, ces mousqueteries, ces clameurs, ces rages, tout ce tumulte expirait sous la masse
des murs et des voûtes, l'air manquait au bruit, et
au carnage s'ajoutait l'étouffement. Hors de la tour,
cela s'entendait à peine. Les petits enfants dormaient
pendant ce temps-là.

L'acharnement augmentait. La retirade tenait bon.
Rien de plus malaisé à forcer que ce genre de barricade en chevron rentrant. Si les assiégés avaient contre
eux le nombre, ils avaient pour eux la position. La
colonne d'attaque perdait beaucoup de monde. Alignée

et allongée dehors au pied de la tour, elle s'enfonçait lentement dans l'ouverture de la brèche, et se
raccourcissait, comme une couleuvre qui entre dans
son trou.

Gauvain, qui avait des imprudences de jeune chef,
était dans la salle basse au plus fort de la mêlée, avec
toute la mitraille autour de lui. Ajoutons qu'il avait
la confiance de l'homme qui n'a jamais été blessé.

Comme il se retournait pour donner un ordre,
une lueur de mousqueterie éclaira un visage tout près
de lui.

— Cimourdain! s'écria-t-il, qu'est-ce que vous venez
faire ici?

C'était Cimourdain en effet. Cimourdain répondit :

— Je viens être près de toi.

— Mais vous allez vous faire tuer!

— Hé bien, toi, qu'est-ce que tu fais donc?

— Mais je suis nécessaire ici. Vous pas.

— Puisque tu y es, il faut que j'y sois.

— Non, mon maître.

— Si, mon enfant!

Et Cimourdain resta près de Gauvain.

Les morts s'entassaient sur les pavés de la salle basse.

Bien que la retirade ne fût pas forcée encore, le
nombre évidemment devait finir par vaincre. Les
assaillants étaient à découvert et les assaillis étaient à
l'abri ; dix assiégeants tombaient contre un assiégé,
mais les assiégeants se renouvelaient. Les assiégeants
croissaient et les assiégés décroissaient.

Les dix-neuf assiégés étaient tous derrière la retirade, l'attaque étant là. Ils avaient des morts et des
blessés. Quinze tout au plus combattaient encore.
Un des plus farouches, Chante-en-hiver, avait été
affreusement mutilé. C'était un Breton trapu et crépu,
de l'espèce petite et vivace. Il avait un œil crevé et la

mâchoire brisée. Il pouvait encore marcher. Il se traîna dans l'escalier en spirale, et monta dans la chambre du premier étage, espérant pouvoir là prier et mourir.

Il s'était adossé au mur près de la meurtrière pour tâcher de respirer un peu.

En bas la boucherie devant la retirade était de plus en plus horrible. Dans une intermittence, entre deux décharges, Cimourdain éleva la voix :

— Assiégés ! cria-t-il. Pourquoi faire couler le sang plus longtemps ? Vous êtes pris. Rendez-vous. Songez que nous sommes quatre mille cinq cents contre dix-neuf, c'est-à-dire plus de deux cents contre un. Rendez-vous.

— Cessons ce marivaudage, répondit le marquis de Lantenac.

Et vingt balles ripostèrent à Cimourdain.

La retirade ne montait pas jusqu'à la voûte ; cela permettait aux assiégés de tirer par-dessus, mais cela permettait aux assiégeants de l'escalader.

— L'assaut à la retirade ! cria Gauvain. Y a-t-il quelqu'un de bonne volonté pour escalader la retirade ?

— Moi, dit le sergent Radoub.

# X

## RADOUB

Ici les assaillants eurent une stupeur. Radoub était entré par le trou de brèche, à la tête de la colonne d'attaque, lui sixième, et sur ces six hommes du bataillon parisien, quatre étaient déjà tombés. Après qu'il eut jeté ce cri : Moi ! on le vit, non avancer, mais reculer, et, baissé, courbé, rampant presque entre les jambes des combattants, regagner l'ouverture de la brèche, et sortir. Était-ce une fuite? Un tel homme fuir? Qu'est-ce que cela voulait dire?

Arrivé hors de la brèche, Radoub, encore aveuglé par la fumée, se frotta les yeux comme pour en ôter l'horreur et la nuit, et, à la lueur des étoiles, regarda la muraille de la tour. Il fit ce signe de tête satisfait qui veut dire : Je ne m'étais pas trompé [1].

Radoub avait remarqué que la lézarde profonde de l'explosion de la mine montait au-dessus de la brèche jusqu'à cette meurtrière du premier étage dont un boulet avait défoncé et disloqué l'armature de fer. Le réseau des barreaux rompus pendait à demi arraché, et un homme pouvait passer.

Un homme pouvait passer, mais un homme pouvait-il monter? Par la lézarde, oui, à la condition d'être un chat.

C'est ce qu'était Radoub. Il était de cette race que Pindare appelle « les athlètes agiles ». On peut être vieux soldat et homme jeune; Radoub, qui avait été garde-française, n'avait pas quarante ans. C'était un Hercule[a] leste.

Radoub posa à terre son mousqueton, ôta sa buffle-terie, quitta son habit et sa veste, et ne garda que ses deux pistolets qu'il mit dans la ceinture de son pantalon et son sabre nu qu'il prit entre ses dents. La crosse des deux pistolets passait au-dessus de sa ceinture.

Ainsi allégé de l'inutile, et suivi des yeux dans l'obscurité par tous ceux de la colonne d'attaque qui n'étaient pas encore entrés dans la brèche, il se mit à gravir les pierres de la lézarde du mur comme les marches d'un escalier. N'avoir pas de souliers lui fut utile ; rien ne

---

1. Balzac avait déjà campé dans *les Chouans* des types pittoresques de soldats républicains : *La Clef des cœurs* et *Beau-Pied*.

grimpe comme un pied nu ; il crispait ses orteils dans les trous des pierres. Il se hissait avec ses poings et s'affermissait avec ses genoux. La montée était rude. C'était quelque chose comme une ascension le long des dents d'une scie. — Heureusement, pensait-il, qu'il n'y a personne dans la chambre du premier étage, car on ne me laisserait pas escalader ainsi.

Il n'avait pas moins de quarante pieds à gravir de cette façon. A mesure qu'il montait, un peu gêné par les pommeaux saillants de ses pistolets, la lézarde allait se rétrécissant, et l'ascension devenait de plus en plus difficile. Le risque de la chute augmentait en même temps que la profondeur du précipice.

Enfin il parvint au rebord de la meurtrière ; il écarta le grillage tordu et descellé, il avait largement de quoi passer, il se souleva d'un effort puissant, appuya son genou sur la corniche du rebord, saisit d'une main un tronçon de barreau à droite, de l'autre main un tronçon à gauche, et se dressa jusqu'à mi-corps devant l'embrasure de la meurtrière, le sabre aux dents, suspendu par ses deux poings sur l'abîme.

Il n'avait plus qu'une enjambée à faire pour sauter dans la salle du premier étage.

Mais une face apparut dans la meurtrière.

Radoub vit brusquement devant lui dans l'ombre quelque chose d'effroyable ; un œil crevé, une mâchoire fracassée, un masque sanglant.

Ce masque, qui n'avait plus qu'une prunelle, le regardait.

Ce masque avait deux mains ; ces deux mains sortirent de l'ombre et s'avancèrent vers Radoub ; l'une, d'une seule poignée, lui prit ses deux pistolets dans sa ceinture, l'autre lui ôta son sabre des dents.

Radoub était désarmé. Son genou glissait sur le plan incliné de la corniche, ses deux poings crispés aux tronçons du grillage suffisaient à peine à le soutenir, et il avait derrière lui quarante pieds de précipice.

Ce masque et ces mains, c'était Chante-en-hiver.

Chante-en-hiver, suffoqué par la fumée qui montait d'en bas, avait réussi à entrer dans l'embrasure de la meurtrière, là l'air extérieur l'avait ranimé, la fraîcheur de la nuit avait figé son sang, et il avait repris un peu de force ; tout à coup il avait vu surgir au dehors devant l'ouverture le torse de Radoub ; alors, Radoub ayant les mains cramponnées aux barreaux et n'ayant que le choix de se laisser tomber ou de se laisser désarmer, Chante-en-hiver, épouvantable et tranquille, lui avait cueilli ses pistolets à sa ceinture et son sabre entre les dents.

Un duel inouï commença. Le duel du désarmé et du blessé [1].

Évidemment, le vainqueur c'était le mourant. Une balle suffisait pour jeter Radoub dans le gouffre béant sous ses pieds.

Par bonheur pour Radoub, Chante-en-hiver, ayant les deux pistolets dans une seule main, ne put en tirer un et fut forcé de se servir du sabre. Il porta un coup de pointe à l'épaule de Radoub. Ce coup de sabre blessa Radoub et le sauva.

Radoub, sans armes, mais ayant toute sa force, dédaigna sa blessure qui d'ailleurs n'avait pas entamé l'os, fit un soubresaut en avant, lâcha les barreaux et bondit dans l'embrasure.

Là il se trouva face à face avec Chante-en-hiver, qui avait jeté le sabre derrière lui et qui tenait les deux pistolets dans ses deux poings.

Chante-en-hiver, dressé sur ses genoux, ajusta

---

1. Ces récits de combats chez Hugo sont souvent aussi précis que ceux de Mérimée. Mais il en dégage à tous moments la signification symbolique.

Radoub presque à bout portant, mais son bras affaibli
tremblait, et il ne tira pas tout de suite.

Radoub profita de ce répit pour éclater de rire.

— Dis donc, cria-t-il, Vilain-à-voir! est-ce que tu
crois me faire peur avec ta gueule en bœuf à la mode?
Sapristi, comme on t'a délabré le minois!

Chante-en-hiver le visait.

Radoub continua :

— Ce n'est pas pour dire, mais tu as eu la gargoine
joliment chiffonnée par la mitraille. Mon pauvre
garçon, Bellone t'a fracassé la physionomie. Allons,
allons, crache ton petit coup de pistolet, mon bonhomme.

Le coup partit et passa si près de la tête qu'il arracha
à Radoub la moitié de l'oreille. Chante-en-hiver éleva
l'autre bras armé du second pistolet, mais Radoub
ne lui laissa pas le temps de viser.

— J'ai assez d'une oreille de moins, cria-t-il. Tu
m'as blessé deux fois. A moi la belle!

Et il se rua sur Chante-en-hiver, lui rejeta le bras en
l'air, fit partir le coup qui alla n'importe où, et lui
saisit et lui mania sa mâchoire disloquée.

Chante-en-hiver poussa un rugissement et s'éva-
nouit.

Radoub l'enjamba et le laissa dans l'embrasure.

— Maintenant que je t'ai fait savoir mon ultimatum,
dit-il, ne bouge plus. Reste là, méchant traîne-à-terre.
Tu penses bien que je ne vais pas à présent m'amuser
à te massacrer. Rampe à ton aise sur le sol, conci-
toyen de mes savates. Meurs, c'est toujours ça de fait.
C'est tout à l'heure que tu vas savoir que ton curé
ne te disait que des bêtises. Va-t'en dans le grand
mystère, paysan.

Et il sauta dans la salle du premier étage.

— On n'y voit goutte, grommela-t-il.

Chante-en-hiver s'agitait convulsivement et hurlait à travers l'agonie. Radoub se retourna.

— Silence! fais-moi le plaisir de te taire, citoyen sans le savoir. Je ne me mêle plus de ton affaire. Je méprise de t'achever. Fiche-moi la paix.

Et, inquiet, il fourra son poing dans ses cheveux, tout en considérant Chante-en-hiver.

— Ah çà, qu'est-ce que je vais faire? C'est bon tout ça, mais me voilà désarmé. J'avais deux coups à tirer. Tu me les as gaspillés, animal! Et avec ça une fumée qui vous fait aux yeux un mal de chien!

Et rencontrant son oreille déchirée :

— Aïe! dit-il.

Et il reprit :

— Te voilà bien avancé de m'avoir confisqué une oreille! Au fait, j'aime mieux avoir ça de moins qu'autre chose, ça n'est guère qu'un ornement. Tu m'as aussi égratigné à l'épaule, mais ce n'est rien. Expire, villageois, je te pardonne.

Il écouta. Le bruit dans la salle basse était effrayant. Le combat était plus forcené que jamais.

— Ça va bien en bas. C'est égal, ils gueulent vive le roi. Ils crèvent noblement.

Ses pieds cognèrent son sabre à terre. Il le ramassa, et il dit à Chante-en-hiver qui ne bougeait plus et qui était peut-être mort :

— Vois-tu, homme des bois, pour ce que je voulais faire, mon sabre ou zut, c'est la même chose. Je le reprends par amitié. Mais il me fallait mes pistolets. Que le diable t'emporte, sauvage! Ah çà, qu'est-ce que je vais faire? Je ne suis bon à rien ici.

Il avança dans la salle tâchant de voir et de s'orienter. Tout à coup dans la pénombre, derrière le pilier du milieu, il aperçut une longue table, et sur cette table quelque chose qui brillait vaguement. Il tâta.

C'étaient des tromblons, des pistolets, des carabines, une rangée d'armes à feu disposées en ordre et semblant n'attendre que des mains pour les saisir ; c'était la réserve de combat préparée par les assiégés pour la deuxième phase de l'assaut ; tout un arsenal.

— Un buffet ! s'écria Radoub.

Et il se jeta dessus, ébloui.

Alors il devint formidable.

La porte de l'escalier communiquant aux étages d'en haut et d'en bas était visible, toute grande ouverte, à côté de la table chargée d'armes. Radoub laissa tomber son sabre, prit dans ses deux mains deux pistolets à deux coups et les déchargea à la fois au hasard sous la porte dans la spirale de l'escalier, puis il saisit une espingole et la déchargea, puis il empoigna un tromblon gorgé de chevrotines et le déchargea. Le tromblon, vomissant quinze balles, sembla un coup de mitraille. Alors Radoub, reprenant haleine, cria d'une voix tonnante dans l'escalier : Vive Paris !

Et s'emparant d'un deuxième tromblon plus gros que le premier, il le braqua sous la voûte tortueuse de la vis de Saint-Gilles, et attendit.

Le désarroi dans la salle basse fut indescriptible. Ces étonnements imprévus désagrègent la résistance.

Deux des balles de la triple décharge de Radoub avaient porté ; l'une avait tué l'aîné des frères Pique-en-bois, l'autre avait tué Houzard, qui était M. de Quélen.

— Ils sont en haut ! cria le marquis.

Ce cri détermina l'abandon de la retirade, une volée d'oiseaux n'est pas plus vite en déroute, et ce fut à qui se précipiterait dans l'escalier. Le marquis encourageait cette fuite.

— Faites vite, disait-il. Le courage est d'échapper. Montons tous au deuxième étage ! Là nous recommencerons.

Il quitta la retirade le dernier.

Cette bravoure le sauva.

Radoub, embusqué au haut du premier étage de l'escalier, le doigt sur la détente du tromblon, guettait la déroute. Les premiers qui apparurent au tournant de la spirale reçurent la décharge en pleine face, et tombèrent foudroyés. Si le marquis en eût été, il était mort. Avant que Radoub eût eu le temps de saisir une nouvelle arme, les autres passèrent, le marquis après tous, et plus lent que les autres. Ils croyaient la chambre du premier pleine d'assiégeants, ils ne s'y arrêtèrent pas, et gagnèrent la salle du second étage, la chambre des miroirs. C'est là qu'était la porte de fer, c'est là qu'était la mèche soufrée, c'est là qu'il fallait capituler ou mourir.

Gauvain, aussi surpris qu'eux-mêmes des détonations de l'escalier et ne s'expliquant pas le secours qui lui arrivait, en avait profité sans chercher à comprendre, avait sauté, lui et les siens, par-dessus la retirade, et avait poussé les assiégés l'épée aux reins jusqu'au premier étage.

Là il trouva Radoub.

Radoub commença par le salut militaire et dit :

— Une minute, mon commandant. C'est moi qui ai fait ça. Je me suis souvenu de Dol. J'ai fait comme vous. J'ai pris l'ennemi entre deux feux.

— Bon élève, dit Gauvain en souriant.

Quand on est un certain temps dans l'obscurité, les yeux finissent par se faire à l'ombre comme ceux des oiseaux de nuit ; Gauvain s'aperçut que Radoub était tout en sang.

— Mais tu es blessé, camarade !

— Ne faites pas attention, mon commandant. Qu'est-ce que c'est que ça, une oreille de plus ou de moins ? J'ai aussi un coup de sabre, je m'en fiche.

Quand on casse un carreau, on s'y coupe toujours un peu. D'ailleurs il n'y a pas que de mon sang.

On fit une sorte de halte dans la salle du premier étage, conquise par Radoub. On apporta une lanterne. Cimourdain rejoignit Gauvain. Ils délibérèrent. Il y avait lieu à réfléchir en effet. Les assiégeants n'étaient pas dans le secret des assiégés ; ils ignoraient leur pénurie de munitions ; ils ne savaient pas que les défenseurs de la place étaient à court de poudre ; le deuxième étage était le dernier poste de résistance ; les assiégeants pouvaient croire l'escalier miné.

Ce qui était certain, c'est que l'ennemi ne pouvait échapper. Ceux qui n'étaient pas morts étaient là comme sous clef. Lantenac était dans la souricière.

Avec cette certitude, on pouvait se donner un peu le temps de chercher le meilleur dénoûment possible. On avait déjà bien des morts. Il fallait tâcher de ne pas perdre trop de monde dans ce dernier assaut.

Le risque de cette suprême attaque serait grand. Il y aurait probablement un rude premier feu à essuyer.

Le combat était interrompu. Les assiégeants, maîtres du rez-de-chaussée et du premier étage, attendaient, pour continuer, le commandement du chef. Gauvain et Cimourdain tenaient conseil. Radoub assistait en silence à leur délibération.

Il hasarda un nouveau salut militaire, timide.

— Mon commandant ?

— Qu'est-ce, Radoub ?

— Ai-je droit à une petite récompense ?

— Certes. Demande ce que tu voudras.

— Je demande à monter le premier.

On ne pouvait le lui refuser. D'ailleurs il l'eût fait sans permission.

## XI

### LES DÉSESPÉRÉS

Pendant qu'on délibérait au premier étage, on se barricadait au second. Le succès est une fureur, la défaite est une rage. Les deux étages allaient se heurter éperdument. Toucher à la victoire, c'est une ivresse. En bas il y avait l'espérance, qui serait la plus grande des forces humaines si le désespoir n'existait pas. Le désespoir était en haut.

Un désespoir calme, froid, sinistre.

En arrivant à cette salle de refuge, au delà de laquelle il n'y avait rien pour eux, le premier soin des assiégés fut de barrer l'entrée. Fermer la porte était inutile, encombrer l'escalier valait mieux. En pareil cas, un obstacle à travers lequel on peut voir et combattre vaut mieux qu'une porte fermée.

La torche plantée dans la torchère du mur par l'Imânus près de la mèche soufrée les éclairait.

Il y avait dans cette salle du second un de ces gros et lourds coffres de chêne où l'on serrait les vêtements et le linge avant l'invention des meubles à tiroirs.

Ils traînèrent ce coffre et le dressèrent debout sous la porte de l'escalier. Il s'y emboîtait solidement et bouchait l'entrée. Il ne laissait d'ouvert, près de la voûte, qu'un espace étroit, pouvant laisser passer un homme, excellent pour tuer les assaillants un à un. Il était douteux qu'on s'y risquât.

L'entrée obstruée leur donnait un répit.

Ils se comptèrent.

Les dix-neuf n'étaient plus que sept, dont l'Imânus. Excepté l'Imânus et le marquis, tous étaient blessés.

Les cinq qui étaient blessés, mais très vivants, car, dans la chaleur du combat, toute blessure qui n'est pas mortelle vous laisse aller et venir, étaient Chatenay, dit Robi, Guinoiseau, Hoisnard Branche-d'Or, Brind'Amour et Grand-Francœur. Tout le reste était mort.

Ils n'avaient plus de munitions. Les gibernes étaient épuisées. Ils comptèrent les cartouches. Combien, à eux sept, avaient-ils de coups à tirer? Quatre.

On était arrivé à ce moment où il n'y a plus qu'à tomber. On était acculé à l'escarpement, béant et terrible. Il était difficile d'être plus près du bord.

Cependant l'attaque venait de recommencer; mais lente et d'autant plus sûre. On entendait les coups de crosse des assiégeants sondant l'escalier marche à marche.

Nul moyen de fuir. Par la bibliothèque? Il y avait là sur le plateau six canons braqués, mèche allumée. Par les chambres d'en haut? A quoi bon? elles aboutissaient à la plate-forme. Là on trouvait la ressource de se jeter du haut en bas de la tour.

Les sept survivants de cette bande épique se voyaient inexorablement enfermés et saisis par cette épaisse muraille qui les protégeait et qui les livrait. Ils n'étaient pas encore pris; mais ils étaient déjà prisonniers.

Le marquis éleva la voix :

— Mes amis, tout est fini.

Et après un silence, il ajouta :

— Grand-Francœur redevient l'abbé Turmeau.

Tous s'agenouillèrent, le rosaire à la main. Les coups de crosse des assaillants se rapprochaient.

Grand-Francœur, tout sanglant d'une balle qui lui avait effleuré le crâne et arraché le cuir chevelu, dressa de la main droite son crucifix. Le marquis, sceptique au fond [1], mit un genou en terre.

— Que chacun, dit Grand-Francœur, confesse ses fautes à haute voix. Monseigneur, parlez [2].

Le marquis répondit :

— J'ai tué.

— J'ai tué, dit Hoisnard.

— J'ai tué, dit Guinoiseau.

— J'ai tué, dit Brin-d'Amour.

— J'ai tué, dit Chatenay.

— J'ai tué, dit l'Imânus.

Et Grand-Francœur reprit :

— Au nom de la très sainte Trinité, je vous absous. Que vos âmes aillent en paix.

— Ainsi soit-il, répondirent toutes les voix.

Le marquis se releva.

— Maintenant, dit-il, mourons.

— Et tuons, dit l'Imânus.

Les coups de crosse commençaient à ébranler le coffre qui barrait la porte.

— Pensez à Dieu, dit le prêtre. La terre n'existe plus pour vous.

— Oui, reprit le marquis, nous sommes dans la tombe.

Tous courbèrent le front et se frappèrent la poitrine. Le marquis seul et le prêtre étaient debout. Les yeux étaient fixés à terre, le prêtre priait, les paysans priaient, le marquis songeait. Le coffre, battu comme par des marteaux, sonnait lugubrement.

----

1. Hugo avait son idée sur ce point, ainsi que l'atteste une note du *Reliquat*. « La plupart des nobles bretons étaient voltairiens. Beaucoup avaient du sang huguenot dans les veines. »

2. La prière des Chouans, la bénédiction des fusils par l'abbé Gadin forment une des belles scènes du roman de Balzac.

En ce moment une voix vive et forte, éclatant brusquement derrière eux, cria :

— Je vous l'avais bien dit, monseigneur !

Toutes les têtes se retournèrent, stupéfaites.

Un trou venait de s'ouvrir dans le mur.

Une pierre, parfaitement rejointoyée avec les autres, mais non cimentée, et ayant un piton en haut et un piton en bas, venait de pivoter sur elle-même à la façon des tourniquets, et en tournant avait ouvert la muraille. La pierre ayant évolué sur son axe, l'ouverture était double et offrait deux passages, l'un à droite, l'autre à gauche, étroits, mais suffisants pour laisser passer un homme. Au delà de cette porte inattendue on apercevait les premières marches d'un escalier en spirale. Une face d'homme apparaissait à l'ouverture.

Le marquis reconnut Halmalo.

# XII

## SAUVEUR[a]

— C'est toi, Halmalo ?

— Moi, monseigneur. Vous voyez bien que les pierres qui tournent, cela existe, et qu'on peut sortir d'ici. J'arrive à temps, mais faites vite. Dans dix minutes, vous serez en pleine forêt.

— Dieu est grand, dit le prêtre.

— Sauvez-vous, monseigneur, crièrent toutes les voix.

— Vous tous d'abord, dit le marquis.

— Vous le premier, monseigneur, dit l'abbé Turmeau.

— Moi le dernier.

Et le marquis reprit d'une voix sévère :

— Pas de combat de générosité. Nous n'avons pas le temps d'être magnanimes. Vous êtes blessés. Je vous ordonne de vivre et de fuir. Vite! et profitez de cette issue. Merci, Halmalo.

— Monsieur le marquis, dit l'abbé Turmeau, nous allons nous séparer?

— En bas, sans doute. On ne s'échappe jamais qu'un à un.

— Monseigneur nous assigne-t-il un rendez-vous?

— Oui. Une clairière dans la forêt. La Pierre-Gauvaine. Connaissez-vous l'endroit?

— Nous le connaissons tous.

— J'y serai demain, à midi. Que tous ceux qui pourront marcher s'y trouvent.

— On y sera.

— Et nous recommencerons la guerre, dit le marquis.

Cependant Halmalo, en pesant sur la pierre tournante, venait de s'apercevoir qu'elle ne bougeait plus. L'ouverture ne pouvait plus se clore.

— Monseigneur, dit-il, dépêchons-nous, la pierre résiste à présent. J'ai pu ouvrir le passage, mais je ne pourrai le fermer.

La pierre, en effet, après une longue désuétude, était comme ankylosée dans sa charnière. Impossible désormais de lui imprimer un mouvement.

— Monseigneur, reprit Halmalo, j'espérais refermer le passage, et que les bleus, quand ils entreraient, ne trouveraient plus personne, et n'y comprendraient rien, et vous croiraient en allés en fumée. Mais voilà la pierre qui ne veut pas. L'ennemi verra la sortie ouverte et pourra poursuivre. Au moins ne perdons pas une minute. Vite, tous dans l'escalier.

L'Imânus posa la main sur l'épaule de Halmalo :

— Camarade, combien de temps faut-il pour qu'on
sorte par cette passe et qu'on soit en sûreté dans
la forêt?

— Personne n'est blessé grièvement? demanda
Halmalo.

Ils répondirent :

— Personne.

— En ce cas, un quart d'heure suffit.

— Ainsi, repartit l'Imânus, si l'ennemi n'entrait
ici que dans un quart d'heure...

— Il pourrait nous poursuivre, il ne nous atteindrait
pas.

— Mais, dit le marquis, ils seront ici dans cinq
minutes, ce vieux coffre n'est pas pour les gêner
longtemps. Quelques coups de crosse en viendront
à bout. Un quart d'heure! qui est-ce qui les arrêtera
un quart d'heure?

— Moi, dit l'Imânus.

— Toi, Gouge-le-Bruant?

— Moi, monseigneur[a]. Écoutez. Sur six, vous êtes
cinq blessés. Moi je n'ai pas une égratignure.

— Ni moi, dit le marquis.

— Vous êtes le chef, monseigneur. Je suis le soldat.
Le chef et le soldat, c'est deux.

— Je le sais, nous avons chacun un devoir différent.

— Non, monseigneur, nous avons, vous et moi,
le même devoir, qui est de vous sauver.

L'Imânus se tourna vers ses camarades.

— Camarades, il s'agit de tenir en échec l'ennemi
et de retarder la poursuite le plus possible. Écoutez.
J'ai toute ma force, je n'ai pas perdu une goutte de
sang; n'étant pas blessé, je durerai plus longtemps
qu'un autre. Partez tous. Laissez-moi vos armes. J'en
ferai bon usage. Je me charge d'arrêter l'ennemi une

bonne demi-heure. Combien y a-t-il de pistolets
chargés ?

— Quatre.

— Mettez-les à terre.

On fit ce qu'il voulait.

— C'est bien. Je reste. Ils trouveront à qui parler.
Maintenant, vite, allez-vous-en.

Les situations à pic suppriment les remercîments[a].
A peine prit-on le temps de lui serrer la main.

— A bientôt, lui dit le marquis.

— Non, monseigneur. J'espère que non. Pas à
bientôt ; car je vais mourir.

Tous s'engagèrent l'un après l'autre dans l'étroit
escalier, les blessés d'abord. Pendant qu'ils descen-
daient, le marquis prit le crayon de son carnet de
poche, et écrivit quelques mots sur la pierre qui ne
pouvait plus tourner et qui laissait le passage béant.

— Venez, monseigneur, il n'y a plus que vous,
dit Halmalo.

Et Halmalo commença à descendre.

Le marquis le suivit.

L'Imânus resta seul.

# XIII

## BOURREAU

Les quatre pistolets avaient été posés sur les dalles,
car cette salle n'avait pas de plancher. L'Imânus en
prit deux, un dans chaque main.

Il s'avança obliquement vers l'entrée de l'escalier
que le coffre obstruait et masquait.

Les assaillants craignaient évidemment quelque

surprise, une de ces explosions finales qui sont la catastrophe du vainqueur en même temps que celle du
vaincu. Autant la première attaque avait été impétueuse,
autant la dernière était lente et prudente. Ils n'avaient
pas pu, ils n'avaient pas voulu peut-être, enfoncer
violemment le coffre ; ils en avaient démoli le fond
à coups de crosse, et troué le couvercle à coups de
bayonnette, et par ces trous ils tâchaient de voir dans
la salle avant de se risquer à y pénétrer.

La lueur des lanternes dont ils éclairaient l'escalier
passait à travers ces trous.

L'Imânus aperçut à un de ces trous une de ces prunelles qui regardaient. Il ajusta brusquement à ce trou
le canon d'un de ses pistolets et pressa la détente. Le
coup partit, et l'Imânus, joyeux, entendit un cri horrible. La balle avait crevé l'œil et traversé la tête, et
le soldat qui regardait venait de tomber dans l'escalier
à la renverse.

Les assaillants avaient entamé assez largement le
bas du couvercle en deux endroits, et y avaient pratiqué
deux espèces de meurtrières, l'Imânus profita de l'une
de ces entailles, y passa le bras, et lâcha au hasard
dans le tas des assiégeants son deuxième coup de pistolet. La balle ricocha probablement, car on entendit
plusieurs cris, comme si trois ou quatre étaient tués
ou blessés, et il se fit dans l'escalier un grand tumulte
d'hommes qui lâchent pied et qui reculent.

L'Imânus jeta les deux pistolets qu'il venait de décharger, et prit les deux qui restaient, puis, les deux
pistolets à ses deux poings, il regarda par les trous
du coffre.

Il constata le premier effet produit.

Les assaillants avaient redescendu l'escalier. Des
mourants se tordaient sur les marches ; le tournant de
la spirale ne laissait voir que trois ou quatre degrés.

L'Imânus attendit.

— C'est du temps de gagné, pensait-il.

Cependant il vit un homme, à plat ventre, monter en rampant les marches de l'escalier, et en même temps, plus bas, une tête de soldat apparut derrière le pilier central de la spirale. L'Imânus visa cette tête et tira. Il y eut un cri, le soldat tomba, et l'Imânus fit passer de sa main gauche dans sa main droite le dernier pistolet chargé qui lui restait.

En ce moment-là il sentit une affreuse douleur, et ce fut lui qui, à son tour, jeta un hurlement. Un sabre lui fouillait les entrailles. Un poing, le poing de l'homme qui rampait, venait de passer à travers la deuxième meurtrière du bas du coffre, et ce poing avait plongé un sabre dans le ventre de l'Imânus.

La blessure était effroyable. Le ventre était fendu de part en part.

L'Imânus ne tomba pas. Il grinça des dents, et dit :

— C'est bon !

Puis chancelant et se traînant, il recula jusqu'à la torche qui brûlait à côté de la porte de fer, il posa son pistolet à terre et empoigna la torche, et, soutenant de la main gauche ses intestins qui sortaient, de la main droite il abaissa la torche et mit le feu à la mèche soufrée.

Le feu prit, la mèche flamba. L'Imânus lâcha la torche, qui continua de brûler à terre, ressaisit son pistolet, et, tombé sur la dalle, mais se soulevant encore, attisa la mèche du peu de souffle qui lui restait.

La flamme courut, passa sous la porte de fer et gagna le pont-châtelet.

Alors, voyant cette exécrable réussite, plus satisfait peut-être de son crime que de sa vertu, cet homme qui venait d'être un héros et qui n'était plus qu'un assassin, et qui allait mourir, sourit.

— Ils se souviendront de moi, murmura-t-il. Je venge, sur leurs petits, notre petit à nous, le roi qui est au Temple.

## XIV

### L'IMANUS AUSSI S'ÉVADE

En cet instant-là, un grand bruit se fit, le coffre violemment poussé s'effondra, et livra passage à un homme qui se rua dans la salle, le sabre à la main.

— C'est moi, Radoub ; qui en veut ? Ça m'ennuie d'attendre. Je me risque. C'est égal, je viens toujours d'en éventrer un. Maintenant je vous attaque tous. Qu'on me suive ou qu'on ne me suive pas, me voilà. Combien êtes-vous ?

C'était Radoub, en effet, et il était seul. Après le massacre que l'Imânus venait de faire dans l'escalier, Gauvain, redoutant quelque fougasse masquée, avait fait replier ses hommes et se concertait avec Cimourdain.

Radoub, le sabre à la main sur le seuil, dans cette obscurité où la torche presque éteinte jetait à peine une lueur, répéta sa question :

— Je suis un. Combien êtes-vous ?

N'entendant rien, il avança. Un de ces jets de clarté qu'exhalent par instants les foyers agonisants et qu'on pourrait appeler des sanglots de lumière, jaillit de la torche et illumina toute la salle.

Radoub avisa un des petits miroirs accrochés au mur, s'en approcha, regarda sa face ensanglantée et son oreille pendante, et dit :

— Démantibulage hideux.

Puis il se retourna, stupéfait de voir la salle vide.

— Il n'y a personne! s'écria-t-il. Zéro d'effectif.

Il aperçut la pierre qui avait tourné, l'ouverture et l'escalier.

— Ah! je comprends. Clef des champs. Venez donc tous! camarades, venez! ils s'en sont allés. Ils ont filé, fusé, fouiné, fichu le camp. Cette cruche de vieille tour était fêlée. Voici le trou par où ils ont passé, canailles! Comment veut-on qu'on vienne à bout de Pitt et Cobourg avec des farces comme ça! C'est le bon Dieu du diable qui est venu à leur secours! Il n'y a plus personne!

Un coup de pistolet partit, une balle lui effleura le coude et s'aplatit contre le mur.

— Mais si! il y a quelqu'un. Qui est-ce qui a la bonté de me faire cette politesse?

— Moi, dit une voix.

Radoub avança la tête et distingua dans le clair-obscur quelque chose qui était l'Imânus.

— Ah! cria-t-il. J'en tiens un. Les autres se sont échappés, mais toi, tu n'échapperas pas.

— Crois-tu? répondit l'Imânus.

Radoub fit un pas et s'arrêta.

— Hé, l'homme qui es par terre, qui es-tu?

— Je suis celui qui est par terre et qui se moque de ceux qui sont debout.

— Qu'est-ce que tu as dans ta main droite?

— Un pistolet.

— Et dans ta main gauche?

— Mes boyaux.

— Je te fais prisonnier.

— Je t'en défie.

Et l'Imânus, se penchant sur la mèche en combustion, soufflant son dernier soupir sur l'incendie, expira.

Quelques instants après, Gauvain et Cimourdain, et tous, étaient dans la salle. Tous virent l'ouverture. On fouilla les recoins, on sonda l'escalier ; il aboutissait à une sortie dans le ravin. On constata l'évasion. On secoua l'Imânus, il était mort. Gauvain, une lanterne à la main, examina la pierre qui avait donné issue aux assiégés ; il avait entendu parler de cette pierre tournante, mais lui aussi tenait cette légende pour une fable. Tout en considérant la pierre, il aperçut quelque chose qui était écrit au crayon ; il approcha la lanterne et lut ceci :

— *Au revoir, monsieur le vicomte.* —

LANTENAC.

Guéchamp avait rejoint Gauvain. La poursuite était évidemment inutile, la fuite était consommée et complète, les évadés avaient pour eux tout le pays, le buisson, le ravin, le taillis, l'habitant ; ils étaient sans doute déjà bien loin ; nul moyen de les retrouver ; et la forêt de Fougères tout entière était une immense cachette. Que faire ? Tout était à recommencer. Gauvain et Guéchamp échangeaient leurs désappointements et leurs conjectures.

Cimourdain écoutait, grave, sans dire une parole.

— A propos, Guéchamp, dit Gauvain, et l'échelle ?

— Commandant, elle n'est pas arrivée.

— Mais pourtant nous avons vu venir une voiture escortée par des gendarmes.

Guéchamp répondit :

— Elle n'apportait pas l'échelle.

— Qu'est-ce donc qu'elle apportait ?

— La guillotine, dit Cimourdain.

## XV

### NE PAS METTRE DANS LA MÊME POCHE
### UNE MONTRE ET UNE CLEF

Le marquis de Lantenac n'était pas si loin qu'ils le croyaient.

Il n'en était pas moins entièrement en sûreté et hors de leur atteinte.

Il avait suivi Halmalo.

L'escalier par où Halmalo et lui étaient descendus, à la suite des autres fugitifs, se terminait tout près du ravin et des arches du pont par un étroit couloir voûté. Ce couloir s'ouvrait sur une profonde fissure naturelle du sol qui d'un côté aboutissait au ravin, et de l'autre à la forêt. Cette fissure, absolument dérobée aux regards, serpentait sous des végétations impénétrables. Impossible de reprendre là un homme. Un évadé, une fois parvenu dans cette fissure, n'avait plus qu'à faire une fuite de couleuvre, et était introuvable. L'entrée du couloir secret de l'escalier était tellement obstruée de ronces que les constructeurs du passage souterrain avaient considéré comme inutile de la fermer autrement.

Le marquis n'avait plus maintenant qu'à s'en aller. Il n'avait pas à s'inquiéter d'un déguisement. Depuis son arrivée en Bretagne, il n'avait pas quitté ses habits de paysan, se jugeant plus grand seigneur ainsi.

Il s'était borné à ôter son épée, dont il avait débouclé et jeté le ceinturon.

Quand Halmalo et le marquis débouchèrent du couloir dans la fissure, les cinq autres, Guinoiseau,

Hoisnard Branche-d'Or, Brin-d'Amour, Chatenay et l'abbé Turmeau, n'y étaient déjà plus.

— Ils n'ont pas été longtemps à prendre leur volée, dit Halmalo.

— Fais comme eux, dit le marquis.

— Monseigneur veut que je le quitte?

— Sans doute. Je te l'ai dit déjà. On ne s'évade bien que seul. Où un passe, deux ne passent pas. Ensemble nous appellerions l'attention. Tu me ferais prendre et je te ferais prendre.

— Monseigneur connaît le pays?

— Oui.

— Monseigneur maintient le rendez-vous à la Pierre-Gauvaine?

— Demain. A midi.

— J'y serai. Nous y serons.

Halmalo s'interrompit.

— Ah! monseigneur, quand je pense que nous avons été en pleine mer, que nous étions seuls, que je voulais vous tuer, que vous étiez mon seigneur, que vous pouviez me le dire, et que vous ne me l'avez pas dit! Quel homme vous êtes!

Le marquis reprit :

— L'Angleterre. Il n'y a plus d'autre ressource. Il faut que dans quinze jours les Anglais soient en France.

— J'aurai bien des comptes à rendre à monseigneur. J'ai fait ses commissions.

— Nous parlerons de tout cela demain.

— A demain, monseigneur.

— A propos, as-tu faim?

— Peut-être, monseigneur. J'étais si pressé d'arriver que je ne sais pas si j'ai mangé aujourd'hui.

Le marquis tira de sa poche une tablette de chocolat,

la cassa en deux, en donna une moitié à Halmalo et se mit à manger l'autre.

— Monseigneur, dit Halmalo, à votre droite, c'est le ravin ; à votre gauche, c'est la forêt.

— C'est bien. Laisse-moi. Va de ton côté.

Halmalo obéit. Il s'enfonça dans l'obscurité. On entendit un bruit de broussailles froissées, puis plus rien. Au bout de quelques secondes il eût été impossible de ressaisir sa trace. Cette terre du Bocage, hérissée et inextricable, était l'auxiliaire du fugitif. On ne disparaissait pas, on s'évanouissait. C'est cette facilité des dispersions rapides qui faisait hésiter nos armées devant cette Vendée toujours reculante, et devant ses combattants si formidablement fuyards.

Le marquis demeura immobile. Il était de ces hommes qui s'efforcent de ne rien éprouver ; mais il ne put se soustraire à l'émotion de respirer l'air libre après avoir respiré tant de sang et de carnage. Se sentir complètement sauvé après avoir été complètement perdu ; après la tombe, vue de si près, prendre possession de la pleine sécurité ; sortir de la mort et rentrer dans la vie, c'était là, même pour un homme comme Lantenac, une secousse ; et, bien qu'il en eût déjà traversé de pareilles, il ne put soustraire son âme imperturbable à un ébranlement de quelques instants. Il s'avoua à lui-même qu'il était content. Il dompta vite ce mouvement qui ressemblait presque à de la joie. Il tira sa montre, et la fit sonner. Quelle heure était-il ?

A son grand étonnement, il n'était que dix heures. Quand on vient de subir une de ces péripéties de la vie humaine où tout a été mis en question, on est toujours stupéfait que des minutes si pleines ne soient pas plus longues que les autres. Le coup de canon d'avertissement avait été tiré un peu avant le coucher du soleil, et la Tourgue avait été abordée par la colonne d'attaque une demi-heure après, entre sept et huit heures, à la nuit tombante. Ainsi, ce colossal combat, commencé à huit heures, était fini à dix. Toute cette épopée avait duré cent vingt minutes. Quelquefois une rapidité d'éclair est mêlée aux catastrophes. Les événements ont de ces[a] raccourcis surprenants.

En y réfléchissant, c'est le contraire qui eût pu étonner ; une résistance de deux heures d'un si petit nombre contre un si grand nombre était extraordinaire, et certes elle n'avait pas été courte, ni tout de suite finie, cette bataille de dix-neuf contre quatre mille.

Cependant il était temps de s'en aller, Halmalo devait être loin, et le marquis jugea qu'il n'était pas nécessaire de rester là plus longtemps. Il remit sa montre dans sa veste, non dans la même poche, car il venait de remarquer qu'elle y était en contact avec la clef de la porte de fer que lui avait rapportée l'Imânus, et que le verre de sa montre pouvait se briser contre cette clef ; et il se disposa à gagner à son tour la forêt. Comme il allait prendre à gauche, il lui sembla qu'une sorte de rayon vague pénétrait jusqu'à lui.

Il se retourna, et, à travers les broussailles nettement découpées sur un fond rouge et devenues tout à coup visibles dans leurs moindres détails, il aperçut une grande lueur dans le ravin. Quelques enjambées seulement le séparaient du ravin[b]. Il y marcha, puis se ravisa, trouvant inutile de s'exposer à cette clarté ; quelle qu'elle fût[c], ce n'était pas son affaire après tout ; il reprit la direction que lui avait montrée Halmalo et fit quelques pas vers la forêt.

Tout à coup, profondément enfoui et caché sous les ronces, il entendit sur sa tête un cri terrible ; ce cri semblait partir du rebord même du plateau au-dessus du ravin. Le marquis leva les yeux, et s'arrêta.

# LIVRE CINQUIÈME

# IN DÆMONE DEUS

## I

### TROUVÉS, MAIS PERDUS

Au moment où Michelle Fléchard avait aperçu la tour rougie par le soleil couchant, elle en était à plus d'une lieue. Elle qui pouvait à peine faire un pas, elle n'avait point hésité devant cette lieue à faire. Les femmes sont faibles, mais les mères sont fortes. Elle avait marché.

Le soleil s'était couché ; le crépuscule était venu, puis l'obscurité profonde ; elle avait entendu, marchant toujours, sonner au loin, à un clocher qu'on ne voyait pas, huit heures, puis neuf heures. Ce clocher était probablement celui de Parigné. De temps en temps elle s'arrêtait pour écouter des espèces de coups sourds, qui étaient peut-être un des fracas vagues de la nuit.

Elle avançait droit devant elle, cassant les ajoncs et les landes aiguës sous ses pieds sanglants. Elle était guidée par une faible clarté qui se dégageait du donjon lointain, le faisait saillir, et donnait dans l'ombre à cette tour un rayonnement mystérieux. Cette clarté

devenait plus vive quand les coups devenaient plus
distincts, puis elle s'effaçait.

Le vaste plateau où avançait[a] Michelle Fléchard
n'était qu'herbe et bruyère, sans une maison ni un
arbre ; il s'élevait insensiblement, et, à perte de vue,
appuyait sa longue ligne droite et dure sur le sombre
horizon étoilé. Ce qui la soutint dans cette montée,
c'est qu'elle avait toujours la tour sous les yeux.

Elle la voyait grandir lentement.

Les détonations étouffées et les lueurs pâles qui sortaient de la tour avaient, nous venons de le dire, des
intermittences ; elles s'interrompaient, puis reprenaient,
proposant on ne sait quelle poignante énigme à la
misérable mère en détresse.

Brusquement elles cessèrent ; tout s'éteignit, bruit
et clarté ; il y eut un moment de plein silence, une sorte
de paix lugubre se fit.

C'est en cet instant-là que Michelle Fléchard arriva
au bord du plateau.

Elle aperçut à ses pieds un ravin dont le fond se
perdait dans une blême épaisseur de nuit ; à quelque
distance, sur le haut du plateau, un enchevêtrement de
roues, de talus et d'embrasures qui était une batterie
de canons, et devant elle, confusément éclairé par
les mèches allumées de la batterie, un énorme édifice
qui semblait bâti avec des ténèbres plus noires que
toutes les autres ténèbres qui l'entouraient.

Cet édifice se composait d'un pont dont les arches
plongeaient dans le ravin, et d'une sorte de château
qui s'élevait sur le pont, et le château et le pont s'ap-
puyaient à une haute rondeur obscure, qui était la
tour vers laquelle cette mère avait marché de si
loin.

On voyait des clartés aller et venir aux lucarnes de
la tour, et, à une rumeur qui en sortait, on la devinait

pleine d'une foule d'hommes dont quelques silhouettes débordaient en haut jusque sur la plate-forme.

Il y avait près de la batterie un campement dont Michelle Fléchard distinguait les vedettes, mais, dans l'obscurité et dans les broussailles, elle n'en avait pas été aperçue.

Elle était parvenue au bord du plateau, si près du pont qu'il lui semblait presque qu'elle y pouvait toucher avec la main. La profondeur du ravin l'en séparait. Elle distinguait dans l'ombre les trois étages du château du pont.

Elle resta un temps quelconque, car les mesures du temps s'effaçaient dans son esprit, absorbée et muette devant ce ravin béant et cette bâtisse ténébreuse. Qu'était-ce que cela? Que se passait-il là? Était-ce la Tourgue? Elle avait le vertige d'on ne sait quelle attente qui ressemblait à l'arrivée et au départ. Elle se demandait pourquoi elle était là.

Elle regardait, elle écoutait.

Subitement elle ne vit plus rien.

Un voile de fumée venait de monter entre elle et ce qu'elle regardait. Une âcre cuisson lui fit fermer les yeux. A peine avait-elle clos les paupières qu'elles s'empourprèrent et devinrent lumineuses. Elle les rouvrit.

Ce n'était plus la nuit qu'elle avait devant elle, c'était le jour; mais une espèce de jour funeste, le jour qui sort du feu. Elle avait sous les yeux un commencement d'incendie.

La fumée de noire était devenue écarlate, et une grande flamme était dedans; cette flamme apparaissait, puis disparaissait, avec ces torsions farouches qu'ont les éclairs et les serpents.

Cette flamme sortait comme une langue de quelque chose qui ressemblait à une gueule et qui était une

fenêtre pleine de feu. Cette fenêtre, grillée de barreaux
de fer déjà rouges, était une des croisées de l'étage
inférieur du château construit sur le pont. De tout
l'édifice on n'apercevait que cette fenêtre. La fumée
couvrait tout, même le plateau, et l'on ne distinguait
que le bord du ravin, noir sur la flamme vermeille.

Michelle Fléchard, étonnée[a], regardait. La fumée
est nuage, le nuage est rêve ; elle ne savait plus ce
qu'elle voyait. Devait-elle fuir ? Devait-elle rester ?
Elle se sentait presque hors du réel.

Un souffle de vent passa et fendit le rideau de fumée,
et dans la déchirure la tragique bastille, soudainement
démasquée, se dressa visible tout entière, donjon,
pont, châtelet, éblouissante, horrible, avec la magnifique dorure de l'incendie, réverbéré sur elle de haut
en bas. Michelle Fléchard put tout voir dans la netteté
sinistre du feu [1].

L'étage inférieur du château bâti sur le pont brûlait.

Au-dessus on distinguait les deux autres étages encore
intacts, mais comme portés par une corbeille de
flammes. Du rebord du plateau, où était Michelle Fléchard, on en voyait vaguement l'intérieur à travers des
interpositions de feu et de fumée. Toutes les fenêtres
étaient ouvertes.

Par les fenêtres du second étage qui étaient très
grandes, Michelle Fléchard apercevait, le long des murs,

---

1. Les notes du *Reliquat* prouvent que V. Hugo avait eu de bonne
heure l'idée de composer un incendie de la Tourgue. Il était maître
depuis longtemps dans ce genre de descriptions éclatantes et grandioses : la nuée ardente dans *Feu du Ciel* des *Orientales ;* l'embrasement de la cathédrale pendant l'assaut des *truands (Notre-Dame de
Paris)*. Mais on songe surtout à la lettre du *Rhin* intitulée *Feuer !
Feuer !* (XIX) où le voyageur décrit l'incendie auquel il a assisté dans
la cité de Lorch. « C'est une effroyable et admirable chose qu'un incendie vu à brûle-pourpoint... »

des armoires qui lui semblaient pleines de livres, et, devant une des croisées, à terre, dans la pénombre, un petit groupe confus, quelque chose qui avait l'aspect indistinct et amoncelé d'un nid ou d'une couvée, et qui lui faisait l'effet de remuer par moments.

Elle regardait cela.

Qu'était-ce que ce petit groupe d'ombre?

A de certains instants, il lui venait à l'esprit que cela ressemblait à des formes vivantes, elle avait la fièvre, elle n'avait pas mangé depuis le matin, elle avait marché sans relâche, elle était exténuée, elle se sentait dans une sorte d'hallucination dont elle se défiait instinctivement; pourtant ses yeux de plus en plus fixes ne pouvaient se détacher de cet obscur entassement d'objets quelconques, inanimés probablement, et en apparence inertes, qui gisait là sur le parquet de cette salle superposée à l'incendie.

Tout à coup le feu, comme s'il avait une volonté, allongea d'en bas un de ses jets vers le grand lierre mort qui couvrait précisément cette façade que Michelle Fléchard regardait. On eût dit que la flamme venait de découvrir ce réseau de branches sèches; une étincelle s'en empara avidement, et se mit à monter le long des sarments avec l'agilité affreuse des traînées de poudre. En un clin d'œil, la flamme atteignit le second étage. Alors, d'en haut, elle éclaira l'intérieur du premier. Une vive lueur mit subitement en relief trois petits êtres endormis.

C'était un petit tas[a] charmant, bras et jambes mêlés, paupières fermées, blondes têtes souriantes.

La mère reconnut ses enfants.

Elle jeta un cri effrayant.

Ce cri de l'inexprimable angoisse n'est donné qu'aux mères. Rien n'est plus farouche et rien n'est plus touchant. Quand une femme le jette, on croit entendre une louve ; quand une louve le pousse, on croit entendre une femme.

Ce cri de Michelle Fléchard fut un hurlement. Hécube aboya, dit Homère.

C'était ce cri que le marquis de Lantenac venait d'entendre.

On a vu qu'il s'était arrêté.

Le marquis était entre l'issue du passage par où Halmalo l'avait fait échapper, et le ravin. A travers les broussailles entre-croisées sur lui, il vit le pont en flammes, la Tourgue rouge de la réverbération, et, par l'écartement de deux branches, il aperçut au-dessus de sa tête, de l'autre côté, sur le rebord du plateau, vis-à-vis du château brûlant et dans le plein jour de l'incendie, une figure hagarde et lamentable, une femme penchée sur le ravin.

C'était de cette femme qu'était venu ce cri[a].

Cette figure, ce n'était plus Michelle Fléchard, c'était Gorgone. Les misérables sont les formidables. La paysanne s'était transfigurée en euménide. Cette villageoise quelconque, vulgaire, ignorante, inconsciente, venait de prendre brusquement les proportions épiques du désespoir. Les grandes douleurs sont une dilatation gigantesque de l'âme ; cette mère, c'était la maternité[1] ; tout ce qui résume l'humanité est surhumain ; elle se dressait là, au bord de ce ravin, devant cet embrasement, devant ce crime, comme une puissance sépulcrale ; elle avait le cri de la bête et le geste de la déesse ; sa face, d'où tombaient des imprécations, semblait un masque de flamboiement. Rien de souverain comme l'éclair de ses yeux noyés de larmes ; son regard foudroyait l'incendie.

_____

1. Encore une phrase caractéristique de la transfiguration symbolique que le romancier opère sur ses personnages.

Le marquis écoutait. Cela tombait sur sa tête ; il entendait on ne sait quoi d'inarticulé et de déchirant, plutôt des sanglots que des paroles.

— Ah ! mon Dieu ! mes enfants ! Ce sont mes enfants ! au secours ! au feu ! au feu ! au feu ! Mais vous êtes donc des bandits ! Est-ce qu'il n'y a personne là ? Mais mes enfants vont brûler ! Ah ! voilà une chose ! Georgette ! mes enfants ! Gros-Alain, René-Jean ! Mais qu'est-ce que cela veut dire ? Qui donc a mis mes enfants là ? Ils dorment. Je suis folle ! C'est une chose impossible. Au secours !

Cependant un grand mouvement se faisait dans la Tourgue et sur le plateau. Tout le camp accourait autour du feu qui venait d'éclater. Les assiégeants, après avoir eu affaire à la mitraille, avaient affaire à l'incendie. Gauvain, Cimourdain, Guéchamp donnaient des ordres. Que faire ? Il y avait à peine quelques seaux d'eau à puiser dans le maigre ruisseau du ravin. L'angoisse allait croissant. Tout le rebord du plateau était couvert de visages effarés qui regardaient.

Ce qu'on voyait était effroyable.

On regardait, et l'on n'y pouvait rien.

La flamme, par le lierre qui avait pris feu, avait gagné l'étage d'en haut. Là elle avait trouvé le grenier plein de paille et elle s'y était précipitée. Tout le grenier brûlait maintenant. La flamme dansait ; la joie de la flamme, chose lugubre. Il semblait qu'un souffle scélérat attisait ce bûcher. On eût dit que l'épouvantable Imânus tout entier était là changé en tourbillon d'étincelles, vivant de la vie meurtrière du feu, et que cette âme monstre s'était faite incendie. L'étage de la bibliothèque n'était pas encore atteint, la hauteur de son plafond et l'épaisseur de ses murs retardaient l'instant où il prendrait feu, mais cette minute fatale approchait ; il était léché par l'incendie du premier étage et caressé par celui du troisième. L'affreux baiser de la mort l'effleurait. En bas une cave de lave, en haut une voûte de braise ; qu'un trou se fît au plancher, c'était l'écroulement dans la cendre rouge ; qu'un trou se fît au plafond, c'était l'ensevelissement sous les charbons ardents. René-Jean, Gros-Alain et Georgette ne s'étaient pas encore réveillés, ils dormaient du sommeil profond et simple de l'enfance, et, à travers les plis de flamme et de fumée qui tour à tour couvraient et découvraient les fenêtres, on les apercevait dans cette grotte de feu, au fond d'une lueur de météore, paisibles, gracieux, immobiles, comme trois enfants-Jésus confiants endormis dans un enfer ; et un tigre eût pleuré de voir ces roses dans cette fournaise et ces berceaux dans ce tombeau.

Cependant la mère se tordait les bras :

— Au feu ! je crie au feu ! on est donc des sourds qu'on ne vient pas [1] ! on me brûle mes enfants ! arrivez donc, vous les hommes qui êtes là. Voilà des jours et des jours que je marche, et c'est comme ça que je les retrouve ! Au feu ! au secours ! des anges ! dire que ce sont des anges ! Qu'est-ce qu'ils ont fait, ces innocents-là ! moi on m'a fusillée, eux on les brûle ! qui est-ce donc qui fait ces choses-là ! Au secours ! sauvez mes enfants ! est-ce que vous ne m'entendez pas ? une chienne, on aurait pitié d'une chienne ! Mes enfants ! mes enfants ! ils dorment ! Ah ! Georgette ! je vois son petit ventre à cet amour ! René-Jean ! Gros-Alain ! c'est comme cela qu'ils s'appellent. Vous

---

1. Une morne stupidité éclatant soudain en un flot de paroles parfois incohérentes, mais d'une éloquence inattendue de la part du personnage : c'est déjà sous cette forme que Hugo avait voulu peindre la douleur maternelle incarnée par la recluse de *Notre-Dame de Paris* (livre XI, ch. 1 : *Le petit soulier*). On songe aussi à l'expression de la douleur paternelle de Triboulet dans *le Roi s'amuse* (1832).

voyez bien que je suis leur mère. Ce qui se passe dans ce temps-ci est abominable. J'ai marché des jours et des nuits. Même que j'ai parlé ce matin à une femme. Au secours! au secours! au feu! On est donc des monstres! C'est une horreur! l'aîné n'a pas cinq ans, la petite n'a pas deux ans. Je vois leurs petites jambes nues. Ils dorment, bonne sainte Vierge! la main du ciel me les rend et la main de l'enfer me les reprend. Dire que j'ai tant marché! Mes enfants que j'ai nourris de mon lait! moi qui me croyais malheureuse de ne pas les retrouver! Ayez pitié de moi! Je veux mes enfants, il me faut mes enfants! C'est pourtant vrai qu'ils sont là dans le feu! Voyez mes pauvres pieds comme ils sont tout en sang. Au secours! Ce n'est pas possible qu'il y ait des hommes sur la terre et qu'on laisse ces pauvres petits mourir comme cela! au secours! à l'assassin! Des choses comme on n'en voit pas de pareilles. Ah! les brigands! Qu'est-ce que c'est que cette affreuse maison-là? On me les a volés pour me les tuer! Jésus misère! je veux mes enfants. Oh! je ne sais pas ce que je ferais! Je ne veux pas qu'ils meurent! au secours! au secours! au secours! Oh! s'ils devaient mourir comme cela, je tuerais Dieu!

En même temps que la supplication terrible de la mère, des voix s'élevaient sur le plateau et dans le ravin :

— Une échelle!

— On n'a pas d'échelle!

— De l'eau!

— On n'a pas d'eau!

— Là-haut, dans la tour, au second étage, il y a une porte!

— Elle est en fer.

— Enfoncez-la!

— On ne peut pas.

Et la mère redoublait ses appels désespérés :

— Au feu ! au secours ! Mais dépêchez-vous donc ! Alors, tuez-moi ! Mes enfants ! mes enfants ! Ah ! l'horrible feu ! qu'on les en ôte, ou qu'on m'y jette !

Dans les intervalles de ces clameurs on entendait le pétillement tranquille de l'incendie.

Le marquis tâta sa poche et y toucha la clef de la porte de fer. Alors, se courbant sous la voûte par laquelle il s'était évadé, il rentra dans le passage d'où il venait de sortir.

## II

### DE LA PORTE DE PIERRE A LA PORTE DE FER

Toute une armée éperdue autour d'un sauvetage impossible ; quatre mille hommes ne pouvant secourir trois enfants ; telle était la situation.

On n'avait pas d'échelle en effet ; l'échelle envoyée de Javené n'était pas arrivée ; l'embrasement s'élargissait comme un cratère qui s'ouvre ; essayer de l'éteindre avec le ruisseau du ravin presque à sec était dérisoire ; autant jeter un verre d'eau sur un volcan.

Cimourdain, Guéchamp et Radoub étaient descendus dans le ravin ; Gauvain était remonté dans la salle du deuxième étage de la Tourgue où étaient la pierre tournante, l'issue secrète et la porte de fer de la bibliothèque. C'est là qu'avait été la mèche soufrée allumée par l'Imânus ; c'était de là que l'incendie était parti.

Gauvain avait amené avec lui vingt sapeurs. Enfoncer la porte de fer, il n'y avait plus que cette ressource. Elle était effroyablement bien fermée.

On commença par des coups de hache. Les haches cassèrent. Un sapeur dit :

— L'acier est du verre sur ce fer-là.

La porte était en effet de fer battu, et faite de doubles lames boulonnées ayant chacune trois pouces d'épaisseur.

On prit des barres de fer et l'on essaya des pesées sous la porte. Les barres de fer cassèrent.

— Comme des allumettes, dit le sapeur.

Gauvain, sombre, murmura :

— Il n'y a qu'un boulet qui ouvrirait cette porte. Il faudrait pouvoir monter ici une pièce de canon.

— Et encore! dit le sapeur.

Il y eut un moment d'accablement. Tous ces bras impuissants s'arrêtèrent. Muets, vaincus, consternés, ces hommes considéraient l'horrible porte inébranlable. Une réverbération rouge passait par-dessous. Derrière, l'incendie croissait.

L'affreux cadavre de l'Imânus était là, sinistre victorieux.

Encore quelques minutes peut-être, et tout allait s'effondrer.

Que faire? Il n'y avait plus d'espérance.

Gauvain exaspéré s'écria, l'œil fixé sur la pierre tournante du mur et sur l'issue ouverte de l'évasion :

— C'est pourtant par là que le marquis de Lantenac s'en est allé!

— Et qu'il revient, dit une voix.

Et une tête blanche se dessina dans l'encadrement de pierre de l'issue secrète.

C'était le marquis.

Depuis bien des années Gauvain ne l'avait pas vu[a] de si près. Il recula.

Tous ceux qui étaient là restèrent dans l'attitude où ils étaient, pétrifiés.

Le marquis avait une grosse clef à la main, il refoula d'un regard altier quelques-uns des sapeurs qui étaient devant lui, marcha droit à la porte de fer, se courba sous la voûte et mit la clef dans la serrure. La serrure grinça, la porte s'ouvrit, on vit un gouffre de flamme, le marquis y entra.

Il y entra d'un pied ferme, la tête haute.

Tous le suivaient des yeux, frissonnants.

A peine le marquis eut-il fait quelques pas dans la salle incendiée que le parquet miné par le feu et ébranlé par son talon s'effondra derrière lui et mit entre lui et la porte un précipice. Le marquis ne tourna pas la tête et continua d'avancer. Il disparut dans la fumée.

On ne vit plus rien.

Avait-il pu aller plus loin? Une nouvelle fondrière de feu s'était-elle ouverte sous lui? N'avait-il réussi qu'à se perdre lui-même? On ne pouvait rien dire. On n'avait devant soi qu'une muraille de fumée et de flamme. Le marquis était au delà, mort ou vivant.

## III

### OU L'ON VOIT SE RÉVEILLER LES ENFANTS QU'ON A VUS SE RENDORMIR

Cependant les enfants avaient fini par ouvrir les yeux.

L'incendie, qui n'était pas encore entré dans la salle de la bibliothèque, jetait au plafond un reflet rose. Les enfants ne connaissaient pas cette espèce d'aurore-là. Ils la regardèrent. Georgette la contempla.

Toutes les splendeurs de l'incendie se déployaient ;

l'hydre noire et le dragon écarlate apparaissaient dans la fumée difforme, superbement sombre et vermeille [1]. De longues flammèches s'envolaient au loin et rayaient l'ombre, et l'on eût dit des comètes combattantes, courant les unes après les autres. Le feu est une prodigalité ; les brasiers sont pleins d'écrins qu'ils sèment au vent ; ce n'est pas pour rien que le charbon est identique au diamant. Il s'était fait au mur du troisième étage des crevasses par où la braise versait dans le ravin des cascades de pierreries ; les tas de paille et d'avoine qui brûlaient dans le grenier commençaient à ruisseler par les fenêtres en avalanches de poudre d'or, et les avoines devenaient des améthystes, et les brins de paille devenaient des escarboucles.

— Joli ! dit Georgette.

Ils s'étaient dressés tous les trois.

— Ah ! cria la mère, ils se réveillent !

René-Jean se leva, alors Gros-Alain se leva, alors Georgette se leva.

René-Jean étira ses bras, alla vers la croisée et dit :

— J'ai chaud.

— Ai chaud, répéta Georgette.

La mère les appela.

— Mes enfants ! René ! Alain ! Georgette !

Les enfants regardaient autour d'eux. Ils cherchaient à comprendre. Où les hommes sont terrifiés, les enfants sont curieux. Qui s'étonne aisément s'effraye difficile-

---

1. On peut comparer l'admirable description poétique de l'incendie du palais des Satans dans *Crimen amoris* de Verlaine *(Jadis et naguère)* :

> La torche tomba de sa main éployée,
> Et l'incendie alors hurla s'élevant,
> *Querelle énorme d'aigles rouges noyée*
> *Au remous noir de la fumée et du vent.*

ment ; l'ignorance contient de l'intrépidité. Les enfants ont si peu droit à l'enfer que, s'ils le voyaient, ils l'admireraient.

La mère répéta :

— René ! Alain ! Georgette !

René-Jean tourna la tête ; cette voix le tira de sa distraction ; les enfants ont la mémoire courte, mais ils ont le souvenir rapide ; tout le passé est pour eux hier ; René-Jean vit sa mère, trouva cela tout simple, et, entouré comme il l'était de choses étranges, sentant un vague besoin d'appui, il cria :

— Maman !

— Maman ! dit Gros-Alain.

— M'man ! dit Georgette.

Et elle tendit ses petits bras.

Et la mère hurla :

— Mes enfants !

Tous les trois vinrent au bord de la fenêtre ; par bonheur, l'embrasement n'était pas de ce côté-là.

— J'ai trop chaud, dit René-Jean.

Il ajouta :

— Ça brûle.

Et il chercha des yeux sa mère.

— Viens donc, maman !

— Don, m'man, répéta Georgette.

La mère échevelée, déchirée, saignante, s'était laissé rouler de broussaille en broussaille dans le ravin. Cimourdain y était avec Guéchamp, aussi impuissants en bas que Gauvain en haut. Les soldats désespérés d'être inutiles fourmillaient autour d'eux. La chaleur était insupportable, personne ne la sentait. On considérait l'escarpement du pont, la hauteur des arches, l'élévation des étages, les fenêtres inaccessibles, et la nécessité d'agir vite. Trois étages à franchir. Nul moyen d'arriver là. Radoub, blessé, un coup de sabre à l'épaule, une oreille arrachée, ruisselant de sueur et de sang, était accouru ; il vit Michelle Fléchard. — Tiens, dit-il, la fusillée ! vous êtes donc ressuscitée ? — Mes enfants ! dit la mère. — C'est juste, répondit Radoub ; nous n'avons pas le temps de nous occuper des revenants. Et il se mit à escalader le pont, essai inutile, il enfonça ses ongles dans la pierre, il grimpa quelques instants ; mais les assises étaient lisses, pas une cassure, pas un relief, la muraille était aussi correctement rejointoyée qu'une muraille neuve, et Radoub retomba. L'incendie continuait, épouvantable ; on apercevait, dans l'encadrement de la croisée toute rouge, les trois têtes blondes. Radoub, alors, montra le poing au ciel, comme s'il cherchait quelqu'un du regard, et dit : — C'est donc ça une conduite, bon Dieu ! La mère embrassait à genoux les piles du pont en criant : Grâce !

De sourds craquements se mêlaient aux pétillements du brasier. Les vitres des armoires de la bibliothèque se fêlaient, et tombaient avec bruit. Il était évident que la charpente cédait. Aucune force humaine n'y pouvait rien. Encore un moment et tout allait s'abîmer. On n'attendait plus que la catastrophe. On entendait les petites voix répéter : Maman ! maman ! On était au paroxysme de l'effroi.

Tout à coup, à la fenêtre voisine de celle où étaient les enfants, sur le fond pourpre du flamboiement, une haute figure apparut.

Toutes les têtes se levèrent, tous les yeux devinrent fixes. Un homme était là-haut, un homme était dans la salle de la bibliothèque, un homme était dans la fournaise. Cette figure se découpait en noir sur la flamme, mais elle avait des cheveux blancs. On reconnut le marquis de Lantenac.

Il disparut, puis il reparut.

L'effrayant vieillard se dressa à la fenêtre maniant une énorme échelle. C'était l'échelle de sauvetage déposée dans la bibliothèque qu'il était allé chercher le long du mur et qu'il avait traînée jusqu'à la fenêtre. Il la saisit par une extrémité, et, avec l'agilité magistrale d'un athlète, il la fit glisser hors de la croisée, sur le rebord de l'appui extérieur jusqu'au fond du ravin. Radoub, en bas, éperdu, tendit les mains, reçut l'échelle, la serra dans ses bras, et cria : — Vive la République !

Le marquis répondit : — Vive le Roi !

Et Radoub grommela : — Tu peux bien crier tout ce que tu voudras, et dire des bêtises si tu veux, tu es le bon Dieu.

L'échelle était posée ; la communication était établie entre la salle incendiée et la terre ; vingt hommes accoururent, Radoub en tête, et en un clin d'œil ils s'étagèrent du haut en bas, adossés aux échelons, comme les maçons qui montent et qui descendent des pierres. Cela fit sur l'échelle de bois une échelle humaine. Radoub, au faîte de l'échelle, touchait à la fenêtre. Il était, lui, tourné vers l'incendie.

La petite armée, éparse dans les bruyères et sur les pentes, se pressait, bouleversée de toutes les émotions à la fois, sur le plateau, dans le ravin, sur la plate-forme de la tour.

Le marquis disparut encore, puis reparut, apportant un enfant.

Il y eut un immense battement de mains.

C'était le premier que le marquis avait saisi au hasard. C'était Gros-Alain.

Gros-Alain criait : — J'ai peur.

Le marquis donna Gros-Alain à Radoub, qui le passa derrière lui et au-dessous de lui à un soldat qui le passa à un autre, et, pendant que Gros-Alain, très effrayé et criant, arrivait ainsi de bras en bras jusqu'au bas de l'échelle, le marquis, un moment absent, revint à la fenêtre avec René-Jean qui résistait et pleurait, et qui battit Radoub au moment où le marquis le passa au sergent.

Le marquis rentra dans la salle pleine de flammes. Georgette était restée seule. Il alla à elle. Elle sourit. Cet homme de granit sentit quelque chose d'humide[a] lui venir aux yeux. Il demanda : — Comment t'appelles-tu ?

— Orgette, dit-elle.

Il la prit dans ses bras, elle souriait toujours, et au moment où il la remettait à Radoub, cette conscience si haute et si obscure eut l'éblouissement de l'innocence, le vieillard donna à l'enfant un baiser.

— C'est la petite môme ! dirent les soldats ; et Georgette, à son tour, descendit de bras en bras jusqu'à terre parmi des cris d'adoration. On battait des mains, on trépignait ; les vieux grenadiers sanglotaient, et elle leur souriait.

La mère était au pied de l'échelle, haletante, insensée, ivre de tout cet inattendu, jetée sans transition de l'enfer dans le paradis. L'excès de joie meurtrit le cœur à sa façon. Elle tendait les bras, elle reçut d'abord Gros-Alain, ensuite René-Jean, ensuite Georgette, elle les couvrit pêle-mêle de baisers, puis elle éclata de rire et tomba évanouie.

Un grand cri s'éleva :

— Tous sont sauvés !

Tous étaient sauvés, en effet, excepté le vieillard.

Mais personne n'y songeait, pas même lui peut-être.

Il resta quelques instants rêveur au bord de la fenêtre, comme s'il voulait laisser au gouffre de flamme le

temps de prendre un parti. Puis sans se hâter, lentement, fièrement, il enjamba l'appui de la croisée, et,
sans se retourner, droit, debout, adossé aux échelons,
ayant derrière lui l'incendie, faisant face au précipice,
il se mit à descendre l'échelle en silence avec une
majesté de fantôme. Ceux qui étaient sur l'échelle se
précipitèrent en bas, tous les assistants tressaillirent,
il se fit autour de cet homme qui arrivait d'en haut
un recul d'horreur sacré comme autour d'une vision.
Lui, cependant, s'enfonçait gravement dans l'ombre
qu'il avait devant lui ; pendant qu'ils reculaient, il
s'approchait d'eux ; sa pâleur de marbre n'avait pas
un pli, son regard de spectre n'avait pas un éclair ;
à chaque pas qu'il faisait vers ces hommes dont les
prunelles effarées se fixaient sur lui dans les ténèbres,
il semblait plus grand, l'échelle tremblait et sonnait
sous son pied lugubre, et l'on eût dit la statue du commandeur redescendant dans le sépulcre.

Quand le marquis fut en bas, quand il eut atteint le
dernier échelon et posé son pied à terre, une main
s'abattit sur son collet. Il se retourna.

— Je t'arrête, dit Cimourdain.

— Je t'approuve, dit Lantenac.

# LIVRE SIXIÈME

## C'EST APRÈS LA VICTOIRE QU'A LIEU LE COMBAT[a]

### I

### LANTENAC PRIS

C'ÉTAIT dans le sépulcre en effet que le marquis était redescendu.

On l'emmena.

La crypte-oubliette du rez-de-chaussée de la Tourgue fut immédiatement rouverte sous l'œil sévère de Cimourdain ; on y mit une lampe, une cruche d'eau et un pain de soldat, on y jeta une botte de paille, et, moins d'un quart d'heure après la minute où la main du prêtre avait saisi le marquis, la porte du cachot se refermait sur Lantenac.

Cela fait, Cimourdain alla trouver Gauvain ; en ce moment-là l'église lointaine de Parigné sonnait onze heures du soir ; Cimourdain dit à Gauvain :

— Je vais convoquer la cour martiale, tu n'en seras pas. Tu es Gauvain et Lantenac est Gauvain. Tu es trop proche parent pour être juge, et je blâme Égalité d'avoir jugé Capet. La cour martiale sera composée de trois juges, un officier, le capitaine Guéchamp, un sous-officier, le sergent Radoub, et moi, qui présiderai. Rien de tout cela ne te regarde plus. Nous nous conformerons au décret de la Convention ; nous nous bornerons à constater l'identité du ci-devant marquis de Lantenac. Demain la cour martiale, après-demain la guillotine. La Vendée est morte.

Gauvain ne répliqua pas une parole, et Cimourdain, préoccupé de la chose suprême qui lui restait à faire, le quitta. Cimourdain avait des heures à désigner et des emplacements à choisir. Il avait comme Lequinio à Granville, comme Tallien à Bordeaux, comme Châlier à Lyon, comme Saint-Just à Strasbourg, l'habitude, réputée de bon exemple, d'assister de sa personne aux exécutions ; le juge venant voir travailler le bourreau ; usage emprunté par la Terreur de 93 aux parlements de France et à l'inquisition d'Espagne [1].

Gauvain aussi était préoccupé.

Un vent froid soufflait de la forêt. Gauvain, laissant Guéchamp donner les ordres nécessaires, alla à sa tente qui était dans le pré de la lisière du bois, au pied de la Tourgue, et y prit son manteau à capuchon, dont il s'enveloppa. Ce manteau était bordé de ce simple galon qui, selon la mode républicaine, sobre d'ornements, désignait le commandant en chef. Il se mit à marcher dans ce pré sanglant où l'assaut avait commencé. Il était là seul. L'incendie continuait, désormais dédaigné ; Radoub était près des enfants et de la mère, presque aussi maternel qu'elle ; le châtelet du pont achevait de brûler, les sapeurs faisaient la part du feu, on creusait des fosses, on enterrait les morts, on pansait les blessés, on avait démoli la retirade, on désen-

---

1. Hugo ne manque pas une occasion de suggérer que la Terreur est un legs du passé, la « résultante » des siècles monarchiques.

combrait de cadavres les chambres et les escaliers, on nettoyait le lieu du carnage, on balayait le tas d'ordures terrible de la victoire, les soldats faisaient, avec la rapidité militaire, ce qu'on pourrait appeler le ménage de la bataille finie. Gauvain ne voyait rien de tout cela.

A peine jetait-il un regard, à travers sa rêverie, au poste de la brèche doublé sur l'ordre de Cimourdain.

Cette brèche, il la distinguait dans l'obscurité, à environ deux cents pas du coin de la prairie où il s'était comme réfugié. Il voyait cette ouverture noire. C'était par là que l'attaque avait commencé, il y avait trois heures de cela ; c'était par là que lui Gauvain avait pénétré dans la tour ; c'était là le rez-de-chaussée où était la retirade ; c'était dans ce rez-de-chaussée que s'ouvrait la porte du cachot où était le marquis. Ce poste de la brèche gardait ce cachot.

En même temps que son regard apercevait vaguement cette brèche, son oreille entendait confusément revenir, comme un glas qui tinte, ces paroles : Demain la cour martiale, après-demain la guillotine.

L'incendie, qu'on avait isolé et sur lequel les sapeurs lançaient toute l'eau qu'on avait pu se procurer, ne s'éteignait pas sans résistance et jetait des flammes intermittentes ; on entendait par instants craquer les plafonds et se précipiter l'un sur l'autre les étages croulants ; alors des tourbillons d'étincelles s'envolaient comme d'une torche secouée, une clarté d'éclair faisait visible l'extrême horizon, et l'ombre de la Tourgue, subitement gigantesque, s'allongeait jusqu'à la forêt [1].

---

1. « Le bûcheron des collines de Bicêtre, *épouvanté de voir chanceler sur ses bruyères l'ombre gigantesque des tours de Notre-Dame* » (*Notre-Dame de Paris*, x, 4).

Gauvain allait et venait à pas lents dans cette ombre et devant la brèche de l'assaut. Par moments il croisait ses deux mains derrière sa tête recouverte de son capuchon de guerre. Il songeait.


II

GAUVAIN PENSIF

Sa rêverie était insondable [1].
Un changement à vue inouï venait de se faire.
Le marquis de Lantenac s'était transfiguré.
Gauvain avait été témoin de cette transfiguration.
Jamais il n'aurait cru que de telles choses pussent résulter d'une complication d'incidents, quels qu'ils fussent. Jamais il n'aurait, même en rêve, imaginé qu'il pût arriver rien de pareil.
L'imprévu, cet on ne sait quoi de hautain qui joue avec l'homme, avait saisi Gauvain et le tenait.
Gauvain avait devant lui l'impossible devenu réel, visible, palpable, inévitable, inexorable.
Que pensait-il de cela, lui, Gauvain?
Il ne s'agissait pas de tergiverser ; il fallait conclure.
Une question lui était posée ; il ne pouvait prendre la fuite devant elle.

---

1. Une note du *Reliquat* indique : « Le peloton d'exécution attend (autre tempête sous un crâne)... ». Il existe en effet, entre la méditation de Gauvain et le célèbre monologue intérieur de Jean Valjean (*les Misérables*, première partie, livre VII, ch. 3), une analogie frappante, sur deux points surtout : la structure (de grands et longs mouvements qui emportent le personnage tantôt dans un sens, tantôt dans l'autre, à la manière des monologues classiques, mais avec une ampleur verbale et une richesse d'images bien romantiques) ; — d'autre part, la nature, le ton, le style des réflexions de l'auteur, sans cesse présent à côté de son personnage.

Posée par qui?

Par les événements.

Et pas seulement par les événements.

Car lorsque les événements, qui sont variables, nous font une question, la justice, qui est immuable, nous somme de répondre.

Derrière le nuage, qui nous jette son ombre, il y a l'étoile, qui nous jette sa clarté.

Nous ne pouvons pas plus nous soustraire à la clarté qu'à l'ombre.

Gauvain subissait un interrogatoire.

Il comparaissait devant quelqu'un.

Devant quelqu'un de redoutable.

Sa conscience.

Gauvain sentait tout vaciller en lui. Ses résolutions les plus solides, ses promesses les plus fermement faites, ses décisions les plus irrévocables, tout cela chancelait dans les profondeurs de sa volonté.

Il y a des tremblements d'âme.

Plus il réfléchissait à ce qu'il venait de voir, plus il était bouleversé.

Gauvain, républicain, croyait être, et était, dans l'absolu. Un absolu supérieur venait de se révéler.

Au-dessus de l'absolu révolutionnaire, il y a l'absolu humain.

Ce qui se passait ne pouvait être éludé ; le fait était grave ; Gauvain faisait partie de ce fait ; il en était, il ne pouvait s'en retirer ; et, bien que Cimourdain lui eût dit : — « Cela ne te regarde plus, » — il sentait en lui quelque chose comme ce qu'éprouve l'arbre au moment où on l'arrache de sa racine.

Tout homme a une base ; un ébranlement à cette base cause un trouble profond ; Gauvain sentait ce trouble.

Il pressait sa tête dans ses deux mains[a], comme pour

en faire jaillir la vérité. Préciser une telle situation n'était pas facile ; rien de plus malaisé[a] ; il avait devant lui de redoutables chiffres dont il fallait faire le total ; faire l'addition de la destinée, quel vertige ! il l'essayait ; il tâchait de se rendre compte ; il s'efforçait de rassembler ses idées, de discipliner les résistances qu'il sentait en lui, et de récapituler les faits.

Il se les exposait à lui-même.

A qui n'est-il pas arrivé de se faire un rapport, et de s'interroger, dans une circonstance suprême, sur l'itinéraire à suivre, soit pour avancer, soit pour reculer ?

Gauvain venait d'assister à un prodige.

En même temps que le combat terrestre, il y avait eu un combat céleste.

Le combat du bien contre le mal.

Un cœur effrayant venait d'être vaincu.

Étant donné l'homme avec tout ce qui est mauvais en lui, la violence, l'erreur, l'aveuglement, l'opiniâtreté malsaine, l'orgueil, l'égoïsme, Gauvain venait de voir un miracle.

La victoire de l'humanité sur l'homme.

L'humanité avait vaincu l'inhumain.

Et par quel moyen ? de quelle façon ? comment avait-elle terrassé un colosse de colère et de haine ? quelles armes avait-elle employées ? quelle machine de guerre ? le berceau.

Un éblouissement venait de passer sur Gauvain. En pleine guerre sociale, en pleine conflagration de toutes les inimitiés et de toutes les vengeances, au moment le plus obscur et le plus furieux du tumulte, à l'heure où le crime donnait toute sa flamme et la haine toutes ses ténèbres, à cet instant des luttes où tout devient projectile, où la mêlée est si funèbre qu'on ne sait plus où est le juste, où est l'honnête, où est le vrai ;

brusquement, l'Inconnu, l'avertisseur mystérieux des âmes, venait de faire resplendir, au-dessus des clartés et des noirceurs humaines, la grande lueur éternelle.

Au-dessus du sombre duel entre le faux et le relatif, dans les profondeurs, la face de la vérité avait tout à coup apparu.

Subitement la force des faibles était intervenue.

On avait vu trois pauvres êtres, à peine nés, inconscients, abandonnés, orphelins, seuls, bégayants, souriants, ayant contre eux la guerre civile, le talion, l'affreuse logique des représailles, le meurtre, le carnage, le fratricide, la rage, la rancune, toutes les gorgones, triompher ; on avait vu l'avortement et la défaite d'un infâme incendie, chargé de commettre un crime ; on avait vu les préméditations atroces déconcertées et déjouées ; on avait vu l'antique férocité féodale, le vieux dédain inexorable, la prétendue expérience des nécessités de la guerre, la raison d'Etat, tous les arrogants partis pris de la vieillesse farouche, s'évanouir devant le bleu regard de ceux qui n'ont pas vécu ; et c'est tout simple, car celui qui n'a pas vécu encore n'a pas fait le mal, il est la justice, il est la vérité, il est la blancheur, et les immenses anges du ciel sont dans les petits enfants.

Spectacle utile ; conseil ; leçon ; les combattants frénétiques de la guerre sans merci avaient soudainement vu, en face de tous les forfaits, de tous les attentats, de tous les fanatismes, de l'assassinat, de la vengeance attisant les bûchers, de la mort arrivant une torche à la main, au-dessus de l'énorme légion des crimes, se dresser cette toute-puissance, l'innocence.

Et l'innocence avait vaincu.

Et l'on pouvait dire : Non, la guerre civile n'existe pas, la barbarie n'existe pas, la haine n'existe pas, le crime n'existe pas, les ténèbres n'existent pas ; pour dissiper ces spectres, il suffit de cette aurore, l'enfance.

Jamais, dans aucun combat, Satan n'avait été plus visible, ni Dieu.

Ce combat avait eu pour arène une conscience.

La conscience de Lantenac.

Maintenant il recommençait, plus acharné et plus décisif encore peut-être, dans une autre conscience.

La conscience de Gauvain.

Quel champ de bataille que l'homme !

Nous sommes livrés à ces dieux, à ces monstres, à ces géants, nos pensées.

Souvent ces belligérants terribles foulent aux pieds notre âme.

Gauvain méditait.

Le marquis de Lantenac, cerné, bloqué, condamné, mis hors la loi, serré, comme la bête dans le cirque, comme le clou dans la tenaille, enfermé dans son gîte devenu sa prison, étreint de toutes parts par une muraille de fer et de feu, était parvenu à se dérober. Il avait fait ce miracle d'échapper. Il avait réussi ce chef-d'œuvre, le plus difficile de tous dans une telle guerre, la fuite. Il avait repris possession de la forêt pour s'y retrancher, du pays pour y combattre, de l'ombre pour y disparaître. Il était redevenu le redoutable allant et venant, l'errant sinistre, le capitaine des invisibles, le chef des hommes souterrains, le maître des bois. Gauvain avait la victoire, mais Lantenac avait la liberté. Lantenac désormais avait la sécurité, la course illimitée devant lui, le choix inépuisable des asiles. Il était insaisissable, introuvable[a], inaccessible. Le lion avait été pris au piège, et il en était sorti.

Eh bien, il y était rentré.

Le marquis de Lantenac avait, volontairement, spontanément, de sa pleine préférence, quitté la forêt, l'ombre, la sécurité, la liberté, pour rentrer dans le

plus effroyable péril, intrépidement, une première
fois, Gauvain l'avait vu, en se précipitant dans l'incendie au risque de s'y engouffrer, une deuxième fois,
en descendant cette échelle qui le rendait à ses ennemis,
et qui, échelle de sauvetage pour les autres, était
pour lui échelle de perdition.

Et pourquoi avait-il fait cela?

Pour sauver trois enfants.

Et maintenant qu'allait-on en faire[a] de cet homme?

Le guillotiner.

Ainsi, cet homme, pour trois enfants, les siens?
non; de sa famille? non; de sa caste? non; pour trois
petits pauvres, les premiers venus, des enfants trouvés,
des inconnus, des déguenillés, des va-nu-pieds, ce
gentilhomme, ce prince, ce vieillard, sauvé, délivré,
vainqueur, car l'évasion est un triomphe, avait tout
risqué, tout compromis, tout remis en question, et,
hautainement, en même temps qu'il rendait les enfants,
il avait apporté sa tête, et cette tête, jusqu'alors terrible, maintenant auguste, il l'avait offerte.

Et qu'allait-on faire?

L'accepter.

Le marquis de Lantenac avait eu le choix entre la
vie d'autrui et la sienne; dans cette option superbe,
il avait choisi sa mort.

Et on allait la lui accorder.

On allait le tuer.

Quel salaire de l'héroïsme!

Répondre à un acte généreux par un acte sauvage!

Donner ce dessous à la révolution!

Quel rapetissement pour la république!

Tandis que l'homme des préjugés et des servitudes,
subitement transformé, rentrait dans l'humanité, eux,
les hommes de la délivrance et de l'affranchissement,

ils resteraient dans la guerre civile, dans la routine du sang, dans le fratricide !

Et la haute loi divine de pardon, d'abnégation, de rédemption, de sacrifice, existerait pour les combattants de l'erreur, et n'existerait pas pour les soldats de la vérité !

Quoi ! ne pas lutter de magnanimité ! se résigner à cette défaite, étant les plus forts, d'être les plus faibles, étant les victorieux, d'être les meurtriers, et de faire dire qu'il y a, du côté de la monarchie, ceux qui sauvent les enfants, et du côté de la république, ceux qui tuent les vieillards !

On verrait ce grand soldat, cet octogénaire puissant, ce combattant désarmé, volé plutôt que pris, saisi en pleine bonne action, garrotté avec sa permission, ayant encore au front la sueur d'un dévouement grandiose, monter les marches de l'échafaud comme on monte les degrés d'une apothéose ! Et l'on mettrait sous le couperet cette tête, autour de laquelle voleraient suppliantes les trois âmes des petits anges sauvés ! et, devant ce supplice infamant pour les bourreaux, on verrait le sourire sur la face de cet homme, et sur la face de la république la rougeur !

Et cela s'accomplirait en présence de Gauvain, chef !

Et pouvant l'empêcher, il s'abstiendrait ! Et il se contenterait de ce congé altier, — *cela ne te regarde plus !* — Et il ne se dirait point qu'en pareil cas, abdication, c'est complicité ! Et il ne s'apercevrait pas que, dans une action si énorme, entre celui qui fait et celui qui laisse faire, celui qui laisse faire est le pire, étant le lâche !

Mais cette mort, ne l'avait-il pas promise ? lui, Gauvain, l'homme clément, n'avait-il pas déclaré que Lantenac faisait exception à la clémence, et qu'il livrerait Lantenac à Cimourdain ?

Cette tête, il la devait. Eh bien, il la payait. Voilà tout.

Mais était-ce bien la même tête ?

Jusqu'ici Gauvain n'avait vu dans Lantenac que le combattant barbare, le fanatique de royauté et de féodalité, le massacreur de prisonniers, l'assassin déchaîné par la guerre, l'homme sanglant. Cet homme-là, il ne le craignait pas ; ce proscripteur, il le proscrirait ; cet implacable le trouverait implacable. Rien de plus simple, le chemin était tracé et lugubrement facile à suivre, tout était prévu, on tuera celui qui tue, on était dans la ligne droite de l'horreur. Inopinément[a], cette ligne droite s'était rompue, un tournant imprévu révélait un horizon nouveau, une métamorphose avait eu lieu. Un Lantenac inattendu entrait en scène. Un héros sortait du monstre ; plus qu'un héros, un homme. Plus qu'une âme, un cœur. Ce n'était plus un tueur que Gauvain avait devant lui, mais un sauveur. Gauvain était terrassé par un flot de clarté céleste. Lantenac venait de le frapper d'un coup de foudre de bonté.

Et Lantenac transfiguré ne transfigurerait pas Gauvain ! Quoi ! ce coup de lumière serait sans contre-coup ! L'homme du passé irait en avant, et l'homme de l'avenir en arrière ! L'homme des barbaries et des superstitions ouvrirait des ailes subites, et planerait, et regarderait ramper sous lui, dans de la fange et dans de la nuit, l'homme de l'idéal ! Gauvain resterait à plat ventre dans la vieille ornière féroce, tandis que Lantenac irait dans le sublime courir les aventures !

Autre chose encore.

Et la famille !

Ce sang qu'il allait répandre, — car le laisser verser[b], c'est le verser soi-même, — est-ce que ce n'était pas son sang, à lui Gauvain? Son grand-père était mort, mais son grand-oncle vivait ; et ce grand-oncle, c'était le marquis de Lantenac. Est-ce que celui des deux frères qui était dans le tombeau ne se dresserait pas pour empêcher l'autre d'y entrer? Est-ce qu'il n'ordonnerait pas à son petit-fils de respecter désormais cette couronne de cheveux blancs, sœur de sa propre auréole? Est-ce qu'il n'y avait pas là, entre Gauvain et Lantenac, le regard indigné d'un spectre?

Est-ce donc que la révolution avait pour but de dénaturer l'homme? Est-ce pour briser la famille, est-ce pour étouffer l'humanité, qu'elle était faite? Loin de là. C'est pour affirmer ces réalités suprêmes, et non pour les nier, que 89 avait surgi. Renverser les bastilles, c'est délivrer l'humanité ; abolir la féodalité, c'est fonder la famille. L'auteur étant le point de départ de l'autorité, et l'autorité étant incluse dans l'auteur, il n'y a point d'autre autorité que la paternité ; de là la légitimité de la reine-abeille qui crée son peuple, et qui, étant mère, est reine ; de là l'absurdité du roi-homme, qui, n'étant pas le père, ne peut être le maître ; de là la suppression du roi ; de là la république. Qu'est-ce que tout cela? C'est la famille, c'est l'humanité, c'est la révolution. La révolution, c'est l'avènement des peuples[a] ; et, au fond, le Peuple, c'est l'Homme.

Il s'agissait[b] de savoir si, quand Lantenac venait de rentrer dans l'humanité, Gauvain, allait, lui, rentrer dans la famille.

Il s'agissait de savoir si l'oncle et le neveu allaient se rejoindre dans la lumière supérieure, ou bien si à un progrès de l'oncle répondrait un recul du neveu.

La question, dans ce débat pathétique de Gauvain avec sa conscience, arrivait à se poser ainsi, et la solution semblait se dégager d'elle-même : sauver Lantenac.

Oui, mais la France?

Ici le vertigineux problème changeait de face brusquement.

Quoi! la France était aux abois! la France était livrée, ouverte, démantelée! elle n'avait plus de fossé, l'Allemagne passait le Rhin; elle n'avait plus de muraille, l'Italie enjambait les Alpes et l'Espagne les Pyrénées. Il lui restait le grand abîme, l'Océan. Elle avait pour elle le gouffre. Elle pouvait s'y adosser, et, géante, appuyée à toute la mer, combattre toute la terre. Situation, après tout, inexpugnable. Eh bien non, cette situation allait lui manquer. Cet Océan n'était plus à elle. Dans cet Océan, il y avait l'Angleterre. L'Angleterre, il est vrai, ne savait comment passer. Eh bien, un homme allait lui jeter le pont, un homme allait lui tendre la main, un homme allait dire à Pitt, à Craig, à Cornwallis, à Dundas, aux pirates : venez! un homme allait crier : Angleterre, prends la France! Et cet homme était le marquis de Lantenac.

Cet homme, on le tenait. Après trois mois de chasse, de poursuite, d'acharnement, on l'avait enfin saisi. La main de la révolution venait de s'abattre sur le maudit; le poing crispé de 93 avait pris le meurtrier royaliste au collet; par un de ces effets de la préméditation mystérieuse qui se mêle d'en haut aux choses humaines, c'était dans son propre cachot de famille que ce parricide attendait maintenant son châtiment; l'homme féodal était dans l'oubliette féodale; les pierres de son château se dressaient contre lui et se fermaient sur lui, et celui qui voulait livrer son pays était livré par sa maison. Dieu avait visiblement édifié tout cela; l'heure juste avait sonné; la révolution avait fait prisonnier cet ennemi public; il ne pouvait plus combattre, il ne pouvait plus lutter, il ne pouvait plus nuire; dans cette Vendée où il y avait tant de bras, il était le seul cerveau; lui fini, la guerre civile

était finie ; on l'avait ; dénouement tragique et heureux ;
après tant de massacres et de carnages, il était là,
l'homme qui avait tué, et c'était son tour de mourir.

Et il se trouverait quelqu'un pour le sauver !

Cimourdain, c'est-à-dire 93, tenait Lantenac, c'est-à-
dire la monarchie, et il se trouverait quelqu'un pour
ôter de cette serre de bronze cette proie ! Lantenac,
l'homme en qui se concentrait cette gerbe de fléaux
qu'on nomme le passé, le marquis de Lantenac était
dans la tombe, la lourde porte éternelle s'était refermée
sur lui, et quelqu'un viendrait, du dehors, tirer le
verrou ! ce malfaiteur social était mort, et avec lui la
révolte, la lutte fratricide, la guerre bestiale, et quelqu'un le ressusciterait !

Oh ! comme cette tête de mort rirait !

Comme ce spectre dirait : c'est bon, me voilà vivant,
imbéciles !

Comme il se remettrait à son œuvre hideuse ! comme
Lantenac se replongerait, implacable et joyeux, dans
le gouffre de haine et de guerre ! comme on reverrait,
dès le lendemain, les maisons brûlées, les prisonniers
massacrés, les blessés achevés, les femmes fusillées !

Et après tout, cette action qui fascinait Gauvain,
Gauvain ne se l'exagérait-il pas ?

Trois enfants étaient perdus ; Lantenac les avait
sauvés.

Mais qui donc les avait perdus ?

N'était-ce pas Lantenac ?

Qui avait mis ces berceaux dans cet incendie ?

N'était-ce pas l'Imânus ?

Qu'était-ce que l'Imânus ?

Le lieutenant du marquis.

Le responsable, c'est le chef.

Donc l'incendiaire et l'assassin, c'était Lantenac.

Qu'avait-il donc fait de si admirable ?

Il n'avait point persisté, rien de plus.

Après avoir construit le crime, il avait reculé devant. Il s'était fait horreur à lui-même. Le cri de la mère avait réveillé en lui ce fond de vieille pitié humaine, sorte de dépôt de la vie universelle, qui est dans toutes les âmes, même les plus fatales. A ce cri, il était revenu sur ses pas. De la nuit où il s'enfonçait, il avait rétrogradé vers le jour. Après avoir fait le crime, il l'avait défait. Tout son mérite était ceci : n'avoir pas été un monstre jusqu'au bout.

Et pour si peu, lui rendre tout! lui rendre l'espace, les champs, les plaines, l'air, le jour, lui rendre la forêt dont il userait pour le banditisme, lui rendre la liberté dont il userait pour la servitude, lui rendre la vie dont il userait pour la mort!

Quant à essayer de s'entendre avec lui, quant à vouloir traiter avec cette âme altière, quant à lui proposer sa délivrance sous condition, quant à lui demander s'il consentirait, moyennant la vie sauve, à s'abstenir désormais de toute hostilité et de toute révolte ; quelle faute ce serait qu'une telle offre, quel avantage on lui donnerait, à quel dédain on se heurterait, comme il souffletterait la question par la réponse! comme il dirait : Gardez les hontes pour vous. Tuez-moi!

Rien à faire en effet avec cet[a] homme, que le tuer ou le délivrer. Cet homme était à pic. Il était toujours prêt à s'envoler ou à se sacrifier ; il était à lui-même son aigle et son précipice. Ame étrange.

Le tuer? quelle anxiété! le délivrer? quelle responsabilité!

Lantenac sauvé, tout serait à recommencer avec la Vendée comme avec l'hydre tant que la tête n'est pas coupée. En un clin d'œil, et avec une course de météore, toute la flamme, éteinte par la disparition de cet homme, se rallumerait. Lantenac ne se reposerait pas tant qu'il n'aurait point réalisé ce plan exécrable, poser, comme un couvercle de tombe, la monarchie sur la république et l'Angleterre sur la France. Sauver Lantenac, c'était sacrifier la France ; la vie de Lantenac, c'était la mort d'une foule d'êtres innocents, hommes, femmes, enfants, repris par la guerre domestique ; c'était le débarquement des Anglais, le recul de la révolution, les villes saccagées, le peuple déchiré, la Bretagne sanglante, la proie rendue à la griffe. Et Gauvain, au milieu de toutes sortes de lueurs incertaines et de clartés en sens contraires, voyait vaguement s'ébaucher dans sa rêverie et se poser devant lui ce problème : la mise en liberté du tigre.

Et puis, la question reparaissait sous son premier aspect ; la pierre de Sisyphe, qui n'est pas autre chose que la querelle de l'homme avec lui-même, retombait : Lantenac, était-ce donc le tigre ?

Peut-être l'avait-il été ; mais l'était-il encore ? Gauvain subissait ces spirales vertigineuses de l'esprit revenant sur lui-même, qui font la pensée pareille à la couleuvre. Décidément, même après examen, pouvait-on nier le dévouement de Lantenac, son abnégation stoïque, son désintéressement superbe ? Quoi ! en présence de toutes les gueules de la guerre civile ouvertes, attester l'humanité ! quoi ! dans le conflit des vérités inférieures, apporter la vérité supérieure ! quoi ! prouver qu'au-dessus des royautés, au-dessus des révolutions, au-dessus des questions terrestres, il y a l'immense attendrissement de l'âme humaine, la protection due aux faibles par les forts, le salut dû à ceux qui sont perdus par ceux qui sont sauvés, la paternité due à tous les enfants par tous les vieillards ! Prouver ces choses magnifiques, et les prouver par le don de sa tête ! quoi, être un général et renoncer à la stratégie,

à la bataille, à la revanche! quoi, être un royaliste,
prendre une balance, mettre dans un plateau le roi de
France, une monarchie de quinze siècles, les vieilles
lois à rétablir, l'antique société à restaurer, et dans
l'autre, trois petits paysans quelconques, et trouver
le roi, le trône, le sceptre et les quinze siècles de monarchie légers, pesés à ce poids de trois innocences!
quoi! tout cela ne serait rien! quoi! celui qui a fait
cela resterait le tigre et devrait être traité en bête
fauve! non! non! non! ce n'était pas un monstre
l'homme qui venait d'illuminer de la clarté d'une action
divine le précipice des guerres civiles! le porte-glaive
s'était métamorphosé en porte-lumière. L'infernal
Satan était redevenu le Lucifer céleste [1]. Lantenac
s'était racheté de toutes ses barbaries par un acte de
sacrifice; en se perdant matériellement il s'était sauvé
moralement; il s'était refait innocent; il avait signé
sa propre grâce. Est-ce que le droit de se pardonner
à soi-même n'existe pas? Désormais il était vénérable.

Lantenac venait d'être extraordinaire. C'était maintenant le tour de Gauvain.

Gauvain était chargé de lui donner la réplique.

La lutte des passions bonnes et des passions mauvaises faisait en ce moment sur le monde le chaos;
Lantenac, dominant ce chaos, venait d'en dégager
l'humanité; c'était à Gauvain maintenant d'en dégager
la famille.

Qu'allait-il faire?

Gauvain allait-il tromper la confiance de Dieu?

Non. Et il balbutiait en lui-même : — Sauvons
Lantenac.

Alors c'est bien. Va, fais les affaires des Anglais.

---

1. C'est presque le dernier vers de *la Fin de Satan,* dans l'état où
nous a été transmis ce poème inachevé :
    Satan est mort ; revis, ô Lucifer céleste!

Déserte. Passe à l'ennemi. Sauve Lantenac et trahis la France.

Et il frémissait.

Ta solution n'en est pas une, ô songeur ! — Gauvain voyait dans l'ombre le sinistre sourire du sphinx.

Cette situation était une sorte de carrefour redoutable où les vérités combattantes venaient aboutir et se confronter, et où se regardaient fixement les trois idées suprêmes de l'homme, l'humanité, la famille, la patrie.

Chacune de ces voix prenait à son tour la parole, et chacune à son tour disait vrai. Comment choisir ? chacune à son tour semblait trouver le joint de sagesse et de justice, et disait : Fais cela. Était-ce cela qu'il fallait faire ? Oui. Non. Le raisonnement disait une chose ; le sentiment en disait une autre ; les deux conseils étaient contraires. Le raisonnement n'est que la raison ; le sentiment est souvent la conscience ; l'un vient de l'homme, l'autre de plus haut [1].

C'est ce qui fait que le sentiment a moins de clarté et plus de puissance.

Quelle force pourtant dans la raison sévère !

Gauvain hésitait.

Perplexités farouches.

Deux abîmes s'ouvraient devant Gauvain. Perdre le marquis ? ou le sauver ? Il fallait se précipiter dans l'un ou dans l'autre.

Lequel de ces deux gouffres était le devoir ?

---

1. Idée sans cesse affirmée dans les œuvres de la maturité et de la vieillesse de Victor Hugo (voir notamment la préface inédite des *Misérables* dans l'édition de l'Imprimerie Nationale), et qui rappelle les conceptions de Rousseau dans la *Profession de foi du Vicaire Savoyard*. « Sa conscience, c'est-à-dire Dieu », est-il écrit dans le chapitre de *la Tempête sous un crâne*.

# III

## LE CAPUCHON DU CHEF

C'est au devoir en effet qu'on avait affaire [1].

Le devoir se dressait ; sinistre devant Cimourdain, formidable devant Gauvain.

Simple devant l'un ; multiple, divers, tortueux, devant l'autre.

Minuit sonna, puis une heure du matin.

Gauvain s'était, sans s'en apercevoir, insensiblement rapproché de l'entrée de la brèche.

L'incendie ne jetait plus qu'une réverbération diffuse et s'éteignait.

Le plateau, de l'autre côté de la tour, en avait le reflet, et devenait visible par instants, puis s'éclipsait, quand la fumée couvrait le feu. Cette lueur, ravivée par soubresauts et coupée d'obscurités subites, disproportionnait les objets et donnait aux sentinelles du camp des aspects de larves. Gauvain, à travers sa méditation, considérait vaguement ces effacements de la fumée par le flamboiement et du flamboiement par la fumée. Ces apparitions et ces disparitions de la clarté devant ses yeux avaient on ne sait quelle analogie avec les apparitions et les disparitions de la vérité dans son esprit.

Soudain, entre deux tourbillons de fumée une

---

1. C'est à un « impératif », selon la morale de Kant, que Gauvain va obéir. On songe aussi à la « générosité » de Descartes et de Corneille, à la contagion de noblesse qui pousse les héros à se dépasser eux-mêmes pour ne pas demeurer inférieurs à celui qui leur a montré le chemin.

flammèche envolée du brasier décroissant éclaira vivement le sommet du plateau et y fit saillir[a] la silhouette
vermeille d'une charrette. Gauvain regarda cette charrette ; elle était entourée de cavaliers qui avaient des
chapeaux de gendarme. Il lui sembla que c'était la charrette que la longue-vue de Guéchamp lui avait fait voir
à l'horizon, quelques heures auparavant, au moment où
le soleil se couchait. Des hommes étaient sur la charrette et avaient l'air occupés à la décharger. Ce qu'ils
retiraient de la charrette paraissait pesant, et rendait
par moments[b] un son de ferraille ; il eût été difficile
de dire ce que c'était ; cela ressemblait à des charpentes ; deux d'entre eux descendirent et posèrent à
terre une caisse qui, à en juger par sa forme, devait
contenir un objet triangulaire. La flammèche s'éteignit,
tout rentra dans les ténèbres ; Gauvain, l'œil fixe,
demeura pensif devant ce qu'il y avait là dans l'obscurité.

Des lanternes s'étaient allumées, on allait et venait
sur le plateau, mais les formes qui se mouvaient étaient
confuses, et d'ailleurs Gauvain d'en bas, et de l'autre
côté du ravin, ne pouvait voir que ce qui était tout à
fait sur le bord du plateau.

Des voix parlaient, mais on ne percevait pas les
paroles. Çà et là, des chocs sonnaient sur du bois. On
entendait aussi on ne sait quel grincement métallique
pareil au bruit d'une faulx qu'on aiguise.

Deux heures sonnèrent.

Gauvain lentement, et comme quelqu'un qui ferait
volontiers deux pas en avant et trois pas en arrière,
se dirigea vers la brèche. A son approche, reconnaissant dans la pénombre le manteau et le capuchon
galonné du commandant, la sentinelle présenta les
armes. Gauvain pénétra dans la salle du rez-de-chaussée,
transformée en corps de garde. Une lanterne était

pendue à la voûte. Elle éclairait juste assez pour qu'on pût traverser la salle sans marcher sur les hommes du poste, gisant à terre sur de la paille, et la plupart endormis.

Ils étaient couchés là ; ils s'y étaient battus quelques heures auparavant ; la mitraille, éparse sous eux en grains de fer et de plomb, et mal balayée, les gênait un peu pour dormir ; mais ils étaient fatigués, et ils se reposaient. Cette salle avait été le lieu horrible ; là on avait attaqué ; là on avait rugi, hurlé, grincé, frappé, tué, expiré ; beaucoup des leurs étaient tombés morts sur ce pavé où ils se couchaient assoupis ; cette paille qui servait à leur sommeil buvait le sang de leurs camarades ; maintenant c'était fini, le sang était étanché, les sabres étaient essuyés, les morts étaient morts ; eux ils dormaient paisibles. Telle est la guerre. Et puis, demain, tout le monde aura le même sommeil.

A l'entrée de Gauvain, quelques-uns de ces hommes assoupis se levèrent, entre autres l'officier qui commandait le poste. Gauvain lui désigna la porte du cachot :

— Ouvrez-moi, dit-il.

Les verrous furent tirés, la porte s'ouvrit.

Gauvain entra dans le cachot.

La porte se referma derrière lui.

# LIVRE SEPTIÈME

# FÉODALITÉ ET RÉVOLUTION

## I

### L'ANCÊTRE

Une lampe était posée sur la dalle de la crypte, à côté du soupirail carré de l'oubliette.

On apercevait aussi sur la dalle la cruche pleine d'eau, le pain de munition et la botte de paille. La crypte étant taillée dans le roc, le prisonnier qui eût eu la fantaisie de mettre le feu à la paille eût perdu sa peine ; aucun risque d'incendie pour la prison, certitude d'asphyxie pour le prisonnier.

A l'instant où la porte tourna sur ses gonds, le marquis marchait dans son cachot ; va-et-vient machinal propre à tous les fauves mis en cage.

Au bruit que fit la porte en s'ouvrant puis en se refermant, il leva la tête, et la lampe qui était à terre entre Gauvain et le marquis éclaira ces deux hommes en plein visage.

Ils se regardèrent, et ce regard était tel qu'il les fit tous deux immobiles.

Le marquis éclata de rire et s'écria :

— Bonjour, monsieur. Voilà pas mal d'années que

je n'ai eu la bonne fortune de vous rencontrer. Vous
me faites la grâce de venir me voir. Je vous remercie.
Je ne demande pas mieux que de causer un peu. Je
commençais à m'ennuyer. Vos amis perdent le temps,
des constatations d'identité, des cours martiales, c'est
long toutes ces manières-là. J'irais plus vite en besogne.
Je suis ici chez moi. Donnez-vous la peine d'entrer.
Eh bien, qu'est-ce que vous dites de tout ce qui se
passe? C'est original, n'est-ce pas? Il y avait une fois
un roi et une reine ; le roi, c'était le roi ; la reine, c'était
la France. On a tranché la tête au roi et marié la reine
à Robespierre ; ce monsieur et cette dame ont eu une
fille qu'on nomme la guillotine, et avec laquelle il
paraît que je ferai connaissance demain matin. J'en
serai charmé. Comme de vous voir. Venez-vous pour
cela? Avez-vous monté en grade? Seriez-vous le
bourreau? Si c'est une simple visite d'amitié, j'en suis
touché. Monsieur le vicomte, vous ne savez peut-être
plus ce que c'est qu'un gentilhomme. Eh bien, en
voilà un, c'est moi. Regardez ça. C'est curieux ; ça
croit en Dieu, ça croit à la tradition, ça croit à la famille,
ça croit à ses aïeux, ça croit à l'exemple de son père,
à la fidélité, à la loyauté, au devoir envers son prince,
au respect des vieilles lois, à la vertu, à la justice ; et
ça vous ferait fusiller avec plaisir. Ayez, je vous prie,
la bonté de vous asseoir. Sur le pavé, c'est vrai ; car
il n'y a pas de fauteuil dans ce salon ; mais qui vit dans
la boue peut s'asseoir par terre. Je ne dis pas cela pour
vous offenser, car ce que nous appelons la boue, vous
l'appelez la nation. Vous n'exigez sans doute pas que
je crie Liberté, Égalité, Fraternité? Ceci est une ancienne chambre de ma maison ; jadis les seigneurs y
mettaient les manants ; maintenant les manants y
mettent les seigneurs. Ces niaiseries-là se nomment
une révolution. Il paraît qu'on me coupera le cou

d'ici à trente-six heures. Je n'y vois pas d'inconvénient.
Par exemple, si l'on était poli, on m'aurait envoyé
ma tabatière, qui est là-haut dans la chambre des
miroirs, où vous avez joué tout enfant et où je vous ai
fait sauter sur mes genoux. Monsieur, je vais vous
apprendre une chose, vous vous appelez Gauvain, et,
chose bizarre, vous avez du sang noble dans les veines,
pardieu, le même sang que le mien, et ce sang qui fait
de moi un homme d'honneur fait de vous un gueusard.
Telles sont les particularités. Vous me direz que ce
n'est pas votre faute. Ni la mienne. Parbleu, on est
un malfaiteur sans le savoir. Cela tient à l'air qu'on
respire ; dans des temps comme les nôtres, on n'est
pas responsable de ce qu'on fait, la révolution est
coquine pour tout le monde ; et tous vos grands crimi-
nels sont de grands innocents. Quelles buses[a] ! A commencer par vous. Souffrez que je vous admire. Oui,
j'admire un garçon tel que vous, qui, homme de
qualité[b], bien situé dans l'État, ayant un grand sang
à répandre pour les grandes causes, vicomte de cette
Tour-Gauvain, prince de Bretagne, pouvant être duc
par droit et pair de France par héritage, ce qui est à
peu près tout ce que peut désirer ici-bas un homme de
bon sens, s'amuse, étant ce qu'il est, à être ce que vous
êtes, si bien qu'il fait à ses ennemis l'effet d'un scélérat
et à ses amis l'effet d'un imbécile. A propos, faites mes
compliments à monsieur l'abbé Cimourdain.

Le marquis parlait à son aise, paisiblement, sans rien
souligner, avec sa voix de bonne compagnie, avec
son œil clair et tranquille, les deux mains dans ses
goussets [1]. Il s'interrompit, respira longuement, et
reprit :

---

1. Ici encore, Lantenac, par ce ton d'ironie tranquille, rappelle le
personnage du duc de Réthel auquel Hugo avait songé. Son réquisi-

— Je ne vous cache pas que j'ai fait ce que j'ai pu pour vous tuer. Tel que vous me voyez, j'ai trois fois, moi-même, en personne, pointé un canon sur vous. Procédé discourtois, je l'avoue ; mais ce serait faire fond sur une mauvaise maxime que de s'imaginer qu'en guerre l'ennemi cherche à nous être agréable. Car nous sommes en guerre, monsieur mon neveu. Tout est à feu et à sang. C'est pourtant vrai qu'on a tué le roi. Joli siècle.

Il s'arrêta encore, puis poursuivit :

— Quand on pense que rien de tout cela ne serait arrivé si l'on avait pendu Voltaire et mis Rousseau aux galères ! Ah ! les gens d'esprit, quel fléau ! Ah çà, qu'est-ce que vous lui reprochez, à cette monarchie ? c'est vrai, on envoyait l'abbé Pucelle à son abbaye de Corbigny, en lui laissant le choix de la voiture et tout le temps qu'il voudrait pour faire le chemin, et quant à votre monsieur Titon, qui avait été, s'il vous plaît, un fort débauché, et qui allait chez les filles avant d'aller aux miracles du diacre Pâris, on le transférait du château de Vincennes au château de Ham en Picardie, qui est, j'en conviens, un assez vilain endroit [1]. Voilà les griefs ; je m'en souviens ; j'ai crié aussi dans mon temps [2] ; j'ai été aussi bête que vous.

toire aristocratique contre la Révolution fait écho aux imprécations bourgeoises que le père Gillenormand, dans les Misérables, adressait à son petit-fils Marius, rallié aux idées révolutionnaires, et portrait fort ressemblant du Victor Hugo de 1830.

1. Allusions aux luttes religieuses sous le règne de Louis XV. Janséniste, l'abbé Pucelle (1655-1745) combattit la bulle Unigenitus devant le Parlement de Paris, d'où son arrestation en 1732. — Le conseiller Titon fut arrêté en même temps que lui et pour des motifs analogues. — Le nom du diacre Pâris rappelle les scènes fameuses de miracles et les convulsionnaires du cimetière Saint-Médard.

2. Le trait est à retenir. Lantenac, dans sa jeunesse, a été de ces nobles qui protestaient contre l'arbitraire du pouvoir et étaient tout prêts à admettre des réformes, notamment dans le système judiciaire.

Le marquis tâta sa poche comme s'il y cherchait sa tabatière, et continua :

— Mais pas aussi méchant. On parlait pour parler. Il y avait aussi la mutinerie des enquêtes et des requêtes [1], et puis ces messieurs les philosophes sont venus, on a brûlé les écrits au lieu de brûler les auteurs, les cabales de la cour s'en sont mêlées ; il y a eu tous ces benêts, Turgot, Quesnay, Malesherbes, les physiocrates, et cætera, et le grabuge a commencé. Tout est venu des écrivailleurs et des rimailleurs. L'Encyclopédie ! Diderot ! d'Alembert ! Ah ! les méchants bélîtres ! Un homme bien né comme ce roi de Prusse, avoir donné là dedans ! Moi, j'eusse supprimé tous les gratteurs de papier. Ah ! nous étions des justiciers, nous autres. On peut voir ici sur le mur la marque des roues d'écartèlement. Nous ne plaisantions pas. Non, non, point d'écrivassiers ! Tant qu'il y aura des Arouet, il y aura des Marat. Tant qu'il y aura des grimauds qui griffonnent, il y aura des gredins qui assassinent ; tant qu'il y aura de l'encre, il y aura de la noirceur ; tant que la patte de l'homme tiendra la plume de l'oie, les sottises frivoles engendreront les sottises atroces. Les livres font les crimes [2]. Le mot chimère a deux sens, il signifie rêve, et il signifie monstre. Comme on se paye de billevesées ! Qu'est-ce que vous nous chantez avec vos droits ? Droits de l'homme ! droits du peuple ! Cela est-il assez creux, assez stupide, assez imaginaire, assez vide de sens ! Moi, quand je dis : Havoise, sœur

---

1. Les Enquêtes et Requêtes formaient une des chambres du Parlement. Les luttes du Parlement contre les ministres, si fréquentes au cours du règne de Louis XV, n'ont pas été sans influence, on le sait, sur les débuts de la Révolution.

2. Hugo s'amusait volontiers à pousser jusqu'à la caricature les colères des partisans de l'ancien régime contre les « philosophes », considérés comme précurseurs de la Révolution, et en général contre les écrivains et les « gens d'esprit ».

de Conan II, apporta le comté de Bretagne à Hoël,
comte de Nantes et de Cornouailles, qui laissa le trône
à Alain Fergant, oncle de Berthe, qui épousa Alain
le Noir, seigneur de la Roche-sur-Yon, et en eut
Conan le Petit, aïeul de Guy ou Gauvain de Thouars,
notre ancêtre, je dis une chose claire, et voilà un droit.
Mais vos drôles, vos marauds, vos croquants, qu'ap-
pellent-ils leurs droits? Le déicide et le régicide. Si ce
n'est pas hideux! Ah! les maroufles! J'en suis fâché
pour vous, monsieur; mais vous êtes de ce fier sang
de Bretagne; vous et moi, nous avons Gauvain de
Thouars pour grand-père; nous avons encore pour
aïeul ce grand duc de Montbazon qui fut pair de
France et honoré du collier des ordres, qui attaqua le
faubourg de Tours et fut blessé au combat d'Arques,
et qui mourut grand-veneur de France en sa maison
de Couzières en Touraine, âgé de quatre-vingt-six ans.
Je pourrais vous parler encore du duc de Laudunois,
fils de la dame de la Garnache, de Claude de Lorraine,
duc de Chevreuse, et de Henri de Lenoncourt, et de
Françoise de Laval-Boisdauphin. Mais à quoi bon?
Monsieur a l'honneur d'être un idiot, et il tient à être
l'égal de mon palefrenier. Sachez ceci, j'étais déjà un
vieil homme que vous étiez encore un marmot. Je
vous ai mouché, morveux, et je vous moucherais
encore. En grandissant, vous avez trouvé moyen de
vous rapetisser. Depuis que nous ne nous sommes
vus, nous sommes allés chacun de notre côté, moi
du côté de l'honnêteté, vous du côté opposé. Ah!
je ne sais pas comment tout cela finira; mais messieurs
vos amis sont de fiers misérables. Ah! oui, c'est beau,
j'en tombe d'accord, les progrès sont superbes, on a
supprimé dans l'armée la peine de la chopine d'eau
infligée trois jours consécutifs au soldat ivrogne;
on a le maximum, la Convention, l'évêque Gobel,

monsieur Chaumette et monsieur Hébert, et l'on extermine en masse tout le passé, depuis la Bastille jusqu'à
l'almanach. On remplace les saints par les légumes.
Soit, messieurs les citoyens, soyez les maîtres, régnez,
prenez vos aises, donnez-vous-en, ne vous gênez pas.
Tout cela n'empêchera pas que la religion ne soit la
religion, que la royauté n'emplisse quinze cents ans
de notre histoire, et que la vieille seigneurie française,
même décapitée, ne soit plus haute que vous. Quant
à vos chicanes sur le droit historique des races royales,
nous en haussons les épaules. Chilpéric, au fond,
n'était qu'un moine appelé Daniel ; ce fut Rainfroi
qui inventa Chilpéric pour ennuyer Charles Martel ;
nous savons ces choses-là aussi bien que vous. Ce n'est
pas la question. La question est ceci : être un grand
royaume ; être la vieille France, être ce pays d'arran-
gement magnifique, où l'on considère premièrement
la personne sacrée des monarques, seigneurs absolus
de l'Etat, puis les princes, puis les officiers de la couronne, pour les armes sur terre et sur mer, pour l'artillerie, direction et surintendance des finances. Ensuite il y a la justice souveraine et subalterne, suivie
du maniement des gabelles et recettes générales, et
enfin la police du royaume dans ses trois ordres. Voilà
qui était beau et noblement ordonné ; vous l'avez
détruit. Vous avez détruit les provinces, comme de
lamentables ignorants que vous êtes, sans même vous
douter de ce que c'était que les provinces [1]. Le génie
de la France est composé du génie même du conti-
nent, et chacune des provinces de France représentait
une vertu de l'Europe ; la franchise de l'Allemagne

---

[1]. Hugo prête maintenant à Lantenac quelques-uns des arguments sérieux des théoriciens de la monarchie, depuis Joseph de
Maistre jusqu'aux royalistes du XXe siècle.

était en Picardie, la générosité de la Suède en Champagne, l'industrie de la Hollande en Bourgogne, l'activité de la Pologne en Languedoc, la gravité de l'Espagne en Gascogne, la sagesse de l'Italie en Provence, la subtilité de la Grèce en Normandie, la fidélité de la Suisse en Dauphiné. Vous ne saviez rien de tout cela ; vous avez cassé, brisé, fracassé, démoli, et vous avez été tranquillement des bêtes brutes. Ah! vous ne voulez plus avoir de nobles! Eh bien, vous n'en aurez plus. Faites-en votre deuil. Vous n'aurez plus de paladins, vous n'aurez plus de héros. Bonsoir les grandeurs anciennes. Trouvez-moi un d'Assas à présent! Vous avez tous peur pour votre peau. Vous n'aurez plus les chevaliers de Fontenoy qui saluaient avant de tuer, vous n'aurez plus les combattants en bas de soie du siège de Lérida ; vous n'aurez plus de ces fières journées militaires où les panaches passaient comme des météores ; vous êtes un peuple fini ; vous subirez ce viol, l'invasion ; si Alaric II revient, il ne trouvera plus en face de lui Clovis ; si Abdérame revient, il ne trouvera plus en face de lui Charles Martel ; si les Saxons reviennent, ils ne trouveront plus devant eux Pépin ; vous n'aurez plus Agnadel, Rocroy, Lens, Staffarde, Nerwinde, Steinkerque, la Marsaille, Raucoux, Lawfeld, Mahon ; vous n'aurez plus Marignan avec François Ier ; vous n'aurez plus Bouvines avec Philippe Auguste faisant prisonnier, d'une main, Renaud, comte de Boulogne, et de l'autre, Ferrand, comte de Flandre. Vous aurez Azincourt, mais vous n'aurez plus pour s'y faire tuer, enveloppé de son drapeau, le sieur de Bacqueville, le grand porte-oriflamme! Allez! allez! faites! Soyez les hommes nouveaux. Devenez petits!

Le marquis fit un moment silence, et repartit :

— Mais laissez-nous grands. Tuez les rois, tuez

les nobles, tuez les prêtres, abattez, ruinez, massacrez, foulez tout aux pieds, mettez les maximes antiques sous le talon de vos bottes, piétinez le trône, trépignez l'autel, écrasez Dieu, dansez dessus! C'est votre affaire. Vous êtes des traîtres et des lâches, incapables de dévouement et de sacrifice. J'ai dit. Maintenant faites-moi guillotiner, monsieur le vicomte. J'ai l'honneur d'être votre très humble.

Et il ajouta :

— Ah! je vous dis vos vérités! Qu'est-ce que cela me fait? Je suis mort.

— Vous êtes libre, dit Gauvain [1].

Et Gauvain s'avança vers le marquis, défit son manteau de commandant, le lui jeta sur les épaules, et lui rabattit le capuchon sur les yeux. Tous deux étaient de même taille.

— Eh bien, qu'est-ce que tu fais? dit le marquis.

Gauvain éleva la voix et cria :

— Lieutenant, ouvrez-moi.

La porte s'ouvrit.

Gauvain cria :

— Vous aurez soin de refermer la porte derrière moi.

Et il poussa dehors le marquis stupéfait.

La salle basse, transformée en corps de garde, avait, on s'en souvient, pour tout éclairage, une lanterne de corne qui faisait tout voir trouble, et donnait plus de nuit que de jour. Dans cette lueur confuse, ceux des soldats qui ne dormaient pas virent marcher au milieu

1. Une première esquisse, conservée par le *Reliquat*, donnait ici un court dialogue entre l'oncle et le neveu : « Sauvez-vous. — Je te sais gré de ça. Mais c'est inutile. Si je t'avais pris, je t'aurais fait fusiller, tu m'as pris, fais-moi guillotiner... » Et Gauvain répliquait en justifiant son geste : « ... Il y a vous qui venez de rentrer dans l'humanité, et il y a moi qui rentre dans la famille. Mon oncle, sauvez-vous. » — Hugo a préféré ensuite ce genre de conclusion abrupte, d'un plus grand effet, et dont il a usé souvent dans ses drames et ses poèmes.

d'eux, se dirigeant vers la sortie, un homme de haute stature ayant le manteau et le capuchon galonné de commandant en chef ; ils firent le salut militaire, et l'homme passa.

Le marquis, lentement, traversa le corps de garde, traversa la brèche, non sans s'y heurter la tête plus d'une fois, et sortit.

La sentinelle, croyant voir Gauvain, lui présenta les armes.

Quand il fut dehors, ayant sous ses pieds l'herbe des champs, à deux cents pas la forêt, et devant lui l'espace, la nuit, la liberté, la vie, il s'arrêta et demeura un moment immobile comme un homme qui s'est laissé faire, qui a cédé à la surprise, et qui, ayant profité d'une porte ouverte, cherche s'il a bien ou mal agi, hésite avant d'aller plus loin, et donne audience à une dernière pensée. Après quelques secondes de rêverie attentive, il leva sa main droite, fit claquer son médius contre son pouce et dit : Ma foi [1] !

Et il s'en alla.

La porte du cachot s'était refermée. Gauvain était dedans.

## II

### LA COUR MARTIALE

Tout alors dans les cours martiales était à peu près discrétionnaire. Dumas, à l'assemblée législative, avait esquissé une ébauche de législation militaire,

---

1. Ce consentement à la libération, étant données les circonstances, n'a rien que de très naturel. Mais Hugo veut évidemment marquer qu'à partir de cet instant Gauvain a surpassé Lantenac en grandeur morale.

retravaillée plus tard par Talot au conseil des Cinq-Cents, mais le code définitif des conseils de guerre n'a été rédigé que sous l'empire. C'est de l'empire que date, par parenthèse, l'obligation imposée aux tribunaux militaires de ne recueillir les votes qu'en commençant par le grade inférieur. Sous la révolution cette loi n'existait pas [1].

En 1793, le président d'un tribunal militaire était presque à lui seul tout le tribunal ; il choisissait les membres, classait l'ordre des grades, réglait le mode du vote ; il était le maître en même temps que le juge.

Cimourdain avait désigné, pour prétoire de la cour martiale, cette salle même du rez-de-chaussée où avait été la retirade et où était maintenant le corps de garde. Il tenait à tout abréger, le chemin de la prison au tribunal et le trajet du tribunal à l'échafaud.

A midi, conformément à ses ordres, la cour était en séance avec l'apparat que voici : trois chaises de paille, une table de sapin, deux chandelles allumées, un tabouret devant la table.

Les chaises étaient pour les juges et le tabouret pour l'accusé. Aux deux bouts de la table il y avait deux autres tabourets, l'un pour le commissaire-auditeur qui était un fourrier, l'autre pour le greffier qui était un caporal.

Il y avait sur la table un bâton de cire rouge, le sceau de la République en cuivre, deux écritoires, des dossiers de papier blanc, et deux affiches imprimées, étalées toutes grandes ouvertes, contenant l'une, la mise hors la loi, l'autre, le décret de la Convention.

La chaise du milieu était adossée à un faisceau de drapeaux tricolores ; dans ces temps de rude sim-

---

1. Toujours le même souci d'exactitude historique et de documentation.

plicité, un décor était vite posé, et il fallait peu de temps pour changer un corps de garde en cour de justice.

La chaise du milieu, destinée au président, faisait face à la porte du cachot.

Pour public, les soldats.

Deux gendarmes gardaient la sellette.

Cimourdain était assis sur la chaise du milieu, ayant à sa droite le capitaine Guéchamp, premier juge, et à sa gauche le sergent Radoub, deuxième juge.

Il avait sur la tête son chapeau à panache tricolore, à son côté son sabre, dans sa ceinture ses deux pistolets. Sa balafre, qui était d'un rouge vif, ajoutait à son air farouche.

Radoub avait fini par se faire panser. Il avait autour de la tête un mouchoir sur lequel s'élargissait lentement une plaque de sang.

A midi, l'audience n'était pas encore ouverte, une estafette, dont on entendait dehors piaffer le cheval, était debout près de la table du tribunal. Cimourdain écrivait. Il écrivait ceci :

« Citoyens membres du Comité de salut public.

« Lantenac est pris. Il sera exécuté demain. »

Il data et signa, plia et cacheta la dépêche, et la remit à l'estafette, qui partit.

Cela fait, Cimourdain dit d'une voix haute :

— Ouvrez le cachot.

Les deux gendarmes tirèrent les verrous, ouvrirent le cachot, et y entrèrent.

Cimourdain leva la tête, croisa les bras, regarda la porte, et cria :

— Amenez le prisonnier.

Un homme apparut entre les deux gendarmes, sous le cintre de la porte ouverte.

C'était Gauvain.

Cimourdain eut un tressaillement.

— Gauvain! s'écria-t-il.

Et il reprit :

— Je demande le prisonnier.

— C'est moi, dit Gauvain.

— Toi?

— Moi.

— Et Lantenac?

— Il est libre.

— Libre!

— Oui.

— Évadé?

— Évadé.

Cimourdain balbutia avec un tremblement :

— En effet, ce château est à lui, il en connaît toutes les issues, l'oubliette communique peut-être à quelque sortie, j'aurais dû y songer, il aura trouvé moyen de s'enfuir, il n'aura eu besoin pour cela de l'aide de personne.

— Il a été aidé, dit Gauvain.

— A s'évader?

— A s'évader.

— Qui l'a aidé?

— Moi.

— Toi!

— Moi.

— Tu rêves!

— Je suis entré dans le cachot, j'étais seul avec le prisonnier, j'ai ôté mon manteau, je le lui ai mis sur le dos, je lui ai rabattu le capuchon sur le visage, il est sorti à ma place et je suis resté à la sienne. Me voici.

— Tu n'as pas fait cela!

— Je l'ai fait.

— C'est impossible.

— C'est réel.

— Amenez-moi Lantenac!

— Il n'est plus ici. Les soldats, lui voyant le manteau de commandant, l'ont pris pour moi et l'ont laissé passer. Il faisait encore nuit.

— Tu es fou.

— Je dis ce qui est.

Il y eut un silence. Cimourdain bégaya :

— Alors tu mérites...

— La mort, dit Gauvain.

Cimourdain était pâle comme une tête coupée. Il était immobile comme un homme sur qui vient de tomber la foudre. Il semblait ne plus respirer. Une grosse goutte de sueur perla sur son front.

Il raffermit sa voix et dit :

— Gendarmes, faites asseoir l'accusé.

Gauvain se plaça sur le tabouret.

Cimourdain reprit :

— Gendarmes, tirez vos sabres.

C'était la formule usitée quand l'accusé était sous le poids d'une sentence capitale.

Les gendarmes tirèrent leurs sabres.

La voix de Cimourdain avait repris son accent ordinaire.

— Accusé, dit-il, levez-vous.

Il ne tutoyait plus Gauvain.

## III

### LES VOTES

Gauvain se leva.

— Comment vous nommez-vous? demanda Cimourdain.

Gauvain répondit :

— Gauvain.

Cimourdain continua l'interrogatoire.

— Qui êtes-vous?

— Je suis commandant en chef de la colonne expéditionnaire des Côtes-du-Nord.

— Êtes-vous parent ou allié de l'homme évadé?

— Je suis son petit-neveu.

— Vous connaissez le décret de la Convention?

— J'en vois l'affiche sur votre table.

— Qu'avez-vous à dire sur ce décret?

— Que je l'ai contresigné, que j'en ai ordonné l'exécution, et que c'est moi qui ai fait faire cette affiche au bas de laquelle est mon nom.

— Faites choix d'un défenseur.

— Je me défendrai moi-même.

— Vous avez la parole.

Cimourdain était redevenu impassible. Seulement son impassibilité ressemblait moins au calme d'un homme qu'à la tranquillité d'un rocher[a].

Gauvain demeura un moment silencieux et comme recueilli.

Cimourdain reprit :

— Qu'avez-vous à dire pour votre défense?

Gauvain leva lentement la tête, ne regarda personne, et répondit :

— Ceci : une chose m'a empêché d'en voir une autre ; une bonne action, vue de trop près, m'a caché cent actions criminelles ; d'un côté un vieillard, de l'autre des enfants, tout cela s'est mis entre moi et le devoir. J'ai oublié les villages incendiés, les champs ravagés, les prisonniers massacrés, les blessés achevés, les femmes fusillées, j'ai oublié la France livrée à l'Angleterre ; j'ai mis en liberté le meurtrier de la patrie. Je suis coupable. En parlant ainsi, je semble parler contre moi ; c'est une erreur. Je parle pour moi. Quand le coupable reconnaît sa faute, il sauve la seule chose qui vaille la peine d'être sauvée, l'honneur.

— Est-ce là, repartit Cimourdain, tout ce que vous avez à dire pour votre défense?

— J'ajoute qu'étant le chef, je devais l'exemple, et qu'à votre tour, étant les juges, vous le devez.

— Quel exemple demandez-vous?

— Ma mort.

— Vous la trouvez juste?

— Et nécessaire.

— Asseyez-vous.

Le fourrier, commissaire-auditeur, se leva et donna lecture, premièrement, de l'arrêté qui mettait hors la loi le ci-devant marquis de Lantenac; deuxièmement, du décret de la Convention édictant la peine capitale contre quiconque favoriserait l'évasion d'un rebelle prisonnier. Il termina par les quelques lignes imprimées au bas de l'affiche du décret, intimant défense « de porter aide et secours » au rebelle susnommé « sous peine de mort », et signées : *le commandant en chef de la colonne expéditionnaire,* GAUVAIN.

Ces lectures faites, le commissaire-auditeur se rassit.

Cimourdain croisa les bras et dit :

— Accusé, soyez attentif. Public, écoutez, regardez, et taisez-vous. Vous avez devant vous la loi. Il va être procédé au vote. La sentence sera rendue à la majorité simple. Chaque juge opinera à son tour, à haute voix, en présence de l'accusé, la justice n'ayant rien à cacher[a].

Cimourdain continua :

— La parole est au premier juge. Parlez, capitaine Guéchamp.

Le capitaine Guéchamp ne semblait voir ni Cimourdain, ni Gauvain. Ses paupières abaissées cachaient ses yeux immobiles fixés sur l'affiche du décret et la

considérant comme on considérerait un gouffre.
Il dit :

— La loi est formelle. Un juge est plus et moins
qu'un homme ; il est moins qu'un homme, car il n'a
pas de cœur ; il est plus qu'un homme, car il a le glaive.
L'an 414 de Rome, Manlius fit mourir son fils pour le
crime d'avoir vaincu sans son ordre. La discipline
violée voulait une expiation. Ici, c'est la loi qui a été
violée ; et la loi est plus haute encore que la discipline.
Par suite d'un accès de pitié, la patrie est remise en
danger. La pitié peut avoir les proportions d'un crime.
Le commandant Gauvain a fait évader le rebelle Lantenac. Gauvain est coupable. Je vote la mort.

— Écrivez, greffier, dit Cimourdain.

Le greffier écrivit : « Capitaine Guéchamp : la mort. »
Gauvain éleva la voix.

— Guéchamp, dit-il, vous avez bien voté, et je vous
remercie.

Cimourdain reprit :

— La parole est au deuxième juge. Parlez, sergent
Radoub.

Radoub se leva, se tourna vers Gauvain et fit à
l'accusé le salut militaire. Puis il s'écria :

— Si c'est ça, alors, guillotinez-moi, car j'en donne
ici ma nom de Dieu de parole d'honneur la plus sacrée,
je voudrais avoir fait, d'abord ce qu'a fait le vieux,
et ensuite ce qu'a fait mon commandant. Quand j'ai
vu cet individu de quatre-vingts ans se jeter dans le
feu pour en tirer les trois mioches, j'ai dit : Bonhomme,
tu es un brave homme ! et quand j'apprends que c'est
mon commandant qui a sauvé ce vieux de votre bête
de guillotine, mille noms de noms, je dis : Mon commandant, vous devriez être mon général, et vous
êtes un vrai homme, et moi, tonnerre ! je vous donnerais
la croix de Saint-Louis, s'il y avait encore des croix,

s'il y avait encore des saints, et s'il y avait encore des louis! Ah çà! est-ce qu'on va être des imbéciles, à présent? Si c'est pour des choses comme ça qu'on a gagné la bataille de Jemmapes, la bataille de Valmy, la bataille de Fleurus[1] et la bataille de Wattignies, alors il faut le dire. Comment! voilà le commandant Gauvain qui depuis quatre mois mène toutes ces bourriques de royalistes tambour battant, et qui sauve la république à coups de sabre, et qui a fait la chose de Dol où il fallait joliment de l'esprit, et, quand vous avez cet homme-là, vous tâchez de ne plus l'avoir! et, au lieu d'en faire votre général, vous voulez lui couper le cou! je dis que c'est à se jeter la tête la première par-dessus le parapet du Pont-Neuf, et que vous-même, citoyen Gauvain, mon commandant, si, au lieu d'être mon général, vous étiez mon caporal, je vous dirais que vous avez dit de fichues bêtises tout à l'heure. Le vieux a bien fait de sauver les enfants, vous avez bien fait de sauver le vieux, et si l'on guillotine les gens parce qu'ils ont fait de bonnes actions, alors va-t'en à tous les diables, je ne sais plus du tout de quoi il est question. Il n'y a plus de raison pour qu'on s'arrête. C'est pas vrai, n'est-ce pas, tout ça? Je me pince pour savoir si je suis éveillé. Je ne comprends pas. Il fallait donc que le vieux laisse brûler les mômes tout vifs, il fallait donc que mon commandant laisse couper le cou au vieux. Tenez, oui, guillotinez-moi. J'aime autant ça. Une supposition, les mioches seraient morts, le bataillon du Bonnet-Rouge était déshonoré. Est-ce que c'est ça qu'on voulait? Alors mangeons-nous les uns les autres. Je me connais en politique aussi bien que vous qui êtes là, j'étais du club de la section des Piques. Sapristi! nous nous abrutis-.

---

1. Léger anachronisme : la bataille de Fleurus a été livrée en juin 1794.

sons à la fin! Je résume ma façon de voir. Je n'aime pas les choses qui ont l'inconvénient de faire qu'on ne sait plus du tout où on en est. Pourquoi diable nous faisons-nous tuer? Pour qu'on nous tue notre chef! Pas de ça, Lisette. Je veux mon chef! Il me faut mon chef. Je l'aime encore mieux aujourd'hui qu'hier. L'envoyer à la guillotine, mais vous me faites rire! Tout ça[a], nous n'en voulons pas. J'ai écouté. On dira tout ce qu'on voudra. D'abord, pas possible.

Et Radoub se rassit. Sa blessure s'était rouverte. Un filet de sang qui sortait du bandeau coulait le long de son cou, de l'endroit où avait été son oreille.

Cimourdain se tourna vers Radoub.

— Vous votez pour que l'accusé soit absous?

— Je vote, dit Radoub, pour qu'on le fasse général.

— Je vous demande si vous votez pour qu'il soit acquitté.

— Je vote pour qu'on le fasse le premier de la république.

— Sergent Radoub, votez-vous pour que le commandant Gauvain soit acquitté, oui ou non?

— Je vote pour qu'on me coupe la tête à sa place.

— Acquittement, dit Cimourdain. Écrivez, greffier.

Le greffier écrivit : « Sergent Radoub : acquittement. »

Puis le greffier dit :

— Une voix pour la mort. Une voix pour l'acquittement. Partage.

C'était à Cimourdain de voter.

Il se leva. Il ôta son chapeau et le posa sur la table.

Il n'était plus pâle ni livide. Sa face était couleur de terre.

Tous ceux qui étaient là eussent été couchés dans des suaires[b] que le silence n'eût pas été plus profond.

Cimourdain dit d'une voix grave, lente et ferme :

— Accusé Gauvain, la cause est entendue. Au nom de la république, la cour martiale, à la majorité de deux voix contre une...

Il s'interrompit, il eut comme un temps d'arrêt ; hésitait-il devant la mort ? hésitait-il devant la vie ? toutes les poitrines étaient haletantes. Cimourdain continua :

— ... Vous condamne à la peine de mort.

Son visage exprimait la torture du triomphe sinistre. Quand Jacob dans les ténèbres se fit bénir par l'ange qu'il avait terrassé[a], il devait avoir ce sourire effrayant.

Ce ne fut qu'une lueur, et cela passa. Cimourdain redevint de marbre, se rassit, remit son chapeau sur sa tête, et ajouta :

— Gauvain, vous serez exécuté demain, au lever du soleil.

Gauvain se leva, salua et dit :

— Je remercie la cour.

— Emmenez le condamné, dit Cimourdain.

Cimourdain fit un signe, la porte du cachot se rouvrit, Gauvain y entra, le cachot se referma. Les deux gendarmes restèrent en faction des deux côtés de la porte, le sabre nu.

On emporta Radoub, qui venait de tomber sans connaissance.

# IV

## APRÈS CIMOURDAIN JUGE, CIMOURDAIN MAITRE

Un camp, c'est un guêpier. En temps de révolution surtout. L'aiguillon civique, qui est dans le soldat, sort volontiers et vite, et ne se gêne pas pour piquer le chef après avoir chassé l'ennemi. La vaillante troupe qui avait pris la Tourgue eut des bourdonnements variés, d'abord contre le commandant Gauvain quand on apprit l'évasion de Lantenac. Lorsqu'on vit Gauvain sortir du cachot où l'on croyait tenir Lantenac, ce fut comme une commotion électrique, et en moins d'une minute tout le corps[a] fut informé. Un murmure éclata dans la petite armée, ce premier murmure fut : — Ils sont en train de juger Gauvain. Mais c'est pour la frime. Fiez-vous donc aux ci-devant et aux calotins! Nous venons de voir un vicomte qui sauve un marquis, et nous allons voir un prêtre qui absout un noble!

— Quand on sut la condamnation de Gauvain, il y eut un deuxième murmure : — Voilà qui est fort! notre chef, notre brave chef, notre jeune commandant, un héros! C'est un vicomte, eh bien, il n'en a que plus de mérite à être républicain! comment! lui, le libérateur de Pontorson, de Villedieu, de Pont-au-Beau! le vainqueur de Dol et de la Tourgue! celui par qui nous sommes invincibles! celui qui est l'épée de la république dans la Vendée! l'homme qui depuis cinq mois tient tête aux chouans et répare toutes les sottises de Léchelle et des autres! ce Cimourdain ose le condamner à mort! pourquoi? parce qu'il a sauvé un vieillard qui avait sauvé trois enfants! un prêtre tuer un soldat!

Ainsi grondait le camp victorieux et mécontent. Une sombre colère entourait Cimourdain. Quatre mille hommes contre un seul, il semble que ce soit une force; ce n'en est pas une. Ces quatre mille hommes étaient une foule, et Cimourdain était une volonté. On savait que Cimourdain fronçait aisément le sourcil, et il n'en fallait pas davantage pour tenir l'armée en respect. Dans ces temps sévères, il suffisait que l'ombre du

Comité de salut public fût derrière un homme pour
faire cet homme redoutable et pour faire aboutir l'im-
précation au chuchotement et le chuchotement au
silence. Avant comme après les murmures, Cimourdain
restait l'arbitre du sort de Gauvain comme du sort
de tous. On savait qu'il n'y avait rien à lui demander
et qu'il n'obéirait qu'à sa conscience, voix surhumaine
entendue de lui seul. Tout dépendait de lui. Ce qu'il
avait fait comme juge martial, seul, il pouvait le défaire
comme délégué civil. Seul il pouvait faire grâce. Il
avait pleins pouvoirs ; d'un signe il pouvait mettre
Gauvain en liberté ; il était le maître de la vie et de la
mort ; il commandait à la guillotine. En ce moment
tragique, il était l'homme suprême.

On ne pouvait qu'attendre.

La nuit vint.

## V

### LE CACHOT

La salle de justice était redevenue corps de garde ;
le poste était doublé comme la veille ; deux factionnaires
gardaient la porte du cachot fermée.

Vers minuit, un homme, qui tenait une lanterne
à la main, traversa le corps de garde, se fit reconnaître
et se fit ouvrir le cachot. C'était Cimourdain.

Il entra et la porte resta entr'ouverte derrière lui.

Le cachot était ténébreux et silencieux. Cimourdain
fit un pas dans cette obscurité, posa la lanterne à terre,
et s'arrêta. On entendait dans l'ombre la respiration
égale d'un homme endormi. Cimourdain écouta,
pensif, ce bruit paisible.

Gauvain était au fond du cachot, sur la botte de paille. C'était son souffle qu'on entendait. Il dormait profondément.

Cimourdain s'avança avec le moins de bruit possible, vint tout près et se mit à regarder Gauvain ; une mère regardant son nourrisson dormir n'aurait pas un plus tendre et plus inexprimable regard. Ce regard était plus fort peut-être que Cimourdain ; Cimourdain appuya[a], comme font quelquefois les enfants, ses deux poings sur ses yeux, et demeura un moment immobile. Puis il s'agenouilla, souleva doucement la main de Gauvain et posa ses lèvres dessus.

Gauvain fit un mouvement. Il ouvrit les yeux, avec le vague étonnement du réveil en sursaut. La lanterne éclairait faiblement la cave. Il reconnut Cimourdain.

— Tiens, dit-il, c'est vous, mon maître.

Et il ajouta :

— Je rêvais que la mort me baisait la main.

Cimourdain eut cette secousse que nous donne parfois la brusque invasion d'un flot de pensées ; quelquefois ce flot est si haut et si orageux qu'il semble qu'il va éteindre l'âme. Rien ne sortit du profond cœur de Cimourdain. Il ne put dire que : Gauvain !

Et tous deux se regardèrent ; Cimourdain avec des yeux pleins de ces flammes qui brûlent[b] les larmes, Gauvain avec son plus doux sourire.

Gauvain se souleva sur son coude et dit :

— Cette balafre que je vois sur votre visage, c'est le coup de sabre que vous avez reçu pour moi. Hier encore vous étiez dans cette mêlée à côté de moi et à cause de moi. Si la providence ne vous avait pas mis près de mon berceau, où serais-je aujourd'hui ? dans les ténèbres. Si j'ai la notion du devoir[c], c'est de vous qu'elle me vient. J'étais né noué. Les préjugés sont des ligatures, vous m'avez ôté ces bandelettes, vous avez remis ma croissance en liberté, et de ce qui n'était déjà plus qu'une momie, vous avez refait un enfant. Dans l'avorton probable vous avez mis une conscience. Sans vous, j'aurais grandi petit. J'existe par vous. Je n'étais qu'un seigneur, vous avez fait de moi un citoyen ; je n'étais qu'un citoyen, vous avez fait de moi un esprit ; vous m'avez fait propre, comme homme, à la vie terrestre[a], et, comme âme, à la vie céleste. Vous m'avez donné, pour aller dans la réalité humaine, la clef de vérité, et, pour aller au delà, la clef de lumière. O mon maître, je vous remercie. C'est vous qui m'avez créé.

Cimourdain s'assit sur la paille à côté de Gauvain et lui dit :

— Je viens souper avec toi.

Gauvain rompit le pain noir, et le lui présenta. Cimourdain en prit un morceau ; puis Gauvain lui tendit la cruche d'eau.

— Bois le premier, dit Cimourdain.

Gauvain but et passa la cruche à Cimourdain qui but après lui. Gauvain n'avait bu qu'une gorgée.

Cimourdain but à longs traits[b].

Dans ce souper, Gauvain mangeait et Cimourdain buvait, signe du calme de l'un et de la fièvre de l'autre.

On ne sait quelle sérénité terrible était dans ce cachot. Ces deux hommes causaient [1].

Gauvain disait :

— Les grandes choses s'ébauchent. Ce que la révolution fait en ce moment est mystérieux. Derrière

---

1. Hugo avait dressé ainsi le plan de ce dialogue final : « Conversation suprême entre Gauvain et Cimourdain. Pas un mot de ce qui se passera le lendemain matin. — L'absolu. L'avenir du genre humain. Le monde tel que le fera la révolution. — La fin de l'échafaud. — La fin de la guerre. La femme relevée. L'enfant relevé. — L'Europe une. Le globe un. — L'idéal. »

l'œuvre visible il y a l'œuvre invisible. L'une cache
l'autre. L'œuvre visible est farouche, l'œuvre invisible
est sublime. En cet instant je distingue tout très nettement. C'est étrange et beau. Il a bien fallu se servir
des matériaux du passé. De là cet extraordinaire 93.
Sous un échafaudage de barbarie se construit un
temple de civilisation.

— Oui, répondit Cimourdain. De ce provisoire
sortira le définitif. Le définitif, c'est-à-dire le droit
et le devoir parallèles, l'impôt proportionnel et pro-
gressif, le service militaire obligatoire, le nivellement,
aucune déviation, et, au-dessus de tous et de tout,
cette ligne droite, la loi. La république de l'absolu.

— Je préfère, dit Gauvain, la république de l'idéal.

Il s'interrompit, puis continua :

— O mon maître, dans tout ce que vous venez de
dire, où placez-vous le dévouement, le sacrifice,
l'abnégation, l'entrelacement magnanime des bien-
veillances, l'amour? Mettre tout en équilibre, c'est
bien ; mettre tout en harmonie, c'est mieux. Au-dessus
de la balance il y a la lyre. Votre république dose,
mesure et règle l'homme ; la mienne l'emporte en plein
azur ; c'est la différence qu'il y a entre un théorème
et un aigle[a].

— Tu te perds dans le nuage.

— Et vous dans le calcul.

— Il y a du rêve dans l'harmonie.

— Il y en a aussi dans l'algèbre.

— Je voudrais l'homme fait par Euclide.

— Et moi, dit Gauvain, je l'aimerais mieux fait par
Homère.

Le sourire sévère de Cimourdain s'arrêta sur
Gauvain comme pour tenir cette âme en arrêt.

— Poésie. Défie-toi des poëtes.

— Oui, je connais ce mot. Défie-toi des souffles,

défie-toi des rayons, défie-toi des parfums, défie-toi des fleurs, défie-toi des constellations.

— Rien de tout cela ne donne à manger.

— Qu'en savez-vous? l'idée aussi est nourriture. Penser, c'est manger.

— Pas d'abstraction. La république c'est deux et deux font quatre. Quand j'ai donné à chacun ce qui lui revient...

— Il vous reste à donner à chacun ce qui ne lui revient pas.

— Qu'entends-tu par là?

— J'entends l'immense concession réciproque que chacun doit à tous et que tous doivent à chacun, et qui est toute la vie sociale.

— Hors du droit strict, il n'y a rien.

— Il y a tout.

— Je ne vois que la justice.

— Moi, je regarde plus haut.

— Qu'y a-t-il donc au-dessus de la justice?

— L'équité.

Par moments ils s'arrêtaient comme si des lueurs passaient.

Cimourdain reprit :

— Précise, je t'en défie.

— Soit [1]. Vous voulez le service militaire obligatoire.

---

1. Certains articles de ce programme peuvent surprendre à la date où il est énoncé. Mais c'est qu'il s'agit là tout simplement du programme que Hugo, surtout depuis 1851, n'a cessé de présenter en son nom et sous des formes multiples, dans ses poèmes, ses romans, ses discours. C'est ce que permettront de préciser des rapprochements avec certains textes fondamentaux, entre autres l'*Introduction à Paris-Guide*, composée sur l'initiative de Paul Meurice, pour présenter Paris aux visiteurs de l'exposition de 1867. Dans cette brochure considérable, Hugo dressait une profession de foi, un manifeste politique, social, économique, dont il confiait d'avance la réalisation au xxe siècle. Voici quelques passages à rapprocher des visions d'avenir de Gauvain.
Sur le service militaire : « les quatre milliards que coûtent annuelle-

Contre qui? contre d'autres hommes. Moi, je ne veux pas de service militaire. Je veux la paix. Vous voulez les misérables secourus, moi je veux la misère supprimée. Vous voulez l'impôt proportionnel. Je ne veux point d'impôt du tout. Je veux la dépense commune réduite à sa plus simple expression et payée par la plus-value sociale.

— Qu'entends-tu par là?

— Ceci : d'abord supprimez les parasitismes ; le parasitisme du prêtre, le parasitisme du juge, le

---

ment les armées permanentes laissés dans la poche des citoyens ; les quatre millions de jeunes travailleurs qu'annule honorablement l'uniforme restitués au commerce, à l'agriculture, à l'industrie. »

Sur l'impôt et la richesse publique : « La circulation fiduciaire à son haut degré ; le papier-monnaie à coupon faisant un rentier de quiconque a vingt francs dans son gousset ; une incalculable plus-value résultant de l'abolition des parasitismes ;... la circulation décuplée ayant pour résultat la production et la consommation centuplées... ».

L'exploitation de la terre et la propriété : « le globe sera la maison de l'homme, et rien n'en sera perdu ;... quiconque voudra aura sur un sol vierge un toit, un champ, un bien-être, une richesse, à la seule condition d'élargir à toute la terre l'idée patrie, et de se considérer comme citoyen et laboureur du monde, de sorte que la propriété, ce grand droit humain, cette suprême liberté,... loin d'être supprimée, sera démocratisée et universalisée. »

Sur la mise en valeur de la terre et les grands travaux : « L'égout remplacé par le drainage ;... les cours d'eau endigués, ce qui empêchera les inondations, et empoisonnés, ce qui produira la vie à bas prix... »

Déjà dans *les Misérables* (Cinquième partie, livre I) l'épisode de Jean Valjean errant dans les égouts de Paris, avait suggéré au romancier-économiste une vaste digression sur les engrais, avec tout un plan d'utilisation rationnelle.

Toutes ces suggestions, où se mêlent curieusement les utopies que notre époque allait démentir, et les anticipations d'une perspicacité singulière, abondent dans les textes réunis pour la plupart sous le titre : *Actes et Paroles* (1875-1876-1889). — Quant à l'utilisation de la force des marées, elle est envisagée dans deux discours adressés aux ouvriers (25 mars 1877, 4 août 1879), que Barbou a cités dans *Victor Hugo et son temps* (1881). Ce passage de *Quatrevingt-treize* n'est donc pas isolé ; il constitue au contraire un véritable document sur les conceptions de Hugo, toujours plus préoccupé de questions sociales, et qui tenait à souligner le caractère précis et même technique de son programme.

parasitisme du soldat. Ensuite, tirez parti de vos richesses ; vous jetez l'engrais à l'égout, jetez-le au sillon. Les trois quarts du sol sont en friche, défrichez la France, supprimez les vaines pâtures ; partagez les terres communales. Que tout homme ait une terre, et que toute terre ait un homme. Vous centuplerez le produit social. La France, à cette heure, ne donne à ses paysans que quatre jours de viande par an ; bien cultivée, elle nourrirait trois cent millions d'hommes, toute l'Europe. Utilisez la nature, cette immense auxiliaire dédaignée. Faites travailler pour vous tous les souffles de vent, toutes les chutes d'eau, tous les effluves magnétiques. Le globe a un réseau veineux souterrain ; il y a dans ce réseau une circulation prodigieuse d'eau, d'huile, de feu ; piquez la veine du globe, et faites jaillir cette eau pour vos fontaines, cette huile pour vos lampes, ce feu pour vos foyers. Réfléchissez au mouvement des vagues, au flux et reflux, au va-et-vient des marées. Qu'est-ce que l'océan ? une énorme force perdue. Comme la terre est bête ! ne pas employer l'océan !

— Te voilà en plein songe.

— C'est-à-dire en pleine réalité.

Gauvain reprit :

— Et la femme ? qu'en faites-vous ?

Cimourdain répondit :

— Ce qu'elle est. La servante de l'homme.

— Oui. A une condition.

— Laquelle ?

— C'est que l'homme sera le serviteur de la femme.

— Y penses-tu ? s'écria Cimourdain, l'homme serviteur ! jamais. L'homme est maître. Je n'admets qu'une royauté, celle du foyer. L'homme chez lui est roi.

— Oui. A une condition.

— Laquelle?

— C'est que la femme y sera reine.

— C'est-à-dire que tu veux pour l'homme et pour la femme...

— L'égalité.

— L'égalité! y songes-tu? les deux êtres sont divers.

— J'ai dit l'égalité. Je n'ai pas dit l'identité[1].

Il y eut encore une pause, comme une sorte de trêve entre ces deux esprits échangeant des éclairs. Cimourdain la rompit.

— Et l'enfant! à qui le donnes-tu?

— D'abord au père qui l'engendre, puis à la mère qui l'enfante, puis au maître qui l'élève, puis à la cité qui le virilise, puis à la patrie qui est la mère suprême, puis à l'humanité qui est la grande aïeule.

— Tu ne parles pas de Dieu.

— Chacun de ces degrés, père, mère, maître, cité, patrie, humanité, est un des échelons de l'échelle qui monte à Dieu[2].

Cimourdain se taisait, Gauvain poursuivit :

— Quand on est au haut[a] de l'échelle, on est arrivé à Dieu. Dieu s'ouvre; on n'a plus qu'à entrer.

Cimourdain fit le geste d'un homme qui en rappelle un autre.

— Gauvain, reviens sur la terre. Nous voulons réaliser le possible.

---

1. Autre préoccupation constante de Hugo. Dans le poème des *Contemplations* que nous avons eu déjà l'occasion de citer à maintes reprises, et qui est aussi une sorte de profession de foi, *Écrit en 1846*, il n'a garde d'oublier cet aspect de son apostolat :

*J'ai réclamé des droits pour la femme et l'enfant.*

Mêmes soucis dans *Melancholia* (*Contemplations*, III, 2).

2. « L'échelle des êtres » est un des thèmes majeurs du poème métaphysique des *Contemplations* (VI, 26) : *Ce que dit la bouche d'ombre*; voir le grand mouvement qui commence par ce vers :

L'échelle que tu vois, crois-tu qu'elle se rompe?

— Commencez par ne pas le rendre impossible.

— Le possible se réalise toujours.

— Pas toujours. Si l'on rudoie l'utopie, on la tue. Rien n'est plus sans défense que l'œuf.

— Il faut pourtant saisir l'utopie, lui imposer le joug du réel, et l'encadrer dans le fait. L'idée abstraite doit se transformer en idée concrète ; ce qu'elle perd en beauté, elle le regagne en utilité ; elle est moindre, mais meilleure. Il faut que le droit entre dans la loi ; et, quand le droit s'est fait loi [1], il est absolu. C'est là ce que j'appelle le possible.

— Le possible est plus que cela.

— Ah ! te revoilà dans le rêve.

— Le possible est un oiseau mystérieux toujours planant au-dessus de l'homme.

— Il faut le prendre.

— Vivant.

Gauvain continua :

— Ma pensée est : Toujours en avant. Si Dieu avait voulu que l'homme reculât, il lui aurait mis un œil derrière la tête. Regardons toujours du côté de l'aurore, de l'éclosion, de la naissance. Ce qui tombe encourage ce qui monte. Le craquement du vieil arbre est un appel à l'arbre nouveau. Chaque siècle fera son œuvre, aujourd'hui civique, demain humaine. Aujourd'hui la question du droit, demain la question du salaire. Salaire et droit, au fond c'est le même mot. L'homme ne vit pas pour n'être point payé ; Dieu en donnant la vie contracte une dette ; le droit, c'est le salaire inné ; le salaire, c'est le droit acquis [2].

---

1. Le premier volume d'*Actes et Paroles*, paru en 1875 sous le titre : *Avant l'exil*, est précédé d'une préface où Hugo dresse en présence l'un de l'autre *le Droit et la Loi*, en cherchant comment il est possible de les fondre l'un dans l'autre.

2. Cette allusion au problème ouvrier, dont Hugo a parfaitement

Gauvain parlait avec le recueillement d'un prophète. Cimourdain écoutait. Les rôles étaient intervertis, et maintenant il semblait que c'était l'élève qui était le maître.

Cimourdain murmura :

— Tu vas vite.

— C'est que je suis peut-être un peu pressé, dit Gauvain en souriant.

Et il reprit :

— O mon maître, voici la différence entre nos deux utopies. Vous voulez la caserne obligatoire, moi, je veux l'école. Vous rêvez l'homme soldat, je rêve l'homme citoyen. Vous le voulez terrible, je le veux pensif. Vous fondez une république de glaives, je fonde...

Il s'interrompit :

— Je fonderais une république d'esprits.

Cimourdain regarda le pavé du cachot, et dit :

— Et en attendant que veux-tu?

— Ce qui est.

— Tu absous donc le moment présent?

— Oui.

— Pourquoi?

— Parce que c'est une tempête. Une tempête sait toujours ce qu'elle fait. Pour un chêne foudroyé, que de forêts assainies! La civilisation avait une peste, ce grand vent l'en délivre. Il ne choisit pas assez peut-être. Peut-il faire autrement? Il est chargé d'un si rude balayage! Devant l'horreur du miasme, je comprends la fureur du souffle.

---

saisi la gravité, suffirait à prouver à quel point il s'identifie avec Gauvain, dont les anticipations ne sont pas sans rappeler assurément celles de révolutionnaires de son temps (Saint-Just entre autres) mais annoncent bien davantage, par l'accent et le style même, le recueil d'*Actes et Paroles*.

Gauvain continua :

— D'ailleurs, que m'importe la tempête, si j'ai la boussole, et que me font les événements, si j'ai ma conscience !

Et il ajouta de cette voix basse qui est aussi la voix solennelle :

— Il y a quelqu'un qu'il faut toujours laisser faire.

— Qui? demanda Cimourdain.

Gauvain leva le doigt au-dessus de sa tête. Cimourdain suivit du regard la direction de ce doigt levé, et, à travers la voûte du cachot, il lui sembla voir le ciel étoilé.

Ils se turent encore.

Cimourdain reprit :

— Société plus grande que nature. Je te le dis, ce n'est plus le possible, c'est le rêve.

— C'est le but. Autrement, à quoi bon la société? Restez dans la nature. Soyez les sauvages. Otaïti est un paradis [1]. Seulement, dans ce paradis on ne pense pas. Mieux vaudrait encore un enfer intelligent qu'un paradis bête. Mais non, point d'enfer. Soyons la société humaine. Plus grande que nature. Oui. Si vous n'ajoutez rien à la nature, pourquoi sortir de la nature? Alors, contentez-vous du travail comme la fourmi, et du miel comme l'abeille. Restez la bête ouvrière au lieu d'être l'intelligence reine. Si vous ajoutez quelque chose à la nature, vous serez nécessairement plus grand qu'elle ; ajouter, c'est augmenter ; augmenter, c'est

1. Par ce rappel d'une des plus célèbres utopies du XVIIIᵉ siècle — symbolisée par le nom d'Otaïti, l'île bienheureuse, et par la conception du « bon sauvage » — Hugo se sépare de Rousseau et se rapproche plutôt de Voltaire, apologiste d'une société éclairée et gouvernée par la pensée. Cette préférence apparaîtra décidément dans le discours prononcé en 1878 à l'occasion du centenaire de la mort de Voltaire ; d'où une violente discussion entre Hugo et Louis Blanc, demeuré « rousseauiste ».

grandir. La société, c'est la nature sublimée. Je veux tout ce qui manque aux ruches, tout ce qui manque aux fourmilières, les monuments, les arts, la poésie, les héros, les génies. Porter des fardeaux éternels, ce n'est pas la loi de l'homme. Non, non, non, plus de parias, plus d'esclaves, plus de forçats, plus de damnés ! Je veux que chacun des attributs de l'homme soit un symbole de civilisation et un patron de progrès ; je veux la liberté devant l'esprit, l'égalité devant le cœur, la fraternité devant l'âme. Non ! plus de joug ! l'homme est fait, non pour traîner des chaînes, mais pour ouvrir des ailes. Plus d'homme reptile. Je veux la transfiguration de la larve en lépidoptère ; je veux que le ver de terre se change en une fleur vivante, et s'envole [1]. Je veux...

Il s'arrêta. Son œil devint éclatant.

Ses lèvres remuaient. Il cessa de parler.

La porte était restée ouverte. Quelque chose des rumeurs du dehors pénétrait dans le cachot. On entendait de vagues clairons, c'était probablement la diane ; puis des crosses de fusil sonnant à terre, c'étaient les sentinelles qu'on relevait ; puis, assez près de la tour, autant qu'on en pouvait juger dans l'obscurité, un mouvement pareil à un remuement de planches et de madriers, avec des bruits sourds et intermittents qui ressemblaient à des coups de marteau.

Cimourdain, pâle, écoutait. Gauvain n'entendait pas.

Sa rêverie était de plus en plus profonde. Il semblait qu'il ne respirât plus, tant il était attentif à ce qu'il voyait sous la voûte visionnaire de son cerveau. Il

---

1. C'est le style même, aisément reconnaissable, des vaticinations de Hugo dans *les Misérables*, dans *William Shakespeare* (l'apologie des génies), dans d'innombrables textes de la période de l'exil et de la vieillesse.

avait de doux tressaillements. La clarté d'aurore[a] qu'il avait dans la prunelle grandissait.

Un certain temps se passa ainsi. Cimourdain lui demanda :

— A quoi penses-tu ?

— A l'avenir, dit Gauvain.

Et il retomba dans sa méditation. Cimourdain se leva du lit de paille où ils étaient assis tous les deux. Gauvain ne s'en aperçut pas. Cimourdain, couvant du regard le jeune homme pensif, recula lentement jusqu'à la porte, et sortit. Le cachot se referma.

# VI

## CEPENDANT LE SOLEIL SE LÈVE

Le jour ne tarda pas à poindre à l'horizon.

En même temps que le jour, une chose étrange, immobile, surprenante, et que les oiseaux du ciel ne connaissaient pas, apparut sur le plateau de la Tourgue au-dessus de la forêt de Fougères.

Cela avait été mis là dans la nuit. C'était dressé, plutôt que bâti. De loin sur l'horizon c'était une silhouette faite de lignes droites et dures ayant l'aspect d'une lettre hébraïque ou d'un de ces hiéroglyphes d'Égypte qui faisaient partie de l'alphabet de l'antique énigme.

Au premier abord, l'idée que cette chose éveillait était l'idée de l'inutile. Elle était là parmi les bruyères en fleur. On se demandait à quoi cela pouvait servir. Puis on sentait venir un frisson. C'était une sorte de tréteau ayant pour pieds quatre poteaux[1]. A un bout du tréteau, deux hautes solives, debout et droites, reliées à leur sommet par une traverse, élevaient et tenaient suspendu un triangle qui semblait noir sur l'azur du matin. A l'autre bout du tréteau, il y avait une échelle. Entre les deux solives, en bas, au-dessous du triangle, on distinguait une sorte de panneau composé de deux sections mobiles qui, en s'ajustant l'une à l'autre, offraient au regard un trou rond à peu près de la dimension du cou d'un homme. La section supérieure du panneau glissait dans une rainure, de façon à pouvoir se hausser ou s'abaisser. Pour l'instant, les deux croissants qui en se rejoignant formaient le collier étaient écartés. On apercevait au pied des deux piliers portant le triangle une planche pouvant tourner sur charnière et ayant l'aspect d'une bascule. A côté de cette planche il y avait un panier long, et entre les deux piliers, en avant, et à l'extrémité du tréteau, un panier carré. C'était peint en rouge. Tout était en bois, excepté le triangle qui était en fer. On sentait que cela avait été construit par des hommes, tant c'était laid, mesquin et petit ; et cela aurait mérité d'être apporté là par des génies, tant c'était formidable.

Cette bâtisse difforme, c'était la guillotine.

En face, à quelques pas, dans le ravin, il y avait

---

1. Pour l'ennemi acharné de la peine de mort, l'échafaud prit toujours l'aspect d'une vision de cauchemar, à la fois fantastique et hideuse. Ainsi apparaît-il à la fin du grand poème social des *Contemplations* (III, 2), *Melancholia* :

> Tous ces hommes contents de vivre boivent, rient,
> Chantent ; et, par moments, on voit au-dessus d'eux
> Deux poteaux soutenant un triangle hideux
> Qui sortent lentement du noir pavé des villes...

Voir aussi la fin du poème épique *la Révolution* et, dans *Toute la lyre*, le poème intitulé *l'Échafaud* dans la première édition (cf. l'Introduction, p. xvi).

un autre monstre, la Tourgue. Un monstre de pierre faisant pendant au monstre de bois. Et, disons-le, quand l'homme a touché au bois et à la pierre, le bois et la pierre ne sont plus ni bois ni pierre, et prennent quelque chose de l'homme [1]. Un édifice est un dogme, une machine est une idée[a].

La Tourgue était cette résultante fatale du passé qui s'appelait la Bastille à Paris, la Tour de Londres en Angleterre, le Spielberg en Allemagne, l'Escurial en Espagne, le Kremlin à Moscou, le château Saint-Ange à Rome [2].

Dans la Tourgue étaient condensés quinze cents ans, le moyen âge, le vasselage, la glèbe, la féodalité ; dans la guillotine une année, 93 ; et ces douze mois faisaient contre-poids à ces quinze siècles.

La Tourgue, c'était la monarchie ; la guillotine, c'était la révolution.

Confrontation tragique[b].

---

1. Idée que Hugo avait magnifiquement illustrée dans le poème *la Nature* des *Contemplations* (III, 29), où l'arbre accepte de se plier à toutes les fantaisies de l'homme, de devenir timon de charrue, pilier, mât de vaisseau, mais non pas de se transformer en gibet. Le thème avait été indiqué par Agrippa d'Aubigné au livre VII des *Tragiques* :

> Pourquoi nous avez-vous, diront les arbres, faits
> D'arbres délicieux exécrables gibets ?

2. Les trois premiers noms évoquent la rigueur des pénalités, qui, pour Hugo comme pour Michelet, était une des tares essentielles du passé. Le Spielberg, si souvent cité par Stendhal, et décrit par Silvio Pellico dans ses *Prisons,* était en fait situé sur le territoire autrichien, à Brünn en Moravie.

Dans les notes accumulées pour *Quatrevingt-treize,* Hugo avait recueilli de nombreux témoignages sur les cruautés pénales des régimes d'autrefois (toute une page était consacrée au supplice de Damiens, auteur de l'attentat contre Louis XV, et dont Michelet avait raconté avec un luxe de détails l'atroce agonie).

Les trois noms qui suivent symbolisent plutôt le pouvoir absolu et tyrannique. Le château St-Ange, transformé par les papes en forteresse, servit d'ailleurs aussi de prison.

D'un côté, la dette ; de l'autre, l'échéance. D'un
côté, l'inextricable complication gothique, le serf,
le seigneur, l'esclave, le maître, la roture, la noblesse,
le code multiple ramifié en coutumes, le juge et le
prêtre coalisés, les ligatures innombrables, le fisc, les
gabelles, la mainmorte, les capitations, les exceptions,
les prérogatives, les préjugés, les fanatismes, le pri-
vilège royal de banqueroute, le sceptre, le trône, le
bon plaisir, le droit divin [1] ; de l'autre, cette chose
simple, un couperet.

D'un côté, le nœud ; de l'autre, la hache.

La Tourgue avait été longtemps seule dans ce désert.
Elle était là avec ses mâchicoulis d'où avaient ruisselé
l'huile bouillante, la poix enflammée et le plomb
fondu, avec ses oubliettes pavées d'ossements, avec
sa chambre aux écartèlements, avec la tragédie énorme
dont elle était remplie ; elle avait dominé de sa figure
funeste cette forêt, elle avait eu dans cette ombre quinze
siècles de tranquillité farouche, elle avait été dans ce
pays l'unique puissance, l'unique respect et l'unique
effroi ; elle avait régné ; elle avait été, sans partage,
la barbarie ; et tout à coup elle voyait se dresser devant
elle et contre elle, quelque chose, — plus que quelque
chose, — quelqu'un d'aussi horrible[a] qu'elle, la guillotine.

La pierre semble quelquefois avoir des yeux étranges.
Une statue observe, une tour guette, une façade d'édifice contemple [2]. La Tourgue avait l'air d'examiner la
guillotine.

---

1. Hugo condense en quelques lignes le réquisitoire contre l'ancien
régime, qu'il a développé en tant d'endroits de son œuvre, surtout
depuis l'exil (voir entre autres, dans l'*Introduction à Paris-Guide* citée
plus haut, toute la seconde partie intitulée : *le Passé*).

2. Cette animation de la matière a fourni à Hugo, dans *Notre-Dame
de Paris*, dans *le Rhin*, dans *la Légende des siècles*, dans *la Révolution* des
*Quatre vents de l'Esprit*, etc., un de ses thèmes favoris d'épopée.

Elle avait l'air de s'interroger.

Qu'était-ce que cela?

Il semblait que cela était sorti de terre.

Et cela en était sorti en effet.

Dans la terre fatale avait germé l'arbre sinistre. De cette terre, arrosée de tant de sueurs, de tant de larmes, de tant de sang, de cette terre où avaient été creusées tant de fosses, tant de tombes, tant de cavernes, tant d'embûches, de cette terre où avaient pourri toutes les espèces de morts faits par toutes les espèces de tyrannies, de cette terre superposée à tant d'abîmes, et où avaient été enfouis tant de forfaits, semences affreuses, de cette terre profonde, était sortie, au jour marqué, cette inconnue, cette vengeresse, cette féroce machine porte-glaive, et 93 avait dit au vieux monde :

— Me voilà.

Et la guillotine avait le droit de dire au donjon :

— Je suis ta fille.

Et en même temps le donjon, car ces choses fatales vivent d'une vie obscure, se sentait tué par elle.

La Tourgue, devant la redoutable apparition[a], avait on ne sait quoi d'effaré [1]. On eût dit qu'elle avait peur. La monstrueuse masse de granit était majestueuse et infâme, cette planche avec son triangle était pire. La toute-puissante déchue avait l'horreur de la toute-puissante nouvelle. L'histoire criminelle considérait l'histoire justicière. La violence d'autrefois se comparait à la violence d'à présent; l'antique forteresse, l'antique prison, l'antique seigneurie, où avaient hurlé les patients démembrés, la construction de guerre et de meurtre, hors de service et hors de combat, violée, démantelée, découronnée, tas de pierres valant un tas de cendres, hideuse, magni-

---

1. Le mot préféré de Hugo dans ces évocations hallucinées.

fique et morte, toute pleine du vertige des siècles effrayants, regardait passer la terrible heure vivante. Hier frémissait devant Aujourd'hui, la vieille férocité constatait et subissait la nouvelle épouvante, ce qui n'était plus que le néant ouvrait des yeux d'ombre devant ce qui était la terreur, et le fantôme regardait le spectre.

La nature est impitoyable ; elle ne consent pas à retirer ses fleurs, ses musiques[a], ses parfums et ses rayons devant l'abomination humaine ; elle accable l'homme du contraste de la beauté divine avec la laideur sociale ; elle ne lui fait grâce ni d'une aile de papillon ni d'un chant d'oiseau ; il faut qu'en plein meurtre, en pleine vengeance, en pleine barbarie, il subisse le regard des choses sacrées ; il ne peut se soustraire à l'immense reproche de la douceur universelle et à l'implacable sérénité de l'azur. Il faut que la difformité des lois humaines se montre toute nue au milieu de l'éblouissement éternel. L'homme brise et broie, l'homme stérilise, l'homme tue ; l'été reste l'été, le lys reste le lys, l'astre reste l'astre.

Ce matin-là, jamais le ciel frais du jour levant n'avait été plus charmant. Un vent tiède remuait les bruyères, les vapeurs rampaient mollement dans les branchages, la forêt de Fougères, toute pénétrée de l'haleine qui sort des sources, fumait dans l'aube comme une vaste cassolette pleine d'encens ; le bleu du firmament, la blancheur des nuées, la claire transparence des eaux, la verdure, cette gamme harmonieuse qui va de l'aiguemarine à l'émeraude, les groupes d'arbres fraternels, les nappes d'herbes, les plaines profondes, tout avait cette pureté qui est l'éternel conseil de la nature à l'homme. Au milieu de tout cela s'étalait l'affreuse impudeur humaine ; au milieu de tout cela apparaissaient la forteresse et l'échafaud, la guerre et le supplice, les deux figures de l'âge sanguinaire et de la minute sanglante ; la chouette de la nuit du passé et la chauve-souris du crépuscule de l'avenir. En présence de la création fleurie, embaumée, aimante et charmante, le ciel splendide inondait d'aurore la Tourgue et la guillotine, et semblait dire aux hommes : Regardez ce que je fais et ce que vous faites.

Tels sont les formidables usages que le soleil fait de sa lumière.

Ce spectacle avait des spectateurs.

Les quatre mille hommes de la petite armée expéditionnaire étaient rangés en ordre de combat sur le plateau. Ils entouraient la guillotine de trois côtés, de façon à tracer autour d'elle, en plan géométral, la figure d'un E [1] ; la batterie placée au centre de la plus grande ligne faisait le cran de l'E. La machine rouge[a] était comme enfermée dans ces trois fronts de bataille, sorte de muraille de soldats repliée des deux côtés jusqu'aux bords de l'escarpement du plateau ; le quatrième côté, le côté ouvert, était le ravin même, et regardait la Tourgue.

Cela faisait une place en carré long, au milieu de laquelle était l'échafaud. A mesure que le jour montait, l'ombre portée de la guillotine décroissait sur l'herbe.

Les artilleurs étaient à leurs pièces, mèches allumées.

Une douce fumée bleue s'élevait du ravin ; c'était l'incendie du pont qui achevait d'expirer.

Cette fumée estompait sans la voiler la Tourgue dont la haute plate-forme dominait tout l'horizon. Entre cette plate-forme et la guillotine il n'y avait

---

1. Comparaison caractéristique d'une des formes de l'imagination chez Victor Hugo, que l'on pourrait appeler l'imagination géométrique. Voir dans le récit de Waterloo des *Misérables* (deuxième partie, livre I) le chapitre intitulé : *A* (ch. IV).

que l'intervalle du ravin. De l'une à l'autre on pouvait se parler.

Sur cette plate-forme avaient été transportées la table du tribunal et la chaise ombragée de drapeaux tricolores. Le jour se levait derrière la Tourgue et faisait saillir en noir la masse de la forteresse et, à son sommet, sur la chaise du tribunal et sous le faisceau de drapeaux, la figure d'un homme assis, immobile et les bras croisés.

Cet homme était Cimourdain. Il avait, comme la veille, son costume de délégué civil, sur la tête le chapeau à panache tricolore, le sabre au côté et les pistolets à la ceinture.

Il se taisait. Tous se taisaient. Les soldats avaient le fusil au pied et baissaient les yeux. Ils se touchaient du coude, mais ne se parlaient pas. Ils songeaient confusément à cette guerre, à tant de combats, aux fusillades des haies si vaillamment affrontées, aux nuées de paysans furieux chassés par leur souffle, aux citadelles prises, aux batailles gagnées, aux victoires, et il leur semblait maintenant que toute cette gloire leur tournait en honte. Une sombre attente serrait toutes les poitrines. On voyait sur l'estrade de la guillotine le bourreau qui allait et venait. La clarté grandissante du matin emplissait majestueusement le ciel.

Soudain on entendit ce bruit voilé que font les tambours couverts d'un crêpe. Ce roulement funèbre approcha ; les rangs s'ouvrirent, et un cortège entra dans le carré, et se dirigea vers l'échafaud.

D'abord, les tambours noirs, puis une compagnie de grenadiers, l'arme basse, puis un peloton de gendarmes, le sabre nu, puis le condamné, — Gauvain.

Gauvain marchait librement. Il n'avait de cordes ni aux pieds ni aux mains. Il était en petit uniforme ; il avait son épée.

Derrière lui venait un autre peloton de gendarmes.

Gauvain avait encore sur le visage cette joie pensive qui l'avait illuminé au moment où il avait dit à Cimourdain : Je pense à l'avenir. Rien n'était ineffable et sublime comme ce sourire continué.

En arrivant sur le lieu triste, son premier regard fut pour le haut de la tour. Il dédaigna la guillotine.

Il savait que Cimourdain se ferait un devoir d'assister à l'exécution. Il le chercha des yeux sur la plateforme. Il l'y trouva.

Cimourdain était blême et froid [1]. Ceux qui étaient près de lui n'entendaient pas son souffle.

Quand il aperçut Gauvain, il n'eut pas un tressaillement.

Gauvain cependant s'avançait vers l'échafaud.

Tout en marchant, il regardait Cimourdain et Cimourdain le regardait. Il semblait que Cimourdain[a] s'appuyât sur ce regard.

Gauvain arriva au pied de l'échafaud. Il y monta. L'officier qui commandait les grenadiers l'y suivit.

---

1. Jusqu'au bout, Cimourdain incarne la Révolution avec une rigidité, un souci d'absolu, qui ne sont pas sans faire penser à la fameuse analyse que Taine allait bientôt présenter dans ses *Origines de la France contemporaine* : l'idéologie révolutionnaire héritière de « l'esprit classique ».

Cette conception du personnage est confirmée par une curieuse indication donnée par Victor Hugo au cours de l'impression du roman. Au livre VII, ch. 3 *(les Votes)* de la troisième partie, Cimourdain, prononçant le verdict contre Gauvain, commence ainsi : « Au nom de la république... » Paul Meurice avait fait une objection à cette formule. Hugo lui répond, le 30 décembre 1873 : « Je maintiens : au nom de la république, parce qu'ici la formule rigoureusement légale doit céder le pas à la pensée de Cimourdain. *Le peuple français* existait avant la république ; et c'est pour la république que Cimourdain tue Gauvain. Il voit l'idée, *la république*, il ne voit plus le fait, *la France*. C'est ce qui le fait Brutus — pire ou plus grand. » *(Correspondance,* IV, p. 375, éd. de l'Imprimerie Nationale, 1952.)

Il défit son épée et la remit à l'officier, il ôta sa cravate et la remit au bourreau.

Il ressemblait à une vision. Jamais il n'avait apparu plus beau. Sa chevelure brune flottait au vent ; on ne coupait pas les cheveux alors. Son cou blanc faisait songer à une femme, et son œil héroïque et souverain faisait songer à un archange. Il était sur l'échafaud, rêveur. Ce lieu-là aussi est un sommet [1]. Gauvain y était debout, superbe et tranquille. Le soleil, l'enveloppant, le mettait comme dans une gloire.

Il fallait pourtant lier le patient. Le bourreau vint, une corde à la main.

En ce moment-là, quand ils virent leur jeune capitaine si décidément engagé[a] sous le couteau, les soldats n'y tinrent plus ; le cœur de ces gens de guerre éclata. On entendit cette chose énorme, le sanglot d'une armée. Une clameur s'éleva : Grâce ! grâce ! Quelques-uns tombèrent à genoux ; d'autres jetaient leurs fusils et levaient les bras vers la plate-forme où était Cimourdain. Un grenadier cria en montrant la guillotine :

— Reçoit-on des remplaçants pour ça ? Me voici. —

Tous répétaient frénétiquement : Grâce ! grâce ! et des lions qui auraient entendu cela eussent été émus ou effrayés, car les larmes des soldats sont terribles.

Le bourreau s'arrêta, ne sachant plus que faire.

Alors une voix brève et basse, et que tous pourtant entendirent, tant elle était sinistre, cria du haut de la tour :

— Force à la loi !

On reconnut l'accent inexorable. Cimourdain avait parlé. L'armée frissonna.

Le bourreau n'hésita plus. Il s'approcha tenant sa corde.

---

1. Voir p. 482, n. 1 et Introduction p. XVI.

— Attendez, dit Gauvain.

Il se tourna vers Cimourdain, lui fit, de sa main droite encore libre, un geste d'adieu, puis se laissa lier.

Quand il fut lié, il dit au bourreau :

— Pardon. Un moment encore.

Et il cria :

— Vive la République !

On le coucha sur la bascule. Cette tête charmante et fière s'emboîta dans l'infâme[a] collier. Le bourreau lui releva doucement les cheveux, puis pressa le ressort[b] ; le triangle se détacha et glissa lentement d'abord, puis rapidement ; on entendit un coup hideux[c]...

Au même instant on en entendit un autre. Au coup de hache répondit un coup de pistolet. Cimourdain venait de saisir un des pistolets qu'il avait à sa ceinture, et, au moment où la tête de Gauvain roulait dans le panier, Cimourdain se traversait le cœur d'une balle. Un flot de sang lui sortit de la bouche, il tomba mort.

Et ces deux âmes, sœurs tragiques, s'envolèrent ensemble, l'ombre de l'une mêlée à la lumière de l'autre [1].

---

1. L'antithèse finale, si caractéristique de Hugo par le style et l'accent, renferme en même temps toute la signification profonde du roman. On pouvait lire plus haut (troisième partie, livre I, ch. II) une phrase qui, au premier abord, semble contredire ce jugement final : « Sur le front fatal de Cimourdain il y avait une lueur d'aurore. » Mais c'est qu'à cet endroit, Cimourdain était comparé à Lantenac, l'homme du passé, dont « l'amer rictus » apparaissait « couvert d'ombre et de nuit ». Ici, c'est à Gauvain que Cimourdain s'oppose. C'est donc lui l'âme couverte d' « ombre », par la rigueur inflexible qui l'enchaîne à la nouvelle barbarie signifiée par la guillotine. Au contraire, Gauvain, prophète de l'avenir, est vraiment la seule âme baignée de « lumière ». Telle est la hiérarchie voulue par le romancier de *Quatrevingt-treize*.

# APPENDICE

# LE TEXTE
## DE " QUATREVINGT-TREIZE "

*Le texte adopté dans cette édition n'est pas celui de la dernière édition publiée du vivant de Hugo, c'est-à-dire l'édition ne varietur (1880), mais celui de l'édition originale (1874).*

*Dans l'avertissement placé en tête de la grande édition critique de* la Légende des Siècles, *P. Berret notait :* « Nous avons cru devoir nous en tenir à ce texte de 1859, corrigé par V. Hugo. Nous n'avons pu acquérir la preuve que V. Hugo se fût occupé lui-même des éditions postérieures. »

*Cette précaution vaut aussi bien pour* Quatrevingt-treize, *mieux encore peut-être, l'œuvre appartenant à la dernière période de l'activité littéraire de V. Hugo.*

*Nous ne nous sommes écartés de l'originale que pour deux ou trois fautes manifestes (Voir en particulier p. 322 [a]).*

*Qu'apporte la comparaison entre l'édition originale et l'édition ne varietur ? Les divergences vraiment importantes que nous signalerons (voir en particulier p. 135[a]) sont rares. Elles s'expliquent assez souvent par un retour des éditeurs de 1880 au manuscrit; non toujours. Il y a des cas où l'édition ne varietur n'est conforme ni au manuscrit, ni à l'originale; il lui arrive (voir p. 190[b]), de reprendre le premier état du manuscrit. Il en est de même pour l'édition posthume, dite de l'Imprimerie nationale, et qui peut être considérée à l'heure actuelle comme l'édition « définitive » des œuvres complètes de Hugo : tantôt elle est d'accord avec l'édition originale, tantôt avec l'édition* ne varietur; *tantôt (voir p. 67ᵃ) elle présente une forme tout à fait particulière. Il s'agit au reste de menus détails. Et d'ailleurs — risque à peu près inévitable — aucune de ces éditions n'est tout à fait exempte d'erreurs typographiques.*

*Pour l'orthographe, on retrouve dans* Quatrevingt-treize, *et l'on a bien entendu respecté dans cette édition, certaines particularités auxquelles le romancier tenait beaucoup* (poëtes, dénoûment, bayonnettes, *et la présentation même du mot* Quatrevingt-treize, *avec un seul trait d'union : il y insistait. Les lecteurs et les éditeurs de Hugo connaissent aussi sa discrétion dans l'usage des majuscules, notamment lorsqu'il s'agit de mots tels que :* révolution, république, *de noms de peuples :* anglais, prussiens... *Mais, à vrai dire, l'examen attentif du manuscrit laisse apparaître sur ce dernier point des disparates dues à la plume même de Hugo. Il arrive d'autre part qu'il soit malaisé de déceler s'il s'agit de majuscules ou de minuscules; certains mots qui suivent un point ne semblent-ils pas commencer par une minuscule qui, dans ce cas, ne s'expliquerait que par une hâte d'écriture? Un choix assez capricieux, un certain manque d'unité sont sensibles dans le manuscrit : il n'est pas surprenant de les retrouver dans la copie, dans l'édition originale, et de noter pour ces minuties des différences assez notables entre les éditions successives.*

*Même remarque pour la ponctuation. On sait les exigences théoriques de Victor Hugo en cette matière. « Observer et suivre ma ponctuation », dit une note qui figure sur une des épreuves de* Quatrevingt-treize, *en tête du chapitre :* Titans contre géants. *Ponctuation « voulue et réfléchie », souligne M. Bruneau; et il est bien certain que l'usage savant et combiné de la virgule et du point et virgule notamment révèle souvent dans* Quatrevingt-treize *le souci de ponctuer le rythme de telles grandes énumérations, de telles phrases à effet (de même que les passages constants à la ligne dans les dialogues et les morceaux « philosophiques » portent la marque aisément reconnaissable du romancier). Avouons pourtant qu'à d'autres moments, le choix des signes de ponctuation apparaît plus gratuit. D'où, ici encore, des disparates entre les éditions et à l'intérieur de chacune d'elles.*

*En reproduisant l'originale, nous signalerons, à titre de curiosités, quelques-unes de ces différences avec les éditions postérieures.*

*Mais en fait, pour* Quatrevingt-treize *comme pour toutes les grandes œuvres de Hugo, l'étude du travail d'élaboration qui a précédé l'impression de l'ouvrage présente un intérêt infiniment supérieur. P. Berret, pour la* Légende des Siècles, *s'était décidé à ne faire figurer dans l'appareil critique « d'autres variantes que celles qui proviennent directement des manuscrits ».*

*Nous disposons pour* Quatrevingt-treize :

1º *du manuscrit intégral, déposé à la Bibliothèque Nationale;*

2º *d'une copie, reliée à la suite des notes prises par Hugo sur son roman et qui se trouve également à la Nationale;*

3º *d'un jeu d'épreuves, auxquelles nous devons à l'obligeance de M. Sergent, conservateur du musée Victor-Hugo, d'avoir eu accès, dans le cadre si évocateur de la maison située place des Vosges.*

*Le manuscrit comporte — avec beaucoup de morceaux ajoutés au premier jet — un nombre assez important de corrections. Il arrive que la phrase ou l'expression biffées soient utilisées dans un autre passage. Mais, dans la majo-rité des cas, les corrections sont opérées d'un trait de plume si accentué, si énergique, que la première forme a totalement disparu ou est devenue illisible. Parfois, l'encre, en pâlissant, l'a fait reparaître. Enfin, il subsiste malgré tout assez de passages où l'on peut suivre le travail de l'écrivain pour fournir d'intéressantes « leçons ». Nous y avons puisé un choix de variantes.*

*La copie est précédée de cette note rédigée par V. Hugo : « Cette copie, d'après laquelle on a imprimé, est à mettre en ordre. Je la crois complète. 29 avril 1874 » (en fait, il manque quelques feuillets). On lit à la dernière page : « copie commencée le 15 mars et terminée le 15 juin, le jour de la Fête-Dieu. 1873 ».*

*La majeure partie est de la même main (celle sans doute de Mme Chenay, belle-sœur de Victor Hugo). Quelques feuillets laissent paraître une autre écriture. Des corrections se lisent sur cette copie, et qui sont certainement de la main de V. Hugo. Il arrive même que ces corrections reproduisent exactement celles que l'on trouve sur le manuscrit — la copie ayant donné le premier état du texte, il n'est pas impossible que certaines de ces corrections aient été faites par V. Hugo sur la copie et reportées ensuite par lui sur son manuscrit.*

*Quant aux épreuves d'imprimerie du musée Victor-Hugo, elles n'existent que pour un nombre restreint de chapitres; en revanche, on trouve parfois deux ou trois épreuves succes-sives pour le même chapitre. Des corrections y sont portées de la main de Hugo. Il en est de pure forme, pour réparer telles bévues typographiques. D'autres, que nous signalerons, ont plus d'intérêt, surtout en ce qui concerne certains titres de chapitre, qui n'apparaissent ni sur le manuscrit ni sur la copie.*

# CHOIX DE VARIANTES

**Page 5 :**

(a) ms. 1ʳᵉ réd. : *périlleux*.

**Page 7 :**

(a) ms. et copie : *profonds* corrigé sur épreuves.

(b) ms. 1ʳᵉ réd. : *avançaient*.

(c) ms. 1ʳᵉ réd. : *l'arrivée du printemps*.

**Page 8 :**

(a) ms. 1ʳᵉ réd. *Bravoure féminine mêlée de curiosité*.

**Page 10 :**

(a) ms. et copie : *de la tête aux pieds, et regarda* ; corrigé sur épreuves.

**Page 15 :**

(a) On lit dans la copie : *la momignarde qui tette est goulue, par exemple* ; ces mots ont été barrés et remplacés par le texte de l'originale, conforme à celui du ms.

(b) Après : *ne craignez rien* les mots suivants ont été barrés dans le ms. : *la femme, toute à sa stupeur entendait, mais n'écoutait pas*. Cette phrase reparaît sur la copie, où elle a été barrée ensuite.

**Page 19 :**

(a) ms. : *tout* ; copie : *toute*.

**Page 22 :**

(a) Titre ajouté sur l'épreuve.

**Page 24 :**

(a) ms. : *qui sont à la fois pleins de force et d'années* ; corrigé
en : *qui sont pleins d'années et pleins de force.* Même correction
sur la copie ; sur épreuves : pleins *d'années et de force* ;
éd. 1880 : *et pleins de force.*

**Page 25 :**

(a) *Chapeau ras baissé* (?) n'apparaît que dans l'originale.
ms., copie, épreuve : *rabaissé.*

**Page 27 :**

(a) Titre ajouté sur l'épreuve. Les titres des chapitres
n'apparaissent pour la plupart que dans l'édition originale,
quelques-uns sur la copie, ou, comme ce titre du ch. II,
sur les épreuves déposées au musée Victor-Hugo.

**Page 28 :**

(a) ms. : *n'empêchant* ; copie : *n'empêchaient* ; éd. 1880 :
*n'empêchant.*

**Page 29 :**

(a) Titre ajouté sur épreuve.

**Page 38 :**

(a) ms. : *Parrein* ; copie : *Carrier* ; sur épreuve : *Carrier*
barré et remplacé par *Parrein.*

**Page 40 :**

(a) ms. et copie : *ses* ; sur épreuve : *ses* ; barré et remplacé
par *ces* ; éd. 1880 : *ses.*

**Page 41 :**

(a) ms. : *Tout cet équipage d'hommes terribles accoutumés
à rire* ; puis : *d'hommes accoutumés...* ; copie : *tout cet équipage
accoutumée (sic) à rire* ; éd. 1880 : *d'hommes accoutumés.*

**Page 56 :**

(a) ms. et copie : *complétait* ; éd. 1880 : *complétait.*

**Page 60 :**

(a) éd. 1880 et éd. impr. nat. : *pièces (de canon* a disparu).

**Page 61 :**

(a) ms. : *ce reste d'un navire* ; copie : *ce reste de navire* ; éd. 1880 : *ce reste d'un navire*.

**Page 65 :**

(a) ms. et copie : *longe* de bœuf ; sur épreuve : *langue* ; éd. 1880 : *longe*.

**Page 67 :**

(a) éd. impr. nat. : *cent soixante et onze*.

**Page 79 :**

(a) éd. 1880 : *gabelous*.

**Page 83 :**

(a) ms. : *Le-Haut-des-Prés* ; éd. 1880 : *Le-Haut-des-Prés*.

**Page 91 :**

(a) ms. : et copie : *sa pyramide* ; éd. 1880 : *sa pyramide*.

**Page 96 :**

(a) éd. impr. nat. : *reprit*.

**Page 109 :**

(a) ms. : *pioches* ; éd. 1880 : *pioches*. *Perches* apparaît sur la copie (feuillet n° 825).

(b) ms. : *l'œil* ; copie : *l'air* ; éd. 1880 : *l'œil*.

**Page 127 :**

(a) éd. imp. nat. : *Dubois de Crancé*. Cette addition du *de* nobiliaire est constante dans l'édition de l'imprimerie nationale (Rabaut *de* Saint-Étienne, Guyton *de* Morveaux, etc.).

**Page 132 :**

(a) *et par sa paole verte* ne figure pas dans le ms. ni dans la copie.

**Page 135 :**

(a) Ce texte est une des curiosités de l'édition originale. Le manuscrit porte : *90, le 19 juin, la fin de la féodalité;* le 19 juin 1790 est la date de la séance de l'Assemblée Constituante où furent abolis les titres héréditaires de la noblesse. C'est sur la copie (feuillet 848) qu'apparaît, sans rature, le texte : *90, le 4 août.* Pourquoi cette substitution, qui constitue une erreur historique, puisque la fameuse séance, où fut détruit l'ancien régime social, eut bien lieu un 4 août, mais, comme on sait, en *1789?* Hugo (ou l'auteur de la copie) avait-il songé, entre temps, pour l'effet de la phrase, à une date plus connue que celle du 19 juin 1790, peu célèbre parmi les grandes dates révolutionnaires, et ce souci a-t-il été la cause du lapsus? Nous n'avons pas trouvé d'épreuve pour cette page. En tout cas, l'erreur est passée inaperçue sur les dernières épreuves, et s'est trouvée ainsi imprimée dans l'originale. Elle a été corrigée dans les éditions ultérieures, et notamment dans l'édition *ne varietur* de 1880, qui rétablit le texte du manuscrit : *90, le 19 juin.*

(b) ms. : *l'Europe attaquant la France, la France attaquant Paris.* Même texte sur la copie. Le *et* apparaît sur l'édition originale. L'édition de l'imprimerie nationale porte à la fois la virgule et le *et.*

**Page 138 :**

(a) ms. : *le besoin,* barré et remplacé par: *la nécessité;* éd. 1880 : *la nécessité.*

**Page 146 :**

(a) ms. : *des pantoufles,* barré et remplacé par : *de larges souliers;* éd. 1880 : *de larges souliers.*

**Page 150 :**

(a) Le ms. porte, sans aucune rature : *Les brutes du Finistère parlent la même langue que les sauvages de Cornouailles ;* la copie donne le même texte, avec une simple différence de rédaction : *du* Cornouailles.

**Page 152 :**

(a) ms. : *sa tête.*

**Page 156 :**

(a) ms. : *j'ai souhaité qu'on envoyât à l'échafaud la faction du Roi,* barré et remplacé par le texte tel qu'il est imprimé dans l'originale.

**Page 157 :**

(a) L'auteur de la copie avait laissé un blanc. Le mot *mathevons* a été rajouté sur la copie et, selon toute vraisemblance, de la main même de Hugo.

**Page 158 :**

(a) ms. : *et surtout au centre, à Paris. Les ci-devant...;* copie : *et surtout au centre, à Paris, les ci-devant ;* éd. 1880 : *et surtout au centre, à Paris. Les ci-devant...*

**Page 164 :**

(a) éd. 1880 : *et barré ;* manuscrit, copie et originale portent : *et j'ai barré.*

**Page 165 :**

(a) Le premier état du manuscrit portait, après : *ta grosse voix,* les mots suivants qui ont été biffés : *tes gros yeux, tes gros poings, tes gros mots.*

**Page 174 :**

(a) ms. : *Chérin* corrigé en *Chambon ;* éd. 1880 : *Chambon.* Le chapitre où se trouve cette correction manque dans la copie.

**Page 178 :**

(a) Ce début de chapitre se présentait d'abord ainsi sur le ms. :

*Nous voici sur la grande cime.*

*La Convention est peut-être le point culminant de l'histoire. Il y a l'Himalaya et il y a la Convention.*

*Jamais rien de plus haut n'est apparu au-dessus de la civilisation humaine.*

Tout ce passage a été barré et remplacé par ceci :

*Voici la Convention à l'horizon. Le drame nous y amène.*

*Nous approchons de la grande cime.*

*Le regard devient fixe en présence de ce sommet. La pensée se sent prête au recueillement.*

Ce texte a été barré à son tour, et remplacé par le texte qui figure dans l'originale. — On retrouve sur la copie *la première rédaction* du ms. barrée et remplacée, de la main de Hugo, par le texte définitif.

**Page 183 :**

(a) *Déclaration* est écrit avec majuscule dans le manuscrit, que l'originale reproduit ici exactement. L'édition *ne varietur* de 1880 et l'édition de l'imprimerie nationale reprennent *déclaration* sans majuscule ; c'est le texte de la copie, où le *d* minuscule a été écrit d'une autre main que celle de l'auteur de la copie, sans que l'on puisse assurer que la correction est de la main de Hugo lui-même. Nous citons ce très petit détail comme un exemple - entre autres - de la diversité que présentent sur ce point les différents textes de *Quatrevingt-treize.*

**Page 186 :**

(a) ms. : *un labyrinthe de corridors, plein;* éd. impr. nat. : *pleins.*

**Page 190 :**

(a) ms. et copie portent bien : *Villatte.* La forme *Villette,* que l'on trouve dans l'éd. de 1880 et dans celle de l'imp. nat., doit être une faute d'impression.

(b) ms. : *mourir*, barré et remplacé par *périr*. L'éd. de 1880 reprend la première leçon du ms. : *mourir*.

**Page 191 :**

(a) Nous reproduisons dans notre texte la forme du ms. : *Rulh*. L'originale donne *Ruth,* faute évidente qui provient de la copie. Ed. 1880 : *Ruhl*.

(b) C'est le texte du ms. et de la copie. Ed. de 1880 et éd. de l'imp. nat. : *répondait* suivi de deux points.

**Page 197 :**

(a) ms. *du coude* ; sur la copie, et, semble-t-il, de la main même de Hugo : *le coude* ; éd. 1880 : *le coude*.

**Page 199 :**

(a) Ed. de l'imp. nat. : *Duchastel*.

**Page 201 :**

(a) ms. : *c'était terrible*, barré, et remplacé par le texte repris dans l'originale.

**Page 207 :**

(a) Tous ces noms sont écrits sans majuscules dans le manuscrit et dans la copie, reproduits exactement sur ce point dans l'éd. de 1880.

**Page 208 :**

(a) ms. et éd. de 1880 : pas de majuscule à *révolution*.

**Page 209 :**

(a) En marge de *passage d'ombres* V. Hugo a noté dans le ms. : « J'achève ces pages sur la Convention aujourd'hui 26 février, anniversaire de ma naissance. J'ai aujourd'hui soixante et onze ans. »

**Page 210 :**

(a) ms. : *Coupé* ; éd. 1880 : *Conpé* ; éd. impr. nat. : *Coupé*.

**Page 219 :**

(a) ms. et copie : *Puisaye* ; en revanche, à plusieurs reprises, dans d'autres passages et de la main de Hugo, on trouve Puysaye écrit avec deux *y* bien marqués ; c'est la graphie qu'adopte ici l'éd. 1880.

**Page 223 :**

(a) ms. : *sous les racines des arbres* ; copie : *sous les arbres.*

**Page 225 :**

(a) ms. : *réseau veineux*, barré et remplacé par : *labyrinthe.*

(b) ms. : *Ces armées mystérieuses allaient et venaient*, barré et remplacé par le texte reproduit dans l'originale.

**Page 232 :**

(a) ms. : *étaient voleurs* ; copie : *étaient des voleurs* ; éd. 1880 : *étaient des voleurs* ; éd. impr. nat. : *étaient voleurs.*

**Page 234 :**

(a) ms., éd. 1880, éd. impr. nat. : *le nœud* ; copie : *un nœud.*

**Page 235 :**

(a) *Vendéen* est écrit ici avec majuscule dans le ms. Éd. impr. nat. : *vendéen.*

**Page 240 :**

(a) C'est la forme du ms. et de la copie. Éd. impr. nat.: *Finistère.*

**Page 241 :**

(a) ms. : *à l'histoire* ; copie : *dans l'histoire.*

**Page 244 :**

(a) ms. : *on y lit encore aujourd'hui*, barré et remplacé par le texte reproduit dans l'originale.

**Page 250 :**

(a) L'éd. 1880 et l'éd. de l'impr. nat. impriment : *Tout allait bien. Hier Gauvain...* la ponctuation n'est pas nette sur le manuscrit, ni sur la copie.

**Page 257 :**

(a) Éd. 1880 et éd. impr. nat. : *en champ de foire* ; texte du ms. : *en* (pas très net) ; copie : *un champ de foire*.

**Page 261 :**

(a) ms. et copie : *abattis*.

**Page 265 :**

(a) Le ms. est ici difficilement lisible. On peut lire : *gas*. Sur la copie (très nettement) : *tous ces gens-là*. Les éd. de 1880 et de l'impr. nat. impriment : *gars*.

**Page 273 :**

(a) Après cette phrase, on peut lire sur le ms. les mots suivants, qui ont été barrés ensuite : *La pitié est une des formes de la trahison.* On lira d'ailleurs un peu plus loin, p. 289, la même réflexion sous cette forme : *la pitié peut être...*

**Page 274 :**

(a) ms. : *tragique*, barré et remplacé par : *en sursaut*.

(b) C'est la forme du ms. et de la copie. L'éd. de 1880 et l'éd. de l'impr. nat. mettent les guillemets avant *philosophe*. De même un peu plus loin pour : *des « simples »*.

**Page 277 :**

(a) C'est le texte du ms. et de la copie. L'éd. de 1880 et l'éd. de l'impr. nat. impriment : *aucun coup de fusil*.

**Page 280 :**

(a) ms. : volonté *obscure*, puis : *inconnue*, enfin : *ténébreuse*. Sur la copie, *obscure* effacé et remplacé par : *ténébreuse*.

**Page 284 :**

(a) ms. et copie : *Et pris* ?

**Page 294 :**

(a) après : *les étoiles*, le ms. porte ces mots, barrés ensuite : *Rien de plus formidable*.

**Page 308 :**

(a) C'est le texte du ms. et de la copie. Éd. de 1880 et éd. impr. nat. : *son*.

**Page 313 :**

(a) ms. : *inexorable* barré et remplacé par : *farouche*.

**Page 322 :**

(a) Nous rétablissons le texte, *assiégés* étant un lapsus évident de la copie, reproduit par l'originale. Le manuscrit porte d'ailleurs *assiégés* corrigé par surcharge en *assiégeants;* mais cette correction ne paraît pas avoir été faite sur-le-champ ; peut-être a-t-elle été reportée postérieurement sur le ms. Éd. de 1880 : *assiégeants*.

**Page 324 :**

(a) *entresol* n'est pas sur le ms. ni sur la copie. L'éd. de 1880 maintient le mot.

**Page 325 :**

(a) L'éd. orig. imprime, d'après la copie : *sur*, qui est un lapsus manifeste. Nous rétablissons le texte du ms. : *sous*. L'éd. de 1880 reproduit : *sur*. L'éd. de l'impr. nat. imprime : *sous*.

**Page 329 :**

(a) ms. et copie : *doux*.

**Page 333 :**

(a) ms. : *ses petites mains*, barré et remplacé par : *ses doigts roses*.

**Page 338 :**

(a) ms. : *un peu envie*, barré et remplacé par : *une vague envie*.

**Page 344 :**

(a) éd. impr. nat. : *riants, roses*.

**Page 345 :**

(a) Ici, dans le manuscrit, une vingtaine de lignes qui ne figurent plus dans l'originale.

**Page 346 :**

(a) ms. : *jusqu'auprès de la fenêtre ;* copie : *jusqu'à la fenêtre ;* éd. 1880 : *jusqu'à la fenêtre.*

(b) ms. : *et bienveillant*, barré et remplacé par : *miséricordieux.*

(c) ms. : *partout rayonnait cette harmonie*, barré et remplacé par le texte repris dans l'originale.

**Page 351 :**

(a) ms. : *en vive silhouette*, barré et corrigé.

**Page 358 :**

(a) Nous rétablissons *Priou* du ms. - *Riou* de l'originale est une faute provoquée par la copie, où le Pr pouvait se lire R.

**Page 362 :**

(a) ms. : *lugubre*, barré et remplacé par : *sépulcrale.*

**Page 364 :**

(a) Ed. de 1880 et de l'impr. nat. : *entendait.* Il y a dans le manuscrit une tache sur l'a, qui peut paraître une correction. La copie porte : *entendait.*

**Page 369 :**

(a) ms. : *était formidable*, barré et remplacé par : *semblait inexpugnable*. Même texte primitif, même correction sur la copie.

**Page 385 :**

(a) Nous rétablissons ici la majuscule du ms. et de la copie, qu'à l'exception de l'originale les autres éditions ont maintenue.

**Page 396 :**

(a) Ce chapitre porte sur l'épreuve ce titre de la main de Hugo : *Où diable un héros va-t-il se nicher ?* Ce titre a été supprimé sur une seconde épreuve et remplacé par : *Sauveur*.

**Page 398 :**

(a) Dans toute cette page, la majuscule en tête du mot : *monseigneur*, a été partout supprimée sur l'épreuve.

**Page 399 :**

(a) C'est la forme du ms. et de la copie, et d'ailleurs la forme préférée de Hugo. Éd. 1880 et éd. impr. nat. : *remerciements*.

**Page 408 :**

(a) C'est le texte du ms. et de la copie, où *des* a été corrigé en : *de ces*. Éd. 1880 et éd. impr. nat. : *ont des raccourcis*,

(b) Cette phrase manque dans l'éd. 1880 et dans l'éd. impr. nat.

(c) ms. : *cette clarté, quelle qu'elle fût; ce n'était pas* — L'éd. de 1880 et l'éd. impr. nat. ont repris cette ponctuation du ms. La copie portait : *à cette clarté; quelle qu'elle fût; ce n'était pas...*

**Page 410 :**

(a) ms. et copie : *cheminait*. La correction apparaît sur l'épreuve.

**Page 412 :**

(a) ms. : *effarée*, barré et remplacé par : *étonnée*.

**Page 413 :**

(a) C'est le texte du ms., de la copie et de l'épreuve. Éd. de 1880 et éd. impr. nat. : *un tas*.

**Page 414 :**

(a) ms. : *C'était cette femme qui avait jeté ce cri*, barré et remplacé par la phrase qui figure dans la copie et dans l'originale. La phrase ne figure pas dans l'éd. impr. nat.

**Page 419 :**

(a) ms. : *ne l'avait vu* ; éd. 1880 : *ne l'avait pas vu* ; éd. impr. nat. : *ne l'avait vu*.

**Page 425 :**

(a) ms. : *sentit une larme*, barré. Même correction sur la copie.

**Page 427 :**

(a) Le titre de ce livre dans le ms. est *Féodalité et Révolution*. C'est le titre du livre septième dans l'originale. — Le titre nouveau apparaît sur l'épreuve.

**Page 431 :**

(a) ms. : *de ses deux mains*. La phrase se prolongeait d'abord dans le manuscrit par les mots suivants qui ont été biffés : *et il s'efforçait de rassembler ses idées et de récapituler les faits*.

**Page 432 :**

(a) Ces mots sont précédés dans le ms. d'un ajouté qui figure au-dessus du texte : *simplifier le complexe*. — Ces trois mots ne figurent ni dans la copie, ni dans les épreuves que nous avons pu consulter, ni dans l'originale. Ils ont été rétablis dans l'éd. de 1880 et dans l'éd. impr. nat., où la phrase se présente donc ainsi : *simplifier le complexe, rien de plus malaisé*.

**Page 434 :**

(a) ms. : *invulnérable, imprenable,* barrés et remplacés par : *introuvable.*

**Page 435 :**

(a) ms. : *qu'allait-on faire ?* La copie porte : *qu'allait-on en faire ?*

**Page 437 :**

(a) ms. : *Brusquement tout venait de changer de figure,* mots ensuite effacés.

(b) ms. : *pouvant l'empêcher,* mots ensuite effacés.

**Page 438 :**

(a) ms. : *du peuple,* texte repris dans l'éd. de 1880 et dans l'éd. impr. nat. — La copie porte : *des peuples* corrigé en : *du peuple ; des peuples* apparaît sur les épreuves que nous avons consultées.

(b) Les éditions de 1880 et de l'impr. nat. ajoutent ici un : *maintenant* qui n'existait ni dans le ms. ni dans les épreuves que nous avons consultées ni dans l'originale, mais qui apparaît dans la copie.

**Page 441 :**

(a) ms. : *avec un tel homme,* texte repris dans l'éd. de 1880 et dans l'éd. impr. nat. La copie porte : *avec cet homme.*

**Page 446 :**

(a) L'éd. de 1880 et l'éd. impr. nat. impriment : *jaillir.* Le ms. et la copie portaient bien : *saillir.*

(b) L'éd. de 1880 et l'éd. impr. nat. impriment : *par instants.* Le ms. et la copie portaient bien : *moments.*

**Page 450 :**

(a) ms. : *quels idiots !* corrigé en : *quelles buses !*

(b) ms. : *homme bien né* corrigé en : *homme de qualité.*

**Page 462 :**

(a) ms. : *qu'à la froideur d'un marbre,* corrigé en : *qu'à la tranquillité d'un rocher.*

**Page 463 :**

(a) Après ces mots, le ms. portait d'abord cette phrase qui a été ensuite biffée : *Il se fit un silence de mort.*

**Page 466 :**

(a) ms. et copie : *Tout ça, tout ça.* Cette répétition a été reproduite dans l'éd. de 1880 et l'éd. impr. nat.

(b) ms. : *eussent été dans la tombe,* ces trois derniers mots barrés et corrigés en : *couchés dans des suaires.*

**Page 467 :**

(a) ms. : *Quand Jacob lutta dans les ténèbres avec l'ange,* début de phrase biffé.

**Page 468 :**

(a) ms. et copie : *Tout le camp* ; éd. 1880 : *tout le corps* ; éd. impr. nat. : *tout le camp.*

**Page 470 :**

(a) ms. 1<sup>re</sup> réd. : *Cimourdain posa la main sur ses yeux.*

(b) ms. 1<sup>re</sup> réd. : *qui sèchent.*

(c) ms. 1<sup>re</sup> réd. : *du vrai.*

**Page 471 :**

(a) ms. 1<sup>re</sup> réd. : *la vie humaine.*

(b) ms. 1<sup>re</sup> réd. : *Gauvain n'avait bu qu'une gorgée ; signe d'un calme profond. Cimourdain but à longs traits. Signe de fièvre.*

**Page 472 :**

(a) ms. 1<sup>re</sup> réd. : *entre la géométrie et une paire d'ailes.*

**Page 476 :**

(a) C'est le texte du ms. et de la copie. L'éd. de 1880 et l'éd. impr. nat. impriment : *au bout.*

**Page 481 :**

(a) ms. : *L'aurore,* puis : *La lumière,* enfin : *La clarté d'aurore.*

**Page 483 :**

(a) ms. 1ʳᵉ réd. : *Un édifice est une idée, une machine est une volonté.*

(b) ms. 1ʳᵉ réd. : *Vertigineuse confrontation.*

**Page 484 :**

(a) ms. Au-dessus et au-dessous d'*horrible,* qui a été finalement maintenu : *terrible* et *lugubre* biffés.

**Page 485 :**

(a) ms. 1ʳᵉ réd. : *La Tourgue, ainsi étrangement complétée dans sa solitude par la guillotine.*

**Page 486 :**

(a) ms. 1ʳᵉ réd. : *ses fleurs, ses oiseaux, ses abeilles, ses parfums.*

**Page 487 :**

(a) ms. 1ʳᵉ réd. : *L'échafaud était.*

**Page 489 :**

(a) ms. 1ʳᵉ réd. : *il semblait que Gauvain.* Le nom est barré d'un simple petit trait, sans correction.

**Page 490 :**

(a) ms. 1ʳᵉ réd. : *si décidément près,* puis deux esquisses illisibles l'une sur l'autre, et au-dessus : *du bord formidable.*

**Page 491 :**

(a) ms. 1re réd. : *l'effroyable.*

(b) ms. 1re réd. : *le ressort du sépulcre.*

(c) ms. 1re réd. : *un coup sourd.* Le mot *hideux* surcharge *sourd,* qui reste lisible.

# BIBLIOGRAPHIE

## I. — *ÉDITIONS*

*Quatre éditions sont tout particulièrement à signaler :*

1º L'édition originale, Michel Lévy, 3 vol., 1874.

2º L'édition Hugues, la première édition illustrée, s. d. (1876).

3º L'édition qui fait partie de la grande édition dite *ne varietur* des œuvres de Victor Hugo, Hetzel et Quantin, Roman XIV, 1880.

4º L'édition dite de l'Imprimerie Nationale, Ollendorff, 1924, suivie d'un très important appendice comprenant : *Reliquat de Quatrevingt-treize. — Le manuscrit de Quatrevingt-treize. — Notes de l'éditeur.* I. *Historique de Quatrevingt-treize.* II. *Revue de la Critique.* III. *Notice bibliographique.* IV. *Notice iconographique. — Illustration des œuvres : Reproductions et documents.*

## II. — *ÉTUDES CRITIQUES D'ENSEMBLE*

*L'édition de l'Imprimerie Nationale contient une* Revue de la critique (*pp.* 475-489) *qui donne les jugements de la presse littéraire au moment de la publication du roman.*

*Depuis, il n'a pas été publié d'étude consacrée spécialement à* Quatrevingt-treize, *ni même à Victor Hugo romancier. C'est dans les ouvrages généraux consacrés à l'homme et à l'œuvre qu'il faut chercher des allusions au roman des temps révolutionnaires.*

LE LIVRE D'OR DE VICTOR HUGO (sous la direction d'E. Blémont), librairie artistique, 1883, pp. 246-251.

P. DE SAINT-VICTOR, *Victor Hugo*, Calmann-Lévy, 1884, pp. 181-201.

CH. RENOUVIER, *Victor Hugo, le philosophe*, A. Colin, 1900, pp. 213-244.

P. BERRET, *Victor Hugo*, Garnier, 1927, pp. 368-378.

A. BELLESSORT, *Victor Hugo, essai sur son œuvre*, Perrin, 1930, pp. 287-322.

F. GREGH, *L'œuvre de Victor Hugo*, Flammarion, 1933, pp. 393-395.

J.-B. BARRÈRE, *Hugo, l'homme et l'œuvre*, Boivin, 1952, pp. 229-233.

*Enfin, dans le numéro 1, du 19 mars 1953, de la* Bibliothèque mondiale, *consacré à une* Situation de Victor Hugo, *on lira avec intérêt* (*pp.* 7-13) *les réflexions de R. Escholier sur* Quatrevingt-treize, *précédant le texte du roman. Le même numéro contient aussi une très bonne page d'Henri Clouard sur* Hugo romancier.

## III. — *ÉTUDES DE DÉTAIL*

*Deux sont à retenir :*

1o L. HAVET, *Sur l'usage fait par Victor Hugo, pour Quatrevingt-treize, du dictionnaire franco-normand de G. Métivier*, Revue critique, 4 avril 1874, pp. 218-223.

2o P. BERRET, *Comment Hugo prépara son roman historique de Quatrevingt-treize*, Revue universitaire, 1914.

*Enfin, l'étude de :*

CH. BRUNEAU, *Histoire de la langue française*, t. XIII, *L'époque réaliste*, 1953, pp. 80-127, *Victor Hugo prosateur*, contient de nombreuses références à *Quatrevingt-treize*.

# TABLE DES MATIÈRES

## QUATREVINGT-TREIZE

### *PREMIÈRE PARTIE*

### EN MER

#### LIVRE PREMIER

### LE BOIS DE LA SAUDRAIE

#### LIVRE DEUXIÈME

### LA CORVETTE CLAYMORE

## LIVRE TROISIÈME
## HALMALO

## LIVRE QUATRIÈME
## TELLMARCH

# DEUXIÈME PARTIE

## A PARIS

## LIVRE PREMIER
## CIMOURDAIN

LIVRE TROISIÈME

## LE MASSACRE DE SAINT-BARTHÉLEMY

LIVRE QUATRIÈME

## LA MÈRE

### LIVRE CINQUIÈME

### IN DÆMONE DEUS

### LIVRE SIXIÈME

### C'EST APRÈS LA VICTOIRE QU'A LIEU LE COMBAT

### LIVRE SEPTIÈME

### FÉODALITÉ ET RÉVOLUTION

Achevé d'imprimer par Corlet,
Condé-en-Normandie (Calvados),
en Janvier 2022
N° d'impression : 174745 - dépôt légal : Janvier 2022
Imprimé en France